# ŒUVRES
COMPLÈTES
# DE BOILEAU

ACCOMPAGNÉES DE
NOTES HISTORIQUES ET LITTÉRAIRES
ET PRÉCÉDÉES D'UNE
ÉTUDE SUR SA VIE ET SES OUVRAGES

PAR
A. CH. GIDEL

Professeur de rhétorique au Lycée Condorcet, lauréat de l'Académie
française et de l'Académie des inscriptions et belles-lettres

TOME QUATRIÈME

PARIS
GARNIER FRÈRES, LIBRAIRES-ÉDITEURS
6, RUE DES SAINTS-PÈRES
—
M DCCC LXXIII

CHEFS-D'ŒUVRE

DE LA

LITTÉRATURE

FRANÇAISE

32

# ŒUVRES

## COMPLÈTES

# DE BOILEAU

TOME QUATRIÈME

# ŒUVRES
## COMPLÈTES
# DE BOILEAU

ACCOMPAGNÉES DE

NOTES HISTORIQUES ET LITTÉRAIRES

ET PRÉCÉDÉES D'UNE

ÉTUDE SUR SA VIE ET SES OUVRAGES

PAR

## A. CH. GIDEL

Professeur de rhétorique au Lycée Condorcet, lauréat de l'Académie
française et de l'Académie des inscriptions et belles-lettres

TOME QUATRIÈME

## PARIS

GARNIER FRÈRES, LIBRAIRES-ÉDITEURS

6, RUE DES SAINTS-PÈRES

—

M DCCC LXXIII

# TRAITÉ DU SUBLIME

OU

# DU MERVEILLEUX DANS LE DISCOURS

TRADUIT DU GREC DE LONGIN

(SUITE)

# TRAITÉ DU SUBLIME

ou

## DU MERVEILLEUX DANS LE DISCOURS

TRADUIT DU GREC DE LONGIN.

---

## CHAPITRE XXIII.

DES TRANSITIONS IMPRÉVUES.

Il arrive aussi quelquefois qu'un écrivain, parlant de quelqu'un, tout d'un coup se met à sa place et joue son personnage. Et cette figure marque l'impétuosité de la passion.[a]

> Mais Hector, qui les voit épars sur le rivage,[b]
> Leur commande à grands cris de quitter le pillage,
> D'aller droit aux vaisseaux sur les Grecs se jeter :
> « Car quiconque mes yeux verront s'en écarter,
> « Aussitôt dans son sang je cours laver sa honte. »

Le poëte retient la narration pour soi, comme celle qui

---

[a] « Cette figure marque l'impétuosité de la passion. » Cette traduction n'est pas assez la reproduction de la pensée de Longin ; il dit plus vivement : c'est comme *une attaque impétueuse de la passion*. Καὶ ἔστιν τὸ τοιοῦτον εἶδος ἐμβολὴ τοῦ πάθους.

[b] *Iliade*, liv. XV, vers 346. (BOILEAU, 1713.)
Boileau avait d'abord ainsi traduit :

> Mais Hector, de ses cris remplissant le rivage,
> Commande à ses soldats de quitter le pillage,

lui est propre, et met tout d'un coup, et sans en avertir, cette menace précipitée dans la bouche de ce guerrier bouillant et furieux. En effet, son discours auroit langui s'il y eût entremêlé : « Hector dit alors de telles ou semblables paroles. » Au lieu que par cette transition imprévue il prévient le lecteur, et la transition est faite avant que le poëte même ait songé qu'il la faisoit.ᵃ Le véritable lieu donc où l'on doit user de cette figure, c'est quand le temps presse et que l'occasion qui se présente ne permet pas de différer; lorsque sur-le-champ il faut passer d'une personne à une autre, comme dans Hécatée : ᵇ « Ce héraut ayant assez pesé la conséquence de toutes ces choses, (47) il commande aux descendants des Héraclides de se retirer. Je ne puis plus rien pour vous, non plus que si je n'étois plus au monde. Vous êtes perdus, et vous me forcerez bientôt moi-même d'aller chercher une retraite chez quelque autre peuple. » Démosthène,

> De courir aux vaisseaux : car j'atteste les dieux
> Que quiconque osera s'écarter à mes yeux,
> Moi-même dans son sang j'irai laver sa honte.

Dans une deuxième composition on lisait :

> De courir aux vaisseaux avec rapidité :
> Car quiconque ces bords m'offriront écarté.

« Desmarets (p. 129) fit observer qu'on ne disait pas *s'écarter à*... mais *s'écarter de*... en ajoutant que Longin dit seulement *quiconque ira ailleurs qu'aux vaisseaux*, et Boileau, toujours docile, a évité cette faute dans les deux derniers changements du vers. » (B.-S.-P.)

ᵃ De 1674 à 1682 il y a : *avant* qu'on s'en soit aperçu. Le *véritable...* — Le changement a encore été proposé par Dacier (*mss.*).

C'est en effet ce que dit le grec : νυνί δ' ἔφθακεν ἄφνω τὸν μεταβαίνοντα ἡ τοῦ λόγου μετάβασις.

ᵇ Livre perdu. (BOILEAU, 1713.)

Hécatée de Milet écrivit le premier l'histoire en prose. « Le peu de fragments qui restent d'Hécatée ont été publiés par M. Creuzer, et font partie du recueil intitulé *Historicorum Græcorum fragmenta*, Heidelberg, 1806, in-8º; voyez aussi les *Mémoires de l'Académie des Inscriptions*, t. VI. » (AMAR.)

dans son oraison contre Aristogiton,[a] a encore employé cette figure d'une manière différente de celle-ci, mais extrêmement forte et pathétique. « Et il ne se trouvera personne entre vous, dit cet orateur, qui ait du ressentiment et de l'indignation de voir un impudent, un infâme violer insolemment les choses les plus saintes! un scélérat, dis-je, qui... O le plus méchant de tous les hommes! rien n'aura pu arrêter ton audace effrénée? Je ne dis pas ces portes, je ne dis pas ces barreaux qu'un autre pouvoit rompre comme toi. » Il laisse là sa pensée imparfaite, la colère le tenant comme suspendu et partagé sur un mot, entre deux différentes personnes : « qui... O le plus méchant de tous les hommes! » Et ensuite, tournant tout d'un coup contre Aristogiton ce même discours qu'il sembloit avoir laissé là, il touche bien davantage et fait une bien plus forte impression. Il en est de même de cet emportement de Pénélope dans Homère,[b] quand elle voit entrer chez elle un héraut de la part de ses amants :

> De mes fâcheux amants ministre injurieux,
> Héraut, que cherches-tu? Qui t'amène en ces lieux?
> Y viens-tu, de la part de cette troupe avare,
> Ordonner qu'à l'instant le festin se prépare?
> Fasse le juste ciel, avançant leur trépas,[c]
> Que ce repas pour eux soit le dernier repas!
> Lâches, qui, pleins d'orgueil et foibles de courage,
> Consumez de son fils le fertile héritage,
> Vos pères autrefois ne vous ont-ils point dit
> Quel homme étoit Ulysse, etc.

---

[a] Page 494, édit. de Bâle. (BOILEAU, 1713.)
[b] *Odyssée*, liv. IV, vers 681. (BOILEAU, 1713.)
[c]  Ce détestable mets avança leur trépas,
  Et ce repas pour eux fut le dernier repas.
    (VOLTAIRE, *Henriade*, chant X, v. 243, 244.)

## CHAPITRE XXIV.

### DE LA PÉRIPHRASE.

Il n'y a personne, comme je crois, qui puisse douter que la périphrase ne soit aussi[a] d'un grand usage[b] dans le sublime ; car, comme dans la musique, le son principal[c] devient plus agréable à l'oreille lorsqu'il est accompagné des différentes parties qui lui répondent, de même la périphrase, (48) tournant autour du mot propre, forme souvent, par rapport avec lui, une consonnance et une harmonie fort belle dans le discours, surtout lorsqu'elle n'a rien de discordant ou d'enflé, mais que toutes choses y sont dans un juste tempérament. Platon nous en fournit un bel exemple au commencement de son oraison funèbre. « Enfin, dit-il, nous leur avons rendu les derniers devoirs ; et maintenant ils achèvent ce fatal voyage, et ils s'en vont tout glorieux de la magnificence avec laquelle toute la ville en général et leurs parents en particulier les ont conduits[d] hors de ce monde.[e] » Premièrement il appelle la mort CE FATAL VOYAGE. Ensuite il parle des derniers devoirs qu'on avoit rendus aux morts, comme d'une pompe publique que leur pays leur avoit préparée exprès pour

---

[a] C'est le texte de 1701, in-12, dernière édition revue par Boileau lui-même. Il avait mis *encore* dans les éditions précédentes. On a rétabli ce mot dans l'édition de 1713. (B.-S.-P.)

[b] Le grec dit : ὑψηλοποιὸν, *capable de produire le sublime.*

[c] Voyez à la *Correspondance* la lettre à Brossette du 7 de janvier 1709.

[d] Dacier (*marg.*) note, mais sans remarque, ce mot comme *mauvais*.

[e] *Menexenus*, p. 236, édit. de H. Étienne. (BOILEAU, 1713.)

les conduire hors de cette vie. Dirons-nous que toutes ces choses ne contribuent que médiocrement à relever cette pensée? Avouons plutôt que, par le moyen de cette périphrase mélodieusement répandue dans le discours, d'une diction toute simple il a fait une espèce de concert et d'harmonie. De même Xénophon : [a] « Vous regardez le travail comme le seul guide qui vous peut conduire à une vie heureuse et plaisante.[b] Au reste, votre âme est ornée de la plus belle qualité que puissent jamais posséder des hommes nés pour la guerre; c'est qu'il n'y a rien qui vous touche plus sensiblement que la louange. » Au lieu de dire : « Vous vous adonnez au travail, » il use de cette circonlocution :[c] « Vous regardez le travail comme le seul guide qui vous peut conduire à une vie heureuse. » Et, étendant ainsi toutes choses, il rend sa pensée plus grande et relève beaucoup cet éloge. Cette périphrase d'Hérodote[d] me semble encore inimitable : « La déesse Vénus, pour châtier l'insolence des Scythes qui avoient pillé son temple, leur envoya une maladie qui les rendoit femmes.[e] » (49)

Au reste, il n'y a rien dont l'usage s'étende plus loin que la périphrase, pourvu qu'on ne la répande pas partout sans choix et sans mesure; car aussitôt elle languit et a je ne sais quoi de niais et de grossier. Et c'est pourquoi Platon, qui est toujours figuré dans ses expressions et quelquefois même un peu mal à propos, au jugement

---

[a] *Instit. de Cyrus*, liv. I, p. 24, édit. de Leuncla. (BOILEAU, 1713.)

[b] Dans le sens du latin *placens*, qui plaît, qui *est agréable*.

[c] Ceci ne rend point le grec. Longin y dit que Xénophon ne s'est pas borné à cette circonlocution (*vous vous adonnez*, etc.), mais qu'il a aussi amplifié ce qui suit. Il fallait donc traduire : *et en amplifiant aussi le reste*, il rend, etc. Dac., mss. (B.-S.-P.)

Le grec dit, en effet, καὶ τ'ἄλλα ὁμοίως ἐπεκτείνας.

[d] Liv. I, p. 45, sect. CV, édition de Francfort. (BOILEAU, 1713.)

[e] Les fit devenir impuissants. (BOILEAU, 1713.)

de quelques-uns, a été raillé pour avoir dit [a] dans ses Lois : [b] « Il ne faut point souffrir que les richesses d'or et d'argent prennent pied ni habitent dans une ville. » S'il eût voulu, poursuivent-ils, interdire la possession du bétail, assurément qu'il auroit dit, par la même raison, « les richesses de bœufs et de moutons. »

Mais ce que nous avons dit en général suffit pour faire voir l'usage des figures à l'égard du grand et du sublime ; car il est certain qu'elles rendent toutes le discours plus animé et plus pathétique ; or le pathétique participe du sublime autant que le sublime[c] participe du beau et de l'agréable.

## CHAPITRE XXV.

### DU CHOIX DES MOTS.

Puisque la pensée et la phrase[d] s'expliquent ordinairement l'une par l'autre, voyons si nous n'avons point encore quelque chose à remarquer dans cette partie du discours qui regarde l'expression. Or, que le choix des grands mots et des termes propres soit d'une merveilleuse vertu pour attacher et pour émouvoir, [e] c'est ce que personne n'ignore

---

[a] *Dans* sa République : *il ne faut...* (BOILEAU, 1713.)
Le texte dit bien ἐν τοῖς νόμοις. Liv. VII, p. 801. (EGGER.)

[b] Liv. V, p. 741 et 42, édit. de H. Étienne. (BOILEAU, 1713.)

[c] Le *moral,* selon l'ancien manuscrit. (BOILEAU, 1713.)
Ruhnken donne ὅσον ἦθος ἡδονῆς. On sait que les rhéteurs entendaient par ἦθος les mouvements doux et tendres, opposés au pathétique.

[d] Il y a dans le grec φράσις, ce qui signifie non point *phrase,* mais *diction, élocution.*

[e] Il y a dans le grec ἄγει καὶ κατακηλεῖ τοὺς ἀκούοντας, — *entraîne* et *charme les auditeurs.*

et sur quoi par conséquent il seroit inutile de s'arrêter. En effet, il n'y a peut-être rien d'où les orateurs, et tous les écrivains en général qui s'étudient au sublime, tirent plus de grandeur, d'élégance, de netteté, de poids, de force et de vigueur pour leurs ouvrages que du choix des paroles. C'est par elles que toutes ces beautés éclatent dans le discours comme dans un riche tableau ; [a] et elles donnent aux choses une espèce d'âme et de vie. Enfin les beaux mots sont, à vrai dire, la lumière propre et naturelle de nos pensées. Il faut prendre garde, néanmoins, à ne pas faire parade partout d'une vaine enflure de paroles ; [b] car d'exprimer une chose basse en termes grands et magnifiques, c'est tout de même que si vous appliquiez un grand masque de théâtre sur le visage d'un petit enfant ; si ce n'est, à la vérité, dans la poésie. [c] ***(50) Cela se peut voir encore dans un passage de Théopompus, que Cécilius blâme, je ne sais pourquoi, et qui me semble, au contraire, fort à louer pour sa justesse et parce qu'il dit beaucoup. « Philippe, dit cet historien, boit sans peine les affronts que la nécessité de ses affaires l'oblige de souffrir. »

En effet, un discours [d] tout simple exprimera quelquefois mieux la chose que toute la pompe et tout

---

[a] Boileau prend beaucoup de liberté avec le texte. — Il est question dans le grec de *belles statues, de discours qui fleurissent*. Il n'a pas cru devoir rendre ces images un peu disparates de Longin.

[b] Le grec dit : cet éclat de paroles n'est *pas de mise partout, n'est pas partout nécessaire*, ὄγκος αὐτῶν οὐ πάντη χρειώδης.

[c] L'auteur, après avoir montré combien les grands mots sont impertinents dans le style simple, faisoit voir que les termes simples avoient place quelquefois dans le style noble. — Voyez la remarque 52. (BOILEAU, 1713.)

[d] Au lieu de *discours*, il vaudrait mieux que l'auteur eût mis *une expression toute simple*.

l'ornement, comme on le voit tous les jours dans les affaires de la vie. Ajoutez qu'une chose énoncée d'une façon ordinaire se fait aussi plus aisément croire. Ainsi, en parlant d'un homme qui, pour s'agrandir, souffre sans peine et même avec plaisir des indignités, ces termes : BOIRE DES AFFRONTS, me semblent signifier beaucoup. Il en est de même de cette expression d'Hérodote :[a] « Cléomène étant devenu furieux, il prit un couteau dont il se hacha la chair en petits morceaux ; et s'étant ainsi déchiqueté lui-même, il mourut. » Et ailleurs :[b] « Pythès, demeurant toujours dans le vaisseau, ne cessa point de combattre qu'il n'eût été haché en pièces. » Car ces expressions marquent un homme qui dit bonnement les choses et qui n'y entend point de finesse, et renferment néanmoins en elles un sens qui n'a rien de grossier ni de trivial.[c]

## CHAPITRE XXVI.

### DES MÉTAPHORES.

Pour ce qui est du nombre des métaphores, Cécilius semble être de l'avis de ceux qui n'en souffrent pas plus de deux ou trois au plus pour exprimer une seule chose. Mais[d]

---

[a] Liv. VI, p. 358, édition de Francfort. (BOILEAU, 1674 à 1713.) — Voyez un éloge de ce passage, Réflexion X.

[b] Liv. VII, p. 444. (BOILEAU, 1713.)

[c] Le texte dit d'une manière plus brève : ceci rase de près la trivialité et n'est point trivial dans l'expression, τοῦτο γὰρ ἐγγὺς παραξύει τὸν ἰδιώτην, ἀλλ' οὐκ ἰδιωτεύει τῷ σημαντικῷ.

[d] V. E. Texte de 1674 à 1713. Mais est omis dans beaucoup d'éditions. (B.-S.-P.) Le texte n'exige pas ce mais, pas plus qu'il n'exigerait cet ora-

Démosthène nous doit encore ici servir de règle.[a] Cet orateur nous fait voir qu'il y a des occasions où l'on en peut employer plusieurs à la fois, quand les passions, comme un torrent rapide, les entraînent avec elles nécessairement et en foule. « Ces hommes malheureux, dit-il quelque part, ces lâches flatteurs, ces furies de la république, ont cruellement déchiré leur patrie.[b] Ce sont eux qui, dans la débauche, ont autrefois vendu à Philippe notre liberté, (51) et qui la vendent encore aujourd'hui à Alexandre; qui, mesurant, dis-je, tout leur bonheur aux sales plaisirs de leur ventre, à leurs infâmes débordemens, ont renversé toutes les bornes de l'honneur, et détruit parmi nous cette règle, où les anciens Grecs faisoient consister toute leur félicité, de ne souffrir point de maître. » Par cette foule de métaphores prononcées dans la colère, l'orateur ferme entièrement la bouche à ces traîtres.[c] Néanmoins Aristote[d] et Théophraste, pour excuser l'audace de ces figures, pensent qu'il est bon d'y apporter ces adoucissements : « Pour ainsi dire, pour parler ainsi, Si j'ose me servir de ces

---

*teur nous fait voir qu'il y a des occasions.* Le sens est celui-ci : *Le moment d'employer les métaphores, c'est quand les passions, roulant avec la rapidité d'un torrent, entraînent avec elles la multitude des métaphores, comme étant alors nécessaires.*

[a] *De corona,* p. 354, édit. de Bâle. (BOILEAU, 1713.)
Pline le Jeune dit de même : « Demosthenes ipse ille, norma oratoris et regula, etc. » (Ép. IX, 26.)

[b] Il y a dans le texte *qui ont mutilé leur patrie,* ἠκρωτηριασμένοι τὰς ἑαυτῶν ἕκαστοι πατρίδας.

[c] De 1674 à 1682 il y a : *de métaphores,* l'orateur décharge entièrement sa colère contre *ces traîtres.* — Le changement a encore été proposé par Dacier (*mss.*).
Boileau a mal fait de déférer à l'avis de Dacier, sa traduction se rapprochait beaucoup plus du texte, qui dit : La colère de l'orateur fond là sur les traîtres avec une multitude de tropes, τῶν προδοτῶν ἐπιπροσθεῖ τοῦ ῥήτορος θυμός.

[d] *Rhét.,* liv. III, ch. VII.

termes, Pour m'expliquer un peu plus hardiment.ᵃ » En effet, ajoutent-ils,ᵇ l'excuseᶜ est un remède contre les hardiesses du discours; et je suis bien de leur avis. Mais je soutiens pourtant toujours ce que j'ai déjà dit, que le remède le plus naturel contre l'abondance et la hardiesse, soit des métaphores, soit des autres figures, c'est de ne les employer qu'à propos, je veux dire dans les grandes passions et dans le sublime;ᵈ car comme le sublime et le pathétique, par leur violence et leur impétuosité, emportent naturellement et entraînent tout avec eux, ils demandent nécessairement des expressions fortes, et ne laissent pas le temps à l'auditeur de s'amuser à chicaner le nombre des métaphores, parce qu'en ce moment il est épris d'une commune fureur avec celui qui parle.

Et même pour les lieux communs et les descriptions, il n'y a rien quelquefois qui exprime mieux les choses qu'une foule de métaphores continuées.ᵉ C'est par elles que nous voyons dans Xénophon une description si pompeuse de

---

ᵃ Boileau, on l'a vu, a pris cette phrase pour texte de sa onzième réflexion, mais après y avoir fait deux changements. 1° Il a supprimé les mots *un peu* qui sont avant *plus hardiment...* ; 2° il a substitué *afin d'excuser* à *pour excuser*, probablement parce que le mot *pour* est plusieurs fois dans la phrase.
ᵇ Boileau a aussi retouché ce passage en le rapportant dans la même réflexion.
ᶜ « Ruhnken rend ici hommage à l'exactitude du traducteur français, et à la justesse de l'expression dont il se sert pour rendre le mot textuel, ὑποτίμησις. Il dit : « Unus Boilavius recte vertit *excusatio*. » (Aman.)
ᵈ Dacier (*impr.*) traduit autrement cette phrase, mais il est contredit par Tollius et par Saint-Marc. (B.-S.-P.)
Dans la traduction de Boileau il y a à reprendre ce qui suit : *je veux dire dans les grandes passions*, etc. En effet, le sens de Longin est : « le remède... est dans l'à-propos, dans les passions véhémentes et dans le sublime. »
ᵉ Le texte dit : les *tropes continués et accumulés*, οἱ συνηχεῖς καὶ ἐπάλληλοι τρόποι.

l'édifice du corps humain. Platon[a] néanmoins en a fait la peinture d'une manière encore plus divine. Ce dernier appelle la tête « une citadelle. » Il dit que le cou est « un isthme, qui a été mis entre elle et la poitrine ; » que les vertèbres sont « comme des gonds sur lesquels elle tourne ; » que la volupté est « l'amorce de tous les malheurs qui arrivent aux hommes ; » que la langue est « le juge des saveurs ; » que le cœur est « la source des veines, la fontaine du sang, qui de là se porte avec rapidité dans toutes les autres parties, et qu'il est disposé comme une forteresse[b] gardée de tous côtés. » Il appelle les pores des rues étroites. « Les dieux, poursuit-il, voulant soutenir le battement du cœur, que la vue inopinée des choses terribles, ou le mouvement de la colère, qui est de feu, lui causent ordinairement, ils ont mis sous lui le poumon dont la substance est molle et n'a point de sang ; mais, ayant par dedans de petits trous en forme d'éponge, il sert au cœur comme d'oreiller, afin que, quand la colère est enflammée, il ne soit point troublé dans ses fonctions.[c] » Il appelle la partie concupiscible « l'appartement de la femme,[d] » et la partie irascible, « l'appartement de l'homme. » Il dit que la rate est « la cuisine des intestins ;[e] et qu'étant pleine des ordures du foie, elle s'enfle et devient bouffie. » « Ensuite, continue-t-il, les dieux couvrirent toutes ces parties de

[a] Dans le *Timée*, pages 69 et suiv., édition de H. Étienne. (BOILEAU, 1713.)

[b] De 1674 à 1682 il y a : *qu'il est* placé dans une *forteresse*... — Autre changement proposé par Dacier (*mss.*).

[c] « Il ne se blesse pas en sautant contre quelque chose qui cède, » voilà ce que dit le grec : πηδῶσα εἰς ὑπεῖκον, μὴ λυμαίνηται.

[d] Le grec met *comme* devant *l'appartement de la femme*.

[e] Boileau traduit comme s'il y avoit μαγειρεῖον, cuisine ; Dacier a corrigé ce passage d'après Platon ; Ruhnken donne μαγεῖον, mot douteux qui serait mis pour ἐκμαγεῖον, *essuie-main*.

chair, qui leur sert comme de rempart et de défense contre les injures du froid, et contre tous les autres accidents. Et elle est, ajoute-t-il, comme une laine molle et ramassée qui entoure doucement le corps. » Il dit que le sang est « la pâture de la chair. » « Et afin, poursuit-il, que toutes les parties pussent recevoir l'aliment, ils y ont creusé, comme dans un jardin, plusieurs canaux, afin que les ruisseaux des veines, sortant du cœur comme de leur source, pussent couler dans ces étroits conduits du corps humain. » Au reste, quand la mort arrive, il dit que « les organes se dénouent comme les cordages d'un vaisseau, et qu'ils laissent aller l'âme en liberté. » Il y en a encore une infinité d'autres ensuite, de la même force, mais ce que nous avons dit suffit pour faire voir combien toutes ces figures sont sublimes d'elles-mêmes ; combien, dis-je, les métaphores servent au grand, et de quel usage elles peuvent être dans les endroits pathétiques et dans les descriptions.

Or, que ces figures, ainsi que toutes les autres élégances du discours, portent toujours les choses dans l'excès, c'est ce que l'on remarque assez sans que je le dise. Et c'est pourquoi Platon même[a] n'a pas été peu blâmé de ce que souvent, comme par une fureur de discours, il se laisse emporter à des métaphores dures et excessives, et à une vaine pompe allégorique. « On ne concevra pas aisément, dit-il en un endroit, qu'il en doit être de même d'une ville[b] comme d'un vase où le vin qu'on verse, et qui est d'abord bouillant et furieux, tout

---

[a] *Des Lois,* liv. VI, p. 773, édit. de H. Étienne. (BOILEAU, 1713.)

[b] De 1674 à 1682 il y a : *qu'il* en est *d'une ville...* — Dacier (*marg.* et *mss.*) a proposé le changement en ces termes (plus corrects que ceux de Boileau) : *Il en doit être d'une ville comme...*

d'un coup entrant en société avec une autre divinité sobre qui le châtie, devient doux et bon à boire. » D'appeler l'eau « une divinité sobre, » et de se servir du terme de CHATIER pour tempérer; en un mot, de s'étudier si fort à ces petites finesses, cela sent, disent-ils, son poëte, qui n'est pas lui-même trop sobre. Et c'est peut-être ce qui a donné sujet à Cécilius de décider si hardiment, dans ses commentaires sur Lysias, que Lysias valoit mieux en tout que Platon, poussé par deux sentiments aussi peu raisonnables l'un que l'autre; car, bien qu'il aimât Lysias plus que soi-même, il haïssoit encore plus Platon qu'il n'aimoit Lysias; si bien que, porté de ces deux mouvements, et par un esprit de contradiction, il a avancé plusieurs choses de ces deux auteurs, qui ne sont pas des décisions si souveraines qu'il s'imagine. De fait,[a] accusant Platon d'être tombé en plusieurs endroits, il parle de l'autre comme d'un auteur achevé et qui n'a point de défauts; ce qui, bien loin d'être vrai, n'a pas même une ombre de vraisemblance. Et, en effet, où trouverons-nous un écrivain qui ne pêche jamais, et où il n'y ait rien à reprendre?[b]

---

[a] Selon Dacier (*impr.*), ceci n'explique pas assez la pensée de Longin.
Le grec dit qu'il met avant Platon, qui tombe souvent en faute, l'orateur qui ne fait aucune faute, dont le style est pur : ὡς γὰρ ἀναμάρτητον καὶ καθαρὸν τὸν ῥήτορα προφέρει πολλαχῇ διημαρτημένου τοῦ Πλάτωνος.

[b] Ruhnken met cette phrase dans la section suivante.

## CHAPITRE XXVII.

#### SI L'ON DOIT PRÉFÉRER LE MÉDIOCRE PARFAIT AU SUBLIME QUI A QUELQUES DÉFAUTS.

Peut-être ne sera-t-il pas hors de propos d'examiner ici cette question en général ; savoir, lequel vaut mieux, soit dans la prose, soit dans la poésie, d'un sublime qui a quelques défauts, ou d'une médiocrité parfaite et saine en toutes ses parties, qui ne tombe et ne se dément point ; et ensuite lequel, à juger équitablement des choses, doit emporter le prix, de deux ouvrages dont l'un a un[a] plus grand nombre de beautés, mais l'autre va plus au grand et au sublime ; car ces questions étant naturelles à notre sujet, il faut nécessairement les résoudre. Premièrement donc je tiens,[b] pour moi, qu'une grandeur au-dessus de l'ordinaire n'a point naturellement la pureté du médiocre. En effet, dans un discours si poli et si limé, il faut craindre la bassesse. Il en est de même du sublime que d'une richesse immense, où l'on ne peut pas prendre garde à tout de si près, et où il faut, malgré qu'on en ait, négliger quelque chose. Au contraire, il est presque impossible pour l'ordinaire qu'un esprit bas et médiocre fasse des fautes : car, comme il ne se hasarde et ne s'élève jamais, il demeure toujours en sûreté ; au lieu que le grand, de soi-même et par sa propre grandeur, est glis-

---

[a] La phrase seroit plus claire s'il y avoit : « lequel de deux ouvrages doit remporter le prix, ou celui qui a un, etc. » *Dac., mss.*

[b] Comparez Cicéron, *Orator,* 28 ; Sénèque, Épît. 114 ; Pline, lettre IX, 26 ; Quintilien, X, 1, 24 ; Denys d'Halicarnasse, p. 128. Sylb.

sant et dangereux. Je n'ignore pas pourtant ce qu'on me peut objecter d'ailleurs, que naturellement nous jugeons des ouvrages des hommes par ce qu'ils ont de pire, et que le souvenir des fautes qu'on y remarque dure toujours et ne s'efface jamais; au lieu que tout ce qui est beau [a] passe vite, et s'écoule bientôt de notre esprit : mais, bien que j'aie remarqué plusieurs fautes dans Homère et dans tous les plus célèbres auteurs, et que je sois peut-être l'homme du monde à qui elles plaisent le moins, j'estime, après tout, que ce sont des fautes dont ils ne se sont pas souciés, et qu'on ne peut appeler proprement fautes, mais qu'on doit simplement regarder comme des méprises et de petites négligences qui leur sont échappées, parce que leur esprit, qui ne s'étudioit qu'au grand, ne pouvoit pas s'arrêter aux petites choses. En un mot, je maintiens que le sublime,[b] bien qu'il ne se soutienne pas également partout, quand ce ne seroit qu'à cause de sa grandeur, l'emporte sur tout le reste. En effet, Apollonius, par exemple, celui qui a composé le poëme des *Argonautes,* ne tombe jamais ; et dans Théocrite, ôté quelques endroits où il sort un peu du caractère de l'églogue, il n'y a rien qui ne soit heureusement imaginé. Cependant aimeriez-vous mieux être Apollonius ou Théocrite qu'Homère ? L'*Érigone* d'Ératosthène[c] est un poëme où il n'y a rien à reprendre. Direz-

[a] Il aurait mieux valu mettre : au lieu que le souvenir de ce qui est beau...

[b] Le grec dit *les beautés d'un ordre supérieur,* τὰς μείζονας ἀρετάς...

[c] Ératosthène naquit à Cythère vers l'an 276 avant Jésus-Christ. Il fut bibliothécaire d'Alexandrie sous Ptolémée Évergète. Ayant perdu la vue, il se laissa, dit-on, mourir de faim à l'âge de quatre-vingt-deux ans (194). Ératosthène était à la fois astronome, géographe, philosophe, grammairien et poëte ; il ne reste de lui que quelques fragments publiés à Berlin, mai 1822, par Gdfr. Bernhardy, sous le titre d'*Eratosthenica.* F.-G. Schneidewin, 1839, parle de lui dans ses *Poetæ elegiaci;* V. Muller dans son *Herodotus,* 1844. Voir

vous pour cela qu'Ératosthène est plus grand poëte qu'Archiloque,[a] qui se brouille à la vérité, et manque d'ordre et d'économie en plusieurs endroits de ses écrits, mais qui ne tombe dans ce défaut qu'à cause de cet esprit divin dont il est entraîné[b] et qu'il ne sauroit régler comme il veut? Et même, pour le lyrique, choisiriez-vous plutôt d'être Bacchylide que Pindare? ou, pour la tragédie, Ion, ce poëte de Chio,[c] que Sophocle? En effet, ceux-là ne font jamais de faux pas, et n'ont rien qui ne soit écrit avec beaucoup d'élégance et d'agrément. Il n'en est pas ainsi de Pindare et de Sophocle; car au milieu de leur plus grande violence, durant qu'ils tonnent et foudroient, pour ainsi dire, souvent leur ardeur vient mal à propos à s'éteindre, et ils tombent malheureusement. Et toutefois y a-t-il un homme de bon sens qui daignât comparer tous les ouvrages d'Ion ensemble au seul *OEdipe* de Sophocle?

encore l'*Anthologie Palat.*, éd. Jacobs. Consulter là-dessus l'*Histoire de la littérature grecque,* par Donaldson, trad. en grec moderne par M. Valettas, t. I, p. 470.

[a] « Le peu de fragments qui nous restent de ce poëte, si célèbre par la véhémence entraînante de son style, et l'âpreté de sa verve satirique, se trouvent dans les *Analectes* de Brunck, t. I, p. 40; et III. p. 6 et 236. » (AMAR.) —Voir aussi Ign. Liebel, Vienne, 1818; Gaisford, 1823, *Poetæ minores Græci;* Bergk, 1843, *Poetæ lyrici Græci.*

[b] Le texte parle plutôt d'un assaut de l'esprit divin que subit le poëte, τῇ ἐμβολῇ τοῦ δαιμονίου πνεύματος; il est vrai que des éditions ajoutent à ces mots celui-ci : Ὁρμῇ. Ruhnken supprime ce dernier.

[c] Le grec dit simplement : *Jon de Chio.* Voyez, sur ce poëte et ses ouvrages, le scoliaste d'Aristophane, *ad Pacem,* v. 835. (AMAR.) « Ion vit couronner une de ses pièces. Il en ressentit tant de joie, qu'il fit présent à tous les habitants d'Athènes d'un de ces beaux vases de terre cuite fabriqué dans l'île de Chio, sa patrie. La belle Chrasilla lui ayant préféré Périclès, son rival, il répandit contre ce dernier tout le fiel de la satire. Les morceaux qu'Athénée a conservés de ce poëte respirent une morale très-libre. » (DE SAINT-SURIN.)

## CHAPITRE XXVIII.

#### COMPARAISON D'HYPÉRIDE ET DE DÉMOSTHÈNE.

Que si au reste l'on doit juger du mérite d'un ouvrage par le nombre plutôt que par la qualité et l'excellence de ses beautés, il s'ensuivra qu'Hypéride doit être entièrement préféré à Démosthène. En effet, outre qu'il est plus harmonieux, il a bien plus de parties d'orateur qu'il possède presque toutes en un degré éminent,[a] semblable à ces athlètes qui réussissent aux cinq sortes d'exercices, et qui, n'étant les premiers en pas un de ces exercices, passent en tous l'ordinaire et le commun. En effet, il a imité Démosthène en tout ce que Démosthène a de beau, excepté pourtant dans la composition et l'arrangement des paroles. Il joint à cela les douceurs et les grâces de Lysias. Il sait adoucir, où il faut, la rudesse et la simplicité du discours, et ne dit pas toutes les choses d'un même air comme Démosthène. Il excelle à peindre les mœurs.[b] Son style a, dans sa naïveté, une certaine douceur agréable et fleurie. Il y a dans ses ouvrages un nombre infini de choses plaisamment dites.[c] Sa manière de rire et de se

---

[a] Selon Dacier (*impr.*), il faudrait : « qu'il possède toutes en un degré presque éminent, » καὶ σχεδὸν ὕπακρος ἐν πᾶσιν...

[b] Ceci est tout à fait hors du sens. Il ne s'agit ici que de l'emploi de ces mouvements doux et tendres que les anciens rhéteurs désignaient sous le nom de τὰ ἤθη et qu'ils opposaient aux mouvements impétueux, appelés τὰ πάθη. C'est dont se souvient un personnage de Molière quand il dit au savant qu'il veut louer :

On voit briller chez vous *l'ithos* et le *pathos*.

[c] Le grec donne le mot ἀστεισμοί, son correspondant en latin est *urbani-*

moquer est fine et a quelque chose de noble. Il a une facilité merveilleuse à manier l'ironie. Ses railleries ne sont point froides ni recherchées comme celles de ces faux imitateurs du style attique, mais vives et pressantes. Il est adroit à éluder les objections qu'on lui fait et à les rendre ridicules en les amplifiant. Il a beaucoup de plaisant et de comique, et est tout plein de jeux et de certaines pointes d'esprit qui frappent toujours où il vise. Au reste, il assaisonne toutes ces choses d'un tour et d'une grâce inimitables. Il est né pour toucher et émouvoir la pitié. Il est étendu dans ses narrations fabuleuses. Il a une flexibilité admirable pour les digressions; il se détourne, il reprend haleine où il veut, comme on le peut voir dans ces fables qu'il conte de Latone.[a] Il a fait une oraison funèbre qui est écrite avec tant de pompe et d'ornement, que je ne sais pas si un autre l'a jamais égalé en cela.[b]

Au contraire, Démosthène ne s'entend pas fort bien à peindre les mœurs.[c] Il n'est point étendu dans son style. Il a quelque chose de dur et n'a ni pompe ni ostentation. En un mot, il n'a presque aucune des parties dont nous

---

*tates,* c'est-à-dire ces traits d'esprit délicats, ces plaisanteries ingénieuses d'un homme nourri dans la ville et fort éloigné de la rusticité des champs. Le passage de Boileau ne rend donc pas tout à fait le sens de Longin, ou du moins il faut se rappeler le sens propre du mot *plaisant* au xviie siècle.

[a] « Dans son discours sur Délos (Δηλιακὸς) dont Sopater (*in Hermogen.*) nous a conservé quelques fragments, rapportés par Casaubon dans son commentaire sur Athénée, liv. X, ch. vi, et cités par Rhunken, *Histoire critique des orateurs grecs*, p. 149. Voyez aussi Belin de Ballu, *Histoire de l'Éloq.*, t. I, p. 315. » (AMAR.)

[b] Un heureux hasard a fait découvrir presque en entier cette oraison funèbre dans un papyrus égyptien. M. Caffiaux en a donné le premier une édition. M. Jules Girard a fait sur ce discours un travail littéraire et critique. Cette oraison funèbre justifie tous les éloges de Longin.

[c] Voir pour le sens de ce mot la note b, p. 19.

[d] Longin veut dire qu'il n'a point les agréments et l'éclat du genre démonstratif, τὸ ἐπιδεικτικόν.

venons de parler. S'il s'efforce d'être plaisant, [a] il se rend ridicule plutôt qu'il ne fait rire, et s'éloigne d'autant plus du plaisant qu'il tâche d'en approcher. [b] Cependant, parce qu'à mon avis toutes ces beautés qui sont en foule dans Hypéride n'ont rien de grand, qu'on y voit, pour ainsi dire, un orateur toujours à jeun [c] et une langueur d'esprit qui n'échauffe, qui ne remue point l'âme, personne n'a jamais été fort transporté de la lecture de ses ouvrages. Au lieu que Démosthène (52) ayant ramassé en soi [d] toutes les qualités d'un orateur véritablement né au sublime, et

[a] Le grec ajoute *et fin*, καὶ ἀστεῖος.

[b] Dans l'édition de Saint-Marc, à la suite de cette phrase on lit celle-ci : « [ *Et s'il s'étoit chargé de faire un petit discours en faveur d'Athénogène ou de Phryné, sans doute il n'auroit travaillé que pour la gloire d'Hypéride;* ] et en note : ce que les deux crochets renferment en italique est la traduction d'une phrase de Longin, qui manquoit dans presque tous les imprimés du temps de M. Despréaux. M. Pearce l'a remise le premier dans le texte. Tollius s'étoit contenté de rapporter une note de M. Le Fèvre, qui donne cette phrase comme tirée du manuscrit de Dudithius, avec ces paroles, que ce dernier avoit écrites à la marge : *tutto questo dubito che sia stato transportato del margine nel testo ; e che sia judicio di qualchuno, che biasima Longino, perche dà tante lodi a Hyperide, etc., etc.* » Rhunken donne cette phrase, la voici : Τό γέ τοι περὶ Φρύνης ἢ Ἀθηνογένους λογίδιον ἐπιχειρῆσαι γράφειν, ἔτι μᾶλλον ἂν Ὑπερίδην συνέστησεν.

[c] « Il y a dans le grec καρδίῃ νήφοντος ; et par là Longin a entendu un orateur *toujours égal et modéré ;* car νήφειν est toujours opposé à μαίνεσθαι, être furieux. M. Despréaux a cru conserver la même idée parce qu'un orateur véritablement sublime ressemble en quelque manière à un homme qui est échauffé par le vin. » (Dacier.)

[d] Boileau a traduit ce passage d'après l'édition de Manuce qui donnait Ὁ δὲ ἔνθεν λαβὼν τὸν τοῦ μεγαλοφυεστάτου, καὶ ἐπ' ἄκρον ἀρετᾶς συντετελεσμένας ὑψηγορίας τόνον, au lieu de ceci qui se lit dans Pearce et dans Ruhnken : ὁ δὲ ἔνθεν ἑλὼν τοῦ μεγαλοφυεστάτου καὶ ἐπ' ἄκρον ἀρετᾶς συντετελεσμένας ὑψηγορίας τόνον... Saint-Marc propose de traduire ainsi tout ce passage : « A l'égard de Démosthène, comme il a pris pour son partage, d'un côté, l'esprit le plus propre au sublime, et les qualités de l'orateur conduites à leur souveraine perfection, l'élévation du discours, les passions animées, l'abondance, la présence d'esprit, la rapidité ; d'autre part, ce qui l'emporte sur tout le reste, une force, une véhémence, dont il est impossible d'approcher : comme, dis-je, il rassemble en foule autour de lui toutes ces choses, qui sont comme des dons envoyés par les dieux (car il n'est pas permis de les appeler humains) ;

entièrement perfectionné par l'étude, ce ton de majesté et de grandeur, ces mouvements animés, cette fertilité, cette adresse, cette promptitude, et, ce qu'on doit surtout estimer en lui, cette force et cette véhémence dont jamais personne n'a su approcher; par toutes ces divines qualités que je regarde, en effet, comme autant de rares présents qu'il avoit reçus des dieux et qu'il ne m'est pas permis d'appeler des qualités humaines, il a effacé tout ce qu'il y a eu d'orateurs célèbres dans tous les siècles, les laissant comme abattus et éblouis, pour ainsi dire, de ses tonnerres et de ses éclairs ; car dans les parties où il excelle il est tellement élevé au-dessus d'eux, qu'il répare entièrement par là celles qui lui manquent; et certainement il est plus aisé d'envisager fixement et les yeux ouverts les foudres qui tombent du ciel, que de n'être point ému des violentes passions qui règnent en foule dans ses ouvrages.

## CHAPITRE XXIX.\*

### DE PLATON ET DE LYSIAS, ET DE L'EXCELLENCE DE L'ESPRIT HUMAIN.

Pour ce qui est de Platon, comme j'ai dit, il y a bien de la différence; car il surpasse Lysias, non-seulement

---

c'est pour cela que, par les beautés sublimes qu'il tire de son fonds, il a toujours l'avantage sur tous les autres, et qu'à l'égard de ce qui lui manque, il terrasse, il offusque comme à coups de foudre et par des éclairs redoublés tous les orateurs de tous les siècles ; et l'on pourroit plus aisément fixer les yeux sur la foudre quand elle tombe, que soutenir, sans baisser la vue, l'éclat des mouvements pathétiques, qui chez lui naissent rapidement les uns des autres. »

\* Il faut compléter ainsi la note donnée par Boileau au n° 56 : « La divi-

par l'excellence, mais aussi par le nombre de ses beautés. Je dis plus, c'est que Platon n'est pas tant au-dessus de Lysias par un plus grand nombre de beautés, que Lysias est au-dessous de Platon par un plus grand nombre de fautes.

Qu'est-ce donc qui a porté ces esprits divins à mépriser cette exacte et scrupuleuse délicatesse, pour ne chercher que le sublime dans leurs écrits ? En voici une raison.[a] C'est que la nature n'a point regardé l'homme comme un animal de basse et de vile condition ; mais elle lui a donné la vie et l'a fait venir au monde comme dans une grande assemblée, pour être spectateur de toutes les choses qui s'y passent ; elle l'a, dis-je, introduit dans cette lice comme un courageux athlète qui ne doit respirer que la gloire. C'est pourquoi elle a engendré d'abord en nos âmes une passion invincible pour tout ce qui nous paroît de plus grand et de plus divin. Aussi voyons-nous que le monde entier ne suffit pas à la vaste étendue de l'esprit de l'homme. Nos pensées vont souvent plus loin que les cieux, et pénètrent au delà de ces bornes qui environnent et qui terminent toutes choses.

Et certainement si quelqu'un fait un peu de réflexion sur un homme dont la vie n'ait rien eu dans tout son cours que de grand et d'illustre, il peut connoître par là à quoi nous sommes nés. Ainsi nous n'admirons pas naturellement de petits ruisseaux, bien que l'eau en soit claire et

---

sion du livre en sections, comme on a déjà remarqué, n'est pas de Longin, mais de quelque moderne, qui a aussi fabriqué les arguments des chapitres. Dans l'ancien manuscrit, au lieu de ὁ Λυσίας, qui se lit ici dans le texte à la seconde ligne de la section, on lit ἀποσίας ; mais ἀποσίας ne fait aucun sens ; et je crois en effet que Longin avoit écrit ὁ Λυσίας. » (1713.)

[a] Il y a dans le texte πρὸς πολλοῖς ἄλλοις ἐκεῖνο, « en voici une raison entre beaucoup d'autres. »

transparente, et utile même pour notre usage; mais nous sommes véritablement surpris quand nous regardons le Danube, le Nil, le Rhin et l'Océan surtout. Nous ne sommes pas fort étonnés de voir une petite flamme, que nous avons allumée, conserver longtemps sa lumière pure; mais nous sommes frappés d'admiration quand nous contemplons ces feux qui s'allument quelquefois dans le ciel, bien que pour l'ordinaire ils s'évanouissent en naissant;[a] et nous ne trouvons rien de plus étonnant dans la nature que ces fournaises du mont Etna, qui quelquefois jette du profond de ses abîmes

<blockquote>Des pierres, des rochers, et des fleuves de flammes.[b]</blockquote>

De tout cela il faut conclure que ce qui est utile, et même nécessaire aux hommes, souvent n'a rien de merveilleux, comme étant aisé à acquérir, mais que tout ce qui est extraordinaire est admirable et surprenant.

---

[a] Rien dans le texte n'autorisait Boileau à traduire ainsi ce passage; il n'y a que ce mot ἐπισκοτουμένων; il est probable que Longin par ce mot οὐρανίων entendait le soleil et la lune dont l'éclat s'obscurcit quelquefois.

[b] *Pind. Pyth.*, p. 254, édit. de Benoist. (BOILEAU, 1713.)

« De tous les traducteurs de Longin, dit Saint-Marc, M. Despréaux est le seul qui fût poëte de profession, et le seul aussi qui se soit avisé de voir ici des vers de Pindare. Langbaine cite trois passages, auxquels les paroles de Longin semblent faire allusion; mais, bien que composées de mots qui s'y trouvent dans tous les trois, elles ne sont les termes de pas un. Ces passages sont l'un de Platon, l'autre d'Eschyle, et le troisième de Pindare. » Le passage de Pindare est celui-ci, il se trouve dans la Pythique 1<sup>re</sup>, dans la deuxième strophe, il s'agit de l'Etna :

<blockquote>
Τὰς ἐρεύγονται μὲν ἀπλά-<br>
-του πυρὸς ἁγνόταται<br>
Ἐκ μυχῶν παγαί· ποταμοὶ<br>
Δ' ἁμέραισιν μὲν προχέοντι ῥόον καπνοῦ<br>
Αἴθων'. . . . . . . . . . .
</blockquote>

Il suffit bien pour justifier la sagacité de Boileau.

## CHAPITRE XXX.

#### QUE LES FAUTES DANS LE SUBLIME SE PEUVENT EXCUSER.

A l'égard donc des grands orateurs en qui le sublime et le merveilleux se rencontre joint avec l'utile et le nécessaire, il faut avouer qu'encore que ceux dont nous parlions n'aient point été exempts de fautes, ils avoient néanmoins quelque chose de surnaturel et de divin. En effet, d'exceller dans toutes les autres parties, cela n'a rien qui passe la portée de l'homme, mais le sublime nous élève presque aussi haut que Dieu. Tout ce qu'on gagne à ne point faire de fautes, c'est qu'on ne peut pas être repris; mais le grand se fait admirer. Que vous dirai-je, enfin? un seul de ces beaux traits et de ces pensées sublimes qui sont dans les ouvrages de ces excellents auteurs peut payer tous leurs défauts.[a] Je dis bien plus : c'est que si quelqu'un ramassoit ensemble toutes les fautes qui sont dans Homère, dans Démosthène, dans Platon et dans tous ces autres célèbres héros, elles ne feroient pas la moindre ni la millième partie des bonnes choses qu'ils ont dites.[b] C'est pourquoi l'envie n'a pas empêché qu'on ne leur ait donné

---

[a] « Telle est, à la rigueur, le sens de Longin; mais je n'aime pas *payer* les défauts, non plus que les *racheter* (expression littérale du grec). Il vaudroit mieux *couvrir, effacer,* ou autre mot semblable. » DACIER, *mss.* Boileau traduit fidèlement le texte, qui donne ἐξωνεῖται, *paye* ou *rachète; racheter* aurait mieux valu que *payer.*

[b] Boileau traduit fort exactement Longin. On ne comprend pas que Saint-Marc voie dans ce passage *contradiction* et *inconséquence.*

le prix dans tous les siècles, et personne jusqu'ici n'a été en état de leur enlever ce prix, qu'ils conservent encore aujourd'hui et que vraisemblablement ils conserveront toujours,

> Tant qu'on verra les eaux dans les plaines courir,
> Et les bois dépouillés au printemps refleurir. [a]

On me dira peut-être qu'un [b] colosse qui a quelques défauts n'est pas plus à estimer qu'une petite statue achevée, comme, par exemple, le soldat de Polyclète. [c] A cela je réponds que, dans les ouvrages de l'art, c'est le travail et l'achèvement [d] que l'on considère ; au lieu que, dans les ouvrages de la nature, c'est le sublime et le prodigieux : or discourir, c'est une opération naturelle à l'homme. Ajoutez que [e] dans une statue on ne cherche que le rapport et la ressemblance ; mais, dans le discours, on veut, comme j'ai dit, le surnaturel et le divin. Cependant, pour

---

[a] Épitaphe pour Midias, p. 534, deuxième vol. d'Homère, édition des Elzev. (BOILEAU, 1713.) — Cette épitaphe est attribuée à Homère par les uns, à Cléobule par les autres.
Voir Hérodote, vie d'Homère; Diogène de Laërce, I, 89 ; *Hesiodi et Homeri certamen, Hésiode*, édit. Boissonade.

[b] Il faut le colosse, le grec donne ὁ Κολοσσός; on peut croire que Boileau traduisait sur un texte où l'article manquait, d'après une observation de Saint-Marc qui dit : « le nom est dans le grec sans article. » Il s'agit du colosse de Rhodes.

[c] Le Doryphore, petite statue de Polyclète... (BOILEAU, 1674 à 1701.) — Le *Doryphore* ou le *Canon* (*la règle*), statue d'un jeune homme d'un âge plus fait que le Diadumène, et armé d'une lance... Selon M. Bœttiger, le Canon serait une statue différente du Doryphore. Clarac, *Manuel de l'Histoire de l'art chez les anciens*, 2ᵉ partie, p. 539. Cf. Pline, éd. Sillig, liv. XXXIV, 55. (M. CHÉRON.)

[d] Le grec dit simplement τὸ ἀκριβέστατον : ce qu'il y a de plus exact, c'est-à-dire le *fini*.

[e] Ces mots : *ajoutez que*, sont tout à fait superflus; ils arrêtent le raisonnement.

ne nous point éloigner[a] de ce que nous avons établi d'abord, comme c'est le devoir de l'art d'empêcher que l'on ne tombe,[b] et qu'il est bien difficile qu'une haute élévation, à la longue, se soutienne et garde toujours un ton égal, il faut que l'art vienne au secours de la nature, parce qu'en effet c'est leur parfaite alliance qui fait la souveraine perfection. Voilà ce que nous avons cru être obligés de dire sur les questions qui se sont présentées. Nous laissons pourtant à chacun son jugement libre et entier.

## CHAPITRE XXXI.

### DES PARABOLES, DES COMPARAISONS ET DES HYPERBOLES.

Pour retourner à notre discours, les paraboles et les comparaisons approchent fort des métaphores, et ne diffèrent d'elles qu'en un seul point ***.[c] Telle est cette hyperbole : « Supposé que votre esprit soit dans votre tête,[d] et que vous ne le fouliez pas sous vos talons.[e] »

---

[a] Le texte exact est celui-ci : *ceci nous ramène à ce que nous avons dit au commencement.*

[b] Au lieu de τὸ ἐν ὑπεροχῇ πολλῇ οὐχ ὁμότονον, on lisoit dans l'ancien manuscrit, τὸ δ' ἐν ὑπεροχῇ πολλῇ, πλὴν οὐχ ὁμότονον, etc. La construction est beaucoup plus nette en lisant ainsi, et le sens très-clair : « puisque de ne jamais tomber, c'est l'avantage de l'art, et que d'être très-élevé, mais inégal, est le partage d'un esprit sublime, il faut que l'art vienne au secours de la nature. » (BOIVIN.) C'est la leçon qu'a suivie Ruhnken.

[c] Cet endroit est fort défectueux, et ce que l'auteur avoit dit de ces figures manque tout entier. (BOILEAU, 1674 à 1713.) — Dacier essaye de suppléer ce qui manque.

[d] Ceci n'est pas dans le texte, qui donne seulement : εἰ μὴ τὸν ἐγκέφαλον ἐν ταῖς πτέρναις καταπεπατημένον φορεῖτε.

[e] Démosthène, ou Hégésippe, *de Haloneso*, p. 34, édit. de Bâle... (Boi-

C'est pourquoi il faut bien prendre garde jusqu'où toutes ces figures peuvent être poussées, parce qu'assez souvent, pour vouloir porter trop haut une hyperbole, on la détruit. C'est comme une corde d'arc, qui, pour être trop tendue, se relâche : et cela fait quelquefois un effet tout contraire à ce que nous cherchons.

Ainsi Isocrate, dans son Panégyrique,[a] par une sotte ambition de ne vouloir rien dire qu'avec emphase,[b] est tombé, je ne sais comment, dans une faute de petit écolier. Son dessein, dans ce panégyrique, c'est de faire voir que les Athéniens ont rendu plus de services à la Grèce que ceux de Lacédémone, et voici par où il débute : « Puisque le discours a naturellement la vertu de rendre les choses grandes petites, et les petites grandes, qu'il sait donner les grâces de la nouveauté aux choses les plus vieilles, et qu'il fait paroître vieilles celles qui sont nouvellement faites. » Est-ce ainsi, dira quelqu'un, ô Isocrate, que vous allez changer toutes choses à l'égard des Lacédémoniens et des Athéniens ? En faisant de cette sorte l'éloge du discours, il fait proprement un exorde pour exhorter ses auditeurs à ne rien croire de ce qu'il leur va dire.

C'est pourquoi il faut supposer, à l'égard des hyperboles, ce que nous avons dit pour toutes les figures en général, que celles-là sont les meilleures qui sont entiè-

---

LEAU, 1713.) — Dacier dit que l'oraison de *Haloneso* est d'Hégésippe.

Hégésippe, contemporain de Démosthène, partageait ses vues contre les Macédoniens. Il ne manquait pas de talent, puisqu'on a attribué quelques-uns de ses discours à son ami. Les anciens critiques lui restituent le discours sur Halonèse, et celui sur *l'Alliance avec Alexandre*.

[a] Page 42, édit. de H. Étienne. (BOILEAU, 1713.)

[b] *Avec emphase* ne rend pas le texte, qui donne πάντα αὐξητικῶς... λέγειν, c'est-à-dire avec la volonté de tout *agrandir*.

rement cachées, et qu'on ne prend point pour des hyperboles. Pour cela donc il faut avoir soin[a] que ce soit toujours la passion qui les fasse produire au milieu de quelque grande circonstance, comme, par exemple, l'hyperbole de Thucydide,[b] à propos des Athéniens qui périrent dans la Sicile : « Les Siciliens étant descendus en ce lieu, ils y firent un grand carnage de ceux surtout qui s'étoient jetés dans le fleuve. L'eau fut en un moment corrompue du sang de ces misérables ; et néanmoins, toute bourbeuse et toute sanglante qu'elle étoit, ils se battoient pour en boire. »

Il est assez peu croyable[c] que des hommes boivent du sang et de la boue, et se battent même pour en boire ; et toutefois la grandeur de la passion, au milieu de cette étrange circonstance, ne laisse pas de donner une apparence de raison à la chose. Il en est de même de ce que dit Hérodote[d] de ces Lacédémoniens qui combattirent au pas des Thermopyles : « Ils se défendirent encore quelque temps en ce lieu avec les armes qui leur restoient, et avec les mains et les dents ; jusqu'à ce que les barbares, tirant toujours, les eussent comme ensevelis sous leurs traits. » Que dites-vous de cette hyperbole? Quelle apparence que des hommes se défendent avec les mains et les dents (53) contre des gens armés, et que tant de personnes soient ensevelies sous les traits de leurs ennemis? Cela ne laisse pas néanmoins d'avoir de la vraisemblance, parce

---

[a] Le texte dit : *cela arrive toutes les fois que la passion*, etc.

[b] Livre VII, p. 555, édit. de H. Étienne. (BOILEAU, 1713.)

[c] Boileau donne à sa traduction un ton tout à fait inattendu : le grec dit seulement : « la violence de la passion et la circonstance rendent croyable que ces gens aient combattu pour boire ce mélange de sang et de boue. »

[d] Livre VII, p. 458, édit. de Francfort. (BOILEAU, 1713.)

que la chose ne semble pas recherchée pour l'hyperbole, mais que l'hyperbole semble naître du sujet même. En effet, pour ne me point départir de ce que j'ai dit, un remède infaillible pour empêcher que les hardiesses ne choquent, c'est de ne les employer que dans la passion, et aux endroits à peu près qui semblent les demander. Cela est si vrai que dans le comique on dit des choses qui sont absurdes d'elles-mêmes, et qui ne laissent pas toutefois de passer pour vraisemblables, à cause qu'elles émeuvent la passion, je veux dire qu'elles excitent à rire. En effet, le rire est une passion de l'âme, causée par le plaisir. Tel est ce trait d'un poëte comique : [a] « Il possédoit une terre à la campagne, qui n'étoit pas plus grande qu'une épître de Lacédémonien. » (54)

Au reste, on se peut servir de l'hyperbole aussi bien pour diminuer les choses que pour les agrandir ; car l'exagération est propre à ces deux différents effets ; et le « diasyrme,[b] » qui est une espèce d'hyperbole, n'est, à le bien prendre, que l'exagération d'une chose basse et ridicule.[c]

## CHAPITRE XXXII.

#### DE L'ARRANGEMENT DES PAROLES.

Des cinq parties qui produisent le grand, comme nous avons supposé d'abord, il reste encore la cinquième à

[a] Voyez Strabon, liv. I, p. 36, édit. de Paris. (BOILEAU, 1813.)
[b] Διασυρμός. (BOILEAU, 1713.)
[c] Longin ne parle point d'une chose basse et *ridicule,* il dit simplement l'amplification de *la bassesse.*

examiner; c'est à savoir la composition et l'arrangement des paroles ; mais, comme nous avons déjà donné deux volumes de cette matière, où nous avons suffisamment expliqué tout ce qu'une longue spéculation nous en a pu apprendre, nous nous contenterons de dire ici ce que nous jugeons absolument nécessaire à notre sujet, comme, par exemple, que l'harmonie n'est pas simplement un agrément que la nature a mis dans la voix de l'homme, (55) pour persuader et pour inspirer le plaisir, mais que, dans les instruments même inanimés,[a] c'est un moyen merveilleux pour élever le courage et pour émouvoir les passions. (56)

Et de vrai, ne voyons-nous pas que le son des flûtes émeut l'âme de ceux qui l'écoutent, et les remplit de fureur, comme s'ils étoient hors d'eux-mêmes ; que, leur imprimant dans l'oreille le mouvement de sa cadence, il les contraint de la suivre, et d'y conformer en quelque sorte le mouvement de leurs corps ? Et non-seulement le son des flûtes, mais presque tout ce qu'il y a de différents sons au monde, comme, par exemple, ceux de la lyre, font cet effet. Car, bien qu'ils ne signifient rien d'eux-mêmes, néanmoins par ces changements de tons qui s'entre-choquent les uns les autres, et par le mélange de leurs accords, souvent, comme nous voyons, ils causent à l'âme un transport et un ravissement admirables. Cependant ce ne sont que des images et de simples imi-

---

[a] On voit par la note de Boileau qu'il traduisait le texte de Manuce, où se lisait φυσικὸν ἀνθρώποις ἐνέργημα. Ce passage a été depuis corrigé. Ruhnken et Toupius le donnent de cette manière : ὡς οὐ μόνον ἐστί πειθοῦς καὶ ἡδονῆς ἡ ἁρμονία φυσικὸν ἀνθρώποις, αλλὰ καὶ μεγαλοπρεπείας καὶ πάθους θαυμαστόν τε ὄργανον. Il est juste de dire que Boileau n'a trouvé dans aucun texte les mots suivants qu'il introduit dans sa traduction : *dans les instruments même inanimés.*

tations de la voix, qui ne disent et ne persuadent rien,ᵃ n'étant, s'il faut parler ainsi, que des sons bâtards, et non point, comme j'ai dit, des effets de la nature de l'homme. Que ne dirons-nous donc point de la composition, qui est en effet comme l'harmonie du discours, dont l'usage est naturel à l'homme; qui ne frappe pas simplement l'oreille, mais l'esprit; qui remue tout à la fois tant de différentes sortes de noms, de pensées, de choses, tant de beautés et d'élégances avec lesquelles notre âme a une espèce de liaison et d'affinité; qui, par le mélange et la diversité des sons, insinue dans les esprits, inspire à ceux qui écoutent, les passions mêmes de l'orateur, et qui bâtit sur ce sublime amas de paroles ce grand et ce merveilleux que nous cherchons? Pouvons-nous, dis-je, nier qu'elle ne contribue beaucoup à la grandeur, à la majesté, à la magnificence du discours, et à toutes ces autres beautés qu'elle renferme en soi; et qu'ayant un empire absolu sur les esprits, elle ne puisse en tout temps les ravir et les enlever? Il y auroit de la folie à douter d'une vérité si universellement reconnue, et l'expérience en fait foi...ᵇ (57)

Au reste, il en est de même des discours que des corps, qui doivent ordinairement leur principale excellence à l'assemblage et à la juste proportion de leurs

---

ᵃ Il n'y a pas cela dans le texte grec.

ᵇ L'auteur, pour donner ici un exemple de l'arrangement des paroles, rapporte un passage de Démosthène (DE CORONA, p. 340, édit. de Bâle); mais, comme ce qu'il en dit est entièrement attaché à la langue grecque, je me suis contenté de le traduire dans les remarques. Voyez la remarque 62. (BOILEAU, 1674 à 1713.)

C'est une des plus grandes libertés qu'on puisse prendre avec son texte. Voici la phrase de Démosthène : τοῦτο τὸ ψήφισμα τὸν τότε τῇ πόλει περισ--τάντα κίνδυνον παρελθεῖν ἐποίησεν, ὥσπερ νέφος. Longin commente cette phrase en dix-huit lignes; ce sont ces dix-huit lignes que Boileau a passées.

membres; de sorte même qu'encore qu'un membre séparé de l'autre n'ait rien en soi de remarquable, tous ensemble ne laissent pas de faire un corps parfait. Ainsi, les parties du sublime étant divisées, le sublime se dissipe entièrement; au lieu que, venant à ne former qu'un corps par l'assemblage qu'on en fait, et par cette liaison harmonieuse qui les joint, le seul tour de la période leur donne du son et de l'emphase.[a] C'est pourquoi on peut comparer le sublime dans les périodes à un festin par écots, auquel plusieurs ont contribué. Jusque-là qu'on voit beaucoup de poëtes et d'écrivains qui, n'étant point nés au sublime, n'en ont jamais manqué néanmoins; bien que pour l'ordinaire ils se servissent de façons de parler basses, communes et fort peu élégantes. En effet, ils se soutiennent par ce seul arrangement de paroles, qui leur enfle et grossit en quelque sorte la voix; si bien qu'on ne remarque point leur bassesse. Philiste est de ce nombre. Tel est aussi Aristophane en quelques endroits, et Euripide en plusieurs, comme nous l'avons déjà suffisamment montré. Ainsi, quand Hercule, dans cet auteur,[b] après avoir tué ses enfants, dit :

> Tant de maux à la fois sont entrés dans mon âme,[c]
> Que je n'y puis loger de nouvelles douleurs;

---

[a] Boileau aurait pu se dispenser d'ajouter « de l'emphase, » *leur donne du son* suffisait pour traduire le grec φωνήεντα γίνεται. Le traducteur n'emploie pas ici *emphase* avec le sens qu'il lui a donné dans ce vers de l'*Art poétique* :
Il réprime des vers l'ambitieuse emphase.

Il lui attribue plutôt l'acception qu'on lui trouve dans les *Rhétoriques*, où l'*emphase* est rangée parmi les figures, et qui consiste à employer un mot qui a beaucoup de force, comme *enflammé de colère*, *noyé de dettes*. L'expression donne plus *d'apparence*, ἔμφασις, à l'idée.

[b] *Hercule furieux*, vers 1245. (BOILEAU, 1713.)

[c] De 1674 à 1694 il y a : ... *fois* ont assiégé *mon âme*... Autre change-

cette pensée est fort triviale. Cependant il la rend noble par le moyen de ce tour, qui a quelque chose de musical et d'harmonieux.[a] Et certainement, pour peu que vous renversiez l'ordre de sa période, vous verrez manifestement combien Euripide est plus heureux dans l'arrangement de ses paroles que dans le sens de ses pensées. De même, dans sa tragédie intitulée Dircé traînée[b] par un taureau :[c]

Il tourne aux environs dans sa route incertaine;
Et, courant en tous lieux où sa rage le mène,
Traîne après soi la femme, et l'arbre et le rocher.

Cette pensée est fort noble à la vérité ; mais il faut avouer que ce qui lui donne plus de force, c'est cette harmonie qui n'est point précipitée ni emportée comme une masse pesante, mais dont les paroles se soutiennent les unes les autres, et où il y a plusieurs pauses. En effet, ces pauses sont comme autant de fondements solides sur lesquels son discours s'appuie et s'élève.

---

ment proposé par Dacier (mss.). De ce qu'une place est assiégée, observe-t-il entre autres, il ne s'ensuit pas qu'elle soit pleine et qu'ainsi l'on ne puisse y loger d'autres individus que ceux qui y sont. (B.-S.-P.)

[a] « M. Despréaux suit ici la fausse interprétation de Gabriel de Petra. Ce n'est pas la pensée de Longin, qui dit à la lettre, en reprenant ce qui précède : ce qu'il dit est fort trivial ; mais il devient sublime parce que par la composition il répond, *suppléez*, au sublime : c'est-à-dire il ressemble au sublime. Suivant une légère correction de Tollius, que M. Capperonnier paroit adopter et que M. Pearce rejette, il faut traduire : ce qu'il dit est fort trivial, mais la composition le fait ressembler au sublime. » (Saint-Marc.) Il y a en effet dans le texte …τῇ πλάσει ἀναλογοῦν.

[b] De 1674 à 1682 il y a : *Dircé emportée par…* — C'est également Dacier (*impr.*) qui a proposé le changement.
Il y a en effet dans le texte συρομένης…

[c] *Dircé* ou *Antiope*, tragédie perdue. Voyez les fragments de M. Barnès, p. 510. (Boileau, 1713.)

## CHAPITRE XXXIII.

#### DE LA MESURE DES PÉRIODES.

Au contraire, il n'y a rien qui rabaisse davantage le sublime que ces nombres rompus et qui se prononcent vite, tels que sont les pyrrhiques, les trochées et les dichorées, qui ne sont bons que pour la danse. En effet, toutes ces sortes de pieds et de mesures n'ont qu'une certaine mignardise et un petit agrément qui a toujours le même tour, et qui n'émeut point l'âme. Ce que j'y trouve de pire, c'est que, comme nous voyons que naturellement ceux à qui l'on chante un air ne s'arrêtent point au sens des paroles, et sont entraînés par le chant, de même ces paroles mesurées n'inspirent point à l'esprit les passions qui doivent naître du discours, et impriment simplement dans l'oreille le mouvement de la cadence. Si bien que comme l'auditeur prévoit d'ordinaire cette chute qui doit arriver, il va au-devant de celui qui parle, et le prévient, marquant, comme en une danse,[a] la chute avant[b] qu'elle arrive.

[a] « Je ne vois pas pourquoi M. Despréaux, M. Dacier et Tollius veulent entendre de la danse ce que Longin dit en finissant. Il a commencé par une comparaison de l'harmonie des *airs chantants* avec l'harmonie du discours. Ces *airs* se chantoient à voix seule ou bien en chœur. La fin de la période de Longin ne contient que des *métaphores* relatives à la comparaison qui précède; et le tout se doit entendre du chant, ainsi que M. Pearce et M. l'abbé Gori l'ont entendu. » (Saint-Marc.) Il est certain que, dans le texte, il y a ὡς ἐν χορῷ τινι, ce qui doit s'entendre naturellement du chant.

[b] De 1674 à 1682 il y a : *danse,* la cadence *avant...* — La substitution du mot *chute* proposé par Dacier (*impr.*) fut effectuée seulement pendant le

C'est encore un vice qui affoiblit beaucoup le discours quand les périodes sont arrangées avec trop de soin, ou quand les membres en sont trop courts, et ont trop de syllabes brèves, étant d'ailleurs comme joints et attachés ensemble avec des clous aux endroits où ils se désunissent. Il n'en faut pas moins dire des périodes qui sont trop coupées ; car il n'y a rien qui estropie davantage le sublime que de le vouloir comprendre dans un trop petit espace. Quand je défends néanmoins de trop couper les périodes, je n'entends pas parler de celles qui ont leur juste étendue, mais de celles qui sont trop petites et comme mutilées. En effet, de trop couper son style, cela arrête : au lieu que de le diviser en périodes, cela conduit le lecteur. Mais le contraire en même temps apparoît des périodes trop longues ; et toutes ces paroles recherchées pour allonger mal à propos un discours sont mortes et languissantes.

## CHAPITRE XXXIV.

#### DE LA BASSESSE DES TERMES.

Une des choses encore qui avilit autant[a] le discours, c'est la bassesse[b] des termes. Ainsi nous voyons dans

---

tirage de l'édition de 1683, et avec précipitation, car ses divers exemplaires portent *la chute ;* mais on corrigea la faute dans l'édition de 1685, et en faisant cette correction, on remania trois pages (118 à 122), de sorte que la composition en diffère presque à chaque ligne de l'édition de 1683. (Cela seul suffirait pour montrer combien Saint-Marc se trompe lorsqu'il croit que, s'il y a une édition de 1685, elle ne diffère de l'édition de 1683 que par le frontispice.) (B.-S.-P.)

[a] Le grec dit ceci avec plus de force : δεινὴ δ'αἰσχῦναι τὰ μεγέθη...

[b] Le grec dit *la petitesse.* Je crois qu'il falloit se servir de ce terme,

Hérodote[a] une description de tempête qui est divine pour le sens; mais il y a mêlé des mots extrêmement bas, comme quand il dit : [b] « La mer commençant à bruire. » (58) Le mauvais son de ce mot BRUIRE fait perdre à sa pensée une partie de ce qu'elle avoit de grand. « Le vent, dit-il en un autre endroit, les ballotta fort, et ceux qui furent dispersés par la tempête firent une fin peu agréable. » Ce mot BALLOTTER est bas, et l'épithète de PEU AGRÉABLE n'est point propre pour exprimer un accident comme celui-là.

De même l'historien Théopompus[c] a fait une peinture de la descente du roi de Perse dans l'Égypte, qui est miraculeuse d'ailleurs ; mais il a tout gâté par la bassesse des mots qu'il y mêle. « Y a-t-il une ville, dit cet historien, et une nation dans l'Asie, qui n'ait envoyé des ambassadeurs au roi? Y a-t-il rien de beau et de précieux qui croisse ou qui se fabrique en ce pays, dont on ne lui ait fait des présents? Combien de tapis et de vestes magnifiques, les unes rouges, les autres blanches et les autres historiées de couleurs! combien de tentes dorées et garnies de toutes les choses nécessaires pour la vie! Combien de robes et de lits somptueux! Combien de vases d'or et d'argent enrichis de pierres précieuses ou artistement travaillés! Ajoutez à cela un nombre infini d'armes étrangères et à la grecque; une foule incroyable de bêtes de voiture

---

parce que Longin ne se borne pas à parler ici des termes qui, dans leur signification, offrent *des idées basses;* il y parle principalement des mots dont le son est *trop petit,* trop grêle, et ne répond pas à la dignité des choses qu'ils expriment. (SAINT-MARC.)

[a] Livre VII, p. 446 et 448, édit. de Francfort. (BOILEAU, 1713.)

[b] Voyez les remarques. (BOILEAU, 1674 à 1675.) — Cette note a été supprimée à dater de 1683. (B.-S.-P.)

[c] Livre perdu. (BOILEAU, 1713.) — Théopompe, de l'île de Chio, orateur et historien, et disciple d'Isocrate. Il vivait au quatrième siècle avant notre ère; il avait continué l'histoire de Thucydide. (B.-S.-P.)

et d'animaux destinés pour les sacrifices; des boisseaux [a] remplis de toutes les choses propres pour réjouir le goût; des armoires et des sacs pleins de papier [b] et de plusieurs autres ustensiles; et une si grande quantité de viandes salées de toutes sortes d'animaux, que ceux qui les voyoient de loin pensoient que ce fussent des collines qui s'élevassent de terre. »

De la plus haute élévation il tombe dans la dernière bassesse, à l'endroit justement où il devoit le plus s'élever; car, mêlant mal à propos, dans la pompeuse description de cet appareil, des boisseaux, des ragoûts et des sacs, il semble qu'il fasse la peinture d'une cuisine. Et comme si quelqu'un avoit toutes ces choses à arranger, et que parmi des tentes et des vases d'or, au milieu de l'argent et des diamants, il mît en parade des sacs et des boisseaux, cela feroit un vilain effet à la vue; il en est de même des mots bas dans le discours, et ce sont autant de taches et de marques honteuses qui flétrissent l'expression. Il n'avoit qu'à détourner un peu la chose, et dire en général, à propos de ces montagnes de viandes salées et du reste de cet appareil, qu'on envoya au roi des chameaux et plusieurs bêtes de voiture chargées de toutes les choses nécessaires pour la bonne chère et pour le plaisir; ou des monceaux

---

[a] Voyez Athénée, liv. II, p. 67, édit. de Lyon. (BOILEAU, 1713.)
Le grec dit beaucoup de boisseaux *d'assaisonnements*, πολλοὶ μὲν ἀρτυμάτων μέδιμνοι. — Athénée que cite Boileau rapporte exactement la phrase de Théopompe. (Section 77.) — Le même écrivain fait remarquer qu'on trouve aussi dans Sophocle βορᾶς ἀρτύματα.

[b] Texte de 1674 à 1713, et non point *papiers*, comme dans les éditions modernes.
Voir là-dessus la note de Dacier à la suite de celle de Boileau. — Le grec dit θύλακοι, le mot *armoires* ne répond pas à ce terme. Il désigne en effet de grands sacs de cuir qui servaient à transporter la farine ou le pain. L'observation est de Saint-Marc.

de viandes les plus exquises, et tout ce qu'on sauroit s'imaginer de plus ragoûtant et de plus délicieux ; ou, si vous voulez, tout ce que les officiers de table et de cuisine pouvoient souhaiter de meilleur pour la bouche de leur maître : car il ne faut pas d'un discours fort élevé passer à des choses basses et de nulle considération, à moins qu'on n'y soit forcé par une nécessité bien pressante. Il faut que les paroles répondent à la majesté des choses dont on traite ; et il est bon en cela d'imiter la nature, qui, en formant l'homme, n'a point exposé à la vue ces parties qu'il n'est pas honnête de nommer, et par où le corps se purge ; mais, pour se servir des termes de Xénophon,[a] « a caché et détourné ces égouts le plus loin qu'il lui a été possible, de peur que la beauté de l'animal n'en fût souillée. » Mais il n'est pas besoin d'examiner de si près toutes les choses qui rabaissent le discours. En effet, puisque nous avons montré ce qui sert à l'élever et à l'ennoblir, il est aisé de juger qu'ordinairement le contraire est ce qui l'avilit et le fait ramper.

## CHAPITRE XXXV.

#### DES CAUSES DE LA DÉCADENCE DES ESPRITS.

Il ne reste plus, mon cher Térentianus, qu'une chose à examiner : c'est la question que me fit il y a quelques jours un philosophe ; car il est bon de l'éclaircir, et je

---

[a] Livre I des *Mémorables*, p. 726, édition de Leunrl. (BOILEAU, 1713.)

veux bien, pour votre satisfaction[a] particulière, l'ajouter encore à ce traité.

Je ne saurois assez m'étonner, me disoit ce philosophe, non plus que beaucoup d'autres, d'où vient que dans notre siècle il se trouve assez d'orateurs qui savent manier un raisonnement[b] et qui ont même le style oratoire ; qu'il s'en voit, dis-je, plusieurs qui ont de la vivacité, de la netteté et surtout de l'agrément dans leurs discours ; mais qu'il s'en rencontre si peu qui puissent s'élever fort haut dans le sublime, tant la stérilité maintenant est grande parmi les esprits ! N'est-ce point, poursuivoit-il, ce qu'on dit ordinairement, que c'est le gouvernement populaire qui nourrit et forme les grands génies, puisque enfin jusqu'ici tout ce qu'il y a presque eu d'orateurs habiles ont fleuri et sont morts avec lui ? En effet, ajoutoit-il, il n'y a peut-être rien qui élève davantage l'âme des grands hommes que la liberté, ni qui excite et réveille plus puissamment en nous ce sentiment naturel qui nous porte à l'émulation, et cette noble ardeur de se voir élevé au-dessus des autres. Ajoutez que les prix qui se proposent dans les républiques aiguisent, pour ainsi dire, et achèvent de polir l'esprit des orateurs, leur faisant cultiver avec soin les talents qu'ils ont reçus de la nature, tellement qu'on voit briller dans leurs discours la liberté de leur pays. [c]

---

[a] De 1674 à 1682 il y a : *votre* instruction *particulière*. — Dacier (*mss.*) montre que le mot *instruction* ne convient pas, et il propose de mettre : *pour satisfaire votre curiosité*. (B.-S.-P.)

Le mot grec χρηστομαθείας signifie le désir que vous avez d'apprendre. Il serait donc plus exact de traduire, comme le veut Saint-Marc, *pour satisfaire le désir que vous avez d'apprendre*.

[b] Longin dit quelque chose de plus, faire des *discours extrêmement persuasifs*.

[c] Desmarets reprochait à Boileau (p. 130, 131) d'avoir osé présenter au roi un traité « où l'on soutenoit (trad. du *Sublime*, ch. 35) que le gouverne-

Mais nous, continuoit-il, qui avons appris dès nos premières années à souffrir le joug d'une domination légitime,[a] qui avons été comme enveloppés par les coutumes et les façons de faire de la monarchie, lorsque nous avions encore l'imagination tendre et capable de toutes sortes d'impressions ; en un mot, qui n'avons jamais goûté de cette vive et féconde source de l'éloquence, je veux dire de la liberté ; ce qui arrive ordinairement de nous, c'est que nous nous rendons de grands et magnifiques flatteurs. C'est pourquoi il estimoit, disoit-il, qu'un homme, même né dans la servitude, étoit capable des autres sciences,[b] mais que nul esclave ne pouvoit jamais être orateur : car un esprit, continua-t-il, abattu et comme dompté par l'accoutumance au joug, n'oseroit plus s'enhardir à rien ; tout ce qu'il avoit de vigueur s'évapore de soi-même, et il demeure toujours comme en prison. En un mot, pour me servir des termes d'Homère,[c]

> Le même jour qui met un homme libre aux fers
> Lui ravit la moitié de sa vertu première.

De même donc que, si ce qu'on dit est vrai, ces boîtes

---

ment populaire étoit plus favorable à l'éloquence que l'état monarchique. » Berriat-Saint-Prix, *Essai sur Boileau*, § 80, t. I, p. 1, xiv. — M. Egger fait remarquer que les mêmes idées ont été traitées par Cicéron, *Tusc. Q.*, 11, 25. Cf. Brutus, 6, 96, 97 ; Velleius Paterculus, 1, 17 ; Sénèque en différents endroits ; Tacite, dialogue *De claris oratoribus* ; Pétrone, *Satyricon*, au début ; les deux Pline ; Quintilien, *Inst. Orat.*, VI, proœm., 3 ; VIII, 6, 76 ; cf. II, 4, 42 ; 11, 10, 3 ; V, 12, 23...

[a] On ne pouvait guère, sous Louis XIV, s'exprimer autrement. Voici, selon Saint-Marc, le sens du grec : « Nous paroissons avoir été dès l'enfance imbus d'un véritable esclavage, dont les mœurs et les coutumes nous ont, dès nos premières pensées, enveloppés comme des langes... » (B.-S.-P.)

[b] Le grec ne parle pas de *sciences*, mais de dispositions naturelles à une chose, τὰς μὲν ἄλλας ἕξεις, *toutes les autres dispositions, tous les autres talents*.

[c] *Odyssée*, liv. XVII, v. 322. (Boileau, 1713.) — Les paroles d'Homère

où l'on enferme les pygmées, vulgairement appelés nains, les empêchent non-seulement de croître, mais les rendent même plus petits, par le moyen de cette bande dont on leur entoure le corps,[a] ainsi la servitude, je dis la servitude la plus justement établie, est une espèce de prison où l'âme décroît et se rapetisse en quelque sorte.[b] Je sais bien qu'il est fort aisé à l'homme, et que c'est son naturel, de blâmer toujours les choses présentes ; mais prenez garde que***.[c] (59) Et certainement, poursuivis-je, si les délices d'une trop longue paix sont capables de corrompre les plus belles âmes,[d] cette guerre sans fin, qui trouble depuis si longtemps toute la terre, n'est pas un moindre obstacle à nos désirs.[e]

Ajoutez à cela ces passions qui assiégent continuelle-

---

veulent dire : « Le jour de la servitude ôte la moitié de la vertu. » (Saint-Marc.)
Voici les vers d'Homère :

Ἥμισυ γάρ τ' ἀρετῆς ἀποαίνυται εὐρύοπα Ζεὺς
Ἀνέρος, εὖτ' ἄν μιν κατὰ δούλιον ἦμαρ ἕλῃσιν.

[a] Voir les notes de Dacier.
[b] Dacier (*impr.*) pense que Longin reprend ici la parole.
[c] Le texte tel que l'a reconstitué Ruhnken ne donne pas lieu de croire à une lacune. Il arrête le discours du philosophe introduit par Longin à cet endroit-ci : « se rapetisse en quelque sorte. » Longin répond : « Je sais bien qu'il est fort aisé, etc., » et il annonce que ces paroles sont de lui de la manière que voici : « Ἐγὼ μέντοι γε ὑπολαμβάνων · Ῥᾴδιον κ. τ. λ. » Voir là-dessus une note de Dacier. Saint-Marc a raison de dire, le texte est légèrement corrompu ; mais il n'y manque rien.
[d] V. E. 1674 in-4° et petit in-12... âmes, *à plus forte raison* cette...— Les mots en italiques furent supprimés, pour la première fois, non dans l'édition de 1683, comme le dit Brossette, ou dans celle de 1675, comme le dit M. de Saint-Surin, mais dans l'édition de 1674, grand in-12. (B.-S.-P.) Boileau aurait dû conserver ce qu'il a supprimé : le grec donne bien *à plus forte raison*, πολὺ δὲ μᾶλλον...
[e] Boileau ne traduit pas exactement, le texte donne κατέχων ἡμῶν τὰς ἐπιθυμίας... cette *guerre... qui tient nos désirs assiégés*. V. O. mêmes éditions de 1674 ...*terre* est un puissant *obstacle*. (B.-S.-P.)

ment notre vie, et qui portent dans notre âme la confusion et le désordre. En effet, continuai-je, c'est le désir des richesses dont nous sommes tous malades par excès; c'est l'amour des plaisirs qui, à bien parler, nous jette dans la servitude, et, pour mieux dire, nous traîne dans le précipice où tous nos talents[a] sont comme engloutis. Il n'y a point de passion plus basse que l'avarice ; il n'y a point de vice plus infâme que la volupté.[b] Je ne vois donc pas comment ceux qui font si grand cas des richesses, et qui s'en font comme une espèce de divinité, pourroient être atteints de cette maladie sans recevoir en même temps avec elle tous les maux dont elle est naturellement accompagnée.

Et certainement la profusion et les autres mauvaises habitudes suivent de près les richesses excessives ; elles marchent, pour ainsi dire, sur leurs pas ; et, par leur moyen, elles s'ouvrent les portes des villes et des maisons, elles y entrent et elles s'y établissent ; mais à peine y ont-elles séjourné quelque temps, « qu'elles y font leur nid,[c] » suivant la pensée des sages, et travaillent à se multiplier.

Voyez donc ce qu'elles y produisent : elles y engen-

---

[a] Le grec ne dit point nos talents, mais, *nos vies*, βίους.

[b] Capperonnier a raison de faire remarquer que le texte n'est pas ici rendu dans toute la précision du sens qu'il veut offrir, il propose « plus opposé à la générosité, ou plus contraire à la noblesse que la volupté! » Il vaudrait mieux dire : l'avarice est une maladie qui ravale les sentiments, et l'amour du plaisir est tout à fait opposé à la hauteur des pensées. Φιλαργυρία μὲν νόσημα μικροποιόν, φιληδονία δ' ἀγεννέστατον.

[c] La métaphore qu'emploie Longin est plus expressive que la traduction de Boileau ; νεοττοποιεῖται ne veut pas dire seulement que les passions *font leur nid*, mais qu'elles *y pondent*, et couvent leurs œufs. C'est ce que dit Platon, *Polit.*, IX, p. 574, A : Ἆρα οὐκ ἀνάγκη μὲν τὰς ἐπιθυμίας βοᾶν πυκνάς τε καὶ σφοδρὰς ἐννενεοττευμένας. Citation de M. Egger.

drent le faste et la mollesse, qui ne sont point des enfants bâtards, mais leurs vraies et légitimes productions. Que si nous laissons une fois croître en nous ces dignes enfants des richesses, ils y auront bientôt fait éclore l'insolence, le déréglement, l'effronterie et tous ces autres impitoyables tyrans de l'âme.

Sitôt donc qu'un homme, oubliant le soin de la vertu, n'a plus d'admiration que pour les choses frivoles et périssables, il faut de nécessité que tout ce que nous avons dit arrive en lui; il ne sauroit plus lever les yeux pour regarder au-dessus de soi,[a] ni rien dire qui passe le commun; il se fait en peu de temps une corruption générale dans toute son âme; tout ce qu'il avoit de noble et de grand se flétrit et se sèche de soi-même, et n'attire plus que le mépris.

Et comme il n'est pas possible qu'un juge qu'on a corrompu juge sainement et sans passion de ce qui est juste et honnête, parce qu'un esprit qui s'est laissé gagner aux présents ne connoît de juste et d'honnête que ce qui lui est utile; comment voudrions-nous que, dans ce temps où la corruption règne sur les mœurs et sur les esprits de tous les hommes, où nous ne songeons qu'à attraper la succession de celui-ci,[b] qu'à tendre des piéges à cet autre

---

[a] A partir de ces mots Boileau traduit mal le grec, il se trompe sur le premier membre qui suit, et il néglige presque une phrase entière ... μηδὲ πέρα φήμης εἶναί τινα λόγον... ἡνίκα τὰ θνητὰ ἑαυτῶν μέρη κἀνόνητα ἐκθαυμάζοιεν, παρέντες αὔξειν τἀθάνατα, ce que Saint-Marc traduit : Ni prendre un certain soin de leur réputation; ...puisque, admirateurs de ce qu'ils ont de mortel et d'inutile (κἀνόνητα), les hommes ne prennent aucun soin de l'accroissement de ce qu'ils ont d'immortel.

[b] Le grec dit quelque chose de plus atroce : « où l'on ne songe qu'à hâter la mort de celui-ci. » (DACIER, *impr.*) Le grec est encore plus vif que ne le dit Dacier : nous faisons la chasse à la mort des autres, καὶ ἀλλοτρίων θῆραι θανάτων.

pour nous faire écrire dans son testament, qu'à tirer un infâme gain de toutes choses, vendant pour cela jusqu'à notre âme, misérables esclaves de nos propres passions ; [a] comment, dis-je, se pourroit-il faire que, dans cette contagion générale, il se trouvât un homme sain de jugement et libre de passion, qui, n'étant point aveuglé ni séduit par l'amour du gain, pût discerner ce qui est véritablement grand et digne de la postérité? En un mot, étant tous faits de la manière que j'ai dit, ne vaut-il pas mieux qu'un autre nous commande, que de demeurer en notre propre puissance, de peur que cette rage insatiable d'acquérir, comme un furieux qui a rompu ses fers et qui se jette sur ceux qui l'environnent, n'aille porter le feu aux quatre coins de la terre? Enfin, lui dis-je, c'est l'amour du luxe qui est cause de cette fainéantise où tous les esprits, excepté un petit nombre, croupissent aujourd'hui. En effet, si nous étudions quelquefois, on peut dire que c'est, comme des gens qui relèvent de maladie, [b] pour le plaisir et pour avoir lieu de nous vanter, et non point par une noble émulation et pour en tirer quelque profit louable et solide. Mais c'est assez parlé là-dessus. Venons maintenant aux passions, [c] dont nous avons promis de faire un traité [d] à

---

[a] « Il manque en cet endroit un mot dans le texte. M. Despréaux y supplée assez heureusement ; mais Tollius et Pearce y suppléent plus heureusement encore, à mon avis, par un terme qui signifie *l'amour des richesses*. Selon eux la lettre est : réduit chacun en esclavage par l'amour des richesses. » (SAINT-MARC.) Ruhnken donne en effet πρὸς τῆς [φιλοχρηματίας] ἠνδραποδισμένοι.

[b] Cette comparaison et le sens donné à ἀναλαμβάνοντες ne sont point dans Longin. Il ne dit que ceci, *si nous travaillons, si nous entreprenons quelque chose*.

[c] V. E. (en part) 1674, in-4° et pet. in-12... là-dessus. *Passons* maintenant. *Venons* fut mis en 1674, gr. in-12. (B.-S.-P.)

[d] Il est perdu.

part ; car, à mon avis, elles ne sont pas[a] un des moindres ornements du discours, surtout pour ce qui regarde le sublime.

[a] V. E. (en part) 1674 à 1683, *elles ne* font *pas*. — La correction fut faite, non en 1694, mais en 1685. (B.-S.-P.)

# REMARQUES SUR LONGIN.

### OBSERVATIONS PRÉLIMINAIRES.

Le titre ci-dessus est celui qu'on donne, dans les deux éditions posthumes de 1713 (in-4° et in-12), aux remarques de Boileau, de Dacier et de Boivin. Les remarques de Dacier, insérées dans les éditions de 1683 et des années suivantes, à la suite de celles de Boileau (dans l'édition de Brossette, au bas de chaque page), sont précédées d'une préface, où, après de pompeux éloges de la traduction de Boileau (jusqu'en 1700 il le désigne par l'initiale D\*\*\*), il observe qu'ayant découvert de *nouveaux sens* dans Longin, il alla les communiquer au traducteur qu'il ne connaissait point encore. « Il ne reçut pas, poursuit-il, mes critiques en auteur, mais en homme d'esprit et en galant homme; il convint de quelques endroits; nous disputâmes longtemps sur d'autres; mais dans ces endroits mêmes dont il ne tomboit pas d'accord, il ne laissa pas de faire quelque estime de mes remarques, et il me témoigna que, si je voulois, il les feroit imprimer avec les siennes dans une seconde édition. » Dacier ajoute que, de peur de grossir le livre de Boileau, il a abrégé le plus qu'il lui a été possible.

Les remarques de Boivin parurent pour la première fois dans l'édition de 1701, à la suite de celles de Dacier et avec cet avertissement : « Dans le temps qu'on achevoit d'imprimer ces notes (celles de M. Dacier), M. Boivin, l'un des sous-bibliothécaires de la Bibliothèque royale, homme d'un très-grand mérite, et savant surtout dans la langue grecque, a apporté à M. Despréaux quelques remarques très-judicieuses qu'il a faites aussi sur Longin en lisant l'ancien manuscrit qu'on a dans cette fameuse bibliothèque; et Despréaux a cru qu'il feroit plaisir au public de les joindre à celles de M. Dacier. » (B.-S.-P.)

Les éditeurs du *Traité du Sublime* de Longin donnent huit fragments en grec et un neuvième en latin, tiré de Flavius Vopiscus. Ils ont tiré les fragments grecs des manuscrits de Paris, 2677 (*olim* 2765) et 2881, de Porphyre, *Vie de Platon*, d'Eusèbe, *Préparation évangélique*, d'Alde Rhet., I, p. 707-726, de Walz. Rhet., vol. IX, p. 543-596. Boileau a pu en avoir connaissance, puisque Tollius (né en 1630, mort en 1696), est le premier qui les ait ajoutés au texte; il s'est dispensé de les traduire. — En 1694, Jacques Tollius, professeur de grec dans l'université de Duisbourg, avait publié à Utrecht une édition de Longin avec une version latine, la traduction française de Boileau et des remarques sur cette traduction et sur les notes de Boileau et de Dacier.

Berriat-Saint-Prix a cru devoir abréger les notes de Dacier et les fondre avec les remarques de Boileau; nous ne suivrons pas cet ordre. Nous donnons les observations de Dacier dans leur intégrité; elles se trouveront à la suite de celles de Despréaux. Quant à celles de Boivin, nous les avons fait entrer, au bas des pages, dans les notes de la traduction.

# REMARQUES.

## CHAPITRE PREMIER.

(1) *Le grec porte :* « Mon cher Posthumius Térentianus : » mais j'ai retranché Posthumius, le nom de Térentianus n'étant déjà que trop long. Au reste on ne sait pas trop bien qui étoit ce Térentianus. Ce qu'il y a de constant, c'est que c'étoit un Latin, comme son nom le fait assez connoître, et comme Longin le témoigne lui-même dans le chapitre x. Boileau, 1674 à 1713 (extrait, en partie, de Le Fèvre. *Dac., marg.*).[a]

(2) *Cécilius...* C'étoit un rhéteur sicilien. Il vivoit sous Auguste, et étoit contemporain de Denys d'Halicarnasse, avec qui il fut lié même d'une amitié assez étroite. Boileau, *ib.* (extr. de *id... Dac., ib.*).

(3) *La bassesse du style :* c'est ainsi qu'il faut entendre ταπεινότερον. Je ne me souviens point d'avoir jamais vu ce mot employé dans le sens que lui veut donner M. Dacier; et quand il s'en trouveroit quelque exemple, il faudroit toujours, à mon avis, revenir au sens le plus naturel, qui

---

[a] Nous laissons ces indications qui appartiennent à Berriat-Saint-Prix.

est celui que je lui ai donné ; car pour ce qui est des paroles qui suivent τῆς ὅλης ὑποθέσεως, cela veut dire « que son style est partout inférieur à son sujet, » y ayant beaucoup d'exemples en grec de ces adjectifs mis pour l'adverbe. Boileau, 1683 à 1713.

(4) Il faut prendre ici le mot d'ἐπίνοια, comme il est pris en beaucoup d'endroits, pour une simple pensée. « Cécilius n'est pas tant à blâmer pour ses défauts qu'à louer pour la pensée qu'il a eue, pour le dessein qu'il a eu de bien faire. » Il se prend aussi quelquefois pour invention ; mais il ne s'agit pas d'invention dans un traité de rhétorique, c'est de la raison et du bon sens dont il est besoin. Boileau, 1683 à 1713.

(5) Le grec porte, ἀνδράσι πολιτικοῖς, VIRIS POLITICIS, c'est-à-dire les orateurs, en tant qu'ils sont opposés aux déclamateurs et à ceux qui font des discours de simple ostentation. Ceux qui ont lu Hermogène savent ce que c'est que πολιτικὸς λόγος, qui veut proprement dire un style d'usage et propre aux affaires ; à la différence du style des déclamateurs, qui n'est qu'un style d'apparat, où souvent l'on sort de la nature pour éblouir les yeux. L'auteur donc, par VIROS POLITICOS, entend ceux qui mettent en pratique SERMONEM POLITICUM. Boileau, 1674 à 1713 (extr. en part. de Le Fèvre. *Dac.*, *marg.*).

(6) Je n'ai point exprimé φίλτατον, parce qu'il me semble tout à fait inutile en cet endroit. Boileau, 1674, à 1713.ᵃ

(7) Gérard Langbaine, qui a fait de petites notes trèssavantes sur Longin, prétend qu'il y a ici une faute, et qu'au lieu de περιέβαλον εὐκλείαις τὸν αἰῶνα, il faut mettre

---

ᵃ Le Fèvre, Tollius, Pearce, et Ruhnken donnent φίλτατε.

ὑπερέβαλον εὐκλείαις. Ainsi, dans son sens, il faudroit traduire, « ont porté leur gloire au delà de leurs siècles. » Mais il se trompe : περιέβαλον veut dire, « ont embrassé, ont rempli toute la postérité de l'étendue de leur gloire. » Et quand on voudroit même entendre ce passage à sa manière, il ne faudroit point faire pour cela de correction, puisque περιέβαλον signifie quelquefois ὑπερέβαλον, comme on le voit dans ce vers d'Homère :

ἴστε γὰρ ὅσσον ἐμοὶ ἀρετῇ περιβάλλετον ἵπποι. **[a]

(*Iliade*, liv. XXIII, v. 276.) BOILEAU, 1674 à 1713 (extrait en partie de Le Fèvre. *Dac.*, *marg.*).

(8) Je ne sais pourquoi M. Le Fèvre veut changer cet endroit, qui, à mon avis, s'entend fort bien sans mettre πάντως, au lieu de παντός, « surmonte tous ceux qui l'écoutent, se met au-dessus de tous ceux qui l'écoutent. » BOILEAU, 1683 à 1713.[b]

## CHAPITRE II.

(9) Il faut suppléer au grec, et sous-entendre πλοῖα, qui veut dire des vaisseaux de charge, καὶ ὡς ἐπικινδυνότερα αὐτὰ πλοῖα, etc., et expliquer ἀνερμάτιστα, dans le sens de M. Le Fèvre et de Suidas, des vaisseaux qui flottent, man-

---

[a] Plat. Menex, p. 247, A. : ὅπως μάλιστα μὲν ὑπερβαλεῖσθε καὶ ἡμᾶς καὶ τοὺς πρόσθεν εὐκλείᾳ. Eulog. ap. Phot. Myriob., p. 760 : Παῦλον τὸν περιλαβόντα (περιβαλόντα) τὴν οἰκουμένην τῷ τῆς εὐσεβείας κηρύγματι. Ed. Egger, notulæ ad Περὶ ὕψους Ruhnkenii.

[b] Ruhnken donne en effet παντός.

que de sable et de gravier dans le fond, qui les soutiennent et leur donnent le poids qu'ils doivent avoir ; auxquels on n'a pas donné le lest. Autrement il n'y a point de sens. Boileau, 1674 à 1713.

(10) J'ai suppléé la *reddition*ᵃ de la comparaison qui manque en cet endroit dans l'original. Boileau, 1674 à 1713. ᵇ

(11) Il y a ici une lacune considérable. L'auteur, après avoir montré qu'on peut donner des règles du sublime, commençoit à traiter des vices qui lui sont opposés, et entre autres du style enflé, qui n'est autre chose que le sublime trop poussé. Il en faisoit voir l'extravagance par le passage d'un je ne sais quel poëte tragique dont il reste encore ici quatre vers ; mais comme ces vers étoient déjà fort galimatias d'eux-mêmes, au rapport de Longin, ils le sont devenus encore bien davantage par la perte de ceux qui les précédoient. J'ai donc cru que le plus court étoit de les passer, n'y ayant dans ces quatre vers qu'un des trois mots que l'auteur raille dans la suite. En voilà pourtant le sens confusément. C'est quelque Capanée qui parle dans une tragédie. « Et qu'ils arrêtent la flamme qui sort à longs flots de la fournaise ; car si je trouve le maître de la maison seul, alors d'un seul torrent de flammes entortillé, j'embraserai la maison, et la réduirai toute en cendres. Mais cette noble musique ne s'est pas encore fait ouïr. ᶜ »

---

ᵃ Expression inintelligible.
ᵇ Il manque ici deux feuillets au manuscrit.
Il devoit dire « je me suis servi du *supplément* de Le Fèvre. » (Dacier, *marg. et mss.*)
ᶜ Voici ces vers :

...Καὶ καμίνου σχῶσι μάχιστον σέλας.
Εἰ γάρ τιν' ἑστιοῦχον ὄψομαι μόνον,
Μίαν παρείρας πλεκτάνην χειμάρροον,

(Boileau, 1674 à 1713.) J'ai suivi ici l'interprétation de Langbaine. Comme cette tragédie est perdue, on peut donner à ce passage tel sens qu'on voudra ; mais je doute qu'on attrape le vrai sens. Voyez les notes de M. Dacier. Boileau, 1683 à 1713.

(12) Hermogène va plus loin, et trouve celui qui a dit cette pensée digne des sépulcres dont il parle. Cependant je doute qu'elle déplût aux poëtes de notre siècle, et elle ne seroit pas en effet si condamnable dans les vers. Boileau, 1674 à 1713.** a

(13) *Ouvre une grande bouche pour souffler dans une petite flûte.* J'ai traduit ainsi Φορϐείας δ' ἄτερ afin de rendre la chose intelligible. Pour expliquer ce que veut dire Φορϐεία, il faut savoir que la flûte, chez les anciens, étoit fort différente de la flûte d'aujourd'hui ; car on en tiroit un son bien plus éclatant, et pareil au son de la trompette, tubæque æmula, dit Horace. Il falloit donc, pour en jouer, employer une plus grande force d'haleine, et par conséquent s'enfler extrêmement les joues, qui étoit une chose désagréable à la vue. Ce fut en effet ce qui en dégoûta Minerve et Alcibiade. Pour obvier à cette difformité, ils imaginèrent une espèce de lanière ou courroie qui s'appliquoit sur la bouche, et se lioit derrière la tête, ayant au milieu un petit trou par où l'on embouchoit la flûte. Plu-

---

Στέγην πυρώσω, καὶ κατανθρακώσομαι.
Νῦν δ' οὐ κεκραγά πω τὸ γενναῖον μέλος.

Hi versus hausti videntur ex Æschyli Orithya, de cujus loco Longini judicium refert Joannes Siceliota, comment. in Hermogenis Rhetor. Cic. VI, p. 225. Ovid., Metam., IV, 677. (Egger.)

a Lucret., v. 291, a dit :
Viva videns vivo sepeliri viscera busto.
Ce que M. de Pongerville a traduit avec beaucoup d'élégance :
Vivants ils descendaient dans des tombeaux vivants.

tarque prétend que Marsyas en fut l'inventeur. Ils appeloient cette lanière Φορϐείαν : et elle faisoit deux différents effets ; car, outre qu'en serrant les joues elle les empêchoit de s'enfler, elle donnoit bien plus de force à l'haleine, qui, étant repoussée, sortoit avec beaucoup plus d'impétuosité et d'agrément. L'auteur, donc, pour exprimer un poëte enflé, qui souffle et se démène sans faire de bruit, le compare à un homme qui joue de la flûte sans cette lanière. Mais comme cela n'a point de rapport à la flûte d'aujourd'hui, puisqu'à peine on serre les lèvres quand on en joue, j'ai cru qu'il valoit mieux mettre une pensée équivalente, pour qu'elle ne s'éloignât point trop de la chose, afin que le lecteur qui ne se soucie pas fort des antiquailles puisse passer, sans être obligé, pour m'entendre, d'avoir recours aux remarques. BOILEAU, 1674 à 1713.

## CHAPITRE III.

(14) Ἐπινοητικός veut dire un homme qui imagine, qui pense sur toutes choses ce qu'il faut penser ; et c'est proprement ce qu'on appelle un homme de bon sens. BOILEAU, 1683 à 1713.

(15) Le grec porte, « à composer son panégyrique pour la guerre contre les Perses. » Mais si je l'avois traduit de la sorte, on croiroit qu'il s'agiroit ici d'un autre panégyrique que du panégyrique d'Isocrate, qui est un mot consacré en notre langue. BOILEAU, 1683 à 1713.

(16) Il y a dans le grec, « du Macédonien avec un sophiste. » A l'égard du *Macédonien*, il falloit que ce mot eût quelque grâce en grec, et qu'on appelât ainsi

Alexandre par excellence, comme nous appelons Cicéron l'orateur romain. Mais le Macédonien en françois, pour Alexandre, seroit ridicule. Pour le mot de sophiste, il signifie bien plutôt en grec un rhéteur qu'un sophiste, qui en françois ne peut jamais être pris en bonne part, et signifie toujours un homme qui trompe par de fausses raisons, qui fait des sophismes, CAVILLATOREM ; au lieu qu'en grec c'est souvent un nom honorable. BOILEAU, 1674 à 1713.

(17) *Qui tiroit son nom d'Hermès...* Le grec porte, « qui tiroit son nom du dieu qu'on avoit offensé ; » mais j'ai mis d'Hermès, afin qu'on vît mieux le jeu de mots. Quoi que puisse dire M. Dacier, je suis de l'avis de Langbaine, et ne crois point que ὅς ἀπὸ τοῦ παρανομη-θέντος... ἦν veuille dire autre chose que, « qui tiroit son nom, de père en fils, du dieu qu'on avoit offensé. » BOILEAU, 1683 à 1713.

(18) Ce passage est corrompu dans tous les exemplaires que nous avons de Xénophon, où l'on a mis θάλαμοις pour ὀφθαλμοῖς, faute d'avoir entendu l'équivoque de κόρη. Cela fait voir qu'il ne faut pas aisément changer le texte d'un auteur. BOILEAU, 1674 à 1713.

(19) C'est ainsi qu'il faut entendre ὡς φωρίου τινός ἐφαπτόμενος, et non pas, « sans lui en faire une espèce de vol, » TANQUAM FURTUM QUODDAM ATTINGENS ; car cela auroit bien moins de sel. BOILEAU, 1674 à 1713.

(20) Le [a] froid de ce mot consiste dans le terme de

---

[a] Boileau composa la réponse qu'on va lire après le tirage de la feuille où elle aurait dû être placée dans l'édition de 1683. Il l'inséra alors dans un espace blanc qui restait à la fin de ses remarques (p. 146) ; elle y commençait ainsi : « *Monuments de cyprès.* J'ai oublié de dire à propos de ces paroles de Timée, qui sont rapportées dans le troisième chapitre, que je ne suis point du sentiment de M. Dacier et que tout le froid, à mon avis, de

MONUMENTS mis avec CYPRÈS. C'est comme si on disoit, à propos des registres du parlement : « Ils poseront dans le greffe ces monuments de parchemin. » M. Dacier se trompe fort sur cet endroit. BOILEAU, 1701 à 1713.

(21) Ce sont des ambassadeurs persans qui le disent, dans Hérodote, [a] chez le roi de Macédoine, Amyntas. Cependant Plutarque l'attribue à Alexandre le Grand, et le met au rang des apophthegmes de ce prince. Si cela est, il falloit qu'Alexandre l'eût pris à Hérodote. Je suis pourtant du sentiment de Longin, et je trouve le mot froid dans la bouche même d'Alexandre. BOILEAU, 1674 à 1713.

## CHAPITRE V.

(22) Οὗ πολλὴ μὲν ἡ ἀναθεώρησις, « dont la contemplation est fort étendue, qui nous remplit d'une grande idée. » A l'égard de κατεξανάστασις, il est vrai que ce mot ne se rencontre nulle part dans les auteurs grecs ; mais le sens que je lui donne est celui, à mon avis, qui lui convient le mieux ; et lorsque je puis trouver un sens au mot d'un auteur, je n'aime point à corriger le texte. BOILEAU, 1683 à 1713.

ce passage consiste... » (la suite comme ci-dessus, sauf qu'il y a *comme qui diroit*, au lieu de *comme si on disoit*).

L'insertion fut si précipitée que Boileau y attribua à Timée ce qui concerne Platon et l'imprimeur mit *ce froid* pour *le froid*, mais Boileau lui fit corriger à la main et avec soin ces fautes (nous avons cinq exemplaires qui ont la correction et de la même main), et elles le furent ensuite à l'impression, en 1685 et 1694; et enfin, en 1701, il réduisit et rectifia la remarque comme on la lit ci-dessus et la plaça (*idem*, en 1713) en son véritable lieu. (B.-S.-P.)

[a] Livre V, chap. XVIII.

(23) Λόγων ἕν τι, c'est ainsi que tous les interprètes de Longin ont joint ces mots. M. Dacier les arrange d'une autre sorte, mais je doute qu'il ait raison. BOILEAU, 1683 à 1713.[a]

## CHAPITRE VI.

(24) Aloüs étoit fils de Titan et de la Terre. Sa femme s'appeloit Iphimédie ; elle fut violée par Neptune, dont elle eut deux enfants, Otus et Éphialte, qui furent appelés Aloïdes, à cause qu'ils furent nourris et élevés chez Aloüs comme ses enfants. Virgile en a parlé dans le VIe livre de l'Énéide, v. 582.

> Hic et Aloïdas geminos, immania vidi
> Corpora.
>     BOILEAU, 1674 à 1713.

## CHAPITRE VII.

(25) Tout ceci jusqu'à « cette grandeur qu'il lui donne, » etc., est suppléé au texte grec, qui est défectueux en cet endroit. BOILEAU, 1674 à 1713.

(26) Il y a dans le grec, « que l'eau, en voyant Neptune, se ridoit et sembloit sourire de joie. » Mais cela

---

[a] Ruhnken donne λόγον, ἕν τι... Tollius lisait comme Dacier. Cette leçon est conforme aux éditions de Robortel et de Manuce. On peut citer ce passage de Polybe : οἷς οὐ νόμος, οὐκ ἔθος, οὐ λόγος, οὐχ ἕτερον οὐδὲν ἦν κοινόν. Λόγοι est pris dans le sens de *linguæ, sermones.*

seroit trop fort en notre langue. Au reste j'ai cru que
« l'eau reconnoît son roi » seroit quelque chose de plus
sublime que de mettre comme il y a dans le grec, « que
les baleines reconnoissent leur roi. » J'ai tâché, dans les
passages qui sont rapportés d'Homère, à enchérir sur lui,
plutôt que de le suivre trop scrupuleusement à la piste.ᵃ
BOILEAU, 1683 à 1713.

(27) Il y a dans Homère : « Et après cela fais-nous
périr, si tu veux, à la clarté des cieux. » Mais cela auroit
été foible en notre langue, et n'auroit pas si bien mis en
jour la remarque de Longin, que « et combats contre
nous, » etc. Ajoutez que de dire à Jupiter, « combats
contre nous, » c'est presque la même chose que « fais-
nous périr, » puisque dans un combat contre Jupiter on
ne sauroit éviter de périr. BOILEAU, 1674 à 1713.

(28) La remarque de M. Dacier sur cet endroit est fort
savante et fort subtile, mais je m'en tiens pourtant toujours à mon sens. BOILEAU, 1683 à 1713.

(29) Voilà, à mon avis, le véritable sens de πλάνος
(πλάνοις). Car pour ce qui est de dire qu'il n'y a pas
d'apparence que Longin ait accusé Homère de tant
d'absurdités, cela n'est pas vrai, puisqu'à quelques lignes
de là il entre même dans le détail de ces absurdités. Au
reste, quand il dit, « des fables incroyables, » il n'entend
pas des fables qui ne sont point vraisemblables, mais des
fables qui ne sont point vraisemblablement contées, comme
la disette d'Ulysse, qui fut dix jours sans manger, ᵇ etc.
BOILEAU, 1683 à 1713.

---

ᵃ Il répond ici à une remarque de Dacier (*impr.*). Homère, observe celui-
ci, dit que les baleines sautent et reconnoissent leur roi; que les flots s'entr'ouvrent, etc. (B.-S.-P.)

ᵇ Autre réponse à une remarque de Dacier (*impr.*). Selon lui Longin

## CHAPITRE VIII.

(30) Le grec ajoute, « comme l'herbe, » mais cela ne se dit point en françois. BOILEAU, 1674 à 1713.

(31) Il y a dans le grec, « une sueur froide ; » mais le mot de SUEUR en françois ne peut jamais être agréable et laisse une vilaine idée à l'esprit. BOILEAU, 1674 à 1713.

(32) C'est ainsi que j'ai traduit φοβεῖται et c'est ainsi qu'il le faut entendre, comme je le prouverai aisément s'il est nécessaire. Horace, qui est amoureux des hellénismes, emploie le mot de METUS en ce même sens dans l'ode BACCHUM IN REMOTIS, quand il dit : EVOE ! RECENTI MENS TREPIDAT METU; car cela veut dire : « Je suis encore plein de la sainte horreur du dieu qui m'a transporté. » BOILEAU, 1674 à 1713.

(33) Il y a dans le grec, « et joignant par force ensemble des prépositions qui naturellement n'entrent point dans une même composition, ὑπ' ἐκ θανάτοιο : par cette violence qu'il leur fait, il donne à son vers le mouvement même de la tempête, et exprime admirablement la passion ; car, par la rudesse de ces syllabes qui se heurtent l'une l'autre, il imprime jusque dans ses mots l'image du péril, ὑπ' ἐκ θανάτοιο φέρονται. » Mais j'ai passé

---

se borne à dire qu'Homère ne laisse pas d'être grand dans les narrations même incroyables et fabuleuses de l'*Odyssée*... Dans la suivante il observe que Longin comprend dans ces narrations incroyables les tempêtes et les aventures d'Ulysse avec le cyclope, tandis que dans la version de Boileau il semble ne pas les comprendre. (B.-S.-P.)

tout cela parce qu'il est entièrement attaché à la langue grecque. BOILEAU, 1674 à 1713.

(34) L'auteur n'a pas rapporté tout le passage, parce qu'il est un peu long. Il est tiré de l'oraison pour Ctésiphon. Le voici : « Il étoit déjà fort tard lorsqu'un courrier vint apporter au Prytanée la nouvelle que la ville d'Élatée étoit prise. Les magistrats, qui soupoient dans ce moment, quittent aussitôt la table. Les uns vont dans la place publique, ils en chassent les marchands; et, pour les obliger de se retirer, ils brûlent les pieux des boutiques où ils étaloient. Les autres envoient avertir les officiers de l'armée. On fait venir le héraut public : toute la ville est pleine de tumulte. Le lendemain, dès le point du jour, les magistrats assemblent le sénat. Cependant, messieurs, vous couriez de toutes parts dans la place publique, et le sénat n'avoit pas encore rien ordonné,ᵃ que tout le peuple étoit déjà assis. Dès que les sénateurs furent entrés, les magistrats firent leur rapport. On entend le courrier. Il confirme la nouvelle. Alors le héraut commence à crier : Quelqu'un veut-il haranguer le peuple? Mais personne ne lui répond. Il a beau répéter la même chose plusieurs fois, aucun ne se lève; tous les officiers, tous les orateurs étant présents aux yeux de la commune patrie, dont on entendoit la voix crier : N'y a-t-il personne qui ait un conseil à me donner pour mon salut? » BOILEAU, 1674 à 1713.

---

ᵃ Comment Boileau avait-il oublié la leçon donnée récemment par Molière (*Femmes savantes*, 1672, acte II, scène VI)?

De *pas* mis avec *rien* tu fais la récidive :<br>
Et c'est, comme on t'a dit, trop d'une négative. (B.-S.-P.)

## CHAPITRE X.

(35) Cet endroit est fort défectueux. L'auteur, après avoir fait quelques remarques encore sur l'amplification, venoit ensuite à comparer deux orateurs dont on ne peut pas deviner les noms ; il reste même dans le texte trois ou quatre lignes de cette comparaison, que j'ai supprimées dans la traduction, parce que cela auroit embarrassé le lecteur, et auroit été inutile, puisqu'on ne sait point qui sont ceux dont l'auteur parle. Voici pourtant les paroles qui en restent : « Celui-ci est plus abondant et plus riche. On peut comparer son éloquence à une grande mer qui occupe beaucoup d'espace et se répand en plusieurs endroits. L'un, à mon avis, est plus pathétique, et a bien plus de feu et d'éclat. L'autre, demeurant toujours dans une certaine gravité pompeuse, n'est pas froid, à la vérité, mais n'a pas aussi tant d'activité ni de mouvement. » Le traducteur latin a cru que ces paroles regardoient Cicéron et Démosthène ; mais, à mon avis, il se trompe. BOILEAU, 1674 à 1713.

(36) M. Le Fèvre et M. Dacier donnent à ce passage une interprétation fort subtile ; mais je ne suis point de leur avis, et je rends ici le mot de καταντλῆσαι dans son sens le plus naturel, ARROSER, RAFRAÎCHIR, qui est le propre du style abondant, opposé au style sec. BOILEAU, 1683 à 1713.

## CHAPITRE XI.

(37) Il y a dans le grec εἰ μὴ τὰ ἐπ' Ἰνδοὺς καὶ οἱ περὶ Ἀμμώνιον. Mais cet endroit vraisemblablement est corrompu ; car quel rapport peuvent avoir les Indiens au sujet dont il s'agit ? BOILEAU, 1674 à 1713. [a]

## CHAPITRE XII.

(38) *Car si un homme... a peur, pour ainsi dire,* D'AVOIR DIT *quelque chose qui vive plus que lui.* — C'est ainsi qu'il faut entendre ce passage. Le sens que lui donne M. Dacier s'accorde assez bien au grec ; mais il fait dire une chose de mauvais sens à Longin, puisqu'il n'est point vrai qu'un homme qui se défie que ses ouvrages aillent à la postérité ne produira jamais rien qui en soit digne ; et qu'au contraire c'est cette défiance même qui lui fera faire des efforts pour mettre ces ouvrages en état d'y passer avec éloge. BOILEAU, 1683 à 1713.

## CHAPITRE XIII.

(39) J'ai ajouté ce vers, que j'ai pris dans le texte d'Homère. BOILEAU, 1674 à 1713.

---

[a] Ruhnken donne ainsi le texte : εἰ μὴ τὰ ἐπ' εἴδους καὶ οἱ περὶ κ. τ. λ.

(40) Le grec porte, « au-dessus de la canicule : ὄπισθε νῶτα Σείρειον βεβώς..... ἵππευε. Le soleil à cheval monta au-dessus de la canicule. » Je ne vois pas pourquoi Rutgersius ni M. Le Fèvre veulent changer cet endroit, puisqu'il est fort clair, et ne veut dire autre chose, sinon que le soleil monta au-dessus de la canicule, c'est-à-dire dans le centre du ciel, où les astrologues tiennent que cet astre est placé, et, comme j'ai mis, « au plus haut des cieux, » pour voir marcher Phaéton, et que de là il lui crioit encore : Va par là, reviens, détourne, etc. BOILEAU, 1674 à 1713.

## CHAPITRE XVI.

(41) Le grec ajoute : « Il y a encore un autre moyen, car on le peut voir dans le passage d'Hérodote, qui est extrêmement sublime. » Mais je n'ai pas cru devoir mettre ces paroles en cet endroit, qui est fort défectueux, puisqu'elles ne forment aucun sens, et ne serviroient qu'à embarrasser le lecteur. BOILEAU, 1674 à 1713.

(42) J'ai suppléé cela (ce qui est entre des guillemets) au texte, parce que le sens y conduit de lui-même. BOILEAU, 1674 à 1713.

(43) Tous les exemplaires de Longin mettent ici des étoiles, comme si l'endroit étoit défectueux ; mais ils se trompent. La remarque de Longin est fort juste, et ne regarde que ces deux périodes sans conjonction : « Nous avons par ton ordre, » etc. ; et ensuite, « Nous avons dans le fond, » etc. BOILEAU, 1674 à 1713 (extr. de Le Fèvre. *Dac.*, *marg.*). B.-S.-P.

(44) La restitution de M. Le Fèvre est fort bonne, συνδιωκούσης, et non pas συνδιωικούσης. J'en avois fait la remarque avant[a] lui. BOILEAU, 1674 à 1713.

## CHAPITRE XIX.

(45) Quoi qu'en veuille dire M. Le Fèvre, il y a ici deux vers, et la remarque de Langbaine me paroît juste ; car je ne vois pas pourquoi, en mettant θύνον, il est absolument nécessaire de mettre καί. BOILEAU, 1674 à 1713.

## CHAPITRE XX.

(46) Il y a dans le grec οἱ θεώμενοι. C'est une faute ; il faut mettre comme il y a dans Hérodote, θέητρον ; autrement Longin n'auroit su ce qu'il vouloit dire. BOILEAU, 1674 à 1713. [b]

## CHAPITRE XXIII.

(47) M. Le Fèvre et M. Dacier donnent un autre sens à ce passage d'Hécatée, et font même une restitution sur ὡς μὴ ὢν, dont ils changent ainsi l'accent, ὡς μὴ ὤν, prétendant que c'est un ionisme pour ὡς μὴ οὖν. Peut-être ont-ils

---

[a] De 1674 à 1682 il y a *auparavant...* — Dacier (*marg.*) a souligné ce mot et mis le signe M. (mauvais).
[b] Ruhnken a suivi la correction de Boileau.

raison ; mais peut-être aussi qu'ils se trompent, puisqu'on ne sait de quoi il s'agit en cet endroit, le livre d'Hécatée étant perdu. En attendant donc que ce livre soit retrouvé, j'ai cru que le plus sûr étoit de suivre le sens de Gabriel de Pétra et des autres interprètes, sans y changer ni accent ni virgule. BOILEAU, 1683 à 1713.[a]

## CHAPITRE XXIV.

(48) C'est ainsi qu'il faut entendre παραφώνων, ces mots φθόγγοι παραφώνοι ne voulant dire autre chose que les parties faites sur le sujet ; et il n'y a rien qui convienne mieux à la périphrase, qui n'est autre chose qu'un assemblage de mots qui répondent différemment au mot propre, et par le moyen desquels, comme l'auteur le dit dans la suite, d'une diction toute simple on fait une espèce de concert et d'harmonie. Voilà le sens le plus naturel qu'on puisse donner à ce passage ; car je ne suis pas de l'avis de ces modernes qui ne veulent pas que, dans la musique des anciens, dont on nous raconte des effets si prodigieux, il y ait eu des parties, puisque sans parties il ne peut y avoir d'harmonie. Je m'en rapporte pourtant aux savants en musique, et je n'ai pas assez de connoissance de cet art pour décider souverainement là-dessus[b]. BOILEAU, 1674 à 1713.

(49) « Ce passage a fort exercé jusqu'ici les savants, entre autres M. Costar et M. de Girac. C'est ce dernier

---

[a] Ruhnken donne κῆϋξ au lieu de κῆρυξ... et ὡς μὴ ὤν...
[b] Voyez à la *Correspondance* la lettre à Brossette, du 7 de janvier 1709.

dont j'ai suivi le sens, qui m'a paru beaucoup le meilleur, y ayant un fort grand rapport de la maladie naturelle qu'ont les femmes, avec les hémorrhoïdes. Je ne blâme pourtant pas le sens de M. Dacier. »

Cette remarque fut reproduite dans les éditions de 1685 et 1694 ; mais Boileau changea d'avis lorsqu'il eut vu l'édition de Longin publiée par Tollius (1694), et où cet érudit, se fondant sur un passage d'Hippocrate, soutenait qu'Hérodote n'avait voulu parler ni de la maladie ordinaire des femmes, ni des hémorrhoïdes, mais d'une maladie plus abominable. En conséquence, dans son édition de 1701, il rendit θήλειαν νοῦσον par *une maladie qui les rendoit femmes* (c'est-à-dire impuissants), et substitua la remarque suivante à celle de 1683, 1685 et 1694. (B.-S.-P.)

« Ce passage a fort exercé jusques ici les savants, et entre autres M. Costar et M. de Girac ; l'un prétendant que θήλειαν νοῦσον signifioit une maladie qui rendit les Scythes efféminés ; l'autre, que cela vouloit dire que Vénus leur envoya des hémorrhoïdes. Mais il paroît incontestablement, par un passage d'Hippocrate, que le vrai sens est qu'elle les rendit impuissants, puisqu'en l'expliquant des deux autres manières, la périphrase d'Hérodote seroit plutôt une obscure énigme qu'une agréable circonlocution. » BOILEAU, 1701 à 1713.

## CHAPITRE XXV.

(50) Il y a avant ceci dans le grec, ὑπτικώτατον καὶ γόνιμον τόδ' Ἀνακρέοντος, οὐκέτι Θρηϊκίης ἐπιστρέφομαι. Mais

je n'ai point exprimé ces paroles, où il y a assurément de l'erreur, le mot ὑπτικώτατον[a] n'étant point grec. Et du reste, que peuvent dire ces mots ? « Cette fécondité d'Anacréon : je ne me soucie plus de la Thracienne. » Boileau, 1674 à 1713.

## CHAPITRE XXVI.

(51) Il y a dans le grec προπεπωκότες, comme qui diroit, « ont bu notre liberté à la santé de Philippe. » Chacun sait ce que veut dire προπίνειν en grec, mais on ne le peut pas exprimer par un mot françois. Boileau, 1674 à 1713.

## CHAPITRE XXVIII.

(52) Je n'ai point exprimé ἔνθεν et ἔνθεν δὲ, de peur de trop embarrasser la période. Boileau, 1674 à 1713.

## CHAPITRE XXXI.

(53) « Ce passage est fort clair, cependant c'est une chose surprenante qu'il n'ait été entendu ni de LaurentValle, qui a traduit Hérodote, ni des traducteurs de Longin, ni de ceux qui ont fait des notes sur cet auteur : tout cela, faute d'avoir pris garde que le verbe καταχόω veut quelquefois

---

[a] Ruhnken donne θρεπτικώτατον.

dire ENTERRER. Il faut voir les peines que se donne M. Le Fèvre pour restituer ce passage, auquel, après bien du changement, il ne sauroit trouver de sens » qui s'accommode à Longin, prétendant que le texte d'Hérodote étoit corrompu dès le temps de notre rhéteur, et que cette beauté qu'un si savant critique y remarque est l'ouvrage d'un mauvais copiste qui y a mêlé des paroles qui n'y étoient point. « Je ne m'arrêterai point à réfuter un discours si peu vraisemblable. Le sens que j'ai trouvé est si clair et si infaillible, qu'il dit tout (BOILEAU, 1674 à 1694) ; » et l'on ne sauroit excuser le savant M. Dacier de ce qu'il dit contre Longin et contre moi dans sa note sur ce passage, que par le zèle, plus pieux que raisonnable, qu'il a eu de défendre le père de son illustre épouse.[a] BOILEAU, 1701 à 1713. *

(54) J'ai suivi la restitution de Casaubon. BOILEAU, 1674 à 1713.

## CHAPITRE XXXII.

(55) Les traducteurs n'ont point, à mon avis, conçu ce passage, qui sûrement doit être entendu dans mon sens, comme la suite du chapitre le fait assez connoître. BOILEAU, 1674 à 1682.[b] — Ἐνέργημα veut dire un effet et non pas

---

[a] Le Fèvre.

* Au surplus, on voit par une lettre du 9 d'avril 1702 (voir à la *Correspondance*, lettre CX), que Boileau persista à rejeter l'interprétation proposée par Le Fèvre et Dacier. (B.-S.-P.)

[b] Ce qui suit fut ajouté, en 1683, pour répondre à une longue remarque où Dacier (*impr.*, p. 180) soutient précisément que le mot grec signifie *un moyen, une cause*.

un moyen (littéralement), « n'est pas simplement un effet de la nature de l'homme. » Boileau, 1683 à 1713.

(56) Il y a dans le grec μετ' ἐλευθερίας καὶ πάθους;[a] c'est ainsi qu'il faut lire, et non point ἔτι ἐλευθερίας, etc. Ces paroles veulent dire : « Qu'il est merveilleux de voir des instruments inanimés avoir en eux un charme pour émouvoir les passions, et pour inspirer la noblesse de courage. » Car c'est ainsi qu'il faut entendre ἐλευθερία. En effet, il est certain que la trompette, qui est un instrument, sert à réveiller le courage dans la guerre. J'ai ajouté le mot d'INANIMÉS, pour éclaircir la pensée de l'auteur, qui est un peu obscure en cet endroit. Boileau, 1674 à 1682. — Ὄργανον, absolument pris, veut dire toutes sortes d'instruments musicaux et inanimés, comme le prouve fort bien Henri Étienne. Boileau, 1683 à 1713.

(57) L'auteur justifie ici sa pensée par une période de Démosthène, dont il fait voir l'harmonie et la beauté. Mais comme ce qu'il en dit est entièrement attaché à la langue grecque, j'ai cru qu'il valoit mieux le passer dans la traduction, et le renvoyer aux remarques, pour ne point effrayer ceux qui ne savent point le grec. En voici donc l'explication. « Ainsi cette pensée que Démosthène ajoute après la lecture de son décret paroît fort sublime, et est en effet merveilleuse. Ce décret, dit-il, a fait évanouir le péril qui environnoit cette ville, comme un nuage qui se dissipe de lui-même : Τοῦτο τὸ ψήφισμα τὸν τότε τῇ πόλει περιστάντα κίνδυνον παρελθεῖν ἐποίησεν, ὥσπερ νέφος. Mais il faut avouer que l'harmonie de la période ne cède point à la beauté de la pensée; car elle va toujours de trois temps en trois temps, comme si c'étoient tous dactyles, qui sont

---

[a] Le texte de Ruhnken donne καὶ μεγαληγορίας καὶ πάθους.

les pieds les plus nobles et les plus propres au sublime ; et c'est pourquoi le vers héroïque, qui est le plus beau de tous les vers, en est composé. En effet, si vous ôtez un mot de sa place, comme si vous mettiez τοῦτο τὸ ψήφισμα, ὥσπερ νέφος, ἐποίησε τὸν τότε κίνδυνον παρελθεῖν ; ou si vous en retranchez une seule syllabe, comme ἐποίησε παρελθεῖν ὡς νέφος, vous connoîtrez aisément combien l'harmonie contribue au sublime. En effet, ces paroles ὥσπερ νέφος, s'appuyant sur la première syllabe qui est longue, se prononcent à quatre reprises ; de sorte que, si vous en ôtez une syllabe, ce retranchement fait que la période est tronquée. Que si au contraire vous en ajoutez une, comme παρελθεῖν ἐποίησεν ὡσπερεὶ νέφος, c'est bien le même sens, mais ce n'est plus la même cadence, parce que la période s'arrêtant trop longtemps sur les dernières syllabes, le sublime, qui étoit serré auparavant, se relâche et s'affoiblit. » BOILEAU, 1674 à 1713.

## CHAPITRE XXXIV.

(58) Il y a dans le grec, « commençant à bouillonner, ζεσάσης ; mais le mot de BOUILLONNER n'a point de mauvais son en notre langue, et est au contraire agréable à l'oreille. Je me suis donc servi du mot de BRUIRE, qui est bas, et qui exprime le bruit que fait l'eau quand elle commence à bouillonner. BOILEAU, 1674 à 1713.

## CHAPITRE XXXV.

(59) Il y a beaucoup de choses qui manquent en cet endroit. Après plusieurs raisons de la décadence des esprits, qu'apportoit ce philosophe introduit ici par Longin, notre auteur vraisemblablement reprenoit la parole, et en établissoit de nouvelles causes, c'est à savoir la guerre, qui étoit alors par toute la terre, et l'amour du luxe, comme la suite le fait assez connoître. Boileau, 1674 à 1713 .*

* Ceci est extrait en partie de Le Fèvre. *Dac. marg.* (B.-S.-P.)

# REMARQUES SUR LONGIN

PAR DACIER

# PRÉFACE DE M. DACIER.

De tous les auteurs grecs il n'y en a point de plus difficiles à traduire que les rhéteurs, surtout quand on débrouille le premier leurs ouvrages. Cela n'a pas empêché que M. Despréaux, en nous donnant Longin en françois, ne nous ait donné une des plus belles traductions que nous ayons en notre langue. Il a non-seulement pris la naïveté et la simplicité du style didactique de cet excellent auteur; il en a même si bien attrapé le sublime, qu'il fait valoir aussi heureusement que lui toutes les grandes figures dont il traite, et qu'il emploie en les expliquant. Comme j'avois étudié ce rhéteur avec soin, je fis quelques découvertes en le relisant sur la traduction; et je trouvai de nouveaux sens, dont les interprètes ne s'étoient point avisés. Je me crus obligé de les communiquer à M. Despréaux. J'allai donc chez lui, quoique je n'eusse pas l'avantage de le connoître. Il ne reçut pas mes critiques en auteur, mais en homme d'esprit et en galant homme: il convint de quelques endroits; nous disputâmes longtemps sur d'autres; mais dans ces endroits mêmes dont il ne tomboit pas d'accord, il ne laissa pas de faire quelque estime de mes remarques; et il me témoigna que, si je voulois, il les feroit imprimer avec les siennes dans une seconde édition. C'est ce qu'il fait aujourd'hui; mais de peur de grossir son livre, j'ai abrégé le plus qu'il m'a été possible, et j'ai tâché de m'expliquer en peu de mots. Il ne s'agit ici que de trouver la vérité; et comme M. Despréaux consent que, si j'ai raison, l'on suive mes remarques, je serai ravi que, s'il a mieux trouvé le sens de Longin, on laisse mes remarques pour s'attacher à sa traduction, que je prendrois moi-même pour modèle, si j'avois entrepris de traduire un ancien rhéteur.[1]

---

[1]. Cet exposé, publié en 1683, porte tous les caractères de la vérité, et montre assez avec quelle défiance on doit lire les faits hasardés par les ennemis de Despréaux. « M. Dacier, fort célèbre par la parfaite connoissance qu'il a des auteurs grecs, et par ses belles et savantes traductions, avoit écrit, dit Pradon, contre celle de Longin de M. D***. Il le sut (*celui-ci*), il en fut fort alarmé; il fut trouver M. Dacier (quelle démarche pour un si fier auteur!), conféra avec lui; et enfin, par l'entremise de ses amis, il fut arrêté entre eux que M. Dacier ne mettroit que la moitié des remarques qu'il avoit faites... » (*Nouvelles remarques sur tous les ouvrages du sieur D\*\*\**, 1685, p. 9.) (DE SAINT-SURIN.)

# REMARQUES SUR LONGIN

PAR DACIER.[a]

## CHAPITRE PREMIER.

(N° 1. *Quand nous lûmes ensemble le petit traité que Cécilius a fait du Sublime, nous trouvâmes que la bassesse de son style répondoit...*)

C'est le sens que tous les interprètes ont donné à ce passage; mais comme le sublime n'est point nécessaire à un rhéteur pour nous donner des règles de cet art, il me semble que Longin n'a pu parler ici de cette prétendue bassesse du style de Cécilius. Il lui reproche seulement deux choses : la première, que son livre est beaucoup plus petit que son sujet, que ce livre ne contient pas toute sa matière; et la seconde, qu'il n'en a pas même touché les principaux points. Συγγραμμάτιον ταπεινότερον ἐφάνη τῆς ὅλης ὑποθέσεως, ne peut pas signifier, à mon avis, *le style de ce livre est trop bas*; mais, *ce livre est plus petit que son sujet*, ou *trop petit pour tout son sujet*. Le seul mot ὅλης le détermine entièrement; et d'ailleurs on trouvera des exemples de ταπεινότερον pris dans ce même sens.

---

[a] Ces remarques furent insérées pour la première fois dans l'édition de 1683. (DE SAINT-SURIN.)

Longin, en disant que Cécilius n'avoit exécuté qu'une partie de ce grand dessein, fait voir ce qui l'oblige d'écrire après lui sur le même sujet.

(N° 2. *Cet auteur peut-être n'est-il pas tant à reprendre pour ses fautes, qu'à louer pour son travail, et pour le dessein qu'il a eu de bien faire.*)

Dans le texte il y a deux mots, ἐπίνοια et σπουδή. M. Despréaux ne s'est attaché qu'à exprimer toute la force du dernier. Mais il semble que cela n'explique pas assez la pensée de Longin, qui dit que *Cécilius n'est peut-être pas tant à blâmer pour ses défauts, qu'il est à louer pour son invention, et pour le dessein qu'il a eu de bien faire* : ἐπίνοια signifie *dessein, invention*; et par ce seul mot Longin a voulu nous apprendre que Cécilius étoit le premier qui eût entrepris d'écrire du sublime.

(N° 3. *Il donne au discours une certaine vigueur noble, une force invincible, qui enlève l'âme de quiconque nous écoute.*)

Tous les interprètes ont traduit de même ; mais je crois qu'ils se sont éloignés de la pensée de Longin et qu'ils n'ont point du tout suivi la figure qu'il emploie si heureusement. Τὰ ὑπερφυᾶ προσφέροντα βίαν, est ce qu'Horace diroit *adhibere vim;* au lieu de παντὸς, il faut πάντως avec un oméga, comme M. Le Fèvre l'a remarqué. Πάντως ἐπάνω τοῦ ἀκροωμένου καθίσταται est une métaphore prise du manége, et pareille à celle dont Anacréon s'est servi, σὺ δ' οὐκ ἀΐεις, οὐδ εἰδὼς ὅτι τῆς ἐμῆς ψυχῆς ἡνιοχεύεις. *Mais tu n'as point d'oreilles, et tu ne sais point que tu es le maître de mon cœur.* Longin dit donc :

*Il n'en est pas ainsi du sublime; par un effort auquel on ne peut résister, il se rend entièrement maître de l'auditeur.*

(N° 4. *Quand le sublime vient à éclater.*)

Notre langue n'a que ce mot, *éclater*, pour exprimer le mot ἐξενεχθὲν, qui est emprunté de la tempête, et qui donne une idée merveilleuse, à peu près comme ce mot de Virgile, *abrupti nubibus ignes*. Longin a voulu donner ici une image de la foudre, que l'on voit plutôt tomber que partir.

## CHAPITRE II.

(N° 5. *Telles sont ces pensées, etc.*)

Dans la lacune suivante Longin rapportoit un passage d'un poëte tragique, dont il ne reste que cinq vers. M. Despréaux les a rejetés dans ses remarques, et il les a expliqués comme tous les autres interprètes ; mais je crois que le dernier vers auroit dû être traduit ainsi : *Ne viens-je pas de vous donner maintenant une agréable musique ?* Ce n'est pas quelque Capanée, mais Borée qui parle, et qui s'applaudit pour les grands vers qu'il a récités.

(N° 6. *Toutes ces phrases ainsi embarrassées de vaines imaginations troublent et gâtent plus un discours.*)

M. Despréaux a suivi ici tous les[a] exemplaires, où il y a τεθόλωται γὰρ τῇ φράσει, du verbe θολόω, qui signifie *gâter*,

---

[a] Les éditions de 1683, 1694 portent *quelques exemplaires;* celles de 1701,

*barbouiller, obscurcir*; mais cela ne me paroît pas assez fort pour la pensée de Longin, qui avoit écrit sans doute τετύλωται, comme je l'ai vu ailleurs. De cette manière le mot *gâter* me semble trop général, et il ne détermine point assez le vice que ces phrases ainsi embarrassées causent ou apportent au discours ; au lieu que Longin, en se servant de ce mot, en marque précisément le défaut ; car il dit que *ces phrases et ces imaginations vaines, bien loin d'élever et d'agrandir un discours, le troublent et le rendent dur*. Et c'est ce que j'aurois voulu faire entendre, puisque l'on ne sauroit être trop scrupuleux ni trop exact, lorsqu'il s'agit de donner une idée nette et distincte des vices ou des vertus du discours.

(N° 7. *Je n'en vois point de si enflé que Clitarque.*)

Ce jugement de Longin est fort juste ; et pour le confirmer, il ne faut que rapporter un passage de ce Clitarque, qui dit d'une guêpe, κατανέμεται τὴν ὀρεινὴν, εἰσίπταται δὲ εἰς τὰς κοίλας δρύς : *elle paît sur les montagnes, et vole dans les creux des chênes*. Car en parlant ainsi de ce petit animal, comme s'il parloit du lion de Némée ou du sanglier d'Érymanthe, il donne une image qui est en même temps et désagréable et froide ; et il tombe manifestement dans le vice que Longin lui a reproché.

(N° 8. *Elle n'a que de faux dehors.*)

Tous les interprètes ont suivi ici la leçon corrompue de ἀναληθεῖς, *faux*, pour ἀναλθεῖς, comme M. Le Fèvre a corrigé,

---

1713 portent *tous les exemplaires*. Brossette, sans en donner aucun motif, a rétabli le mot *quelques*, et les autres éditeurs ont suivi son exemple. (S.-S.)

qui se dit proprement de ceux qui ne peuvent croître ; et dans ce dernier sens le passage est très difficile à traduire en notre langue. Longin dit : *Cependant il est certain que l'enflure dans le discours, aussi bien que dans le corps, n'est qu'une tumeur vide et un défaut de force pour s'élever, qui fait quelquefois, etc.* Dans les anciens on trouvera plusieurs passages où ἀναλήθεις a été mal pris pour ἀναλθεῖς.

(N° 9. *Pour s'attacher trop au style figuré, ils tombent dans une sotte affectation.*)

Longin dit d'une manière plus forte, et par une figure : *Ils échouent dans le style figuré, et se perdent dans une affectation ridicule.*

## CHAPITRE III.

(N° 10. *Il sait beaucoup, et dit même les choses d'assez bon sens.*)

Longin dit de Timée : πολυΐστωρ καὶ ἐπινοητικός. Mais ce dernier mot ne me paroît pas pouvoir signifier un homme *qui dit les choses d'assez bon sens* ; et il me semble qu'il veut bien plutôt dire un homme *qui a de l'imagination, etc.*, et c'est le caractère de Timée. Dans ces deux mots Longin n'a fait que traduire ce que Cicéron a dit de cet auteur, dans le second livre de son orateur : *Rerum copia et sententiarum varietate abundantissimus.* Πολυΐστωρ répond à *rerum copia*, et ἐπινοητικός à *sententiarum varietate*.

(N° 11. *Qu'Isocrate n'en a employé à composer son panégyrique.*)

J'aurois mieux aimé traduire, *qu'Isocrate n'en a employé à composer le panégyrique*. Car le mot *son* m'a semblé faire ici une équivoque, comme si c'étoit le panégyrique d'Alexandre. Ce panégyrique fut fait pour exhorter Philippe à faire la guerre aux Perses ; cependant les interprètes latins s'y sont trompés, et ils ont expliqué ce passage, comme si ce discours d'Isocrate avoit été l'éloge de Philippe, pour avoir déjà vaincu les Perses. [a]

(N° 12. *Puisqu'ils furent trente ans à prendre la ville de Messène.*)

Longin parle ici de cette expédition des Lacédémoniens, qui fut la cause de la naissance des Parthéniens, dont j'ai expliqué l'histoire dans Horace. Cette guerre ne dura que vingt ans ; c'est pourquoi, comme M. Le Fèvre l'a fort bien remarqué, il faut nécessairement corriger le texte de Longin, où les copistes ont mis un λ qui signifie *trente*, pour un κ qui ne marque que *vingt*. M. Le Fèvre ne s'est pas amusé à le prouver ; mais voici un passage de Tyrtée qui confirme la chose fort clairement :

>   Ἄμφω τώδ' ἐμάχοντ' ἐννεακαίδεκ' ἔτη
>   Νωλεμέως αἰεὶ ταλασίφρονα θυμὸν ἔχοντες,
>   Αἰχμηταὶ πατέρων ἡμετέρων πατέρες.
>   Εἰκοστῷ δ' οἱ μὲν κατὰ πίονα ἔργα λιπόντες
>   Φεῦγον Ἰθωμαίων ἐκ μεγάλων ὀρέων.

[a] Dacier confond le *discours* d'Isocrate *à Philippe* avec le *panégyrique d'Athènes*, qui coûta dix ans de travail à cet orateur et dont parle Timée. (S.-S.)

*Nos braves aïeux assiégèrent pendant dix-neuf ans sans aucun relâche la ville de Messène, et la vingtième année les Messéniens quittèrent leur citadelle d'Ithome.* Les Lacédémoniens eurent encore d'autres guerres avec les Messéniens, mais elles ne furent pas si longues.

N° 13. *Parce qu'il y avoit un des chefs de l'armée ennemie qui tiroit son nom d'Hermès, de père en fils, savoir Hermocrate, fils d'Hermon.*)

Cela n'explique point, à mon avis, la pensée de Timée, qui dit : *Parce qu'il y avoit un des chefs de l'armée ennemie, savoir Hermocrate, fils d'Hermon, qui descendoit en droite ligne de celui qu'ils avoient si mal traité.* Timée avoit pris la généalogie de ce général des Syracusains dans les tables qui étoient gardées dans le temple de Jupiter Olympien, près de Syracuse, et qui furent surprises par les Athéniens au commencement de cette guerre, comme cela est expliqué plus au long par Plutarque dans la vie de Nicias. Thucydide parle de cette mutilation des statues de Mercure ; et il dit qu'elles furent toutes mutilées, tant celles qui étoient dans les temples, que celles qui étoient à l'entrée des maisons des particuliers.

(N° 14. *S'il eût eu des vierges aux yeux, et non pas des prunelles impudiques.*)

L'opposition qui est dans le texte entre κόρας et πόρνας n'est pas dans la traduction entre *vierges* et *prunelles impudiques* : cependant, comme c'est l'opposition qui fait le ridicule que Longin a trouvé dans ce passage de Timée, j'aurois voulu la conserver, et traduire, *s'il eût eu des vierges aux yeux, et non pas des courtisanes.*

(N° 15. *Ayant écrit toutes ces choses, ils poseront dans les temples ces monuments de cyprès.*)

De la manière dont M. Despréaux a traduit ce passage, je n'y trouve plus le ridicule que Longin a voulu nous y faire remarquer : car pourquoi *des tablettes de cyprès* ne pourroient-elles pas être appelées des *monuments de cyprès ?* Platon dit : *Ils poseront dans les temples ces mémoires de cyprès.* Et ce sont ces mémoires de cyprès que Longin blâme avec raison : car en grec, comme en notre langue, on dit fort bien *des mémoires ;* mais le ridicule est d'y joindre la matière, et de dire, *des mémoires de cyprès.*

(N° 16. *Il y a quelque chose d'aussi ridicule dans Hérodote, quand il appelle les belles femmes...*)

Ce passage d'Hérodote est dans le cinquième livre ; et si l'on prend la peine de le lire, je m'assure que l'on trouvera ce jugement de Longin un peu trop sévère : car les Perses, dont Hérodote rapporte ce mot, n'appeloient point en général les belles femmes *le mal des yeux ;* ils parloient de ces femmes qu'Amyntas avoit fait entrer dans la chambre du festin, et qu'il avoit placées vis-à-vis d'eux, de manière qu'ils ne pouvoient que les regarder. Ces barbares, qui n'étoient pas gens à se contenter de cela, se plaignirent à Amyntas, et lui dirent qu'il ne falloit point faire venir ces femmes, ou qu'après les avoir fait venir, il devoit les faire asseoir à leurs côtés, et non pas vis-à-vis, pour leur faire mal aux yeux. Il me semble que cela change un peu l'espèce. Dans le reste il est certain que Longin a eu raison de condamner cette figure. Beaucoup de gens [a]

---

[a] La première édition des œuvres de Despréaux où se trouvent les

déclineront pourtant ici sa juridiction, sur ce que de fort bons auteurs ont dit beaucoup de choses semblables. Ovide en est plein. Dans Plutarque un homme appelle un beau garçon *la fièvre de son fils*. Térence a dit, *tuos mores morbum illi esse scio*. Et, pour donner des exemples plus conformes à celui dont il s'agit, un Grec a appelé les fleurs ἑορτὴν ὄψεως, *la fête de la vue* ; et la verdure, πανήγυριν ὀφθαλμῶν.

(N° 17. *Parce que ce sont des barbares qui le disent dans le vin et dans la débauche.*)

Longin rapporte deux choses qui peuvent en quelque façon excuser Hérodote d'avoir appelé les belles femmes *le mal des yeux* : la première, que ce sont des barbares qui le disent ; et la seconde, qui le disent dans le vin et dans la débauche. En les joignant, on n'en fait qu'une ; et il me semble que cela affoiblit en quelque manière la pensée de Longin, qui a écrit : *parce que ce sont des barbares qui le disent, et qui le disent même dans le vin et dans la débauche.*

## CHAPITRE V.

(N° 18. *La marque infaillible du sublime, c'est quand nous sentons qu'un discours, etc.*)

Si Longin avoit défini de cette manière le sublime, il me semble que la définition seroit vicieuse, parce qu'elle pourroit convenir aussi à d'autres choses, qui sont fort éloignées

---

remarques de Dacier, c'est-à-dire celle de 1683, porte, *beaucoup de gens*. L'édition de 1694 a mis, *beaucoup de Grecs*, et Saint-Marc est le seul qui n'ait pas répété cette faute. (S.-S.)

du sublime. M. Despréaux a traduit ce passage comme tous les autres interprètes; mais je crois qu'ils ont confondu le mot κατεξανάστησις avec κατεξανάστασις. Il y a pourtant bien de la différence entre l'un et l'autre. Il est vrai que le κατεξανάστησις de Longin ne se trouve point ailleurs. Hesychius marque seulement ἀνάστημα, ὕψωμα. Or ἀνάστημα est la même chose qu'ἀνάστησις, d'où ἐξανάστησις et κατεξανάστησις ont été formés. Κατεξανάστησις n'est donc ici qu'αὔξησις, *augmentum*. Ce passage est très-important, et il me paroît que Longin a voulu dire : *Le véritable sublime est celui auquel, quoi que l'on médite, il est difficile ou plutôt impossible de rien ajouter, qui se conserve dans notre mémoire, et qui n'en peut être qu'à peine effacé.* [a]

(N° 19. *Car lorsqu'en un grand nombre de personnes différentes de profession et d'âge, et qui n'ont aucun rapport, etc.*)

C'est l'explication que tous les interprètes ont donnée à ce passage ; mais il me semble qu'ils ont beaucoup ôté de la force et du raisonnement de Longin, pour avoir joint λόγων ἕν τι, qui doivent être séparés. Λόγων n'est point ici *le discours*, mais *le langage*. Longin dit : *Car lorsqu'en un grand nombre de personnes, dont les inclinations, l'âge, l'humeur, la profession et le langage sont différents, tout le monde vient à être frappé également d'un même endroit, ce jugement*, etc. Je ne doute pas que ce ne soit le véritable sens. En effet, comme chaque nation dans sa langue a une manière de dire les choses, et même de les imaginer, qui lui est propre, il est constant qu'en ce genre ce qui plaira en même temps à des personnes de langage différent aura véritablement ce merveilleux et ce sublime.

[a] Ruhnken donne κατεξανάστασις.

## CHAPITRE VI.

(N° 20. *Mais ces cinq sources présupposent comme
pour fondement commun.*)

Longin dit : *Mais ces cinq sources présupposent comme pour
fond, comme pour lit commun, la faculté de bien parler.*
M. Despréaux n'a pas voulu suivre la figure, sans doute de
peur de tomber dans l'affectation.


## CHAPITRE VII.

(N° 21. *Et le tenir toujours plein, pour ainsi dire,
d'une certaine fierté noble, etc.*)

Il semble que le mot *plein* et le mot *enflé* ne demandent
pas cette modification, *pour ainsi dire* : nous disons tous les
jours, *c'est un esprit plein de fierté, c'est un homme enflé d'orgueil*; mais la figure dont Longin s'est servi la demandoit
nécessairement. J'aurois voulu la conserver, et traduire : *et le
tenir toujours, pour ainsi dire, gros d'une fierté noble et généreuse.*

(N° 22. *Quand il a dit, à propos de la déesse.....*)

Je ne sais pas pourquoi les interprètes d'Hésiode et de
Longin ont voulu que ’Αχλὺς soit ici la déesse des ténèbres.
C'est sans doute la Tristesse, comme M. Le Fèvre l'a remarqué. Voici le portrait qu'Hésiode en fait dans le Bouclier, au
vers 264 : *La Tristesse se tenoit près de là toute baignée de pleurs,*

*pâle, sèche, défaite, les genoux fort gros, et les ongles fort longs. Ses narines étoient une fontaine d'humeurs, le sang couloit de ses joues, elle grinçoit les dents, et couvroit ses épaules de poussière.* Il seroit bien difficile que cela pût convenir à la déesse des ténèbres. Lorsque Hesychius a marqué ἀχλύμενος, λυπούμενος, il a fait assez voir qu'ἀχλὺς peut fort bien être prise pour λύπη, *tristesse*. Dans ce même chapitre, Long'n s'est servi d'ἀχλὺς pour dire *les ténèbres, une épaisse obscurité*; et c'est peut-être ce qui a trompé les interprètes.

(N° 23. *Dès qu'on le voit marcher.....*)

Ces vers sont fort nobles et fort beaux; mais ils n'expriment pas la pensée d'Homère, qui dit que lorsque Neptune commence à marcher, les baleines sautent de tous côtés devant lui et reconnoissent leur roi, que de joie la mer se fend pour lui faire place. M. Despréaux dit de l'eau ce qu'Homère a dit des baleines, et il s'est contenté d'exprimer un petit frémissement qui arrive sous les moindres barques comme sous les plus grands vaisseaux, au lieu de nous représenter après Homère des flots entr'ouverts et une mer qui se sépare. [a]

(N° 24. *Ajoutez que les accidents qui arrivent dans l'Iliade sont déplorés souvent par les héros de l'Odyssée.*)

Je ne crois point que Longin ait voulu dire que les accidents qui arrivent dans l'Iliade sont déplorés par les héros de l'Odyssée; mais il dit : *Ajoutez qu'Homère rapporte dans l'Odyssée des plaintes et des lamentations, comme connues dès*

---

[a] Cette note, insérée dans l'édition de 1683, a été retranchée dans les éditions de 1694, 1701 et 1713. (S.-S.)

*longtemps à ses héros.* Longin a égard ici à ces chansons qu'Homère fait chanter dans l'Odyssée sur les malheurs des Grecs, et sur toutes les peines qu'ils avoient eues dans ce long siége. On n'a qu'à lire le livre VIII.

(N° 25. *Nous pouvons dire que c'est le reflux de son esprit, etc.*)

Les interprètes n'ont point rendu toute la pensée de Longin, qui, à mon avis, n'aura eu garde de dire d'Homère qu'il s'égare dans des imaginations et des fables incroyables. M. Le Fèvre est le premier qui ait connu la beauté de ce passage; car c'est lui qui a découvert que le grec étoit défectueux, et qu'après ἀμπώτιδες, il falloit suppléer οὕτω ὁ παρ' Ὁμήρῳ. Dans ce sens-là on peut traduire ainsi ce passage : *Mais comme l'océan est toujours grand, quoiqu'il se soit retiré de ses rivages, et qu'il se soit resserré dans ses bornes, Homère aussi, après avoir quitté l'Iliade, ne laisse pas d'être grand dans les narrations même*[a] *incroyables et fabuleuses de l'Odyssée.*

(N° 26. *Je n'ai pas oublié les descriptions.....*)

De la manière dont M. Despréaux a traduit ce passage, il semble que Longin, en parlant de ces narrations incroyables et fabuleuses de l'Odyssée, n'y comprenne point ces tempêtes et ces aventures d'Ulysse avec le cyclope; et c'est tout le contraire, si je ne me trompe; car Longin dit : *Quand je vous parle de ces narrations incroyables et fabuleuses, vous pouvez bien croire que je n'ai pas oublié ces tempêtes de l'Odyssée, ni*

---

[a] Ce *même* est dans toutes les éditions, excepté dans celle de 1701. (SAINT-MARC.) Cela n'est pas exact : le mot *même* se trouve dans l'édition citée, comme dans toutes les autres. (S.-S.)

90   ŒUVRES DE BOILEAU.

*tout ce qu'on y lit du cyclope, ni quelques autres endroits, etc.* Et ce sont ces endroits mêmes qu'Horace [a] appelle *speciosa miracula*.

(N° 27. *Il en est de même des colombes qui nourrirent Jupiter.*)

Le passage d'Homère est dans le livre XII de l'Odyssée, vers 62 :

. . . . . . . . . . . . . . Οὐδὲ πέλειαι
Τρήρωνες, ταί τ' ἀμβροσίην Διὶ πατρὶ φέρουσιν.

*Ni les timides colombes qui portent l'ambroisie à Jupiter.* Les anciens ont fort parlé de cette fiction d'Homère, sur laquelle Alexandre consulta Aristote et Chiron. On peut voir Athénée, livre II, page 490. Longin la traite de songe ; mais peut-être Longin n'étoit-il pas si savant dans l'antiquité qu'il étoit bon critique. Homère avoit pris ceci des Phéniciens, qui appeloient presque de la même manière une colombe et une prêtresse ; ainsi quand ils disoient que des colombes nourrissoient Jupiter, ils parloient des prêtres et des prêtresses qui lui offroient des sacrifices, que l'on a toujours appelés *la viande des dieux*. On doit expliquer de la même manière la fable des colombes de Dodone et de Jupiter Ammon.

## CHAPITRE VIII.

(N° 28. *Mais que son âme est un rendez-vous de toutes les passions.*)

Notre langue ne sauroit bien dire cela d'une autre manière ; cependant il est certain que le mot *rendez-vous* n'exprime pas

[a] *Art poét.*, vers 144. (S.-S.)

toute la force du mot grec σύνοδος, qui ne signifie pas seulement *assemblée*, mais *choc, combat*; et Longin lui donne ici toute cette étendue : car il dit que *Sapho a ramassé et uni toutes ces circonstances, pour faire paroître, non pas une passion, mais une assemblée de toutes les passions qui s'entre-choquent, etc.*

(N° 29. *Archiloque ne s'est point servi d'autre artifice dans la description de son naufrage.*)

Je sais bien que par *naufrage* M. Despréaux a entendu le naufrage qu'Archiloque avoit décrit, etc. Néanmoins, comme le mot *son* fait une équivoque, et que l'on pourroit croire qu'Archiloque lui-même auroit fait le naufrage dont il a parlé, j'aurois voulu traduire, *dans la description du naufrage*. Archiloque avoit décrit le naufrage de son beau-frère.

## CHAPITRE X.

(N° 30. *Pour Cicéron, etc.*)

Longin, en conservant l'idée des embrasements, qui semblent quelquefois ne se ralentir que pour éclater avec plus de violence, définit très-bien le caractère de Cicéron, qui conserve toujours un certain feu, mais qui le ranime en certains endroits, et lorsqu'il semble qu'il va s'éteindre.

(N° 31. *Quand il faut, pour ainsi dire.*)

Cette modification *pour ainsi dire* ne me paroit pas nécessaire ici, et il me semble qu'elle affoiblit en quelque manière la pensée de Longin, qui ne se contente pas de dire que *le sublime de Démosthène vaut mieux quand il faut étonner l'auditeur,* mais qui ajoute, *quand il faut entièrement étonner, etc.* Je ne crois pas que le mot françois *étonner* demande de lui-même cette excuse, puisqu'il n'est pas si fort que le grec ἐκπλῆξαι, quoiqu'il serve également à marquer l'effet que produit la foudre dans l'esprit de ceux qu'elle a presque touchés. [a]

(N° 32. *Au contraire, l'abondance est meilleure lorsqu'on veut, si j'ose me servir de ces termes, répandre une rosée agréable dans les esprits.*)

Outre que cette expression, *répandre une rosée,* ne répond pas bien à l'abondance dont il est ici question, il me semble qu'elle obscurcit la pensée de Longin, qui oppose ici καταντλῆσαι à ἐκπλῆξαι; et qui, après avoir dit que *le sublime concis de Démosthène doit être employé lorsqu'il faut entièrement étonner l'auditeur,* ajoute qu'*on doit se servir de cette riche abondance de Cicéron lorsqu'il faut l'adoucir.* Ce καταντλῆσαι est emprunté de la médecine; il signifie proprement *fovere, fomenter, adoucir;* et cette idée est venue à Longin du mot ἐκπλῆξαι. Le sublime concis est pour frapper; mais cette heureuse abondance est pour guérir les coups que ce sublime a portés. De cette manière Longin explique fort bien les deux genres de discours que les anciens rhéteurs ont établis, dont l'un, qui est pour toucher et pour frapper, est appelé proprement *oratio vehemens,* et l'autre, qui est pour adoucir, *oratio lenis.*

[a] Cette note, insérée dans l'édition de 1683, ne se trouve point dans les éditions de 1694, 1701 et 1713. (S.-S.)

## CHAPITRE XI.

(N° 33. *Et j'en donnerois des exemples, si Ammonius n'en avoit déjà rapporté plusieurs.*)

Le grec dit : *si Ammonius n'en avoit rapporté de singuliers*, τὰ ἐπ'εἴδους, comme M. Le Fèvre a corrigé. [a]

(N° 34. *En effet, jamais, à mon avis.*)

Il me semble que cette période n'exprime pas toutes les beautés de l'original, et qu'elle s'éloigne de l'idée de Longin, qui dit : *En effet, Platon semble n'avoir entassé de si grandes choses dans ses traités de philosophie, et ne s'être jeté si souvent dans des expressions et dans des matières poétiques, que pour disputer de toute sa force le prix à Homère, comme un nouvel athlète à celui qui a déjà reçu toutes les acclamations, et qui a été l'admiration de tout le monde.* Cela conserve l'image que Longin a voulu donner des combats des athlètes; et c'est cette image qui fait la plus grande beauté de ce passage.

## CHAPITRE XII.

(N° 35. *En effet, nous ne croirons pas avoir un médiocre prix à disputer.*)

Le mot grec ἀγώνισμα ne signifie point ici, à mon avis, *prix*, mais *spectacle*. Longin dit : *En effet, de nous figurer que*

---

[a] Dans les éditions de 1683 et 1694, cette note se lit telle que nous la

*nous allons rendre compte de tous nos écrits devant un si célèbre tribunal, et sur un théâtre où nous avons de tels héros pour juges ou pour témoins, ce sera un spectacle bien propre à nous animer.* Thucydide s'est servi plus d'une fois de ce mot dans le même sens. Je ne rapporterai que ce passage du livre VII : [a] Ὁ γὰρ Γύλιππος καλὸν τὸ ἀγώνισμα ἐνόμιζεν οἱ εἶναι, ἐπὶ τοῖς ἄλλοις καὶ τοὺς ἀντιστρατήγους κομίσαι Λακεδαιμονίοις. *Gylippe estimoit que ce seroit un spectacle bien glorieux pour lui, de mener comme en triomphe les deux généraux des ennemis, qu'il avoit pris dans le combat.* Il parle de Nicias et de Démosthène, chefs des Athéniens.

(N° 36. *Car si un homme, dans la défiance de ce jugement, a peur, pour ainsi dire, d'avoir dit quelque chose qui vive plus que lui, etc.*)

A mon avis, aucun interprète n'est entré ici dans le sens de Longin, qui n'a jamais eu cette pensée, qu'un homme, dans la défiance de ce jugement, pourra avoir peur d'avoir dit quelque chose qui vive plus que lui, ni même qu'il ne se donnera pas la peine d'achever ses ouvrages ; au contraire, il veut faire entendre que cette crainte ou ce découragement le mettra en état de ne pouvoir rien faire de beau, ni qui lui survive, quand il travailleroit sans cesse, et qu'il feroit les plus grands efforts. *Car si un homme,* dit-il, *après avoir envisagé ce jugement, tombe d'abord dans la crainte de ne pouvoir rien produire qui lui survive, il est impossible que les conceptions de son esprit ne soient aveugles et imparfaites, et qu'elles n'avortent, pour ainsi dire, sans pouvoir jamais parvenir à la*

---

donnons. Dans les éditions de 1701 et 1713, on la trouve de la manière suivante : « Et j'en donnerois des exemples, si Ammonius n'en avoit déjà rapporté de singuliers..., etc. » (S.-S.)

[a] Édition de Francfort, page 556.

*dernière postérité.* Un homme qui écrit doit avoir une noble hardiesse, ne se contenter pas d'écrire pour son siècle, mais envisager toute la postérité. Cette idée lui élèvera l'âme, et animera ses conceptions; au lieu que si, dès le moment que cette postérité se présentera à son esprit, il tombe dans la crainte de ne pouvoir rien faire qui soit digne d'elle, ce découragement et ce désespoir lui feront perdre toute sa force; et, quelque peine qu'il se donne, ses écrits ne seront jamais que des avortons. C'est manifestement la doctrine de Longin, qui n'a garde pourtant d'autoriser par là une confiance aveugle et téméraire, comme il seroit facile de le prouver.

## CHAPITRE XIII.

(N° 37. *Prends garde qu'une ardeur...*)

Je trouve quelque chose de noble et de beau dans le tour de ces quatre vers : il me semble pourtant que lorsque le soleil dit, *Au-dessus de la Libye, le sillon, n'étant point arrosé d'eau, n'a jamais rafraîchi mon char,* il parle plutôt comme un homme qui pousse son char à travers champs, que comme un Dieu qui éclaire la terre. M. Despréaux a suivi ici tous les autres interprètes, qui ont expliqué ce passage de la même manière; mais je crois qu'ils se sont fort éloignés de la pensée d'Euripide, qui dit : *Marche, et ne te laisse point emporter dans l'air de Libye, qui, n'ayant aucun mélange d'humidité, laissera tomber mon char.* C'étoit l'opinion des anciens, qu'un mélange humide fait la force et la solidité de l'air. Mais ce n'est pas ici le lieu de parler de leurs principes de physique.

(N° 38. *Lui montre encor sa route, et du plus haut des cieux...*)

M. D*** dit dans sa remarque que le grec porte *que le soleil à cheval monta au-dessus de la canicule,* ὄπισθε νῶτα Σειρείου βεβὼς; et il ajoute qu'il ne voit pas pourquoi Rutgersius et M. Le Fèvre veulent changer cet endroit qui est fort clair. Premièrement ce n'est point M. Le Fèvre qui a voulu changer cet endroit : au contraire il fait voir le ridicule de la correction de Rutgersius qui lisoit σειραίου, au lieu de Σειρείου. Il a dit seulement qu'il faut lire Σειρίου, et cela sans difficulté, parce que le pénultième pied de ce vers doit être un ïambe, ρίου; mais cela ne change rien au sens. Au reste, Euripide, à mon avis, n'a point voulu dire que *le soleil à cheval monta au-dessus de la canicule,* mais plutôt que le soleil, pour suivre son fils, monta à cheval sur un astre qu'il appelle Σείριον, *Sirium,* qui est le nom général de tous les astres, et qui n'est point du tout ici la canicule : ὄπισθε ne doit point être construit avec νῶτα; il faut le joindre avec le verbe ἵππευε du vers suivant, de cette manière : Πατὴρ δὲ βεβὼς νῶτα Σειρίου ἵππευε ὄπισθε, παῖδα νουθετῶν, *le soleil monté sur un astre alloit après son fils, lui criant, etc.* Et cela est beaucoup plus vraisemblable que de dire que le soleil monta à cheval pour aller seulement au centre du ciel au-dessus de la canicule, et pour crier de là à son fils, et lui enseigner le chemin. Ce centre du ciel est un peu trop éloigné de la route que tenoit Phaéton.

(N° 39. *Le palais en fureur mugit à son aspect.*)

Le mot *mugir* ne me paroît pas assez fort pour exprimer seul le ἐνθουσιᾶν et le βακχεύειν d'Eschyle; car ils ne signifient

---

* Cette note, ajoutée après coup dans les éditions de 1683 et 1694, manque dans les éditions de 1701 et 1713. (S.-S.)

pas seulement *mugir,* mais *se remuer avec agitation, avec violence.* Quoique ce soit une folie de vouloir faire un vers après M. Despréaux, je ne laisserai pas de dire que celui d'Eschyle [a] seroit peut-être mieux de cette manière pour le sens :

> Du palais en fureur les combles ébranlés
> Tremblent en mugissant.

Et celui d'Euripide :

> La montagne s'ébranle, et répond à leurs cris. [b]

(N° 40. *Les images dans la poésie sont pleines ordinairement d'accidents fabuleux.*)

C'est le sens que tous les interprètes ont donné à ce passage ; mais je ne crois pas que ç'ait été la pensée de Longin : car il n'est pas vrai que dans la poésie les images soient ordinairement pleines d'accidents ; elles n'ont en cela rien qui ne leur soit commun avec les images de la rhétorique. Longin dit simplement que *dans la poésie les images sont poussées à un excès fabuleux, et qui passe toute sorte de créance.*

(N° 41. *Ce n'est point,* dit-il, *un orateur qui a fait passer cette loi, c'est la bataille…*)

Pour conserver l'image que Longin a voulu faire remarquer dans ce passage d'Hypéride, je crois qu'il auroit fallu traduire : *Ce n'est point,* dit-il, *un orateur qui a écrit cette loi, c'est la bataille, c'est la défaite de Chéronée.* Car c'est en cela que consiste l'image, *la bataille a écrit cette loi ;* au lieu qu'en

---

[a] Dans le *Penthée.*
[b] Dans les *Bacchantes,* vers 725.

disant, *la bataille a fait passer cette loi,* on ne conserve plus l'image, ou elle est au moins fort peu sensible. C'étoit même chez les Grecs le terme propre, *écrire une loi, une ordonnance, un édit, etc.* M. Despréaux a évité cette expression, *écrire une loi,* parce qu'elle n'est pas françoise dans ce sens-là ; mais il auroit pu mettre, *ce n'est pas un orateur qui a fait cette loi, etc.* Hypéride avoit ordonné qu'on donneroit le droit de bourgeoisie à tous les habitants d'Athènes indifféremment, la liberté aux esclaves ; et qu'on enverroit au Pirée les femmes et les enfants. Plutarque parle de cette ordonnance dans la vie d'Hypéride ; et il cite même un passage, qui n'est pourtant pas celui dont il est ici question. Il est vrai que le même passage rapporté par Longin est cité fort différemment par Démétrius Phaléreus. *Ce n'est pas moi,* dit-il, *qui ai écrit cette loi, c'est la guerre qui l'a écrite avec l'épée d'Alexandre.* Mais pour moi je suis persuadé que ces derniers mots, *qui l'a écrite avec l'épée d'Alexandre,* Ἀλεξάνδρου δόρατι γράφων, ne sont point d'Hypéride : ils sont apparemment de quelqu'un qui aura cru ajouter quelque chose à la pensée de cet orateur, et l'embellir même, en expliquant, par une espèce de pointe, le mot πόλεμος ἔγραψεν, *la guerre a écrit ;* et je m'assure que tout cela paroîtra à tous ceux qui ne se laissent point éblouir par de faux brillants.

## CHAPITRE XIV.

(N° 42. *Mais il n'y a pas grande finesse à jurer simplement. Il faut voir où, comment, en quelle occasion et pourquoi on le fait.*)

Ce jugement est admirable, et Longin dit plus lui seul que tous les autres rhéteurs qui ont examiné le passage de Démosthène. Quintilien avoit pourtant bien vu que les serments sont ridicules, si l'on n'a l'adresse de les employer aussi heureusement que cet orateur; mais il n'avoit point fait sentir tous les défauts que Longin nous explique si clairement dans le seul examen qu'il fait de ce serment d'Eupolis. On peut voir deux endroits de Quintilien dans le chapitre II du livre IX.

## CHAPITRE XV.

(N° 43. *Et ne sauroit souffrir qu'un chétif rhétoricien entreprenne de le tromper comme un enfant par de grossières finesses.*)

Il me semble que ces deux expressions, *chétif rhétoricien*, et *finesses grossières*, ne peuvent s'accorder avec ces charmes du discours, dont il est parlé six lignes plus bas. Longin dit : *et ne sauroit souffrir qu'un simple rhétoricien*, τεχνίτης ῥήτωρ, *entreprenne de le tromper comme un enfant par de petites finesses*, σχηματίοις.

## CHAPITRE XVIII.

(N° 44. *Si donc vous voulez éviter les malheurs qui vous menacent.*)

Tous les interprètes d'Hérodote, et ceux de Longin, ont expliqué ce passage comme M. Despréaux; mais ils n'ont pas pris garde que le verbe grec ἐνδέχεσθαι ne peut pas signifier *éviter*, mais *prendre*; et que ταλαιπωρία n'est pas plus souvent employé pour *misère, calamité*, que pour *travail, peine*. Hérodote oppose manifestement ταλαιπωρίας ἐνδέχεσθαι, *prendre de la peine, n'appréhender point la fatigue*, à μαλακίῃ διαχρῆσθαι, *être lâche, paresseux*; et il dit : *Si donc vous voulez ne point appréhender la peine et la fatigue, commencez dès ce moment à travailler; et après la défaite de vos ennemis vous serez libres.* Ce que je dis paroîtra plus clairement, si on prend la peine de lire le passage dans le sixième livre d'Hérodote, à la section onzième.

## CHAPITRE XIX.

(N° 45. *Aussitôt un grand peuple accourant sur le port, etc.*[a])

Voici le passage grec : Αὐτίκα λαὸς ἀπείρων θύνων ἐπ' ἠϊόνεσσι διϊστάμενοι κελάδησαν. Langbaine corrige θῦνον pour θύνων, et il fait une fin de vers avec un vers entier :

Αὐτίκα λαὸς ἀπείρων
Θῦνον ἐπ' ἠϊόνεσσι διϊστάμενοι κελάδησαν.

Mais M. Le Fèvre soutient que c'est de la prose, qu'il n'y faut rien changer, et que, si l'on mettoit θῦνον, il faudroit aussi ajouter un καὶ, καὶ διϊστάμενοι. M. D*** se détermine sur cela, et il suit la remarque de Langbaine qui lui a paru plus juste, parce, dit-il, qu'il ne voit pas pourquoi en mettant θῦνον on est obligé de mettre la liaison καὶ. Il veut dire sans doute, et cela est vrai, que deux verbes se trouvent très-souvent sans liaison, comme dans le passage d'Homère que Longin rapporte dans le chapitre XVI ; mais il devoit prendre garde que dans ce passage chaque verbe occupe un vers, au lieu qu'ici il n'y auroit qu'un seul vers pour les deux verbes, ce qui est entièrement opposé au génie de la langue grecque, qui ne souffre pas qu'un seul vers renferme deux verbes de

---

[a] Cette note, ajoutée après coup dans les éditions de 1683 et 1694, manque dans celles de 1701 et 1713. (S.-S.)

même temps et un participe sans aucune liaison. Cela est certain. D'ailleurs on pourroit faire voir que cet asyndeton que l'on veut faire dans ce prétendu vers, au lieu de lui donner de la force et de la vitesse, l'énerve et le rend languissant.

(N° 46. *Car d'attacher partout ces cymbales et ces sonnettes, cela sentiroit trop son sophiste.*)

Les anciens avoient accoutumé de mettre des sonnettes aux harnois de leurs chevaux dans les occasions extraordinaires, c'est-à-dire les jours où l'on faisoit des revues et des tournois ; il paroît même, par un passage d'Eschyle, qu'on en garnissoit les boucliers tout autour. C'est de cette coutume que dépend l'intelligence de ce passage de Longin, qui veut dire que, comme un homme qui mettroit ces sonnettes tous les jours seroit pris pour un charlatan, un orateur qui emploieroit partout ces pluriels passeroit pour un sophiste.

## CHAPITRE XXIII.

(N° 47. *Ce héraut ayant assez pesé la conséquence de toutes ces choses, il commande aux descendants des Héraclides de se retirer.*)

Ce passage d'Hécatée a été expliqué de la même manière par tous les interprètes ; mais ce n'est guère la coutume qu'un héraut pèse la conséquence des ordres qu'il a reçus : ce n'est point aussi la pensée de cet historien. M. Le Fèvre avoit fort bien vu que ταῦτα δεινὰ ποιούμενος ne signifie point du tout *pesant la conséquence de ces choses*, mais *étant bien fâché de ces choses*, comme mille exemples en font foi. Ὢν n'est point ici un participe, mais ὢν pour οὖν dans le style d'Ionie, qui étoit celui de cet auteur; c'est-à-dire que ὡς μὴ ὤν ne signifie point, *comme si je n'étois point au monde;* mais, *afin donc,* et cela dépend de la suite. Voici le passage entier : « Le héraut, bien fâché de l'ordre qu'il avoit reçu, fait commandement aux descendants des Héraclides de se retirer. « Je ne saurois « vous aider. Afin donc que vous ne périssiez pas entièrement, « et que vous ne m'enveloppiez point dans votre ruine en me « faisant exiler, partez, retirez-vous chez quelque autre « peuple.ᵃ »

## CHAPITRE XXIV.

(N° 48. *La déesse Vénus, pour châtier l'insolence des Scythes, qui avoient pillé son temple, leur envoya la maladie des femmes.*)

Par cette maladie des femmes, tous les interprètes ont entendu les hémorroïdes; mais il me semble qu'Hérodote auroit eu tort de n'attribuer qu'aux femmes ce qui est aussi commun aux hommes; et que la périphrase dont il s'est servi ne seroit pas fort juste. Ce passage a embarrassé beaucoup de gens, et Voiture n'en a pas été seul en peine. Pour moi, je suis persuadé que la plupart, pour avoir voulu trop finasser, ᵇ ne sont point entrés dans la pensée d'Hérodote, qui n'entend point d'autre maladie que celle qui est particulière aux femmes. C'est en cela aussi que sa périphrase paroît admirable à Longin, parce que cet auteur avoit plusieurs autres manières de circonlocution, mais qui auroient été toutes ou

---

ᵃ Saint-Marc, d'après une leçon adoptée par quelques traducteurs, entre autres par Tollius et Pearce, voudroit qu'au lieu d'*un héraut* on mît *le roi Céix.* (S.-S.)

C'est le texte que donne Ruhnken : Κῆυξδε, ταυτα... »

ᵇ Ce mot se trouve dans l'édition de 1713. On lit *finesser* dans les éditions de 1683, 1694, 1701. (S.-S.)

rudes ou malhonnêtes ; au lieu que celle qu'il a choisie est très-propre, et ne choque point. En effet, le mot νοῦσος, *maladie*, n'a rien de grossier, et ne donne aucune idée sale. On peut encore ajouter, pour faire paroître davantage la délicatesse d'Hérodote en cet endroit, qu'il n'a pas dit νοῦσον γυναικῶν, *la maladie des femmes,* mais, par l'adjectif, θήλειαν νοῦσον, *la maladie féminine ;* ce qui est beaucoup plus doux dans le grec, et n'a point du tout de grâce dans notre langue, où il ne peut être souffert.

## CHAPITRE XXV.

(N° 49. *Si ce n'est à la vérité dans la poésie*[a].)

M. D*** a fort bien vu que dans la lacune suivante Longin faisoit voir que les mots simples avoient place quelquefois dans le style noble, et que pour le prouver il rapportoit ce passage d'Anacréon : οὐκέτι Θρηϊκίης ἐπιστρέφομαι. Il a vu encore que dans le texte de Longin ὑπτικώτατον καὶ γόνιμον τοδ᾽ Ἀνακρέοντος, le mot ὑπτικώτατον est corrompu, et qu'il ne peut être grec. Je n'ajouterai que deux mots à ce qu'il a dit : c'est qu'au lieu d'ὑπτικώτατον Longin avoit écrit ὑπτιώτατον, et qu'il l'avoit rapporté au passage d'Anacréon, ὑπτιώτατον καὶ γόνιμον τοδ᾽ Ἀνακρέοντος (οὐκέτι Θρηϊκίης ἐπιστρέφομαι). Il falloit traduire : *Cet endroit d'Anacréon est fort simple, quoique pur. Je ne me soucie plus de la Thracienne.* Γόνιμον ne signifie point ici *fécond,* comme M. D*** l'a cru avec tous les autres interprètes, mais *pur,* comme quelquefois le *genuinum* des Latins. La restitution de ὑπτιώτατον est très-certaine, et on pourroit la prouver

---

[a] Cette note, ajoutée dans l'édition de 1683, manque dans les éditions de 1701 et 1713. Saint-Marc se trompe en disant qu'elle n'est pas dans celle de 1694 ; elle y est placée la dernière de toutes. (S.-S.)

par Hermogène, qui a aussi appelé ὑπτιώτητα λόγου cette simplicité du discours. Dans le passage d'Anacréon cette simplicité consiste dans le mot ἐπιστρέφομαι, qui est fort simple et du style ordinaire. Au reste, par cette Thracienne il faut entendre cette fille de Thrace dont Anacréon avoit été amoureux, et pour laquelle il avoit fait l'ode LXIII : Πῶλη Θρηϊκίη, *jeune cavale de Thrace, etc.*

## CHAPITRE XXVI.

(N° 50. *Le remède le plus naturel contre l'abondance et la hardiesse, soit des métaphores, soit des autres figures, c'est de ne les employer qu'à propos, etc.*)

J'aimerois mieux traduire : *Mais je soutiens toujours que l'abondance et la hardiesse des métaphores, comme je l'ai déjà dit, les figures employées à propos, les passions véhémentes et le grand, sont les plus naturels adoucissements du sublime.* Longin veut dire que, pour excuser la hardiesse du discours dans le sublime, on n'a pas besoin de ces conditions, *pour ainsi dire, si je l'ose dire, etc.*, et qu'il suffit que les métaphores soient fréquentes et hardies, que les figures soient employées à propos, que les passions soient fortes, et que tout enfin soit noble et grand.

(N° 51. *Il dit que la rate est la cuisine...*)

Le passage de Longin est corrompu, et ceux qui le liront avec attention en tomberont sans doute d'accord;[a] car la rate

---

[a] Ruhnken n'a pas été de cet avis : il donne dans son texte θρε]πτικώτατον.

ne peut jamais être appelée raisonnablement *la cuisine des intestins*; et ce qui suit détruit manifestement cette métaphore. Longin avoit écrit comme Platon ἐκμαγεῖον, et non pas μαγειρεῖον. On peut voir le passage tout du long dans le Timée, à la page 72 du tome III de l'édition de Serranus. Ἐκμαγεῖον signifie proprement χειρόμακτρον, *une serviette à essuyer les mains*. Platon dit que « Dieu a placé la rate au voisinage du foie, afin qu'elle lui serve comme de torchon, *si j'ose me servir de ce terme*, et qu'elle le tienne toujours propre et net. C'est pourquoi, lorsque dans une maladie le foie est environné d'ordures, la rate, qui est une substance creuse, molle, et qui n'a point de sang, le nettoie, et prend elle-même toutes ces ordures, d'où vient qu'elle s'enfle et devient bouffie; comme au contraire, après que le corps est purgé, elle se désenfle, et retourne à son premier état. » Je m'étonne que personne ne se soit aperçu de cette faute dans Longin, et qu'on ne l'ait corrigée sur le texte même de Platon, et sur le témoignage de Pollux, qui cite ce passage dans le chapitre IV du livre II.[a]

(N° 52. *De fait, accusant Platon d'être tombé en plusieurs endroits...*)

Il me semble que cela n'explique pas assez la pensée de Longin, qui dit : *En effet, il préfère à Platon, qui est tombé en beaucoup d'endroits, il lui préfère, dis-je, Lysias comme un orateur achevé, et qui n'a point de défauts*, etc.

---

[a] Pearce rejette la correction de Dacier, également proposée par Tollius; Capperonnier l'admet. (S.-S.)

## CHAPITRE XXVII.

(N° 53. *Et dans Théocrite, ôté quelques endroits où il sort un peu du caractère de l'églogue, il n'y a rien qui ne soit heureusement imaginé.*)

Les anciens ont remarqué que la simplicité de Théocrite étoit très-heureuse dans les bucoliques. Cependant il est certain, comme Longin l'a fort bien vu, qu'il y a quelques endroits qui ne suivent pas bien la même idée, et qui s'éloignent fort de cette simplicité. On verra un jour, dans les commentaires que j'ai faits sur ce poëte, les endroits que Longin me paroît avoir entendus.

(N° 54. *Mais qui ne tombe dans ce défaut qu'à cause de cet esprit divin dont il est entraîné, et qu'il ne sauroit régler comme il veut.*)

Longin dit en général : *mais qui ne tombe dans ce défaut qu'à cause de cet esprit divin dont il est entraîné, et qu'il est bien difficile de régler.*

## CHAPITRE XXVIII.

(N° 55. *Outre qu'il est plus harmonieux, il a bien plus de parties d'orateur, qu'il possède presque toutes en un degré éminent.*)

Longin, à mon avis, n'a garde de dire d'Hypéride qu'il possède presque toutes les parties d'orateur en un degré éminent;

il dit seulement qu'il a plus de parties d'orateur que Démosthène, et que dans toutes ces parties *il est presque éminent, qu'il les possède toutes en un degré presque éminent,* καὶ σχεδὸν πακρος ἐν πᾶσιν.

(N° 56. *Semblable à ces athlètes qui réussissent aux cinq sortes d'exercices, et qui, n'étant les premiers en pas un de ces exercices...*)

De la manière que ce passage est traduit, Longin ne place Hypéride qu'au-dessus de l'ordinaire et du commun; ce qui est fort éloigné de sa pensée. A mon avis, M. Despréaux et les autres interprètes n'ont pas bien pris ni le sens, ni les paroles de ce rhéteur. Ἰδιῶται ne signifie point ici *des gens du vulgaire et du commun,* comme ils l'ont cru, mais des gens qui se mêlent des mêmes exercices, d'où vient qu'Hésychius a fort bien marqué ἰδιώτας ὁπλίτας. Je traduirois : *semblable à un athlète que l'on appelle pentathle, qui véritablement est vaincu par tous les autres athlètes dans tous les combats qu'il entreprend, mais qui est au-dessus de tous ceux qui s'attachent comme lui à cinq sortes d'exercices.* Ainsi la pensée de Longin est fort belle, de dire que si l'on doit juger du mérite par le nombre des vertus plutôt que par leur excellence, et que l'on commette Hypéride avec Démosthène, comme deux pentathles qui combattent dans cinq sortes d'exercices, le premier sera beaucoup au-dessus de l'autre ; au lieu que si l'on juge des deux par un seul endroit, celui-ci l'emportera de bien loin sur le premier ; comme un athlète qui ne se mêle que de la course ou de la lutte vient facilement à bout d'un pentathle qui a quitté ses compagnons pour courir ou pour lutter contre lui. C'est tout ce que je puis dire sur ce passage, qui étoit assurément très difficile, et qui n'avoit peut-être point encore été entendu. M. Le Fèvre avoit bien vu que c'étoit une imitation d'un passage de Platon dans le dialogue intitulé Ἐρασταὶ, mais il ne s'étoit pas donné la peine de l'expliquer.

(N° 57. *Il joint à cela les douceurs...*)

Pour ne se tromper pas à ce passage, il faut savoir qu'il y a deux sortes de grâces : les unes majestueuses et graves, qui sont propres aux poëtes ; et les autres simples et semblables aux railleries de la comédie. Ces dernières entrent dans la composition du style poli, que les rhéteurs ont appelé γλαφυρὸν λόγον ; et c'étoit là les grâces de Lysias, qui, au jugement de Denys d'Halicarnasse, excelloit dans ce style poli : c'est pourquoi Cicéron l'appelle *venustissimum oratorem*.[a] Voici un exemple des grâces de ce charmant orateur. En parlant un jour contre Eschine, qui étoit amoureux d'une vieille : *Il aime*, dit-il, *une femme dont il est plus facile de compter les dents que les doigts*. C'est par cette raison que Démétrius a mis les grâces de Lysias dans le même rang que celles de Sophron, qui faisoit des mimes.

(N° 58. *On y voit, pour ainsi dire, un orateur toujours à jeun.*)

Je ne sais si cette expression exprime bien la pensée de Longin. Il y a dans le grec καρδίας νήφοντος ; et par là ce rhéteur a entendu un orateur *toujours égal et modéré* ; car νήφειν est opposé à μαίνεσθαι, *être furieux*. M. Despréaux a cru conserver la même idée, parce qu'un orateur véritablement sublime ressemble en quelque manière à un homme qui est échauffé par le vin.

[a] *De oratore*, p. 189, n° 60, édit. Hamburg. Jan. Grut. (S.-S.)

## CHAPITRE XXIX.

(N° 59. *Que Lysias est au-dessous de Platon par un plus grand nombre de fautes.*)

Le jugement que Longin fait ici de Lysias s'accorde fort bien avec ce qu'il a dit à la fin du chapitre XXVI, pour faire voir que Cécilius avoit eu tort de croire que Lysias fût sans défaut ; mais il s'accorde fort bien aussi avec tout ce que les anciens ont écrit de cet orateur. On n'a qu'à voir un passage remarquable dans le livre *De optimo genere oratorum*, où Cicéron parle et juge en même temps des orateurs qu'on doit se proposer pour modèles.

## CHAPITRE XXX.

(N° 60. *A l'égard donc des grands orateurs, en qui le sublime et le merveilleux se rencontre joint avec l'utile et le nécessaire, etc.*)

Le texte grec est entièrement corrompu en cet endroit, comme M. Le Fèvre l'a fort bien remarqué : il me semble pourtant que le sens que M. Despréaux en a tiré ne s'accorde pas bien avec celui de Longin. En effet, ce rhéteur venant de dire à la fin du chapitre précédent qu'il est aisé d'acquérir l'utile et le nécessaire, qui n'ont rien de grand ni de merveilleux, il ne me paroît pas possible qu'il joigne ici ce merveilleux avec ce nécessaire et cet utile. Cela étant, je crois que la restitution de ce passage n'est pas si difficile que l'a cru M. Le Fèvre ; et quoique ce savant homme ait désespéré d'y arriver sans le secours de quelque manuscrit, je ne laisserai pas de dire ici ma pensée. Il y a dans le texte ἐφ' ὧν οὐκ ἔτ' ἔξω τῆς χρείας, *etc.*, et je ne doute point que Longin n'eût écrit ἐφ' ὧν οὐ δῆτ' ἔσω τῆς χρείας καὶ ὠφελείας πίπτει τὸ μέγεθος, *etc.*, c'est-à-dire, *A l'égard donc des grands orateurs, en qui se trouve ce sublime et ce merveilleux, qui n'est point resserré dans les bornes de l'utile et du nécessaire, il faut avouer, etc.* Si l'on prend la peine de lire ce chapitre et le précédent, j'espère que l'on trouvera cette restitution très-vraisemblable et très-bien fondée.[a]

## CHAPITRE XXXI.

(N° 61. *Les paraboles et les comparaisons approchent fort des métaphores...*)

Ce que Longin disoit ici de la différence qu'il y a des paraboles et des comparaisons aux métaphores est entièrement perdu ; mais on en peut fort bien suppléer le sens par Aristote, qui dit, comme Longin, qu'elles ne diffèrent qu'en une chose ; c'est en la seule énonciation. Par exemple, quand Platon dit que *la tête est une citadelle*, c'est une métaphore, dont on fera aisément une comparaison, en disant que *la tête est comme une citadelle*. Il manque encore après cela quelque chose de ce que Longin disoit de la juste borne des hyperboles, et jusqu'où il est permis de les pousser. La suite et le passage de Démosthène, ou plutôt d'Hégésippe son collègue, font assez comprendre quelle étoit sa pensée. Il est certain que les hyperboles sont dangereuses ; et, comme Aristote l'a fort bien remarqué, elles ne sont presque jamais supportables que dans la colère et dans la passion.

[a] Tollius et Pearce conservent la leçon ordinaire ; Saint-Marc adopte la correction de Dacier, l'une de celles qu'il a le mieux motivées. Ruhnken donne ἐφ' ὧν οὔκετ' ἔξω τῆς χρείας καὶ ὠφελείας πίπτει τὸ μέγεθος.

(N° 62. *Telle est cette hyperbole :* « *Supposé que votre esprit soit dans votre tête, et que vous ne le fouliez pas sous vos talons.* »)

C'est dans l'oraison *de Haloneso,* que l'on attribue vulgairement à Démosthène, quoiqu'elle soit d'Hégésippe son collègue. Longin cite ce passage, sans doute pour en condamner l'hyperbole, qui est en effet très-vicieuse; car *un esprit foulé sous les talons* est une chose bien étrange : cependant Hermogène n'a pas laissé de la louer ; mais ce n'est pas seulement par ce passage que l'on peut voir que le jugement de Longin est souvent plus sûr que celui d'Hermogène et de tous les autres rhéteurs.

(N° 63. *Les Siciliens étant descendus en ce lieu...*)

Ce passage est pris du septième livre. Thucydide parle ici des Athéniens, qui, en se retirant sous la conduite de Nicias, furent attrapés par l'armée de Gylippe, et par les troupes des Siciliens, près du fleuve Asynarus, aux environs de la ville *Neetum ;* mais dans le texte, au lieu de dire, *les Siciliens étant descendus,* il faut, *les Lacédémoniens étant descendus.* Thucydide écrit οἵ τε Πελοποννήσιοι ἐπικαταβάντες, et non pas, οἵ τε γὰρ Συρακούσιοι, comme il y a dans Longin. Par ces *Péloponésiens,* Thucydide entend les troupes de Lacédémone conduites par Gylippe ; et il est certain que dans cette occasion les Siciliens tiroient sur Nicias de dessus les bords du fleuve, qui étoient hauts et escarpés ; les seules troupes de Gylippe descendirent dans le fleuve, et y firent tout ce carnage des Athéniens.

(N° 64. *Ils se défendirent encore quelque temps en ce lieu avec les armes qui leur restoient, et avec les mains et les dents, jusqu'à ce que les barbares, tirant toujours, les eussent comme ensevelis sous leurs traits.*)

M. Despréaux a expliqué ce passage au pied de la lettre, comme il est dans Longin ; et il assure dans sa remarque qu'il n'a point été entendu ni par les interprètes d'Hérodote, ni par ceux de Longin, et que M. Le Fèvre, après bien du changement, n'y a su trouver de sens. Nous allons voir si l'explication qu'il lui a donnée lui-même est aussi sûre et aussi infaillible qu'il l'a cru. Hérodote parle de ceux qui, au détroit des Thermopyles, après s'être retranchés sur un petit poste élevé, soutinrent tout l'effort des Perses jusqu'à ce qu'ils furent accablés et comme ensevelis sous leurs traits. Comment peut-on donc concevoir que des gens postés et retranchés sur une hauteur se défendent avec les dents contre des ennemis qui tirent toujours, et qui ne les attaquent que de loin ? M. Le Fèvre, à qui cela n'a pas paru possible, a mieux aimé suivre toutes les éditions de cet historien, où ce passage est ponctué d'une autre manière, et comme je le mets ici. Ἐν τούτῳ σφέας τῷ χώρῳ ἀλεξομένους μαχαίρῃσι τῇσιν αὐτέων, ταὶ ἐτύγχανον ἔτι περιεοῦσαι, χερσὶ καὶ στόμασι κατέχωσαν οἱ βάρβαροι βάλλοντες : et au lieu de χερσὶ καὶ στόμασι, il a cru qu'il falloit corriger χερμαδίοις καὶ δόρασι, en le rapportant à κατέχωσαν : *Comme ils se défendoient encore dans le même lieu avec les épées qui leur restoient, les barbares les accablèrent de pierres et de traits.* Je trouve pourtant plus vraisemblable qu'Hérodote avoit écrit λάεσι καὶ δόρασι. Il avoit sans doute en vue ce vers [a] d'Homère, du troisième livre de l'Iliade :

Ἰοῖσιν τε τιτυσκόμενοι λάεσσι τ' ἔβαλλον,
Ils les chargeoient à coups de pierres et de traits,

[a] Vers 80.

la corruption de λάεσι en χερσὶ étant très-facile. Quoi qu'il en
soit, on ne peut pas douter que ce ne soit le véritable sens;
et ce qu'Hérodote ajoute le prouve visiblement. On peut voir
l'endroit dans la section 225 du livre VII. D'ailleurs Diodore,
qui a décrit ce combat, dit que les Perses environnèrent les
Lacédémoniens, et qu'en les attaquant de loin, ils les per-
cèrent tous à coups de flèches et de traits. A toutes ces raisons
M. Despréaux ne sauroit opposer que l'autorité de Longin, qui
a écrit et entendu ce passage en la même manière dont il l'a
traduit. Mais je réponds, comme M. Le Fèvre, que, dès le
temps même de Longin, ce passage pouvoit être corrompu;
que Longin étoit homme, et que par conséquent il a pu faillir
aussi bien que Démosthène, Platon, et tous ces grands héros
de l'antiquité, qui ne nous ont donné des marques qu'ils étoient
hommes que par quelques fautes et par leur mort. Si on veut
encore se donner la peine d'examiner ce passage, on cherchera,
si je l'ose dire, Longin dans Longin même. En effet, il ne rapporte ce passage que pour faire voir la beauté de cette hyperbole, *les hommes se défendent avec les dents contre des gens
armés*; et cependant cette hyperbole est puérile, puisque lorsqu'un homme a approché son ennemi, et qu'il l'a saisi au corps,
comme il faut nécessairement en venir aux prises pour
employer les dents, il lui a rendu ses armes inutiles, ou même
plutôt incommodes. De plus ceci, *des hommes se défendent avec
les dents contre des gens armés*, ne présuppose pas que les uns
ne puissent être armés comme les autres; et ainsi la pensée
de Longin est froide, parce qu'il n'y a point d'opposition
sensible entre des gens qui se défendent avec les dents,
et des hommes qui combattent armés. Je n'ajouterai plus
que cette seule raison, c'est que, si l'on suit la pensée de
Longin, il y aura encore une fausseté dans Hérodote, puisque
les historiens remarquent que les barbares étoient armés à
la légère avec de petits boucliers, et qu'ils étoient par conséquent exposés aux coups des Lacédémoniens, quand ils appro-
choient des retranchements; au lieu que ceux-ci étoient bien

armés, serrés en petits pelotons, et tous couverts de leurs larges boucliers.

(N° 65. *Et que tant de personnes soient ensevelies sous les traits de leurs ennemis.*)

Les Grecs dont parle ici Hérodote étoient en fort petit nombre : Longin n'a donc pu écrire, *et que tant de personnes, etc.* D'ailleurs, de la manière que cela est écrit, il semble que Longin trouve cette métaphore excessive, plutôt à cause du nombre des personnes qui sont ensevelies sous les traits, qu'à cause de la chose même ; et cela n'est point, car au contraire Longin dit clairement : *Quelle hyperbole, combattre avec les dents contre des gens armés ! et celle-ci encore, être accablé sous les traits ! Cela ne laisse pas néanmoins, etc.*

## CHAPITRE XXXII.

(N° 66. *Que l'harmonie n'est pas simplement un agrément que la nature a mis dans la voix de l'homme pour persuader et pour inspirer le plaisir ; mais que, dans les instruments même inanimés, etc.*)

M. Despréaux assure dans ses remarques que ce passage doit être entendu comme il l'a expliqué ; mais je ne suis pas de son avis, et je trouve qu'il s'est éloigné de Longin en prenant le mot grec *organum* pour un instrument, comme une flûte, une lyre, au lieu de le prendre pour un *organe*, comme nous disons, pour *une cause, un moyen*. Longin dit clairement : *L'harmonie n'est pas seulement un moyen naturel à l'homme pour persuader, et pour inspirer le plaisir, mais encore un organe, un instrument merveilleux pour élever le courage, et pour émouvoir les passions.* C'est, à mon avis, le véritable sens de ce passage ; Longin vient ensuite aux exemples de l'harmonie de la flûte et de la lyre, quoique ces organes, pour émouvoir et pour persuader, n'approchent point des moyens qui sont propres et naturels à l'homme, etc.

(N° 67. *Cependant ce ne sont que des images et de simples imitations de la voix...*)

Longin, à mon sens, n'a garde de dire que les instruments, comme la trompette, la lyre, la flûte, *ne disent et ne persuadent rien.* Il dit : *cependant ces images et ces imitations ne sont qu des organes bâtards pour persuader, et n'approchent point du tout de ces moyens qui, comme j'ai déjà dit, sont propres et naturels à l'homme.* Longin veut dire que l'harmonie qui se tire des différents sons d'un instrument, comme de la lyre ou de la flûte, n'est qu'une foible image de celle qui se forme par les différents sons et par la différente flexion de la voix; et que cette dernière harmonie, qui est naturelle à l'homme, a beaucoup plus de force que l'autre pour persuader et pour émouvoir. C'est ce qu'il seroit fort aisé de prouver par des exemples.

(N° 68. *Et l'expérience en fait foi.*)

Longin rapporte après ceci un passage de Démosthène, que M. Despréaux a rejeté dans ses remarques, parce qu'il est entièrement attaché à la langue grecque ; le voici : Τοῦτο τὸ ψήφισμα τὸν τότε τῇ πόλει περιστάντα κίνδυνον παρελθεῖν ἐποίησεν ὥσπερ νέφος. Comme ce rhéteur assure que l'harmonie de la période ne cède point à la beauté de la pensée, parce qu'elle est toute composée de nombres dactyliques, je crois qu'il ne sera pas inutile d'expliquer ici cette harmonie et ces nombres, vu même que le passage de Longin est un de ceux que l'on peut traduire fort bien au pied de la lettre, sans entendre la pensée de Longin, et sans connoître la beauté du passage de Démosthène. Je vais donc tâcher d'en donner au lecteur une intelligence nette et distincte ; et pour cet effet je distribuerai d'abord la période de Démosthène dans ses nombres dactyliques, comme Longin les a entendus.

Τοῦτο τὸ | ψήφισμα | τὸν τότε | τῇ πόλει | περιστάν | τα | Κίνδυνον | παρελθεῖν | ἐποίη | σεν | ὥσπερ νέφος. Voilà neuf nombres dactyliques en tout. Avant que de passer plus avant, il est bon de remarquer que beaucoup de gens ont fort mal entendu ces nombres dactyliques, pour les avoir confondus avec les mètres ou les pieds que l'on appelle dactyles. Il y a pourtant bien de la différence. Pour le nombre dactylique, on n'a égard qu'au temps et à la prononciation ; et pour le dactyle, on a égard à l'ordre et à la position des lettres ; de sorte qu'un même mot peut faire un nombre dactylique sans être pourtant un dactyle, comme cela paroît par ψήφισμα | τῇ πόλει | παρελθεῖν. Mais revenons à notre passage. Il n'y a plus que trois difficultés qui se présentent : la première, que ces nombres devant être de quatre temps, d'un long qui en vaut deux, et de deux courts, le second nombre de cette période ψήφισμα, le quatrième, le cinquième, et quelques autres paroissent en avoir cinq; parce que dans ψήφισμα, la première syllabe, étant longue, en vaut deux, la seconde, étant aussi longue, en vaut deux autres, et la troisième, brève, un, etc. A cela je réponds que dans les rhythmes ou nombres, comme je l'ai déjà dit, on n'a égard qu'au temps et à la voyelle, et qu'ainsi φις est aussi bref que μα. C'est ce qui paroîtra clairement par ce seul exemple de Quintilien, qui dit que la seconde syllabe d'*agrestis* est brève. La seconde difficulté naît de ce précepte de Quintilien, qui dit, dans le chapitre IV du livre IX, que *quand la période commence par une sorte de rhythme ou de nombre, elle doit continuer dans le même rhythme jusqu'à la fin.* Or, dans cette période de Démosthène le nombre semble changer, puisque tantôt les longues et tantôt les brèves sont les premières ; mais le même Quintilien ne laisse aucun doute là-dessus, si l'on prend garde à ce qu'il a dit auparavant, *qu'il est indifférent au rhythme dactylique d'avoir les deux premières ou les deux dernières brèves, parce que l'on n'a égard qu'aux temps, et à ce que son élévation soit de même nombre que sa position.* Enfin la troisième et dernière difficulté vient du dernier rhythme ὥσπερ νέφος, que Longin fait de quatre syllabes, et par conséquent de cinq temps, quoique Longin assure qu'il se mesure par quatre. Je réponds que ce nombre ne laisse pas d'être dactylique comme les autres, parce que le temps de la dernière syllabe est superflu et compté pour rien, comme les syllabes qu'on trouve de trop dans les vers, qui de là sont appelés *hypermètres.* On n'a qu'à écouter Quintilien : *Les rhythmes reçoivent plus facilement des temps superflus, quoique la même chose arrive aussi quelquefois aux mètres.* Cela suffit pour éclaircir la période de Démosthène et la pensée de Longin. J'ajouterai pourtant encore que Démétrius Phaléréus cite ce même passage de Démosthène, et qu'au lieu de περιστάντα, il a lu ἐπιόντα ; ce qui fait le même effet pour le nombre.

(N° 69. *Philiste est de ce nombre.*)

Le nom de ce poëte est corrompu dans Longin ; il faut lire *Philiscus,* et non pas *Philistus.* C'étoit un poëte comique ; mais on ne sauroit dire précisément en quel temps il a vécu.

(N° 70. *Dircé emportée par un taureau.*)

Longin dit *traînée par un taureau,* et il falloit conserver ce mot, parce qu'il explique l'histoire de Dircé, que Zéthus et

Amphion attachèrent par les cheveux à la queue d'un taureau, pour se venger des maux qu'elle et son mari Lycus avoient faits à Antiope leur mère.[a]

## CHAPITRE XXXIII.

(N° 71. *De même, ces paroles mesurées n'inspirent point à l'esprit les passions…*)

Longin dit : *De même, quand les périodes sont si mesurées, l'auditeur n'est point touché du discours; il n'est attentif qu'au nombre et à l'harmonie, jusque-là que, prévoyant les cadences qui doivent suivre, et battant toujours la mesure comme en une danse, il prévient même l'orateur, et marque la chute avant qu'elle arrive.* Au reste, ce que Longin dit ici est pris tout entier de la rhétorique d'Aristote, et il peut nous servir fort utilement à corriger l'endroit même d'où il a été tiré. Aristote, après avoir parlé des périodes mesurées, ajoute : τὸ μὲν γὰρ ἀπίθανον. Πεπλᾶσθαι γὰρ δοκεῖ, καὶ ἅμα… ἐξίστησι. Προσέχειν γὰρ ποιεῖ τῷ ὁμοίῳ πότε πάλιν ἥξει… ὥσπερ οὖν τῶν κηρύκων προλαμβάνουσι τὰ παιδία, τὸ, τίνα αἱρεῖται ἐπίτροπον ὁ ἀπελευθερούμενος, τὸν Κλέωνα. Dans la première lacune il faut suppléer assurément καὶ ἅμα τοὺς ἀκούοντας ἐξίστησι ; et dans la seconde, après ἥξει, ajouter ὃ καὶ φθάνοντες προαποδίδουσιν, ὥσπερ οὖν, *etc.*, et après ἀπελευθερούμενος il faut un point interrogatif. Mais c'est ce qui paroîtra beaucoup mieux par cette traduction : *Ces périodes mesurées ne persuadent point; car, outre qu'elles paroissent étudiées, elles détournent l'auditeur, et le rendent attentif seulement au nombre et aux chutes,*

---

[a] Cette note, insérée dans les éditions de 1683, 1694, manque dans celles de 1701 et 1713. On a jugé sans doute que la correction faite par Despréaux la rendoit inutile.

*qu'il marque même par avance; comme on voit les enfants se hâter de répondre Cléon, avant que les huissiers aient achevé de crier, Qui est le patron que veut prendre l'affranchi?* Le savant Victorius est le seul qui ait soupçonné que ce passage d'Aristote étoit corrompu ; mais il n'a pas voulu chercher les moyens de le corriger.

## CHAPITRE XXXIV.

(N° 72. *Des armoires et des sacs pleins de papier.*)

Théopompus n'a point dit *des sacs pleins de papier;* car ce papier n'étoit point dans les sacs ; mais il a dit *des armoires, des sacs, des rames de papier, etc.;* et par ce papier il entend de gros papier pour envelopper les drogues et les épiceries dont il a parlé.

(N° 73. *La nature a caché et détourné ces égouts le plus loin qu'il lui a été possible, de peur que la beauté de l'animal n'en fût souillée.*)

La nature savoit fort bien que si elle exposoit en vue ces parties qu'il n'est pas honnête de nommer, la beauté de l'homme en seroit souillée ; mais de la manière que M. Despréaux a traduit ce passage, il semble que la nature ait eu quelque espèce de doute, si cette beauté en seroit souillée, ou si elle ne le seroit point ; car c'est, à mon avis, l'idée que donnent ces mots, *de peur que, etc.* Cela déguise en quelque manière la pensée de Xénophon, qui dit : *La nature a caché et détourné ces égouts le plus loin qu'il lui a été possible, pour ne point souiller la beauté de l'animal.* [a]

---

[a] Cette remarque n'est pas fondée; les expressions de Despréaux ne laissent aucun doute sur les vues de la nature.

## CHAPITRE XXXV.

(N° 74. *Tellement qu'on voit briller dans leurs discours
la liberté de leur pays.*)

Longin dit : *tellement qu'on voit briller dans leurs discours la même liberté que dans leurs actions.* Il veut dire que, comme ces gens-là sont les maîtres d'eux-mêmes, leur esprit, accoutumé à cet empire et à cette indépendance, ne produit rien qui ne porte des marques de cette liberté, qui est le but principal de toutes leurs actions, et qui les entretient toujours dans le mouvement. Cela méritoit d'être bien éclairci ; car c'est ce qui fonde en partie la réponse de Longin, comme nous l'allons voir dans la seconde remarque après celle-ci.

(N° 75. *Qui avons été comme enveloppés par les coutumes
et par les façons de faire de la monarchie.*)

*Être enveloppés par les coutumes*, me paroît obscur ; il semble même que cette expression dit tout autre chose que ce que Longin a prétendu. Il y a dans le grec, *qui avons été comme emmaillottés, etc.*; mais comme cela n'est pas françois, j'aurois voulu traduire, pour approcher de l'idée de Longin, *qui avons comme sucé avec le lait les coutumes, etc.*

(N° 76. *Les rendent même plus petits par le moyen de cette bande
dont on leur entoure le corps.*)

Par cette bande, Longin entend sans doute des bandelettes dont on emmaillottoit les pygmées depuis la tête jusqu'aux pieds. Ces bandelettes étoient à peu près comme celles dont les filles se servoient pour empêcher leur gorge de croître. C'est pourquoi Térence appelle ces filles *vincto pectore*, ce qui répond fort bien au mot grec δεσμὸς, que Longin emploie ici, et qui signifie *bande, ligature*. Encore aujourd'hui, en beaucoup d'endroits de l'Europe, les femmes mettent en usage ces bandes pour avoir les pieds petits.

(N° 77. *Je sais bien qu'il est fort aisé à l'homme et que c'est son naturel, etc.*)

M. Despréaux suit ici tous les interprètes, qui attribuent encore ceci au philosophe qui parle à Longin. Mais je suis persuadé que ce sont les paroles de Longin, qui interrompt en cet endroit le philosophe, et commence à lui répondre. Je crois même que dans la lacune suivante il ne manque pas tant de choses qu'on a cru, et peut-être n'est-il pas si difficile d'en suppléer le sens. Je ne doute pas que Longin n'ait écrit : *Je sais bien, lui répondis-je alors, qu'il est fort aisé à l'homme et que c'est même son naturel de blâmer les choses présentes. Mais prenez-y bien garde, ce n'est point la monarchie qui est cause de la décadence des esprits ; et les délices d'une longue paix ne contribuent pas tant à corrompre les grandes âmes, que cette guerre sans fin qui trouble depuis si longtemps toute la terre, et qui oppose des obstacles insurmontables à nos plus généreuses inclinations.* C'est assurément le véritable sens de ce passage ; et il seroit aisé de le prouver par l'histoire même du siècle de Longin. De cette manière ce rhéteur répond fort bien aux deux objections du philosophe, dont l'une est que le gouvernement monarchique causoit la grande stérilité qui étoit alors dans les esprits ; et l'autre, que dans les républiques l'émulation et l'amour de la liberté entretenoient les républicains dans un mouvement continuel qui élevoit leur courage, qui aiguisoit leur esprit, et qui leur inspiroit cette grandeur et cette noblesse dont les hommes véritablement libres sont seuls capables.

(N° 78. *Où nous ne songeons qu'à attraper la succession de celui-ci.*)

Le grec dit quelque chose de plus atroce : *où l'on ne songe qu'à hâter la mort de celui-ci, etc.*, ἀλλοτρίων θῆραι θανάτων. Il a égard aux moyens dont on se servoit alors pour avancer la mort de ceux dont on attendoit la succession. On voit assez d'exemples de cette horrible coutume dans les satires des anciens.

# CORRESPONDANCE

# AVANT-PROPOS.

Voici l'histoire de la correspondance de Boileau. Il inséra dans ses œuvres, en 1683, la lettre à M. le duc de Vivonne (lettre IV); il y joignit, en 1701 : 1° une réponse au comte d'Ericeyra, traducteur en vers portugais de l'*Art poétique* (lettre XIII); 2° son explication avec Charles Perrault, de l'Académie française, au sujet de leurs démêlés (lettre XX); 3° l'Apologie que le docteur Arnauld écrivit à Perrault, en faveur de la satire des femmes.

Les éditeurs de 1713, deux ans après la mort de Despréaux, donnèrent quatre autres de ses lettres conformément à ses intentions : 1° un remercîment à son apologiste (lettre XI); 2° une lettre à M. Le Verrier (lettre XXVI); 3° à Racine (c'est la lettre LXXXVIIe du recueil de la correspondance avec Racine); 4° une lettre à Maucroix (lettre XII).

En 1716, Brossette ajouta la réponse de Maucroix à cette quatrième lettre. Pour la première fois, il fit imprimer celle où Despréaux instruit le duc de Vivonne de ses débats avec le médecin Claude Perrault, de l'Académie des sciences (lettre V).

En 1747, Louis Racine donna au public les lettres de son père. Elles étaient divisées en trois recueils. Le second est celui qui renferme la correspondance avec Despréaux. « Il a subi, dit de Saint-Surin, moins d'altérations que le premier, qui renferme la correspondance avec d'autres amis. On est pourtant forcé de convenir que trop peu d'ordre règne ; souvent les dates y sont oubliées ou interverties. Des considérations particulières, qui n'existent plus aujourd'hui, ont dicté sans doute au chantre de *la Religion* les retranchements qu'il s'est permis. Un zèle, respectable dans son motif, lui a fait supprimer des expressions répétées, et suppléer des expressions omises. Il a rajeuni de vieilles locutions, qu'il fallait plutôt se montrer jaloux de conserver... »

Cizeron-Rival, en 1770, mit au jour les lettres de Despréaux et de Brossette, dont il venait d'acquérir par hasard la propriété. « C'était un véritable service, dit encore de Saint-Surin ; mais il n'était guère possible de le rendre avec une inattention plus complète. Les citations, qui se rencontrent dans le texte, y sont défigurées d'une étrange manière, et les éclaircissements qui l'accompagnent sont presque toujours fautifs. »

Daunou, en 1809, réunit aux Œuvres de Boileau toutes les lettres alors connues, en les divisant en trois recueils.

De Saint-Surin, dans son édition, a pu ajouter quelques lettres à ce recueil. « Nous indiquons, dit-il, les sources où nous avons découvert d'autres lettres, quelquefois très-précieuses. Parmi celles qui sont inédites, il en est deux dont nous sommes redevables à l'obligeance de M. Brunet, auteur du *Manuel du libraire*. L'une et l'autre sont adressées au duc de Noailles (dans son édition, t. IV, p. 559 et 563). En comparant la première avec la copie que Racine le fils s'est contenté d'en donner, on verra qu'à ses yeux les droits d'un éditeur étaient sans limites. Cette copie n'est plus la lettre de Despréaux : le style en est tout différent ; les coups portés aux jésuites y sont adoucis ; l'article sur le siège de Barcelone ne s'y trouve pas à cause des traits dirigés contre les talents du maréchal de Tessé. »

Enfin, M. Berriat-Saint-Prix vint, il mit à cette partie de son travail le zèle qu'il avait déployé dans les autres. Voici ce qu'il fit pour la correspondance de Boileau : « Les lettres du premier recueil ont été puisées dans divers ouvrages que nous indiquons dans leurs notes : les autographes de presque toutes celles du second, publié en 1747, par Louis Racine, avec des changements, sont à la Bibliothèque royale, où nous les avons collationnés sur la meilleure édition publiée jusqu'à ce jour, celle de

## AVANT-PROPOS.

M. Daunou (1825). Ce travail nous a prouvé qu'il avait indiqué avec exactitude une foule de variantes, ou plutôt de fautes de la plupart des autres éditions, mais nous en a fait découvrir aussi un assez grand nombre qui lui ont échappé.

« A l'égard des lettres du troisième recueil, Brossette semblait les avoir, en quelque sorte, condamnées à l'oubli, en se bornant à rapporter dans son commentaire divers fragments de quelques-unes, lorsque dans la suite (1770), Cizeron-Rival les a publiées. Nous avons pu apprécier leur travail, grâce à l'obligeance du possesseur des autographes de ces lettres, M. Renouard père, qui a bien voulu nous permettre d'en examiner tous les passages où le texte, soit de Brossette, soit de Cizeron-Rival, pouvait donner lieu à quelques doutes... Nous avons bientôt reconnu que Brossette n'avait pas été plus scrupuleux que Louis Racine, et qu'on pouvait reprocher à Cizeron-Rival au moins de la négligence... »

Depuis la publication des travaux de M. Berriat-Saint-Prix, M. Auguste Laverdet a donné à Paris, chez Techener, en 1858, la correspondance entre Despréaux et Brossette, publiée sur les manuscrits originaux, et l'on pourra « facilement s'assurer, dit M. Chéron, que M. Berriat-Saint-Prix en avait extrait tout ce qu'ils contenaient d'important, soit comme inédit, soit comme variantes, lorsque M. A.-A. Renouard les lui avait confiés. »

Nous ajouterons à cette collection quelques lettres nouvelles publiées dans ces derniers temps, sans croire que nous ayons beaucoup augmenté la valeur de ces recueils. Il ne reste plus à glaner que quelques maigres épis.

# CORRESPONDANCE

## I.

## LETTRES DE BOILEAU

### A DIVERSES PERSONNES.

### LETTRE PREMIÈRE.[1]

#### A M. DE BRIENNE.[2]

(1673.)[3]

C'est très-philosophiquement, et non point chrétiennement, que les vers me paroissent une folie; je ne l'ai point entendu d'une autre manière. Ainsi, c'est vainement que votre berger en soutane, je veux dire M. de Mau-

---

1. Cette lettre a paru en 1806, dans les *Quatre saisons du Parnasse*, t. IV; en 1814, M. Fayolle l'a publiée sur l'autographe dans le *Magasin encyclopédique*, t. IV, p. 333 et suiv.; elle a depuis été insérée dans les éditions de Boileau. (M. Chéron, d'après Berriat-Saint-Prix.)

2. Henri-Louis Loménie de Brienne, né en 1635, conseiller d'État, puis secrétaire d'État pour les affaires étrangères en 1651; il devint veuf en 1664 et entra à l'Oratoire qu'il quitta pour voyager en Allemagne; il fut enfermé comme fou vers 1673 et mourut à l'abbaye de Château-Landon, le 17 d'avril 1698. Il a laissé diverses œuvres latines et françaises, et ses *Mémoires* ont été publiés par M. Barrière, Paris, 1828, 2 vol. in-8°. C'est sur lui que Boileau fit l'épigramme latine II. Voir la lettre à Brossette du 9 d'avril 1702, n° CX. (M. Chéron.)

3. Daunou croyait que cette lettre avait été écrite en 1672; de Saint-Surin, avant 1673. M. Berriat-Saint-Prix prouve qu'elle ne saurait être antérieure à 1671, puisqu'on y parle du *Lutrin*, qui n'était pas terminé

croix,[1] déplore la perte du *Lutrin*, dans l'églogue dont vous me parlez. Je le récitai encore hier chez M. le premier président;[2] et, si quelque raison me le fait jamais déchirer, ce ne sera point la dévotion, qu'il ne choque en aucune manière, mais le peu d'estime que j'en fais, aussi bien que de tous mes autres ouvrages, qui me semblent des bagatelles assez inutiles. Vous me direz peut-être que je suis donc maintenant dans un grand excès d'humilité. Point du tout : jamais je ne fus plus orgueilleux ; car, si je fais peu de cas de mes ouvrages, j'en fais encore bien moins de tous ceux de nos poëtes d'aujourd'hui, dont je ne puis plus lire ni entendre pas un, fût-il à ma louange. Voulez-vous que je vous parle franchement? c'est cette raison qui a en partie suspendu l'ardeur que j'avois de vous voir et de jouir de votre agréable conversation, parce que je sentois bien qu'il la faudroit acheter par une longue audience de vers, très-beaux sans doute, mais dont je ne me soucie point. Jugez donc si c'est une raison pour m'engager à vous aller voir, que le récit que vous demandez. J'irai pourtant, si je puis, aujourd'hui, mais à la charge que nous ne réciterons point de vers ni l'un ni l'autre, que vous ne m'ayez dit auparavant toutes les raisons que vous avez pour la poésie, et moi toutes celles que j'ai contre.

Je suis avec toutes sortes de respect et de soumission,

Monsieur,

Votre, etc.

Despréaux.

alors; Brienne sortit de France au commencement de l'année 1671 ; il n'y rentra que vers la fin de 1672 ou au commencement de 1673, pour y être arrêté et enfermé presque jusqu'à sa mort.

1. Voir lettre XII.
2. Guillaume de Lamoignon.

## LETTRE II.[1]

### AU COMTE DE BUSSY-RABUTIN.

Paris, 25 mai 1673.

Je vous avoue, monsieur, que j'ai été inquiet du bruit qui a couru que vous aviez écrit une lettre par laquelle moi et l'épître que j'ai écrite au roi sur la campagne de Hollande[2] étions fort maltraités. Car, outre le juste chagrin que j'avois d'être désapprouvé par l'homme du monde que j'estime et que j'admire le plus, j'avois de la peine à digérer le plaisir que cela alloit faire à mes ennemis. Je n'en ai pourtant jamais été bien persuadé. Eh! le moyen de croire que l'homme de la cour qui a le plus d'esprit pût entrer dans les intérêts de l'abbé Cotin, et se résoudre à avoir même raison avec lui? La lettre

---

1. Cette lettre a été imprimée dans la première partie des *Nouvelles lettres du comte de Bussy*, 1709, in-12, p. 288.

« Avec quelques changements que l'on a faits, dit Brossette, dans le ton et dans les paroles. » M. Berriat-Saint-Prix a restitué le texte du recueil de Bussy.

2. L'épître IV. Peut-être s'agit-il de la lettre que Bussy avait écrite, le 20 avril 1672, au P. Rapin, jésuite : « ..... Il a passé en ce pays un ami de Despréaux, qui a dit à une personne, de qui je l'ai su, que Despréaux avoit appris que je parlois avec mépris de son épître au roi sur la campagne de Hollande, et qu'il étoit résolu de s'en venger dans une pièce qu'il faisoit. J'ai de la peine à croire qu'un homme comme lui soit assez fou pour perdre le respect qu'il me doit, et pour s'exposer aux suites d'une pareille affaire... J'ai toujours fort estimé l'action de Vardes, qui, sachant qu'un homme comme Despréaux avoit écrit quelque chose contre lui, lui fit couper le nez. Je suis aussi fin que Vardes, et ma disgrâce m'a rendu plus sensible que je ne serois, si j'étois encore à la tête de la cavalerie légère de France. » (Supplément aux mémoires et lettres de M. le comte de Bussy-Rabutin.)

que vous avez écrite à M. le comte de Limoges m'a entièrement désabusé ; et je vois bien que tout ce bruit n'a été qu'un artifice très-ridicule de mes très-ridicules ennemis. Mais quelque mauvais dessein qu'ils aient eu contre moi, je leur ai l'obligation de m'avoir donné lieu de vous assurer, monsieur, que personne n'est plus touché que moi de votre mérite, et n'est avec plus de respect que je suis,[1] etc.

## LETTRE III.[2]

A COLBERT.

Monseigneur,

Je vois bien que c'est à vos bons offices que je suis redevable du privilége que Sa Majesté veut bien avoir la bonté de m'accorder. J'étois tout consolé du refus qu'on en avoit fait à mon libraire ;[3] car c'étoit lui seul qui l'avoit sollicité, étant très-éveillé pour ses intérêts, et

---

1. L'affaire se termina par une réponse pleine de politesse de la part de Bussy-Rabutin; il fait l'éloge des vers du poëte, il n'a rien vu de sa façon qu'il *n'ait trouvé très-beau et très-naturel;* « il a *remarqué dans ses ouvrages un air d'honnête homme* qu'il a *encore estimé plus que tout le reste. Pour mon estime*, dit-il en finissant, *vous n'en devez pas douter, puisque vos ennemis mêmes vous l'accordent dans leur cœur, s'ils ne sont pas les plus sottes gens du monde.* »
2. C'est une réponse au billet suivant de Colbert : « Le roi m'a ordonné, monsieur, de vous accorder un privilége pour votre *Art poétique*, aussitôt que je l'aurai lu. Ne manquez donc pas à me l'apporter au plus tôt. » COLBERT. Ce billet et la réponse de Boileau sont dans le *Bolœana*, p. 16-17.
3. Suivant Monchesnay, le privilége avait été accordé ; mais les intrigues de Pellisson et de Montausier en avaient fait arrêter l'expédition.

sachant fort bien que je n'étois point homme à tirer tribut de mes ouvrages. C'étoit donc à lui de s'affliger d'être déchu d'une petite espérance de gain, quoique assez incertaine à mon avis, dès qu'il la fondoit sur le grand débit d'ouvrages tels que les miens. Pour moi, je me trouvois fort content qu'on m'eût soulagé du fardeau de l'impression et de l'incertitude des jugements du public, n'ayant garde de murmurer du refus d'un privilége qui me laissoit celui de jouir paisiblement de toute ma paresse. Cependant, monseigneur, puisque vous daignez vous intéresser si obligeamment pour moi, j'aurai l'honneur de vous porter mon *Art poétique* aussitôt qu'il sera achevé, non point pour obtenir un privilége dont je ne me soucie point, mais pour soumettre mon ouvrage aux lumières d'un aussi grand personnage que vous êtes.

Je suis, etc.

Paris, 1674.[1]

[1]. Voici un fragment d'une lettre de Bussy, dont nous devons la communication à M. Rathery, qui l'a copié sur l'original, fragment qui semble se rapporter à la même affaire. Malheureusement il est sans date, comme la lettre de Boileau; mais, l'*Art poétique* et les quatre premiers chants du *Lutrin* ayant paru en 1674, il doit être de cette même année.

« Au révérend père...

« Chaseu, 26 août.

« J'ai bien de l'impatience de voir le livre de Despréaux, et par avance je vous diray que le Roy luy ayant voulu faire une grace en luy permettant de faire imprimer tous ses ouvrages fera tort à sa réputation. Quand il les récitoit par cy par là, c'étoient des fragments qui en donnoient une belle idée et d'ordinaire il ne choisissoit pas les plus foibles endroits; mais aujourd'hui que l'on verra le fort avec le foible, que ses vers ne seront pas soutenus de la prononciation et qu'on les verra tant qu'on voudra, je ne pense pas qu'on les estime autant que l'on faisoit quand on ne le connoissoit guères. Quand cela n'arriveroit pas pour ses poétiques, il seroit au moins difficile qu'il sauvast son *Lutrin*, qui intéresse en quelque sorte la religion. » (M. Chéron.)

## LETTRE IV.[1]

### A MONSEIGNEUR LE DUC DE VIVONNE.[2]

#### SUR SON ENTRÉE DANS LE PHARE DE MESSINE.[3]

(Paris, 4 juin 1675.)[4]

Monseigneur,

Savez-vous bien qu'un des plus sûrs moyens pour empêcher un homme d'être plaisant, c'est de lui dire : Je veux que vous le soyez ? Depuis que vous m'avez défendu le sérieux, je ne me suis jamais senti si grave, et je ne parle plus que par sentences. Et d'ailleurs votre dernière action a quelque chose de si grand, qu'en vérité je ferois conscience de vous en écrire autrement qu'en style héroïque. Cependant je ne saurois me résoudre à ne pas vous obéir en tout ce que vous m'ordonnez. Ainsi, dans l'humeur où je me trouve, je tremble également de vous fatiguer par un sérieux fade, ou de vous ennuyer par une méchante plaisanterie. Enfin mon Apollon m'a secouru ce matin, et, dans le temps que j'y pensois le moins, m'a fait trouver sur mon chevet deux lettres qui, au défaut de la mienne, pourront peut-être vous amuser agréablement.

---

1. Publiée pour la première fois dans l'édition de 1683. (B.-S.-P.)
2. M. le duc de Vivonne, qui commandoit alors l'armée navale, manda à l'auteur qu'il le prioit de lui écrire quelque chose qui le consolât des mauvaises harangues qu'il étoit obligé d'entendre. C'est ce qui donna lieu à l'auteur de *composer ces lettres*. (BOILEAU, 1713.)
3. Il y défit la flotte espagnole le 12 de janvier 1675. *Gazette de France*. (M. CHÉRON.)
4. Cette date (la lettre n'en a pas) a été suppléée par Brossette. (B.-S.-P.)

Elles sont datées des champs Élysées : l'une est de Balzac, et l'autre de Voiture, qui, tous deux, charmés du récit de votre dernier combat, vous écrivent de l'autre monde pour vous en féliciter.

Voici celle de Balzac. Vous la reconnoîtrez aisément à son style, qui ne sauroit dire simplement les choses, ni descendre de sa hauteur.

« Aux champs Élysées, le 2 juin (1675).

« Monseigneur,

« Le bruit de vos actions ressuscite les morts.[1] Il réveille des gens endormis depuis trente années, et condamnés à un sommeil éternel. Il fait parler le silence même. La belle, l'éclatante, la glorieuse conquête que vous avez faite sur les ennemis de la France! Vous avez redonné le pain à une ville qui a accoutumé de le fournir à toutes les autres. Vous avez nourri la mère nourrice de l'Italie. Les tonnerres de cette flotte, qui vous fermoit les avenues de son port, n'ont fait que saluer votre entrée. Sa résistance ne vous a pas arrêté plus longtemps qu'une réception un peu trop civile. Bien loin d'empêcher la rapidité de votre course, elle n'a pas seulement interrompu l'ordre de votre marche. Vous avez contraint à sa vue le Sud et le Nord de vous obéir. Sans châtier la mer comme Xerxès,[2] vous l'avez rendue disciplinable. Vous avez plus fait encore, vous avez rendu l'Espagnol humble. Après cela, que ne peut-on point dire de vous? Non, la nature,

---

1. Ce commencement est imité d'une lettre de Balzac à Corneille. (Brossette.)
2. Hérodote, liv. VII, et Juvénal, satire X. (Boileau, 1713.)

je dis la nature encore jeune, et du temps qu'elle produisoit les Alexandre et les César, n'a rien produit de si grand que sous le règne de Louis quatorzième. Elle a donné aux François, sur son déclin, ce que Rome n'a pas obtenu d'elle dans sa plus grande maturité. Elle a fait voir au monde dans votre siècle, en corps et en âme, cette valeur parfaite dont on avoit à peine entrevu l'idée dans les romans et dans les poëmes héroïques. N'en déplaise à un de vos poëtes,[1] il n'a pas raison d'écrire qu'au delà du Cocyte le mérite n'est plus connu. Le vôtre, monseigneur, est vanté ici d'une commune voix des deux côtés du Styx. Il fait sans cesse ressouvenir de vous dans le séjour même de l'oubli. Il trouve des partisans zélés dans le pays de l'indifférence. Il met l'Achéron dans les intérêts de la Seine. Disons plus, il n'y a point d'ombre parmi nous, si prévenue des principes du Portique, si endurcie dans l'école de Zénon, si fortifiée contre la joie et contre la douleur, qui n'entende vos louanges avec plaisir, qui ne batte des mains, qui ne crie miracle au moment que l'on vous nomme, et qui ne soit prête de dire avec votre Malherbe :

> A la fin c'est trop de silence
> En si beau sujet de parler.[2]

« Pour moi, monseigneur, qui vous conçois encore beaucoup mieux, je vous médite sans cesse dans mon

---

1. Voiture, dans l'épître en vers à monseigneur le Prince (Condé), a dit :
Au delà des bords du Cocyte
Il n'est plus parlé de mérite.
(BOILEAU, 1713.)

2. Ode au duc de Bellegarde. OEuvres, 1659, t. II, p. 106. (BROSSETTE.)

repos; je m'occupe tout entier de votre idée dans les longues heures de notre loisir; je crie continuellement, le grand personnage! et, si je souhaite de revivre, c'est moins pour revoir la lumière que pour jouir de la souveraine félicité de vous entretenir, et de vous dire de bouche avec combien de respect je suis, de toute l'étendue de mon âme,

« Monseigneur,

« Votre très-humble et très-obéissant
« serviteur,
« BALZAC. »

Je ne sais, monseigneur, si ces violentes exagérations vous plairont, et si vous ne trouverez point que le style de Balzac s'est un peu corrompu dans l'autre monde. Quoi qu'il en soit, jamais, à mon avis, il n'a prodigué ses hyperboles plus à propos. C'est à vous d'en juger; mais auparavant lisez, je vous prie, la lettre de Voiture.

« Aux champs Élysées, le 2 juin.

« Monseigneur,

« Bien que nous autres morts ne prenions pas grand intérêt aux affaires des vivants, et ne soyons pas trop portés à rire, je ne saurois pourtant m'empêcher de me réjouir des grandes choses que vous faites au-dessus de notre tête. Sérieusement, votre dernier combat fait un bruit de diable aux enfers : il s'est fait entendre dans un lieu où l'on n'entend pas Dieu tonner, et a fait connoître votre gloire dans un pays où l'on ne connoît point le soleil. Il est venu ici un bon nombre d'Espagnols qui y étoient, et qui nous en ont appris le détail. Je ne sais pas pourquoi on veut faire passer les gens de leur nation pour fanfarons : ce sont, je vous assure, de fort bonnes gens; et le roi depuis quelque temps nous les envoie ici fort humbles et fort honnêtes. Sans mentir, monseigneur, vous avez bien fait des vôtres depuis peu. A voir de quel air vous courez la Méditerranée, il semble qu'elle vous appartienne tout entière. Il n'y a pas à l'heure qu'il est, dans toute son étendue, un seul corsaire en sûreté ; et, pour peu que cela dure, je ne vois pas de quoi vous voulez que Tunis et Alger subsistent. Nous avons ici les César, les Pompée et les Alexandre : ils trouvent tous que vous avez assez attrapé leur air dans votre manière de combattre ; surtout César vous trouve très-César. Il n'y a pas jusqu'aux Alaric, aux Genséric, aux Théodoric et à tous ces autres conquérants en ic, qui ne parlent fort bien de votre action ; et dans le Tartare même, je ne sais si ce lieu vous est connu, il n'y a point de diable, monseigneur, qui ne confesse ingénument qu'à la tête d'une armée vous êtes beaucoup plus diable que lui. C'est une vérité dont vos ennemis tombent d'accord. Néanmoins, à voir le bien que vous avez fait à Messine, j'estime pour moi que vous tenez plus de l'ange que du diable, hors que les anges ont la taille un peu plus légère que vous, et n'ont point le bras en écharpe.[1] Raillerie à part, l'enfer est extrêmement déchaîné en votre faveur. On ne trouve qu'une chose à redire à votre conduite, c'est le peu de soin que vous prenez quelquefois de votre vie. On vous aime assez en ce pays-ci pour souhaiter de ne vous y point voir.

---

1. Vivonne étoit extrêmement gros. Blessé à l'épaule au passage du Rhin, il porta toujours depuis le bras en écharpe. (BROSSETTE.)

Croyez-moi, monseigneur, je l'ai déjà dit en l'autre monde,

> C'est fort peu de chose
> Qu'un *demi-dieu* quand il est mort.[1]

Il n'est rien tel que d'être vivant. Et pour moi qui sais maintenant par expérience ce que c'est que de ne plus être, je fais ici la meilleure contenance que je puis ; mais, à ne vous rien celer, je meurs d'envie de retourner au monde, ne fût-ce que pour avoir le plaisir de vous y voir. Dans le dessein même que j'ai de faire ce voyage, j'ai déjà envoyé plusieurs fois chercher les parties de mon corps pour les rassembler ; mais je n'ai jamais pu ravoir mon cœur, que j'avois laissé en partant à sept maîtresses que je servois, comme vous savez, si fidèlement toutes sept à la fois ![2] Pour mon esprit, à moins que vous ne l'ayez, on m'a assuré qu'il n'étoit plus dans le monde. A vous dire le vrai, je vous soupçonne un peu d'en avoir au moins l'enjouement ; car on m'a rapporté ici quatre ou cinq mots de votre façon[3] que je voudrois de tout mon cœur avoir dits, et pour lesquels je donnerois volontiers le Panégyrique de Pline,[4] et deux de mes meilleures lettres. Supposé donc que vous l'ayez, je vous prie de me le renvoyer au plus tôt ; car, en vérité, vous ne sauriez croire quelle incommodité c'est de ne pas avoir tout

---

1. Voiture, épître au grand Condé.
2. « Il se vantoit d'en avoir conté à toutes sortes de personnes..., depuis le sceptre jusqu'à la houlette et depuis la couronne jusques à la cale. » (Pélisson, *Histoire de l'Académie*, I, 275.)
3. Le duc de Vivonne était frère de M$^{me}$ de Montespan et de M$^{me}$ de Thianges ; il avait comme elles le don d'une raillerie fort mordante ; on appelait ce tour d'esprit, l'esprit *des Mortemart*. Peu de personnes osaient le braver. Voir les lettres de M$^{me}$ de Sévigné du 11 et du 15 décembre 1674.
4. Voiture se déclaroit hautement contre ce panégyrique. (Boileau, 1713.)

son esprit, surtout lorsqu'on écrit à un homme comme vous. C'est ce qui fait que mon style aujourd'hui est tout changé. Sans cela vous me verriez encore rire comme autrefois avec mon compère le Brochet,[1] et je ne serois pas réduit à finir ma lettre trivialement, comme je fais, en vous disant que je suis,

« Monseigneur,

« Votre très-humble et très-obéissant
« serviteur,

« Voiture. »

Voilà les deux lettres telles que je les ai reçues. Je vous les envoie écrites de ma main, parce que vous auriez eu trop de peine à lire les caractères de l'autre monde, si je vous les avois envoyées en original. N'allez donc pas vous figurer, monseigneur, que ce soit ici un pur jeu d'esprit et une imitation du style de ces deux écrivains. Vous savez bien que Balzac et Voiture sont deux hommes inimitables.[2] Quand il seroit vrai pourtant que j'aurois eu recours à cette invention pour vous divertir, aurois-je si grand tort? Et ne devroit-on pas au contraire m'estimer

---

1. Voiture, lettre CXLII. Voyez *Dissertation sur la Joconde*, t. III, p. 150.

2. Boileau, suivant Brossette, avait composé ces lettres à Baville, chez le président Lamoignon, sans avoir sous les yeux ni celles de Balzac ni celles de Voiture.

M. Ambroise Didot possède, en autographe, une lettre de Boileau qui offre une imitation à peu près semblable du mauvais style de Quinault dans l'*Astrate*. Elle est du 9 avril 1683. L'auteur envoie à M. de Guilleragues, ambassadeur du roi à Constantinople, une édition de ses œuvres avec une dédicace ampoulée, qui reproduit la dédicace de l'*Astrate* à la reine mère; cette lettre est d'autant plus curieuse, que, dans une édition suivante de l'*Astrate*, les traits de mauvais goût dont Boileau s'était moqué ont tout à fait disparu.

d'avoir trouvé cette adresse, pour vous faire lire des louanges que vous n'auriez jamais souffertes autrement?

En un mot pourrois-je mieux faire voir avec quelle sincérité et quel respect je suis, etc.,

Monseigneur,

Votre, etc.

## LETTRE V.[1]

A MONSEIGNEUR LE MARÉCHAL DUC DE VIVONNE,

A MESSINE.

..... 1676.[2]

Monseigneur,

Sans une maladie très-violente qui m'a tourmenté pendant quatre mois, et qui m'a mis très-longtemps dans un état moins glorieux à la vérité, mais presque aussi périlleux que celui où vous êtes tous les jours, vous ne vous plaindriez pas de ma paresse.

Avant ce temps-là je me suis donné l'honneur de vous écrire plusieurs fois; et, si vous n'avez pas reçu mes lettres, c'est la faute des courriers, et non pas la mienne. Quoi qu'il en soit, me voilà guéri; je suis en état de réparer mes fautes, si j'en ai commis quelques-unes; et j'espère que cette lettre-ci prendra une route plus sûre que les autres. Mais dites-moi, monseigneur, sur quel

---

1. Publiée par Brossette sur une copie corrigée par Boileau. (B.-S.-P.)
2. Date fixée par Brossette. La copie corrigée n'en a point. (B.-S.-P.)

ton faut-il maintenant vous parler? Je savois assez bien autrefois de quel air il falloit écrire à MONSEIGNEUR DE VIVONNE, GÉNÉRAL DES GALÈRES DE FRANCE ; mais oseroit-on se familiariser de même avec le libérateur de Messine, [1] le vainqueur de Ruyter, [2] le destructeur de la flotte espagnole? [3] Seriez-vous le premier héros qu'une extrême prospérité ne pût enorgueillir? Êtes-vous encore ce même grand seigneur qui venoit souper chez un misérable poëte, et y porteriez-vous sans honte vos nouveaux lauriers au second et au troisième étage ? Non, non, monseigneur, je n'oserois plus me flatter de cet honneur. Ce seroit assez pour moi que vous fussiez de retour à Paris ; et je me tiendrois trop heureux de pouvoir grossir les pelotons de peuple qui s'amasseroient dans les rues pour vous voir passer. Mais je n'oserois pas même espérer cette joie : vous vous êtes si fort habitué à gagner des batailles, que vous ne voulez plus faire d'autre métier ; il n'y a pas moyen de vous tirer de la Sicile. Cela accommode fort toute la France ; mais cela ne m'accommode point du tout. Quelque belles que soient vos victoires, je n'en saurois être content, puisqu'elles vous rendent d'autant plus nécessaire au pays où vous êtes, et qu'en avançant vos conquêtes elles reculent votre retour. Tout passionné que je suis pour votre gloire, je chéris encore plus votre personne, et j'aimerois encore mieux vous entendre parler ici de Chapelain et de Quinault que d'entendre la renommée parler si avantageusement de vous. Et puis, monseigneur, combien pensez-vous que votre protection m'est nécessaire en ce pays, dans les démêlés que j'ai inces-

---

1. Par la défaite de la flotte espagnole le 11 de février 1675. (BROSSETTE.)
2. Ruyter fut blessé à mort le 22 avril 1676, près d'Agosta.
3. Le 2 juin 1676, au port de Palerme.

samment sur le Parnasse ? Il faut que je vous en conte
un, pour vous faire voir que je ne mens pas. Vous saurez
donc, monseigneur, qu'il y a un médecin à Paris, nommé
M. P..., [1] très-grand ennemi de la santé et du bon sens,
mais en récompense fort grand ami de M. Quinault. Un
mouvement de pitié pour son pays, ou plutôt le peu de
gain qu'il faisoit dans son métier, lui en a fait à la fin
embrasser un autre. Il a lu Vitruve, il a fréquenté M. Le
Vau et M. Ratabon, [2] et s'est enfin jeté dans l'architecture,
où l'on prétend qu'en peu d'années il a autant élevé de
mauvais bâtiments, qu'étant médecin il avoit ruiné de
bonnes santés. Ce nouvel architecte, qui veut se mêler
aussi de poésie, m'a pris en haine sur le peu d'estime que
je faisois des ouvrages de son cher Quinault. Sur cela
il s'est déchaîné contre moi dans le monde : je l'ai
souffert quelque temps avec assez de modération ; mais
enfin la bile satirique n'a pu se contenir, si bien que,
dans le quatrième chant de ma poétique, à quelque temps
de là, j'ai inséré la métamorphose d'un médecin en
architecte. Vous l'y avez peut-être vue ; elle finit ainsi :

> Notre assassin renonce à son art inhumain ;
> Et, désormais la règle et l'équerre à la main,
> Laissant de Galien la science suspecte,
> De méchant médecin devient bon architecte. [3]

Il n'avoit pas pourtant sujet de s'offenser, puisque je
parle d'un médecin de Florence, et que d'ailleurs il n'est
pas le premier médecin qui, dans Paris, ait quitté sa robe

---

1. Claude Perrault.
2. Deux fameux architectes. (BROSSETTE.)
3. *Art poétique*, chant IV.

pour la truelle.¹ Ajoutez que, si en qualité de médecin il avoit raison de se fâcher, vous m'avouerez qu'en qualité d'architecte il me devoit des remercîments. Il ne me remercia pas pourtant ; au contraire, comme il a un frère ² chez M. Colbert, et qu'il est lui-même employé dans les bâtiments du roi, il cria fort hautement contre ma hardiesse ; jusque-là que mes amis eurent peur que cela ne me fît une affaire auprès de cet illustre ministre. Je me rendis donc à leurs remontrances, et, pour raccommoder toutes choses, je fis une réparation sincère au médecin par l'épigramme que vous allez voir :

> Oui, j'ai dit dans mes vers qu'un célèbre assassin,
> Laissant de Galien la science infertile,
> D'ignorant médecin devint maçon habile :
> Mais de parler de vous je n'eus jamais dessein,
>   Lubin, ma muse est trop correcte :
> Vous êtes, je l'avoue, ignorant médecin,
>   Mais non pas habile architecte. ³

Cependant regardez, monseigneur, comme les esprits des hommes sont faits : cette réparation, bien loin d'apaiser l'architecte, l'irrita encore davantage. Il gronda, il se plaignit, il me menaça de me faire ôter ma pension. A tout cela je répondis que je craignois ses remèdes et non pas ses menaces. Le dénoûment de l'affaire est que j'ai touché ma pension, que l'architecte s'est brouillé auprès de M. Colbert, et que, si Dieu ne regarde en pitié son

---

1. Brossette cite Louis Savot, médecin du roi, mort en 1640, qui, après avoir traduit le *Traité de Galien* sur la saignée, se livra à l'étude de l'architecture et publia l'*Architecture françoise des bâtiments particuliers*. Il s'occupa aussi de numismatique. (M. Chéron.)
2. Charles Perrault ; il était contrôleur général des bâtiments du roi.
3. Épigramme IX, t. III.

peuple, notre homme va se rejeter dans la médecine. Mais, monseigneur, je vous entretiens là d'étranges bagatelles. Il est temps, ce me semble, de vous dire que je suis avec toute sorte de zèle et de respect,

Monseigneur,
Votre, etc.

## LETTRE VI.[1]

### AU BARON DE WALEF.[2]

(1678-1686.)[3]

Monsieur,

Si l'histoire ne m'avoit point tiré du métier de la poésie, je ne me sens point si épuisé que je ne trouvasse des rimes pour répondre à une aussi obligeante épître que celle que vous m'avez adressée : ce seroit par des vers que j'aurois répondu à d'aussi excellents vers que les vôtres ; je vous aurois rendu figure pour figure, exagération pour exagération, et en vous mettant peut-être au-dessus d'Apollon et des Muses, je vous aurois fait voir que l'on ne me met pas impunément au-dessus des Orphées et des Amphions. Mais puisque la poésie m'est

---

1. Cette lettre a paru d'abord dans les OEuvres choisies de Walef, 1779, in-12, puis, en 1805, dans les Quatre saisons du Parnasse, t. IV. (FAYOLLE.)
2. Le baron de Walef, né à Liége vers 1652, y est mort en 1734. Il s'étoit beaucoup exercé à écrire en français ; on a imprimé ses OEuvres choisies à Liége en 1779. Tous ses écrits avaient été réunis en 1731, en six volumes in-8º. (DAUNOU.)
3. Cette lettre doit être postérieure au mois d'octobre 1677, puisque Boileau y parle de ses fonctions d'historiographe.

en quelque sorte interdite, trouvez bon, monsieur, que je vous assure, en prose très-simple mais très-sincère, que vos vers m'ont paru merveilleux, que j'y trouve de la force et de l'élégance,[1] et que je ne conçois pas comment un homme nourri dans le pays de Liége a pu deviner tous les mystères de notre langue.

Vous me faites entendre, monsieur, que c'est moi qui vous ai inspiré : si cela est, je suis dans mes inspirations beaucoup plus heureux pour vous que pour moi, puisque je vous ai donné ce que je n'ai jamais eu. Je ne sais si Horace et Juvénal ont eu des disciples pareils à vous ; mais quelque mérite qu'ils aient d'ailleurs, voilà un endroit où je les surpasse.

J'aurai toute ma vie une obligation très-sensible à M. le marquis de Dangeau[2] de m'avoir procuré l'honneur de votre connoissance ; il ne tiendra qu'à vous que cette connoissance se convertisse en une étroite amitié, puisque personne n'est plus parfaitement que moi,

  Monsieur,

    Votre, etc.

---

1. Voici un passage de l'épître de Walef à Boileau :

> Oui, ce sont tes écrits dont les charmes divers
> M'ont porté, jeune encore, au doux métier des vers.
> Né sous un ciel ingrat où cette noble envie
> Vint troubler à quinze ans le repos de ma vie ;
> Sans amis, et privé d'utiles entretiens,
> Ton livre a fait en moi plus que tous les anciens.

2. Voyez satire V, t. I.

## LETTRE VII.[1]

#### A MADAME MANCHON.[2]

###### Bourbon, 31 juillet 1687.

C'est aujourd'hui le dixième jour que je prends des eaux, et pour vous dire l'effet qu'elles ont produit en moi, elles m'ont causé de fort grandes lassitudes dans les jambes, excité des envies de dormir, et produit beaucoup d'effets qui ont contenté de reste les médecins, mais qui ont jusqu'ici très-peu satisfait le malade, puisque je demeure toujours sans voix, avec très-peu d'appétit, et une assez grande foiblesse de corps, quoiqu'on m'eût dit d'abord qu'à peine j'aurois goûté des eaux, que je me trouverois tout renouvelé, et avec plus de force et de vigueur qu'à l'âge de vingt-cinq ans. Voilà au vrai, ma chère sœur, l'état où je me trouve, et si je n'avois fait provision, en partant, d'un peu de piété et de vertu, je serois fort désolé ; mais je vois bien que c'est Dieu qui m'éprouve, et je ne sais même si je lui dois demander de me rendre la voix, puisqu'il ne me l'a peut-être ôtée que pour mon bien, et pour m'empêcher d'en abuser. Ainsi, je m'en vais regarder dorénavant les eaux et les médecines que j'avalerai comme des pénitences qui me sont imposées, plutôt que comme des remèdes qui doivent produire ma

---

1. Publiée par Cizeron-Rival sur l'autographe. (*Lettres familières*, t. III, p. 65.)

2. Geneviève Boileau, sœur de Despréaux, née le 27 d'avril 1632, mariée à Dominique Manchon, commissaire examinateur au Châtelet, le 7 de janvier 1651, morte le 17 de juillet 1720.

santé corporelle, et certainement je doute que je puisse mieux faire voir que je suis résigné à la volonté de Dieu, qu'en me soumettant au joug de la médecine, qui est ici toute la même qu'à Paris, excepté que les médecins y sont un peu plus appliqués à leurs malades, et pensent au moins à leurs maladies dans le temps qu'ils sont avec eux. Je ne nierai pas pourtant que les eaux ne m'aient déjà fait du bien, puisque ayant eu cette nuit la respiration fort embarrassée, ce matin, aussitôt après avoir pris mes eaux, je me suis trouvé fort dégagé. Il faut donc aller jusqu'au bout, et, si je ne puis guérir, ne pas donner du moins occasion aux hommes de dire que je n'ai pas fait ce qu'il falloit pour me guérir. J'ai lié, depuis que je suis ici, une très-étroite connoissance avec M. l'abbé de Sales, trésorier de la Sainte-Chapelle de Bourbon. Je ne sais comment je pourrai reconnoître les bontés qu'il a pour moi. Il me tient lieu ici de frères, de parens et d'amis par les soins qu'il prend de tout ce qui me regarde. C'est un ami intime de M. de Lamoignon,[1] et qui seroit assurément digne trésorier de la Sainte-Chapelle de Paris.

Il est arrivé ici depuis cinq ou six jours un pauvre homme paralytique de la moitié du corps, avec une recommandation de madame de Montespan pour être reçu à la Charité qu'on y a établie. La recommandation étoit écrite et signée par madame de Jussac,[2] et j'ai attesté aux maîtres et aux dames de la Charité qu'il ne venoit point à fausses enseignes ; mais ni cette recommandation, ni toutes mes prières ne les ont pu obliger à le recevoir. Ils ont pris pour prétexte que la Charité ne devoit s'ou-

---

1. L'avocat général, fils du premier président. (CIZERON-RIVAL.)
2. Dame attachée à Mme de Montespan. (CIZERON-RIVAL.) — M. de Jussac était gouverneur du duc du Maine. (M. CHÉRON.)

vrir qu'à la fin du mois prochain.[1] Je me suis réduit à leur demander seulement qu'ils le logeassent, et que du reste je ferois toute la dépense qu'il faudroit pour le nourrir et pour le faire panser; mais ils m'ont encore impitoyablement refusé cela. De sorte qu'à la fin, ne pouvant me résoudre à le voir peut-être mourir sur le pavé, je lui ai fait donner une chambre dans la maison que j'occupe, où il est traité et servi comme moi. Il y a peut-être dans ce que je vous dis là une petite vanité pharisienne. Je vous prie de le faire savoir à M. Racine, afin que dans l'occasion il témoigne à M. et à madame de Jussac que leur nom n'a pas peu contribué en cette rencontre à exciter ma piété. Je suis tout à vous.

*N. B.* On voit ici dans l'autographe un post-scriptum d'une page, qui a été effacé avec soin. Nos recherches sur la famille de Boileau nous ont mis en état d'en déchiffrer la plus grande partie. Voici comment il se termine,[2] à l'exception de quelques passages entièrement couverts d'encre et que nous indiquons par des points.[3] (B.-S.-P.)

Je suis bien fâché de l'accident qui est arrivé à mademoiselle Marie-Anne Marchand[4]; (*je ne puis rien mander*)

1. M$^{me}$ de Montespan avait, en 1676, fondé douze lits dans cet hôpital et fait beaucoup d'autres bonnes œuvres dans la ville.
2. Au commencement, il est question des objets suivants : 1° il prie Sirmond (gendre de M$^{me}$ Manchon) de commissions auprès de Dongois et Lamoignon, et il l'informe qu'il a reçu de son frère (de Sirmond) des présents de volaille. 2° Regrets sur la perte de sa voix. 3° Compliments pour sa famille, et en particulier pour M$^{me}$ Dongois la mère (sa sœur), l'abbé Dongois et M. et M$^{me}$ Lachapelle (ses neveux et nièce). (B.-S.-P.)
3. Nous indiquons aussi (en italiques) les expressions que nous suppléons d'après le sens, et d'après ce qu'on peut apercevoir des caractères effacés. (B.-S.-P.)
4. La même dont il est question dans une note de la lettre du 2 de septembre 1687, n° LV.

sur cela à M. Marchand¹ que je ne sache (*au vrai*) ce qui sera arrivé.... Il m'a écrit un nombre infini de plaisanteries auxquelles je ne saurois répondre avant de savoir s'il faut pleurer ou s'il faut rire.... Cependant je vous prie de bien dire (*à mademoiselle Marie-Anne*) que je lui ai bien de l'obligation du petit compliment qu'elle m'a écrit dans la lettre de monsieur son père. Je sais en quelle école elle a appris à avoir pitié des misérables..... Elle est dans une fort grande réputation à Bourbon,² et tous, jusques aux capucins, m'en ont parlé avec une estime particulière. Il faut bien qu'ils ne sachent pas qu'elle est hérétique, et jansénniste qui pis est.³ Je l'attends à Bourbon avec monsieur son père dans vingt-cinq (*jours*).⁴ Je m'en vais faire préparer une salle pour le bal que je leur dois donner à leur arrivée ; cela s'entend supposé que ma voix soit revenue, car ce seroit une (*trop rare*) chose qu'un galant qui ne pourroit dire aux violons : JOUEZ !

1. Voyez la note précédente.
2. Marchand avait donc déjà fait au moins un voyage à Bourbon. Il y avait donc aussi pu former des liaisons ; ce qui nous explique comment il avait recommandé à Boileau d'y prendre un certain logement, et sa mauvaise humeur de ce que le poëte avait négligé de suivre son conseil, comme on le verra dans la lettre de Racine du 4 août 1687, n° XLV. (B.-S.-P.)
3. Allusion aux derniers vers de la chanson faite à Bâville, en 1672 (Poésies diverses, t. III). Il paraît par là que cette pièce, quoique Boileau ne l'eût pas encore publiée (ce ne fut qu'en 1701), était fort connue de ses parents et de ses amis. (B.-S.-P.)
4. On verra, dans la lettre du 2 septembre 1687, n° LV, que Marchand arriva un mois après à Bourbon. (B.-S.-P.)

## LETTRE VIII.[1]

A M. DE LAMOIGNON,

AVOCAT GÉNÉRAL.[2]

A Paris, lundi (1688-1690).[3]

M. Racine est présentement tout occupé à finir sa pièce, qui sera vraisemblablement achevée cette semaine. Il vous prie donc, monsieur, de remettre à la semaine qui vient le récit que vous souhaitez qu'il fasse à madame de Lamoignon et au père de La Rue. Pour Auteuil, il ne tiendra qu'à vous de l'honorer, quand il vous plaira, de votre présence. Je serois bien aise néanmoins que vous le vissiez dans tout son éclat, c'est-à-dire avec un soleil digne du mois de juin, et non pas dans une journée de pluies et de frimats,[4] comme celle d'aujourd'hui. Je suis votre très-humble et très-obéissant serviteur,

DESPRÉAUX.[5]

1. Publiée par M. de Saint-Surin, d'après l'autographe, avec un fac-similé.
2. Voyez épitre VII, t. II.
3. Boileau n'acheta sa maison d'Auteuil qu'en 1685, le 10 d'août ; après cette époque, Racine ne fit d'autres pièces qu'*Esther* et *Athalie*. M. de Saint-Surin en conclut que cette lettre a été écrite en 1688 ou 1690.
4. Boileau écrivait ainsi le mot que nous écrivons aujourd'hui *frimas*. Voyez le *Lutrin*, ch. VI, vers 60, t. II.
5. L'adresse porte : pour M. de Lamoignon, avocat général.

## LETTRE IX.[1]

RACINE ET BOILEAU AU MARÉCHAL DUC DE LUXEMBOURG.

FÉLICITATION SUR LA VICTOIRE DE FLEURUS.[2]

A Paris, 8 juillet 1690.

Au milieu des louanges et des compliments que vous recevez de tous côtés pour le grand service que vous venez de rendre à la France, trouvez bon, monseigneur, qu'on vous remercie aussi du grand bien que vous avez fait à l'histoire, et du soin que vous prenez de l'enrichir. Personne jusqu'ici n'y a travaillé avec plus de succès que vous, et la bataille que vous venez de gagner fera sans doute un de ses plus magnifiques ornements. Jamais il n'y en eut de si propre à être racontée, et tout s'y rencontre à la fois, la grandeur de la querelle, l'animosité des deux partis, l'audace et la multitude des combattants, une résistance de plus de six heures, un carnage horrible, et enfin une déroute entière des ennemis. Jugez donc quel agrément c'est pour des historiens d'avoir de telles choses à écrire, surtout quand ces historiens peuvent espérer d'en apprendre de votre bouche même le détail. C'est de quoi nous osons nous flatter; mais laissant là l'histoire à part, sérieusement, monseigneur, il n'y a point de gens qui soient si véritablement touchés que nous de

1. Publiée dans l'édition de Racine donnée par Geoffroy en 1808, d'après l'autographe de la main de Racine.
2. La bataille de Fleurus fut gagnée le 1er de juillet 1690, contre le prince de Valdeck. (M. CHÉRON.)

l'heureuse victoire que vous avez remportée. Car, sans compter l'intérêt général que nous y prenons avec tout le royaume, figurez-vous quelle est notre joie d'entendre publier partout que nos affaires sont rétablies, toutes les mesures des ennemis rompues, la France, pour ainsi dire, sauvée, et de songer que le héros qui a fait tous ces miracles, est ce même homme d'un commerce si agréable, qui nous honore de son amitié et qui nous donna à dîner le jour que le roi lui donna le commandement de ses armées. Nous sommes avec un profond respect,

Monseigneur,

Vos très-humbles et très-obéissants serviteurs,
RACINE, DESPRÉAUX.


## LETTRE X.[1]

### DE MONSIEUR ANTOINE ARNAULD,

DOCTEUR DE SORBONNE.

A M. P... (PERRAULT), AU SUJET DE LA DIXIÈME SATIRE.

(De Bruxelles, 5 mai 1694.)

Vous pouvez être surpris, monsieur, de ce que j'ai tant différé à vous faire réponse, ayant à vous remercier de

---

1. Publiée par Boileau dans les deux éditions de 1701, et reproduite dans celles de 1713. M. Berriat-Saint-Prix y note quelques différences; mais il suit de préférence le texte des éditions revues par Boileau lui-même : celles de 1701.

votre présent, et de la manière honnête dont vous me faites souvenir de l'affection que vous m'avez toujours témoignée, vous et messieurs vos frères,[1] depuis que j'ai le bien de vous connoître. Je n'ai pu lire votre lettre sans m'y trouver obligé ; mais, pour vous parler franchement, la lecture que je fis ensuite de la préface de votre apologie des femmes me jeta dans un grand embarras, et me fit trouver cette réponse plus difficile que je ne pensois. En voici la raison.

Tout le monde sait que M. Despréaux est de mes meilleurs amis, et qu'il m'a rendu des témoignages d'estime et d'amitié en toutes sortes de temps. Un de mes amis m'avoit envoyé sa dernière satire. Je témoignai à cet ami la satisfaction que j'en avois eue, et lui marquai en particulier que ce que j'en estimois le plus, par rapport à la morale, c'étoit la manière si ingénieuse et si vive dont il avoit représenté les mauvais effets que pouvoient produire dans les jeunes personnes les opéra et les romans. Mais comme je ne puis m'empêcher de parler à cœur ouvert à mes amis, je ne lui dissimulai pas que j'aurois souhaité qu'il n'y eût point parlé de l'auteur de *Saint Paulin*.[2] Cela a été écrit avant que j'eusse rien su de l'apologie des femmes, que je n'ai reçue qu'un mois après. J'ai fort approuvé ce que vous y dites en faveur des pères et mères qui portent leurs enfants à embrasser l'état du mariage par des motifs honnêtes et chrétiens; et j'y ai trouvé beaucoup de douceur et d'agrément dans les vers.

Mais ayant rencontré dans la préface diverses choses que je ne pouvois approuver sans blesser ma conscience,

---

1. Pierre, Nicolas et Claude Perrault.
2. C'était dans des vers supprimés depuis dans la dixième satire. Voir la satire X, note 3, t. II.

cela me jeta dans l'inquiétude de ce que j'avois à faire. Enfin, je me suis déterminé à vous marquer à vous-même quatre ou cinq points qui m'y ont fait le plus de peine, dans l'espérance que vous ne trouverez pas mauvais que j'agisse à votre égard avec cette naïve et cordiale sincérité que les chrétiens doivent pratiquer envers leurs amis.

La première chose que je n'ai pu approuver, c'est que vous ayez attribué à votre adversaire cette proposition générale : « que l'on ne peut manquer en suivant l'exemple des anciens, » et que vous ayez conclu « que parce que Horace et Juvénal ont déclamé contre les femmes d'une manière scandaleuse, il avoit pensé qu'il étoit en droit de faire la même chose. » Vous l'accusez donc d'avoir déclamé contre les femmes d'une manière scandaleuse, et en des termes qui blessent la pudeur, et de s'être cru en droit de le faire à l'exemple d'Horace et de Juvénal ; mais bien loin de cela, il déclare positivement le contraire : car après avoir dit dans sa préface « qu'il n'appréhende pas que les femmes s'offensent de sa satire, » il ajoute : « qu'une chose au moins dont il est certain qu'elles le loueront, c'est d'avoir trouvé moyen, dans une matière aussi délicate que celle qu'il y traitoit, de ne pas laisser échapper un seul mot qui pût blesser le moins du monde la pudeur. » C'est ce que vous-même, monsieur, avez rapporté de lui dans votre préface, et ce que vous prétendez avoir réfuté par ces paroles : « Quelle erreur ! Est-ce que des héros à voix luxurieuse, des morales lubriques, des rendez-vous chez la Cornu, et les plaisirs de l'enfer qu'on goûte en paradis, peuvent se présenter à l'esprit sans y faire des images dont la pudeur est offensée ? »

Je vous avoue, monsieur, que j'ai été extrêmement surpris de vous voir soutenir une accusation de cette nature contre l'auteur de la satire avec si peu de fondement : car il n'est point vrai que les termes que vous rapportez soient des termes déshonnêtes, et qui blessent la pudeur, et la raison que vous en donnez ne le prouve point. S'il étoit vrai que la pudeur fût offensée de tous les termes qui peuvent présenter à notre esprit certaines choses dans la matière de la pureté, vous l'auriez bien offensée vous-même, quand vous avez dit : « que les anciens poëtes enseignoient divers moyens pour se passer du mariage, qui sont des crimes parmi les chrétiens, et des crimes abominables. » Car y a-t-il rien de plus horrible et de plus infâme que ce que ces mots de *crimes abominables* présentent à l'esprit ? Ce n'est donc point par là qu'on doit juger si un mot est déshonnête ou non.

On peut voir sur cela une lettre de Cicéron à Papirius Pætus,[1] qui commence par ces mots : *Amo verecundiam, tu potius libertatem loquendi*; car c'est ainsi qu'il faut lire, et non pas *Amo verecundiam, vel potius libertatem loquendi*, qui est une faute visible qui se trouve dans presque toutes les éditions de Cicéron. Il y traite fort au long cette question, sur laquelle les philosophes étaient partagés : S'il y a des paroles qu'on doive regarder comme malhonnêtes, et dont la modestie ne permette pas que l'on se serve. Il dit que les stoïciens nioient qu'il y en eût ; il rapporte leurs raisons. Ils disoient que l'obscénité, pour parler ainsi, ne pouvoit être que dans les mots ou dans les choses; qu'elle n'étoit point dans les mots,

---

[1] *Epist. famil.*, l. IX, epist. XXII. (BROSSETTE.)

puisque plusieurs mots étant équivoques, et ayant diverses significations, ils ne passoient point pour déshonnêtes selon une de leurs significations, dont il apporte plusieurs exemples ; qu'elle n'étoit point aussi dans les choses, parce que la même chose pouvant être signifiée par plusieurs façons de parler, il y en avoit quelques-unes dont les personnes les plus modestes ne faisoient point de difficulté de se servir : comme, dit-il, personne ne se blessoit d'entendre dire *virginem me quondam invitam is per vim violat*, au lieu que si on se fût servi d'un autre mot que Cicéron laisse sous-entendre, et qu'il n'a eu garde d'écrire, *nemo*, dit-il, *tulisset*, personne ne l'auroit pu souffrir.

Il est donc constant, selon tous les philosophes et les stoïciens mêmes, que les hommes sont convenus que la même chose étant exprimée par de certains termes, elle ne blesseroit pas la pudeur, et qu'étant exprimée par d'autres, elle la blesseroit. Car les stoïciens mêmes demeuroient d'accord de cette sorte de convention ; mais la croyant déraisonnable, ils soutenoient qu'on n'étoit point obligé de le suivre. Ce qui leur faisoit dire : *nihil esse obscœnum nec in verbo nec in re*, et que le sage appeloit chaque chose par son nom.

Mais comme cette opinion des stoïciens est insoutenable, et qu'elle est contraire à saint Paul, qui met entre les vices *turpiloquium*, les mots sales, il faut nécessairement reconnoître que la même chose peut être exprimée par de certains termes qui seroient fort déshonnêtes ; mais qu'elle peut aussi être exprimée par de certains termes qui ne le sont point du tout, au jugement de toutes les personnes raisonnables. Que si on veut en savoir la raison, que Cicéron n'a point donnée, on peut voir ce qui en a été écrit dans l'*Art de penser*,[1] première partie, chapitre XII.

Mais sans nous arrêter à cette raison, il est certain que dans toutes les langues policées, car je ne sais pas s'il en est de même des langues sauvages, il y a de certains termes que l'usage a voulu qui fussent regardés comme déshonnêtes, et dont on ne pourroit se servir sans blesser la pudeur; et qu'il y en a d'autres qui, signifiant la même chose ou les mêmes actions, mais d'une manière moins grossière, et pour ainsi dire plus voilée, n'étoient point censés déshonnêtes. Et il falloit bien que cela fût ainsi : car si certaines choses qui font rougir, quand on les exprime trop grossièrement, ne pouvoient être signifiées par d'autres termes dont la pudeur n'est point offensée, il y a de certains vices dont on n'auroit point pu parler, quelque nécessité qu'on en eût pour en donner de l'horreur et pour les faire éviter.

Cela étant donc certain, comment n'avez-vous point vu que les termes que vous avez repris ne passeront jamais pour déshonnêtes ? Les premiers sont les *voix luxurieuses* et la *morale lubrique* de l'opéra. Ce que l'on peut dire de ces mots *luxurieux* et *lubrique,* est qu'ils sont un peu vieux : ce qui n'empêche pas qu'ils ne puissent trouver place dans une satire ; mais il est inouï qu'ils aient jamais été pris pour des mots déshonnêtes et qui blessent la pudeur. Si cela étoit, auroit-on laissé le mot de *luxurieux* dans les commandements de Dieu que l'on apprend aux enfants ? *Les rendez-vous chez la Cornu* sont assurément de vilaines choses pour les personnes qui les

---

1. La *Logique,* ou *l'Art de penser,* connue sous le nom de *Logique de Port-Royal.* Paris, 1662, in-12, p. 118. Les deux premières parties sont d'Arnauld lui-même. (M. Chéron.)

donnent. C'est aussi dans cette vue que l'auteur de la satire en a parlé, pour les faire détester. Mais quelle raison auroit-on de vouloir que cette expression soit malhonnête? Est-ce qu'il auroit mieux valu nommer le métier de la Cornu par son propre nom? C'est au contraire ce qu'on n'auroit pu faire sans blesser un peu la pudeur. Il en est de même *des plaisirs de l'enfer goûtés en paradis* ; et je ne vois pas que ce que vous en dites soit bien fondé. *C'est*, dites-vous, *une expression fort obscure.* Un peu d'obscurité ne sied pas mal dans ces matières ; mais il n'y en a point ici que les gens d'esprit ne développent sans peine. Il ne faut que lire ce qui précède dans la satire, qui est la fin de la fausse dévote :

> Voilà le digne fruit des soins de son docteur,
> Encore est-ce beaucoup si ce guide imposteur,
> Par les chemins fleuris d'un charmant quiétisme
> Tout à coup l'amenant au vrai molinosisme,
> Il ne lui fait bientôt, aidé de Lucifer,
> Goûter en paradis les plaisirs de l'enfer.[1]

N'est-il pas louable d'avoir cherché les plus noires couleurs qu'il a pu, pour donner de l'horreur d'un si détestable abus, dont on a vu depuis peu de si terribles exemples? On voit assez que ce qu'il a entendu par ce que nous venons de rapporter, est le crime d'un directeur hypocrite qui, aidé du démon, fait goûter des plaisirs criminels, dignes de l'enfer, à une malheureuse qu'il auroit feint de conduire en paradis. *Mais*, dites-vous, *on ne peut creuser cette pensée que l'imagination ne se salisse effroyable-*

---

1. Satire X, vers 619-624.

*ment.* Si creuser une pensée de cette nature, c'est s'en former dans l'imagination une image sale, quoiqu'on n'en eût donné aucun sujet, tant pis pour ceux qui, comme vous dites, creuseroient celle-ci. Car ces sortes de pensées revêtues de termes honnêtes, comme elles le sont dans la satire, ne présentent rien proprement à l'imagination, mais seulement à l'esprit, afin d'inspirer de l'aversion pour la chose dont on parle ; ce qui, bien loin de porter au vice, est un puissant moyen d'en détourner. Il n'est donc pas vrai qu'on ne puisse lire cet endroit de la satire sans que l'imagination en soit salie, à moins qu'on ne l'ait fort gâtée par une habitude vicieuse d'imaginer ce que l'on doit seulement connoître pour le fuir, selon cette belle parole de Tertullien, si ma mémoire ne me trompe : *spiritualia nequitiæ non amica conscientia, sed inimica scientia novimus.*

Cela me fait souvenir de la scrupuleuse pudeur du père Bouhours, qui s'est avisé de condamner tous les traducteurs du Nouveau Testament, pour avoir traduit *Abraham genuit Isaac*, *Abraham engendra Isaac* ; parce, dit-il, que ce mot *engendra* salit l'imagination. Comme si le mot *genuit* donnoit une autre idée que le mot *engendrer* en françois. Les personnes sages et modestes ne font point de ces sortes de réflexions, qui banniroient de notre langue une infinité de mots, comme celui de *concevoir*, *d'user du mariage*, de *consommer le mariage*, et plusieurs autres. Et ce seroit aussi en vain que les Hébreux loueroient la chasteté de la langue sainte dans ces façons de parler : *Adam connut sa femme, et elle enfanta Caïn.* Car ne peut-on pas dire qu'on ne peut creuser ce mot *connoître sa femme*, que l'imagination n'en soit salie ? Saint Paul a-t-il eu cette crainte quand il a parlé en ces termes de la fornication, dans la première épître aux Corinthiens, ch. vi : « Ne savez-vous pas, dit-il, que vos corps sont les membres de Jésus-Christ? Arracherai-je donc à Jésus-Christ ses propres membres, pour en faire les membres d'une prostituée?[1] A Dieu ne plaise! Ne savez-vous pas que celui qui se joint à une prostituée devient un même corps avec elle? Car ceux qui étoient deux ne seront plus qu'une même chair, dit l'Écriture; mais celui qui demeure attaché au Seigneur est un même esprit avec lui. Fuyez la fornication.[2] » Qui peut douter que ces paroles ne présentent à l'esprit des choses qui feroient rougir, si elles étoient exprimées en certains termes que l'honnêteté ne souffre point? Mais outre que les termes dont l'apôtre se sert sont d'une nature à ne point blesser la pudeur, l'idée qu'on en peut prendre est accompagnée d'une idée d'exécration, qui non-seulement empêche que la pudeur n'en soit offensée, mais qui fait de plus que les chrétiens conçoivent une grande horreur du vice dont cet apôtre a voulu détourner les fidèles. Mais veut-on savoir ce qui peut être un sujet de scandale aux foibles? C'est quand un faux délicat leur fait appréhender une saleté d'imagination, où personne avant lui n'en avoit trouvé; car il est cause par là qu'ils pensent à quoi ils n'auroient point pensé, si on les avoit laissés dans leur simplicité. Vous voyez donc, monsieur, que vous n'avez pas eu sujet de reprocher à votre adversaire qu'il avoit eu tort de se vanter *qu'il ne lui étoit pas*

---

1. — 15. Nescitis quoniam corpora vestra membra sunt Christi? Tollens ergo membra Christi, faciam membra meretricis? Absit.
  16. An nescitis quoniam qui adhæret meretrici, unum corpus efficitur? Erunt enim (inquit) duo in carne una.
2. — 17. Qui autem adhæret Domino, unus spiritus est.
  18. Fugite fornicationem...

*échappé un seul mot qui pût blesser le moins du monde la pudeur.*

La seconde chose qui m'a fait beaucoup de peine, monsieur, c'est que vous blâmiez dans votre préface les endroits de la satire qui m'avoient paru les plus beaux, les plus édifiants et les plus capables de contribuer aux bonnes mœurs et à l'honnêteté publique. J'en rapporterai deux ou trois exemples. J'ai été charmé, je vous l'avoue, de ces vers de la page sixième : [1]

L'épouse que tu prends, sans tache en sa conduite, etc.

On trouvera quelque chose de semblable dans un livre imprimé il y a dix ans : car on y fait voir, par l'autorité des païens mêmes, combien c'est une chose pernicieuse de faire un dieu de l'amour, et d'inspirer aux jeunes personnes qu'il n'y a rien de plus doux que d'aimer. Permettez-moi, monsieur, de rapporter ici ce qui est dit dans ce livre, qui est assez rare : « Peut-on avoir un peu de zèle pour le salut des âmes, qu'on ne déplore le mal que font, dans l'esprit d'une infinité de personnes, les romans, les comédies et les opéra? Ce n'est pas qu'on n'ait soin présentement de n'y rien mettre qui soit grossièrement déshonnête, mais c'est qu'on s'y étudie à faire paroître l'amour comme la chose du monde la plus charmante et la plus douce. Il n'en faut pas davantage pour donner une grande pente à cette malheureuse passion. Ce qui fait souvent de si grandes plaies, qu'il faut une grâce bien extraordinaire pour en guérir. Les païens mêmes ont

---

1. Arnauld parle de l'édition séparée in-4º de la satire X, et il rapporte les vers 125 à 144. (B.-S.-P.)

reconnu combien cela pouvoit causer de désordres dans les mœurs. Car Cicéron ayant rapporté les vers d'une comédie,[1] où il est dit que l'amour est le plus grand des dieux (ce qui ne se dit que trop dans celles de ce temps-ci), il s'écrie avec raison : Oh ! la belle réformatrice des mœurs que la poésie, qui nous fait une divinité de l'amour, qui est une source de tant de folies et de déréglements honteux ![2] Mais il n'est pas étonnant de lire de telles choses dans une comédie, puisque nous n'en aurions aucune si nous n'approuvions ces désordres : *de comœdia loquor, quæ, si hæc flagitia non approbaremus, nulla esset omnino.* »

Mais ce qu'il y a de particulier dans l'auteur de la satire, et en quoi il est plus louable, c'est d'avoir représenté avec tant d'esprit et de force le ravage que peuvent faire dans les bonnes mœurs les vers de l'opéra, qui roulent tous sur l'amour, chantés sur des airs qu'il a eu grande raison d'appeler *luxurieux,* puisqu'on ne sauroit s'en imaginer de plus propres à enflammer les passions, et à faire entrer dans les cœurs la *morale lubrique* des vers ; et ce qu'il y a de pis, c'est que le poison de ces chansons lascives ne se termine pas au lieu où se jouent ces pièces, mais se répand par toute la France, où une infinité de gens s'appliquent à les apprendre par cœur, et se font un plaisir de les chanter partout où ils se trouvent.

Cependant, monsieur, bien loin de reconnoître le service que l'auteur de la satire a rendu par là au public, vous voudriez faire croire que c'est pour donner un coup

---

[1]. Du poëte Cæcilius. (BROSSETTE.)

[2]. O præclaram emendatricem vitæ, poeticam ! quæ amorem, flagitii et levitatis auctorem, in concilio deorum collocandum putat. (*Tuscul.,* IV, 32.)

de dent à M. Quinault, auteur de ces vers de l'opéra, qu'il en a parlé si mal, et c'est dans cet endroit-là même que vous avez cru avoir trouvé des mots déshonnêtes dont la pudeur est offensée.

Ce qui m'a aussi beaucoup plu dans la satire, c'est ce qu'il dit contre les mauvais effets de la lecture des romans. Trouvez bon, monsieur, que je le rapporte encore ici :

> Supposons toutefois qu'encor fidèle et pure,
> Sa vertu de ce choc revienne sans blessure,[1] etc.

Peut-on mieux représenter le mal que sont capables de faire les romans les plus estimés, et par quels degrés insensibles ils peuvent mener les jeunes gens qui s'en laissent empoisonner, bien au delà des termes du roman, et jusqu'aux derniers désordres? Mais parce qu'on y a nommé la *Clélie*, il n'y a presque rien dont vous fassiez un plus grand crime à l'auteur de la satire. « Combien, dites-vous, a-t-on été indigné de voir continuer son acharnement sur la *Clélie!* L'estime qu'on a toujours faite de cet ouvrage, et l'extrême vénération qu'on a toujours eue pour l'illustre personne[2] qui l'a composé, ont fait soulever tout le monde contre une attaque si souvent et si inutilement répétée. Il paroît bien que le vrai mérite est bien plutôt une raison pour avoir place dans ses satires, qu'une raison d'en être exempt. »

Il ne s'agit point, monsieur, du mérite de la personne qui a composé la *Clélie*, ni de l'estime qu'on a faite de cet ouvrage. Il en a pu mériter pour l'esprit, pour la politesse, pour l'agrément des inventions, pour les caractères bien

---

1. Arnauld cite ici les vers 149 à 168 de la satire X.
2. M<sup>lle</sup> de Scudéri. Voyez les *Héros de roman*, t. II.

suivis, et pour les autres choses qui rendent agréable à tant de personnes la lecture des romans. Que ce soit, si vous voulez, le plus beau de tous les romans ; mais enfin c'est un roman : c'est tout dire. Le caractère de ces pièces est de rouler sur l'amour, et d'en donner des leçons d'une manière ingénieuse, et qui soit d'autant mieux reçue qu'on en écarte le plus, en apparence, tout ce qui pourroit paroître de trop grossièrement contraire à la pureté. C'est par là qu'on va insensiblement jusqu'au bord du précipice, s'imaginant qu'on n'y tombera pas, quoiqu'on y soit déjà à demi tombé par le plaisir qu'on a pris à se remplir l'esprit et le cœur de la doucereuse morale qui s'enseigne au pays de Tendre. Vous pouvez dire tant qu'il vous plaira que cet ouvrage est en vénération à tout le monde; mais voici deux faits dont je suis très-bien informé. Le premier est que feu madame la princesse de Conti et madame de Longueville, ayant su que M. Despréaux avoit fait une pièce en prose[1] contre les romans, où la *Clélie* n'étoit pas épargnée, comme ces princesses connoissent mieux que personne combien ces lectures sont dangereuses, elles lui firent dire qu'elles seroient bien aises de la voir. Il la leur récita; et elles en furent tellement satisfaites, qu'elles témoignèrent souhaiter beaucoup qu'elle fût imprimée; mais il s'en excusa pour ne pas s'attirer sur les bras de nouveaux ennemis.

L'autre fait est qu'un abbé de grand mérite, et qui n'avoit pas moins de piété que de lumières, se résolut de lire la *Clélie*, pour en juger avec connoissance de cause ; et le jugement qu'il en porta fut le même que celui de ces deux princesses. Plus on estime l'illustre personne à

---

1. *Les Héros de roman.*

qui on attribue cet ouvrage, plus on est porté à croire qu'elle n'est pas à cette heure d'un autre sentiment que ces princesses, et qu'elle a un vrai repentir de ce qu'elle a fait autrefois, lorsqu'elle étoit moins éclairée. Tous les amis de M. de Gomberville, qui avoit aussi beaucoup de mérite, et qui a été un des premiers académiciens, savent que ç'a été sa disposition à l'égard de son *Polexandre* : et qu'il eût voulu, si cela eût été possible, l'avoir effacé de ses larmes.[1] Supposé que Dieu ait fait la même grâce à la personne que l'on dit auteur de la *Clélie*, c'est lui faire peu d'honneur que de la représenter comme tellement attachée à ce qu'elle a écrit autrefois, qu'elle ne puisse souffrir qu'on y reprenne ce que les règles de la piété chrétienne y font trouver de répréhensible.

Enfin, monsieur, j'ai fort estimé, je vous l'avoue, ce qui est dit dans la satire contre un misérable directeur qui feroit passer sa dévote du quiétisme au vrai molinosisme ; et nous avons déjà vu que c'est un des endroits où vous avez trouvé le plus à redire. Je vous supplie, monsieur, de faire sur cela de sérieuses réflexions.

Vous dites à l'entrée de votre préface que « dans cette dispute entre vous et M. Despréaux, il s'agit non-seulement de la défense de la vérité, mais encore des bonnes mœurs et de l'honnêteté publique. » Permettez-moi, monsieur, de vous demander si vous n'avez point sujet

---

1. Gomberville ne persista pas dans ses regrets. Le médecin Dodard écrit à Arnauld, le 6 d'août 1691 : « Je me souviens que feu M. de Gomberville me releva rudement sur le compliment que je lui fis exprès sur son regret d'avoir fait le *Polexandre*. » Recueil de 1727, VII, 618. (B.-S.-P. et M. Chénon.)

de craindre que ceux qui compareront ces trois endroits de la satire avec ceux que vous y opposez ne soient portés à juger que c'est plutôt de son côté que du vôtre qu'est la défense des bonnes mœurs et de l'honnêteté publique. Car ils voient du côté de la satire, 1° une très-juste et très-chrétienne condamnation des vers de l'opéra, soutenus par les airs efféminés de Lulli ; 2° les pernicieux effets des romans, représentés avec une force capable de porter les pères et les mères qui ont quelque crainte de Dieu à ne les pas laisser entre les mains de leurs enfants ; 3° le paradis, le démon et l'enfer mis en œuvre pour faire avoir plus d'horreur d'une abominable profanation des choses saintes. Voilà, diront-ils, comme la satire de M. Despréaux est contraire aux bonnes mœurs et à l'honnêteté publique.

Ils verront d'autre part dans votre préface, 1° ces mêmes vers de l'opéra, jugés si bons ou au moins si innocents, qu'il y a, selon vous, monsieur, sujet de croire qu'ils n'ont été blâmés par M. Despréaux que pour donner un coup de dent à M. Quinault, qui en est l'auteur ; 2° un si grand zèle pour la défense de la *Clélie*, qu'il n'y a guère de chose que vous blâmiez plus fortement dans l'auteur de la satire que de n'avoir pas eu pour cet ouvrage assez de respect et de vénération ; 3° un juste reproche que vous lui faites d'avoir offensé la pudeur, pour avoir eu soin de bien faire sentir l'énormité du crime d'un faux directeur. En vérité, monsieur, je ne sais si vous avez lieu de croire que ce qu'on jugeroit sur cela vous pût être favorable.

Ce que vous dites de plus fort contre M. Despréaux paroît appuyé sur un fondement bien foible. Vous prétendez que sa satire est contraire aux bonnes mœurs, et vous n'en donnez pour preuve que deux endroits. Le premier est ce qu'il dit en badinant avec son ami :

> Quelle joie....
> De voir autour de soi croître dans sa maison
> De petits citoyens dont on croit être père ! [1]

l'autre est dans la page suivante, où il ne fait encore que rire :

> On peut trouver encor quelques femmes fidèles,
> Sans doute; et dans Paris, si je sais bien compter,
> Il en est jusqu'à trois que je pourrois citer. [2]

Vous dites sur le premier, « qu'il fait entendre par là qu'un homme n'est guère fin ni guère instruit des choses du monde, quand il croit que ses enfants sont ses enfants; » et vous dites sur le second, « qu'il fait aussi entendre que, selon son calcul et le raisonnement qui en résulte, nous sommes presque tous des enfants illégitimes. »

Plus une accusation est atroce, plus on doit éviter de s'y engager, à moins qu'on n'ait de bonnes preuves. Or, c'en est une assurément fort atroce d'imputer à l'auteur de la satire d'avoir fait entendre « qu'un homme n'est guère fin quand il croit que les enfants de sa femme sont ses enfants, et qu'il n'y a que trois femmes de bien dans une ville où il y en a plus de deux cent mille. » Cependant, monsieur, vous ne donnez pour preuves de ces étranges accusations que les deux endroits que j'ai rapportés. Mais il vous étoit aisé de remarquer que l'auteur de la satire a clairement fait entendre qu'il n'a parlé qu'en riant dans

---

1. Vers 9-14.
2. Vers 42-44.

ces endroits, et surtout dans le dernier ; car il n'entre dans le sérieux qu'à l'endroit où il fait parler Alcippe en faveur du mariage, qui commence par ces vers :

> Jeune autrefois par vous dans le monde conduit,
> J'ai trop bien profité pour n'être pas instruit
> A quels discours malins le mariage expose ; [1]

et finit par ceux-ci, qui contiennent une vérité que les païens n'ont point connue, et que saint Paul nous a enseignée, *qui se non continet, nubat; melius est nubere, quam uri :* [2]

> L'hyménée est un joug, et c'est ce qui m'en plaît.
> L'homme en ses passions toujours errant sans guide,
> A besoin qu'on lui mette et le mors et la bride ;
> Son pouvoir malheureux ne sert qu'à le gêner ;
> Et pour le rendre libre, il le faut enchaîner. [3]

Que répond le poëte à cela? Le contredit-il? Le réfute-t-il? Il l'approuve au contraire en ces termes :

> Ha, bon ! voilà parler en docte janséniste,
> Alcippe, et sur ce point si savamment touché,
> Desmâres, dans Saint-Roch, n'auroit pas mieux prêché ; [4]

et c'est ensuite qu'il témoigne qu'il va parler sérieusement et sans raillerie :

> Mais c'est trop t'insulter : quittons la raillerie ;
> Parlons sans hyperbole et sans plaisanterie. [5]

---

1. Vers 59-61.
2. Quod si non se continent, nubant. Melius est enim nubere, quam uri. (S. PAUL, *I<sup>re</sup> aux Cor.*, ch. VII, v. 9.)
3. Vers 112-116.
4. Vers 118-120.
5. Vers 121-122.

Peut-on plus expressément marquer que ce qu'il avoit dit auparavant, de ces trois femmes fidèles dans Paris, n'étoit que pour rire? Des hyperboles si outrées ne se disent qu'en badinant. Et vous-même, monsieur, voudriez-vous qu'on vous crût quand vous dites « que pour deux ou trois femmes dont le crime est avéré, on ne doit pas les condamner toutes? »

De bonne foi, croyez-vous qu'il n'y en ait guère davantage dans Paris qui soient diffamées par leur mauvaise vie? Mais une preuve évidente que l'auteur de la satire n'a pas cru qu'il y eût si peu de femmes fidèles, c'est que, dans une vingtaine de portraits qu'il en fait, il n'y a que les deux premiers qui aient pour leur caractère l'infidélité; si ce n'est que dans celui de la fausse dévote il dit seulement que son directeur pourroit l'y précipiter.

Pour ce qui est de ces termes : *dont on croit être père*, il n'est pas vrai qu'ils fassent entendre « qu'un mari n'est guère fin ni guère instruit des choses du monde, quand il croit que ses enfants sont ses enfants : » car outre que l'auteur parle là en badinant, ils ne disent au fond que ce qui est marqué par cette règle de droit : *pater est quem nuptiæ demonstrant*; c'est-à-dire que le mari doit être regardé comme le père des enfants nés dans son mariage, quoique cela ne soit pas toujours vrai. Mais cela fait-il qu'un mari doive croire, à moins que de passer pour peu fin et pour peu instruit des choses du monde, qu'il n'est pas le père des enfants de sa femme? C'est tout le contraire; car à moins qu'il n'en eût des preuves certaines, il ne pourroit croire qu'il ne l'est pas, sans faire un jugement téméraire très-criminel contre son épouse.

Cependant, monsieur, comme c'est de ces deux

endroits que vous avez pris sujet de faire passer la satire de M. Despréaux pour une déclamation contre le mariage, et qui blessoit l'honnêteté et les bonnes mœurs, jugez si vous l'avez pu faire sans blesser vous-même la justice et la charité.

Je trouve dans votre préface deux endroits très-propres à justifier la satire, quoique ce soit en la blâmant. L'un est ce que vous dites en la page 5, « que tout homme qui compose une satire doit avoir pour but d'inspirer une bonne morale, et qu'on ne peut, sans faire tort à M. Despréaux, présumer qu'il n'a pas eu ce dessein. » L'autre est la réponse que vous faites à ce qu'il avoit dit à la fin de la préface de sa satire, que les femmes ne seront pas plus choquées des prédications qu'il leur fait dans cette satire contre leurs défauts, que des satires que les prédicateurs font tous les jours en chaire contre ces mêmes défauts. »

Vous avouez qu'on peut comparer les satires avec les prédications, et qu'il est de la nature de toutes les deux de combattre les vices, mais que ce ne doit être qu'en général, sans nommer les personnes. Or, M. Despréaux n'a point nommé les personnes en qui les vices qu'il décrit se rencontroient, et on ne peut nier que les vices qu'il a combattus ne soient de véritables vices. On le peut donc louer avec raison d'avoir travaillé à inspirer une bonne morale, puisque c'en est une partie de donner de l'horreur des vices, et d'en faire voir le ridicule. Ce qui souvent est plus capable que les discours sérieux d'en détourner plusieurs personnes, selon cette parole d'un ancien :

..... Ridiculum acri
Fortius ac melius magnas plerumque secat res ; [1]

[1]. Horace, liv. I, sat. x, v. 14.

et ce seroit en vain qu'on objecteroit qu'il ne s'est point contenté, dans son quatrième portrait, de combattre l'avarice en général, l'ayant appliquée à deux personnes connues : car ne les ayant point nommées, il n'a rien appris au public qu'il ne sût déjà. Or, comme ce seroit porter trop loin cette prétendue règle de ne point nommer les personnes, que de vouloir qu'il fût interdit aux prédicateurs de se servir quelquefois d'histoires connues de tout le monde, pour porter plus efficacement leurs auditeurs à fuir de certains vices, ce seroit aussi en abuser que d'étendre cette interdiction jusqu'aux auteurs de satires.

Ce n'est point aussi comme vous le prenez. Vous prétendez que M. Despréaux a encore nommé les personnes dans cette dernière satire, et d'une manière qui a déplu aux plus enclins à la médisance ; et toute la preuve que vous en donnez est qu'il a fait revenir sur les rangs Chapelain, Cotin, Pradon, Coras et plusieurs autres : « ce qui est, dites-vous, la chose du monde la plus ennuyeuse et la plus dégoûtante. » Pardonnez-moi, si je vous dis que vous ne prouvez point du tout par là ce que vous aviez à prouver. Car il s'agissoit de savoir si M. Despréaux n'avoit pas contribué à inspirer une bonne morale, en blâmant dans sa satire les mêmes défauts que les prédicateurs blâment dans leurs sermons. Vous aviez répondu que pour inspirer une bonne morale, soit par les satires, soit par les sermons, on doit combattre les vices en général sans nommer les personnes. Il falloit donc montrer que l'auteur de la satire avoit nommé les femmes dont il combattoit les défauts. Or, Chapelain, Cotin, Pradon, Coras ne sont pas des noms de femmes, mais de poëtes. Ils ne sont donc pas propres à montrer que M. Despréaux, combattant différents vices des femmes, ce que vous avouez lui avoir été permis, se soit rendu coupable de médisance, en nommant des femmes particulières à qui il les auroit attribués.

Voilà donc M. Despréaux justifié selon vous-même sur le sujet des femmes, qui est le capital de sa satire. Je veux bien cependant examiner avec vous s'il est coupable de médisance à l'égard des poëtes.

C'est ce que je vous avoue ne pouvoir comprendre. Car tout le monde a cru jusqu'ici qu'un auteur pouvoit écrire contre un autre auteur, remarquant les défauts qu'il croyoit avoir trouvés dans ses ouvrages, sans passer pour médisant, pourvu qu'il agisse de bonne foi, sans lui imposer et sans le chicaner, lors surtout qu'il ne reprend que de véritables défauts.

Quand, par exemple, le P. Goulu, général des Feuillants, publia, il y a plus de soixante ans, deux volumes contre les lettres de M. de Balzac, qui faisoient grand bruit dans le monde, le public s'en divertit. Les uns prenoient parti pour Balzac, les autres pour le Feuillant; mais personne ne s'avisa de l'accuser de médisance, et on ne fit point non plus ce reproche à Javersac, qui avoit écrit contre l'un et contre l'autre. Les guerres entre les auteurs passent pour innocentes, quand elles ne s'attachent qu'à la critique de ce qui regarde la littérature, la grammaire, la poésie, l'éloquence, et que l'on n'y mêle point de calomnies et d'injures personnelles. Or, que fait autre chose M. Despréaux à l'égard de tous les poëtes qu'il a nommés dans ses satires, Chapelain, Cotin, Pradon, Coras et autres, sinon d'en dire son jugement, et d'avertir le public que ce ne sont pas des modèles à imiter? Ce qui peut être de quelque utilité pour faire éviter

leurs défauts, et peut contribuer même à la gloire de la
nation, à qui les ouvrages d'esprit font honneur, quand ils
sont bien faits ; comme au contraire, ç'a été un déshonneur à la France d'avoir fait tant d'estime des pitoyables
poésies de Ronsard.

Celui dont M. Despréaux a le plus parlé, c'est
M. Chapelain ; mais qu'en a-t-il dit ? Il en rend lui-même
compte au public dans sa neuvième satire :

Il a tort, dira l'un; pourquoi faut-il qu'il nomme?[1] etc.

Cependant, monsieur, vous ne pouvez pas douter que ce
ne soit être médisant, que de taxer de médisance celui
qui n'en seroit pas coupable. Or, si on prétendoit que
M. Despréaux s'en fût rendu coupable, en disant que
M. Chapelain, quoique d'ailleurs honnête, civil et officieux, n'étoit pas un fort bon poëte, il lui seroit bien aisé
de confondre ceux qui lui feroient ce reproche ; il n'auroit
qu'à leur faire lire ces vers de ce grand poëte sur la belle
Agnès :

> On voit hors des deux bouts de ses deux courtes manches,
> Sortir à découvert deux mains longues et blanches,
> Dont les doigts inégaux, mais tout ronds et menus,
> Imitent l'embonpoint des bras ronds et charnus.[2]

Enfin, monsieur, je ne comprends pas comment vous
n'avez point appréhendé qu'on ne vous appliquât ce que
vous dites dans vos vers :[3] « qu'il croit avoir droit de maltraiter dans ses satires ceux qu'il lui plaît, et que la rai-

---

1. Arnauld cite les vers 203-220.
2. *La Pucelle*, chant V, vers 385-388.
3. Arnauld aurait dû dire : dans votre préface.

son a beau lui crier sans cesse que l'équité naturelle nous défend de faire à autrui ce que nous ne voudrions pas qui nous soit fait à nous-mêmes : cette voix ne l'émeut point. » Car si vous le trouvez blâmable d'avoir fait passer la *Pucelle* et le *Jonas* pour de méchants poëmes, pourquoi ne le seriez-vous pas d'avoir parlé avec tant de mépris de son ode pindarique, qui paroît avoir été si estimée, que trois des meilleurs poëtes latins de ce temps[1] ont bien voulu prendre la peine d'en faire chacun une ode latine? Je ne vous en dis pas davantage. Vous ne voudriez pas sans doute, contre la défense que Dieu en fait, avoir deux poids et deux mesures.

Je vous supplie, monsieur, de ne pas trouver mauvais qu'un homme de mon âge vous donne ce dernier avis en vrai ami.

On doit avoir du respect pour le jugement du public ; et quand il s'est déclaré hautement pour un auteur ou pour un ouvrage, on ne peut guère le combattre de front et le contredire ouvertement, qu'on ne s'expose à en être maltraité. Les vains efforts du cardinal de Richelieu contre le *Cid* en sont un grand exemple ; et on ne peut rien voir de plus heureusement exprimé que ce qu'en dit votre adversaire :

> En vain contre le Cid un ministre se ligue,
> Tout Paris pour Chimène a les yeux de Rodrigue ;
> L'Académie en corps a beau le censurer,
> Le public révolté s'obstine à l'admirer.[2]

Jugez par là, monsieur, de ce que vous devez espérer

---

1. Rollin, Lenglet et de Saint-Remi.
2. Satire IX, vers 231-234.

du mépris que vous tâchez d'inspirer pour les ouvrages de M. Despréaux dans votre préface. Vous n'ignorez pas combien ce qu'il a mis au jour a été bien reçu dans le monde, à la cour, à Paris, dans les provinces, et même dans tous les pays étrangers où l'on entend le françois. Il n'est pas moins certain que tous les bons connoisseurs trouvent le même esprit, le même art et les mêmes agréments dans ses autres pièces que dans ses satires. Je ne sais donc, monsieur, comment vous vous êtes pu promettre qu'on ne seroit point choqué de vous en voir parler d'une manière si opposée au jugement du public. Avez-vous cru que, supposant sans raison que tout ce que l'on dit librement des défauts de quelque poëte doit être pris pour médisance, on applaudiroit à ce que vous dites : « que ce ne sont que ces médisances qui ont fait rechercher ses ouvrages avec tant d'empressement ; qu'il va toujours terre à terre, comme un corbeau qui va de charogne en charogne ; que tant qu'il ne fera que des satires comme celles qu'il nous a données, Horace et Juvénal viendront toujours revendiquer plus de la moitié des bonnes choses qu'il y aura mises ; que Chapelain, Quinault, Cassagne et les autres qu'il y aura nommés, prétendront aussi qu'une partie de l'agrément qu'on y trouve viendra de la célébrité de leurs noms qu'on s'y plaît d'y voir tournés en ridicule ; que la malignité du cœur humain, qui aime tant la médisance et la calomnie, parce qu'elles élèvent secrètement celui qui lit au-dessus de ceux qu'elles rabaissent, dira toujours que c'est elle qui fait trouver tant de plaisir dans les œuvres de M. Despréaux, etc. ? »

Vous reconnoissez donc, monsieur, que tant de gens qui lisent les ouvrages de M. Despréaux, les lisent avec grand plaisir. Comment n'avez-vous donc pas vu que de dire, comme vous faites, que ce qui fait trouver ce plaisir est la malignité du cœur humain, qui aime la médisance et la calomnie, c'est attribuer cette méchante disposition à tout ce qu'il y a de gens d'esprit à la cour et à Paris?

Enfin, vous devez attendre qu'ils ne seront pas moins choqués du peu de cas que vous faites de leur jugement, lorsque vous prétendez que M. Despréaux a si peu réussi, quand il a voulu traiter des sujets d'un autre genre que ceux de la satire, qu'il pourroit y avoir de la malice à lui conseiller de travailler à d'autres ouvrages.

Il y a d'autres choses dans votre préface que je voudrois que vous n'eussiez point écrites; mais celles-là suffisent pour m'acquitter de la promesse que je vous ai faite d'abord de vous parler avec la sincérité d'un ami chrétien, qui est sensiblement touché de voir cette division entre deux personnes qui font tous deux profession de l'aimer. Que ne donnerois-je pas pour être en état de travailler à leur réconciliation plus heureusement que les gens d'honneur que vous m'apprenez n'y avoir pas réussi? Mais mon éloignement ne m'en laisse guère le moyen. Tout ce que je puis faire, monsieur, est de demander à Dieu qu'il vous donne à l'un et à l'autre cet esprit de charité et de paix, qui est la marque la plus assurée des vrais chrétiens. Il est bien difficile que dans ces contestations on ne commette de part et d'autre des fautes, dont on est obligé de demander pardon à Dieu. Mais le moyen le plus efficace que nous avons de l'obtenir, c'est de pratiquer ce que l'apôtre nous recommande : « de nous supporter les uns les autres, chacun remettant à son frère le sujet de plainte qu'il pouvoit avoir contre lui, et nous entre-pardonnant, comme le Seigneur nous a pardonné. »

On ne trouve point d'obstacle à entrer dans des sentiments d'union et de paix, lorsqu'on est dans cette disposition : car l'amour-propre ne règne point où règne la charité, et il n'y a que l'amour-propre qui nous rende pénible la connoissance de nos fautes, quand la raison nous les fait apercevoir. Que chacun de vous s'applique cela à soi-même, et vous serez bientôt bons amis. J'en prie Dieu de tout mon cœur, et suis très-sincèrement,

Monsieur,

    Votre très-humble et très-obéissant serviteur.

A. ARNAULD.[1]

---

1. Lorsqu'on lit cette lettre, véritable chef-d'œuvre de critique, et qu'on se rappelle qu'elle fut, non pas même écrite, mais *dictée* (Boileau le dit à la fin de la lettre n° XII) par un vieillard de quatre-vingt-deux ans, exilé et privé de tout commerce, sans conseils et probablement sans bibliothèque, absorbé par une correspondance théologique, et étranger depuis longtemps aux discussions littéraires, il est impossible de ne pas se rappeler aussi cette réflexion de Voltaire (*Siècle de Louis XIV*, chap. du Jansénisme) : « Personne n'était né avec un esprit plus philosophique ; mais sa philosophie fut corrompue en lui par la faction qui l'entraîna, et qui plongea soixante ans dans de misérables disputes de l'école, et dans les malheurs attachés à l'opiniâtreté, un esprit fait pour éclairer les hommes. »

Au reste, cette même lettre donna lieu à une correspondance curieuse entre Arnauld et ses amis, ceux-ci l'invitant à la retirer, entre autres parce qu'ils craignaient, à cause des matières qu'il y traitait, qu'elle ne parût au-dessous de sa réputation, et Arnauld persistant d'abord à la défendre et finissant par la soumettre au jugement de Bossuet. Mais il ne put connaître ce jugement (il mourut le 8 d'août, et la lettre qui le renferme est du 6). Voyez la lettre du 17 d'avril 1694 et les suivantes, t. VII, p. 398 et suivantes du Recueil des lettres d'Arnauld, publié à Nancy en 1727. (B.-S.-P.)

## LETTRE XI.[1]

REMERCIMENT A M. ARNAULD,

SUR LA LETTRE PRÉCÉDENTE.

Juin 1694.

Je ne saurois, monsieur, assez vous témoigner ma reconnoissance de la bonté que vous avez eue de vouloir bien permettre qu'on me montrât la lettre que vous avez écrite à M. Perrault sur ma dernière satire. Je n'ai jamais rien lu qui m'ait fait un si grand plaisir; et quelques injures que ce galant homme m'ait dites, je ne saurois plus lui en vouloir de mal, puisqu'elles m'ont attiré une si honorable apologie. Jamais cause ne fut si bien défendue que la mienne. Tout m'a charmé, ravi, édifié dans votre lettre; mais ce qui m'y a touché davantage, c'est cette confiance si bien fondée avec laquelle vous y déclarez que vous me croyez sincèrement votre ami. N'en doutez point, monsieur, je le suis; et c'est une qualité dont je me glorifie tous les jours en présence de vos plus grands ennemis. Il y a des jésuites qui me font l'honneur de m'estimer, et que j'estime et honore aussi beaucoup. Ils me viennent voir dans ma solitude d'Auteuil, et ils y séjournent même quelquefois. Je les reçois du mieux que je puis; mais la première convention que je fais avec eux,

---

1. Publiée d'abord à Amsterdam, en 1707, sur le texte primitif; elle le fut ensuite à Paris, dans l'édition posthume de 1713, mais avec des changements faits, ou par Boileau, ou par les éditeurs (Renaudot et Valincourt). (B.-S.-P.)

c'est qu'il me sera permis dans nos entretiens de vous louer à outrance. J'abuse souvent de cette permission, et l'écho des murailles de mon jardin a retenti plus d'une fois de nos contestations sur votre sujet. La vérité est pourtant qu'ils tombent sans peine d'accord de la grandeur de votre génie et de l'étendue de vos connoissances; mais je leur soutiens, moi, que ce sont là vos moindres qualités, et que ce qu'il y a de plus estimable en vous, c'est la droiture de votre esprit, la candeur de votre âme et la pureté de vos intentions. C'est alors que se font les grands cris; car je ne démords point sur cet article, non plus que sur celui des lettres au provincial, que, sans examiner qui des deux partis au fond a droit ou tort, [1] je leur vante toujours comme le plus parfait ouvrage de prose qui soit en notre langue. Nous en venons quelquefois à des paroles assez aigres. A la fin néanmoins tout se tourne en plaisanterie : *ridendo dicere verum quid vetat?*[2] Ou, quand je les vois trop fâchés, je me jette sur les louanges du R. P. de La Chaise, que je révère de bonne foi, et à qui j'ai en effet tout récemment encore une très-grande obligation, puisque c'est en partie à ses bons offices que je dois la chanoinie de la Sainte-Chapelle de Paris, que j'ai obtenue de SA MAJESTÉ pour mon frère le doyen de Sens.[3] Mais, monsieur, pour revenir à votre lettre, je ne sais pas pourquoi les amis de M. Perrault refusent de la lui montrer. Jamais ouvrage ne fut plus

---

1. Ces mots : *sans examiner qui des deux partis,* etc., etc., ne sont pas dans l'original. Cet original se trouve dans le tome VII des lettres d'Arnauld, publié à Nancy en 1727.

2. Horace, lib. 1, sat. I, v. 25.

> . . . . Quanquam ridentem dicere verum
> Quid vetat? . . . .

3. Jacques Boileau. Voyez les lettres LXXI à LXXVIII.

propre à lui ouvrir les yeux et à lui inspirer l'esprit de paix et d'humilité, dont il a besoin aussi bien que moi. Une preuve de ce que je dis, c'est qu'à mon égard, à peine en ai-je eu fait lecture, que, frappé des salutaires leçons que vous nous y faites à l'un et à l'autre, je lui ai envoyé dire qu'il ne tiendroit qu'à lui que nous ne fussions bons amis; que s'il vouloit demeurer en paix sur mon sujet, je m'engageois à ne plus rien écrire dont il pût se choquer, et lui ai même fait entendre que je le laisserois tout à son aise, faire, s'il vouloit, un monde renversé du Parnasse, en y plaçant les Chapelains et les Cotins au-dessus des Homères[1] et des Virgiles. Ce sont les paroles que M. Racine et M. l'abbé Tallemant lui ont portées de ma part. Il n'a point voulu entendre à cet accord, et a exigé de moi, avant toutes choses, pour ses ouvrages, une estime et une admiration que franchement je ne lui saurois promettre, sans trahir la raison et ma conscience. Ainsi nous voilà plus brouillés que jamais, au grand contentement des rieurs, qui étoient déjà fort affligés du bruit qui couroit de notre réconciliation. Je ne doute point que cela ne vous fasse beaucoup de peine; mais pour vous montrer que ce n'est pas de moi que la rupture est venue, c'est qu'en quelque lieu que vous soyez, je vous déclare, monsieur, que vous n'avez qu'à me mander ce que vous souhaitez que je fasse pour parvenir à un accord, et je l'exécuterai ponctuellement, sachant bien que vous ne me prescrirez rien que de juste et de raisonnable. Je ne mets qu'une condition au traité que je ferai; mais c'est une condition *sine qua non*. Cette condition est

---

1. On avait mis dans l'édition posthume de 1713 : *les Horaces et les Virgiles*.

que votre lettre verra le jour et qu'on ne me privera point, en la supprimant, du plus grand honneur que j'aie reçu en ma vie. Obtenez cela de vous et de lui, et je lui donne sur tout le reste la carte blanche : car pour ce qui regarde l'estime qu'il veut que je fasse de ses écrits, [1] je vous prie, monsieur, d'examiner vous-même ce que je puis faire là-dessus. Voici une liste des principaux ouvrages qu'on veut que j'admire. Je suis fort trompé si vous en avez jamais lu aucun.

Le conte de *Peau-d'Ane* et l'*Histoire de la femme au nez de boudin*, mis en vers par M. Perrault de l'Académie françoise.

La *Métamorphose d'Orante en miroir*.

L'*Amour Godenot*.

Le *Labyrinthe de Versailles, ou les maximes d'amour et de galanterie*, tirées des fables d'Ésope.

*Élégie à Iris*.

La *Procession de Sainte-Geneviève*.

*Parallèles des anciens et des modernes*, où l'on voit la poésie portée en son plus haut point de perfection dans les opéra de M. Quinault.

*Saint Paulin*, poëme héroïque.

*Réflexions sur Pindare*, où l'on enseigne l'art de ne point entendre ce grand poëte.

Je ris, monsieur, en vous écrivant cette liste, et je crois que vous aurez de la peine à vous empêcher aussi de rire en la lisant. Cependant je vous supplie de croire

---

1. On lisait dans l'autographe de 1707 et dans l'édition de Nancy, 1727 : « Mes hôtes d'Auteuil (les jésuites) m'indiqueront peut-être quelque auteur grave qui me fournira des moyens pour dire de bouche, sans blesser la vérité, que j'estime ce que je n'estime point; et afin, monsieur, que vous examiniez vous-même ce que je puis faire là-dessus... »

que l'offre que je vous fais est très-sérieuse, et que je tiendrai exactement ma parole. Mais, soit que l'accommodement se fasse ou non, je vous réponds, puisque vous prenez si grand intérêt à la mémoire de feu M. Perrault le médecin, qu'à la première édition qui paroîtra de mon livre, il y aura dans la préface un article exprès en faveur de ce médecin, qui sûrement n'a point fait la façade du Louvre, ni l'Observatoire, ni l'Arc de triomphe, comme on le prouvera dans peu démonstrativement ; mais qui au fond étoit un homme de beaucoup de mérite ; grand physicien, et, ce que j'estime encore plus que tout cela, qui avoit l'honneur d'être votre ami.[1]

Je doute même, quelque mine que je fasse du contraire, qu'il m'arrive jamais de prendre de nouveau la plume pour écrire contre M. Perrault l'académicien, puisque cela n'est plus nécessaire. En effet, pour ce qui est de ses écrits contre les anciens, beaucoup de mes amis sont persuadés que je n'ai déjà employé que trop de papier, dans mes réflexions sur Longin, à réfuter des ouvrages si pleins d'ignorance et si indignes d'être réfutés. Et pour ce qui regarde ses critiques sur mes mœurs et sur mes ouvrages, le seul bruit, ajoutent-ils, qui a couru que vous aviez pris mon parti contre lui, est suffisant pour me mettre à couvert de ses invectives. J'avoue qu'ils ont raison. La vérité est pourtant que, pour rendre ma gloire complète, il faudroit que votre lettre fût publiée. Que ne ferois-je point pour en obtenir de vous le consentement ? Faut-il se dédire de tout ce que j'ai écrit contre M. Perrault ? faut-il se mettre à genoux devant lui ? faut-il lire tout *Saint Paulin ?* vous n'avez

---

[1]. Voyez la première réflexion critique sur Longin, t. III.

qu'à dire : rien ne me sera difficile. Je suis, avec beaucoup de respect, etc.

## LETTRE XII.[1]

A M. DE MAUCROIX.[2]

29 avril (1695).[3]

Les choses hors de vraisemblance qu'on m'a dites de M. de La Fontaine sont à peu près celles que vous avez devinées ; je veux dire que ce sont ces haires, ces cilices[4] et ces disciplines dont on m'a assuré qu'il affligeoit fréquemment son corps, et qui m'ont paru d'autant plus incroyables de notre défunt ami, que jamais rien, à mon

---

1. Publiée, en 1710, par d'Olivet dans les œuvres posthumes de Maucroix, et ensuite, en 1713, dans celles de Boileau; mais avec beaucoup de changements que Boileau fit lui-même, selon toute apparence. Voir la lettre XXXVI.

2. François de Maucroix, né le 7 de janvier 1619, à Noyon, se fit avocat, puis prêtre, et devint chanoine de Reims, ville où il mourut le 9 d'avril 1708; on lui doit des traductions de Platon, de Démosthène, de Cicéron, et quelques petites pièces de vers, entre autres ce quatrain, qu'il a fait âgé de plus de quatre-vingts ans:

> Chaque jour est un bien que du ciel je reçois.
> Jouissons aujourd'hui de celui qu'il nous donne;
> Il n'appartient pas plus aux jeunes gens qu'à moi,
> Et celui de demain n'appartient à personne.

M. L. Paris a publié ce que Maucroix a écrit en dehors de ses traductions, sous le titre de : OEuvres diverses. Paris, 1854, 2 vol. in-18. (M. Chéron.)

3. Brossette a indiqué cette année (elle manque à l'autographe). (B.-S.-P.)

4. Du maître qui s'approche il prévient la justice;
Et l'auteur de Joconde est armé d'un cilice.
(Louis Racine, Épît. à J.-B. Rousseau.)

avis, ne fut plus éloigné de son caractère que ces mortifications. Mais quoi! la grâce de Dieu ne se borne pas à des changements ordinaires, et c'est quelquefois de véritables métamorphoses qu'elle fait. Elle ne paroît pas s'être répandue de la même sorte sur le pauvre M. Cassandre,[1] qui est mort tel qu'il a vécu, c'est à savoir très-misanthrope, et non-seulement haïssant les hommes, mais ayant même assez de peine à se réconcilier avec Dieu, à qui, disoit-il, si le rapport qu'on m'a fait est véritable, il n'avoit nulle obligation. Qui eût cru que, de ces deux hommes, c'étoit M. de La Fontaine qui étoit le vase d'élection? Voilà, monsieur, de quoi augmenter les réflexions sages et chrétiennes que vous me faites dans votre lettre, et qui me paroissent partir d'un cœur sincèrement persuadé de ce qu'il dit.

Pour venir à vos ouvrages, j'ai déjà commencé à conférer le *Dialogue des orateurs* avec le latin.[2] Ce que j'en ai vu me paroît extrêmement bien. La langue y est parfaitement écrite. Il n'y a rien de gêné et tout y paroît libre et original. Il y a pourtant des endroits où je ne conviens pas du sens que vous avez suivi. J'en ai marqué quelques-uns avec du crayon, et vous y trouverez ces marques quand on vous les renverra. Si j'ai le temps je vous expliquerai mes objections; car je doute sans cela que vous les puissiez bien comprendre. En voici une que par avance je vais vous écrire, parce qu'elle me paroît plus de conséquence que les autres. C'est à la page 6 de votre manuscrit, où vous traduisez : *Minimum inter tot ac tanta locum obtinent imagines ac tituli et statuæ, quæ*

---

1. Voyez satire I, p. 53, note 2, t. I.
2. Ce *Dialogue des orateurs* est généralement attribué à Tacite.

*neque ipsa tamen negliguntur* : « Au prix de ces talents si estimables qu'est-ce que la noblesse et la naissance, qui pourtant ne sont pas méprisées? » Il ne s'agit point, à mon sens, dans cet endroit, de la noblesse, ni de la naissance, mais des images, des inscriptions et des statues qu'on faisoit faire souvent à l'honneur des orateurs, et qu'on leur envoyoit chez eux. Juvénal[1] parle d'un avocat de son temps qui prenoit beaucoup plus d'argent que les autres, à cause qu'il en avoit une équestre. Sans rapporter ici toutes les preuves que je pourrois alléguer, Maternus lui-même, dans votre dialogue, fait entendre clairement la même chose lorsqu'il dit que « ces statues et ces images se sont emparées malgré lui de sa maison. » *Æra et imagines quæ, etiam me nolente, in domum meam irruperunt.* Excusez, monsieur, la liberté que je prends de vous dire sincèrement mon avis. Mais ce seroit dommage qu'un aussi bel ouvrage que le vôtre eût de ces taches où les savants s'arrêtent, et qui pourroient donner occasion de le ravaler. Et puis vous m'avez donné tout pouvoir de vous dire mon sentiment.

Je suis bien aise que mon goût se rencontre si conforme au vôtre dans tout ce que je vous ai dit de nos auteurs, et je suis persuadé aussi bien que vous que M. Godeau[2] est un poëte fort estimable. Il me semble

---

1. Satire VII, v. 123-127.
2. Antoine Godeau, l'un des premiers de l'Académie française, évêque de Vence, né à Dreux en 1605, mort le 21 d'avril 1672. Il a composé des églogues chrétiennes, les Fastes de l'Église en vers, traduit les psaumes en vers français, etc. On a de lui, entre autres ouvrages en prose, une *Version expliquée du Nouveau Testament*, un *Discours sur les ordres sacrés*, une *Histoire ecclésiastique*, un *Panégyrique de saint Augustin*, etc. (M. Chéron.)

pourtant qu'on peut dire de lui ce que Longin dit d'Hypéride,[1] qu'il est toujours à jeun, et qu'il n'a rien qui remue ni qui échauffe ; en un mot, qu'il n'a point cette force de style et cette vivacité d'expression qu'on cherche dans les ouvrages, et qui les font durer. Je ne sais point s'il passera à la postérité ; mais il faudra pour cela qu'il ressuscite, puisqu'on peut dire qu'il est déjà mort, n'étant presque plus maintenant lu de personne. Il n'en est pas ainsi de Malherbe,[2] qui croît de réputation à mesure qu'il s'éloigne de son siècle. La vérité est pourtant, et c'étoit le sentiment de notre cher ami Patru, que la nature ne l'avoit pas fait grand poëte ; mais il corrige ce défaut par son esprit et par son travail; car personne n'a plus travaillé ses ouvrages que lui, comme il paroît assez par le petit nombre de pièces qu'il a faites. Notre langue veut être extrêmement travaillée. Racan[3] avoit plus de génie que lui ; mais il est plus négligé, et songe trop à le copier. Il excelle surtout, à mon avis, à dire les petites choses ; et c'est en quoi il ressemble mieux aux anciens, que j'admire surtout par cet endroit. Plus les choses sont sèches et malaisées à dire en vers, plus elles frappent quand elles sont dites noblement, et avec cette élégance qui fait proprement la poésie. Je me souviens que M. de La Fontaine m'a dit plus d'une fois que les deux vers de mes ouvrages qu'il estimoit davantage, c'étoit ceux où je loue le roi d'avoir établi la manufacture des points de France, à la place des points

---

1. Voyez *Traité du sublime*, ch. xxviii.
2. *Art poétique*, ch. I, v. 142.
3. Voyez, satire IX, ce vers :

   Racan pourroit chanter au défaut d'un Homère.

Voir aussi l'*Art poétique*, ch. I, v. 18.

de Venise. Les voici : c'est dans la première épître à
SA MAJESTÉ.[1]

> Et nos voisins frustrés de ces tributs serviles
> Que payoit à leur art le luxe de nos villes.

Virgile et Horace sont divins en cela, aussi bien qu'Homère. C'est tout le contraire de nos poëtes, qui ne disent que des choses vagues, que d'autres ont déjà dites avant eux, et dont les expressions sont trouvées. Quand ils sortent de là, ils ne sauroient plus s'exprimer, et ils tombent dans une sécheresse qui est encore pire que leurs larcins. Pour moi, je ne sais pas si j'y ai réussi; mais, quand je fais des vers, je songe toujours à dire ce qui ne s'est point encore dit en notre langue.

C'est ce que j'ai principalement affecté dans une nouvelle épître,[2] que j'ai faite à propos de toutes les critiques qu'on a imprimées contre ma dernière satire. J'y compte tout ce que j'ai fait depuis que je suis au monde ; j'y rapporte mes défauts, mon âge, mes inclinations, mes mœurs ; j'y dis de quel père et de quelle mère je suis né ; j'y marque les degrés de ma fortune, comment j'ai été à la cour, comment j'en suis sorti, les incommodités qui me sont survenues, les ouvrages que j'ai faits. Ce sont bien de petites choses dites en assez peu de mots, puisque la pièce n'a pas plus de cent trente vers. Elle n'a pas encore vu le jour, et je ne l'ai pas même encore écrite ; mais il me paroît que tous ceux à qui je l'ai récitée en sont aussi frappés que d'aucun autre de mes ouvrages. Croiriez-vous, monsieur, qu'un des

---

1. Vers 141 et 142.
2. Épitre X.

endroits où ils se récrient le plus, c'est un endroit qui ne dit autre chose, sinon qu'aujourd'hui que j'ai cinquante-sept ans,[1] je ne dois plus prétendre à l'approbation publique? Cela est dit en quatre vers, que je veux bien vous écrire ici, afin que vous me mandiez si vous les approuvez :

> Mais aujourd'hui qu'enfin la vieillesse venue,
> Sous mes faux cheveux blonds déjà toute chenue,
> A jeté sur ma tête, avec ses doigts pesants,
> Onze lustres complets surchargés de deux ans.[2]

Il me semble que la perruque est assez heureusement frondée dans ces quatre vers. Mais, monsieur, à propos des petites choses qu'on doit dire en vers, il me paroît qu'en voilà beaucoup que je vous dis en prose, et que le plaisir que j'ai à vous parler de moi me fait assez mal à propos oublier à vous parler de vous. J'espère que vous excuserez un poëte nouvellement délivré d'un ouvrage. Il n'est pas possible qu'il s'empêche d'en parler, soit à droit, soit à tort.

Je reviens aux pièces que vous m'avez mises entre les mains. Il n'y en a pas une qui ne soit très-digne d'être imprimée. Je n'ai point vu les traductions des traités *de la Vieillesse* et *de l'Amitié*, qu'a faites aussi bien que vous le dévot dont vous vous plaignez :[3] tout

---

1. Il devait dire cinquante-huit et demi, puisqu'il était né le 1ᵉʳ de novembre 1636. (B.-S.-P.)

2. Épître X, vers 25-28. Boileau mit *trois ans* quand il fit imprimer cette épître. (BROSSETTE.) Voir la note 3, p. 247, t. II; nous y rapportons le jugement de Voltaire sur ce passage.

3. Philippe Goibaut, sieur du Bois, ancien maître à danser, de l'Académie française, né à Poitiers, mort à Paris le 1ᵉʳ de juillet 1694, un an après sa réception. Les censeurs gardèrent les traductions de Maucroix, des

ce que je sais, c'est qu'il a eu la hardiesse, pour ne pas dire l'impudence, de retraduire les *Confessions* de saint Augustin après messieurs de Port-Royal ; et qu'étant autrefois leur humble et rampant écolier, il s'étoit tout à coup voulu ériger en maître. Il a fait une préface audevant de sa traduction des *Sermons* de saint Augustin, qui, quoique assez bien écrite, est un chef-d'œuvre d'impertinence et de mauvais sens. M. Arnauld, un peu avant que de mourir, a fait contre cette préface une dissertation[1] qui est imprimée. Je ne sais si on vous l'a envoyée ; mais je suis sûr que si vous l'avez lue, vous convenez avec moi qu'il ne s'est rien fait en notre langue de plus beau ni de plus fort sur les matières de rhétorique. C'est ainsi que toute la cour et toute la ville en ont jugé, et jamais ouvrage n'a mieux été réfuté que la préface du dévot. Tout le monde voudroit qu'il fût en vie, pour voir ce qu'il diroit en se voyant si bien foudroyé. Cette dissertation est le pénultième ouvrage de M. Arnauld ; et j'ai l'honneur que c'est par mes louanges que ce grand personnage a fini, puisque la lettre qu'il a écrite sur mon sujet à M. Perrault est son dernier écrit.[2] Vous savez sans doute ce que c'est que cette lettre qui me fait un si grand honneur ; et M. Le Verrier en a une copie qu'il pourra

---

dialogues sur la *Vieillesse* et sur l'*Amitié* de Cicéron, assez longtemps pour que Goibaut du Bois pût publier le premier celles qu'il avait faites aussi de ces deux ouvrages. Il a traduit en outre une partie des œuvres de saint Augustin. (M. Chéron, d'après Brossette.)

1. Les *Réflexions sur l'éloquence des prédicateurs*. (Barbier, *Revue encyclopédique*, XXV, 97.)

2. Antoine Arnauld, qui est mort le 8 d'août 1694, écrivit, le 22 de mai et le 25 de juillet de cette même année, à Malebranche, ses troisième et quatrième lettres sur des matières de métaphysique ; mais Boileau ne pouvait pas les connaître, car elles ne furent publiées, dans le *Journal des Savants*, qu'en 1705. (M. Chéron, d'après B.-S.-P.)

vous faire tenir quand vous voudrez, supposé qu'il ne vous l'ait pas déjà envoyée. Il est surprenant qu'un homme dans l'extrême vieillesse ait conservé toute cette vigueur d'esprit et de mémoire qui paroît dans ces deux écrits, et qu'il n'a fait pourtant que dicter, la foiblesse de sa vue ne lui permettant plus d'écrire lui-même.

Il me semble, monsieur, que voilà une longue lettre. Mais quoi! le loisir que je me suis trouvé aujourd'hui à Auteuil m'a comme transporté à Reims, où je me suis imaginé que je vous entretenois dans votre jardin,[1] et que je vous revoyois encore, comme autrefois, avec tous ces chers amis que nous avons perdus, et qui ont disparu *velut somnium surgentis*.[2] Je n'espère plus de m'y revoir. Mais vous, monsieur, est-ce que nous ne vous reverrons plus à Paris? et n'avez-vous point quelque curiosité de voir ma solitude d'Auteuil? Que j'aurois de plaisir à vous y embrasser, et à déposer entre vos mains le chagrin que me donne tous les jours le mauvais goût de la plupart de nos académiciens;[3] gens assez comparables aux Hurons et aux Topinamboux, comme vous savez bien que je l'ai déjà avancé dans mon épigramme : *Clio vint, l'autre jour,*[4] etc. J'ai supprimé cette épigramme, et ne l'ai

---

[1]. Quand Boileau accompagna Louis XIV en Alsace, il passa par Reims. (Brossette.) Le roi arriva dans cette ville le 10 de novembre 1681, y séjourna le 11, et en partit le 12. (B.-S.-P.)

[2]. Psaume LXXII, v. 20. Velut somnium surgentium, Domine, in civitate tua imaginem ipsorum ad nihilum rediges. (Brossette avait relevé en note l'inexactitude de la citation.)

[3]. En 1707, dans les œuvres de Maucroix, au lieu de cette expression et de tout le reste de la lettre, d'Olivet mit : *de la plupart de nos écrivains modernes! Adieu, monsieur, je suis extrêmement à vous.* (Brossette.) Ce changement fut adopté par Boileau (lettre du 13 décembre 1709, à Thoulier, n° xxxvi) dans son édition de 1712. (B.-S.-P.)

[4]. Épigramme XXI, t. III.

point mise dans mes ouvrages, parce qu'au bout du compte je suis de l'Académie, et qu'il n'est pas honnête de diffamer un corps dont on est. Je n'ai même jamais montré à personne une badinerie que je fis ensuite, pour m'excuser de cette épigramme. Je vais la mettre ici pour vous divertir ; mais c'est à la charge que vous me garderez le secret, et que ni vous ne la retiendrez par cœur, ni ne la montrerez à personne :

J'ai traité de Topinamboux...[1]

C'est une folie, comme vous voyez, mais je vous la donne pour telle.

Adieu, monsieur, je vous embrasse de tout mon cœur et suis entièrement à vous.

DESPRÉAUX.

Encore une fois pardon pour mes ratures et mes incorrections, autrement point de commerce, car ce seroit une étrange chose s'il me falloit récrire mes lettres. Je doute que j'en pusse trouver le temps. Nous y songerons quand vous voudrez obtenir le privilége de vos traductions.[2]

---

1. Épigramme XXII.
2. Nous donnons, d'après l'autographe, ce post-scriptum qui a été omis par Brossette. (B.-S.-P.)

## LETTRE XIII.[1]

**RÉPONSE A LA LETTRE
QUE SON EXCELLENCE M. LE COMTE D'ÉRICEYRA
M'A ÉCRITE DE LISBONNE,
EN M'ENVOYANT LA TRADUCTION DE MON ART POÉTIQUE
FAITE PAR LUI EN VERS PORTUGAIS.**

1697.[2]

Monsieur,

Bien que mes ouvrages aient fait de l'éclat dans le monde, je n'en ai point conçu une trop haute opinion de moi-même ; et si les louanges qu'on m'a données m'ont flatté assez agréablement, elles ne m'ont pourtant point aveuglé. Mais j'avoue que la traduction que Votre Excellence a bien daigné faire de mon *Art poétique*, et les éloges dont elle l'a accompagné en me l'envoyant, m'ont donné un véritable orgueil. Il ne m'a plus été possible de me croire un homme ordinaire, en me voyant si extraordinairement honoré ; et il m'a paru que d'avoir un traducteur de votre capacité et de votre élévation étoit pour moi un titre de mérite, qui me distinguoit de tous les écrivains de notre siècle. Je n'ai qu'une connoissance très-imparfaite de votre langue,[3] et je n'en ai fait aucune étude particulière. J'ai pourtant assez bien entendu votre

---

1. Publiée par Boileau lui-même, dans les deux éditions de 1701. « Il y monte un peu son style au ton portugais, » fait observer finement de Saint-Surin.
2. Cette date, qui n'est pas dans la lettre publiée par Boileau, résulte de ce qui est dit dans la lettre à Brossette, n° cv, du 10 de juillet 1701.
3. Voir la lettre à Brossette du 10 juillet 1701.

traduction pour m'y admirer moi-même, et pour me trouver beaucoup plus habile écrivain en portugais qu'en françois. En effet, vous enrichissez toutes mes pensées en les exprimant. Tout ce que vous maniez se change en or, et les cailloux mêmes, s'il faut ainsi parler, deviennent des pierres précieuses entre vos mains. Jugez après cela si vous devez exiger de moi que je vous marque les endroits où vous pouvez vous être un peu écarté de mon sens. Quand, à la place de mes pensées, vous m'auriez, sans y prendre garde, prêté quelques-unes des vôtres, bien loin de m'employer à les faire ôter, je songerois à profiter de votre méprise, et je les adopterois sur-le-champ pour me faire honneur ; mais vous ne me mettez nulle part à cette épreuve. Tout est également juste, exact, fidèle, dans votre traduction ; et bien que vous m'y ayez fort embelli, je ne laisse pas de m'y reconnoître partout. Ne dites donc plus, monsieur, que vous craignez de ne m'avoir pas assez bien entendu. Dites-moi plutôt comment vous avez fait pour m'entendre si bien, et pour apercevoir dans mon ouvrage jusqu'à des finesses que je croyois ne pouvoir être senties que par des gens nés en France, et nourris à la cour de Louis le Grand. Je vois bien que vous n'êtes étranger en aucun pays, et que, par l'étendue de vos connoissances, vous êtes de toutes les cours et de toutes les nations. La lettre et les vers françois que vous m'avez fait l'honneur de m'écrire en sont un bon témoignage. On n'y voit rien d'étranger que votre nom, et il n'y a point en France d'homme de bon goût qui ne voulût les avoir faits. Je les ai montrés à plusieurs de nos meilleurs écrivains. Il n'y en a pas un qui n'en ait été extrêmement frappé, et qui ne m'ait fait comprendre que s'il avoit reçu de vous de pareilles louanges, il vous auroit déjà récrit des volumes de prose et de vers. Que penserez-vous donc de moi, de me contenter d'y répondre par une simple lettre de compliment? Ne m'accuserez-vous point d'être méconnoissant[1] ou grossier? Non, monsieur, je ne suis ni l'un ni l'autre ; mais franchement je ne fais pas des vers ni même de la prose, quand je veux. Apollon est pour moi un dieu bizarre, qui ne me donne pas comme à vous audience à toutes les heures. Il faut que j'attende les moments favorables. J'aurai soin d'en profiter dès que je les trouverai ; et il y a bien du malheur si je ne meurs enfin quitte d'une partie de vos éloges. Ce que je vous puis dire par avance, c'est qu'à la première édition de mes ouvrages, je ne manquerai pas d'y insérer votre traduction,[2] et que je ne perdrai aucune occasion de faire savoir à toute la terre que c'est des extrémités de notre continent, et d'aussi loin que les colonnes d'Hercule, que me sont venues les louanges dont je m'applaudis davantage, et l'ouvrage dont je me sens le plus honoré.

Je suis avec un très-grand respect,

De Votre Excellence,

[3] Très-humble et très-obéissant serviteur,

D\*\*\*.

1. Ce mot, qui a vieilli, mériterait d'être conservé. (Lavaux.) « Dont s'ensuivroit non-seulement une ingratitude et mescoignoissance de la miséricorde de Dieu envers nous. » (Calvin, *Instit.*) « Leurs bienfaits envers l'Église, ses mesconnoissances envers eux. » (D'Aub. *Hist.*, I, 106.) « C'est un monstre d'orgueil et de méconnoissance. » (Tristan-Marianne, II, 6.) « La résistance à laquelle ma dignité m'avoit obligé ne venoit d'aucun principe de méconnoissance. » (Retz, II, 87.) Voir le *Dictionnaire de la langue française*, par M. E. Littré.

2. Il n'en a rien fait. Voir la lettre du 10 juillet 1701, à Brossette.

3. *Le*, qu'il faudrait ici, manque à toutes les éditions, même à celles de 1701. (D.-S.-P.)

# LETTRE XIV.[1]

### A LA MARQUISE DE VILLETTE.[2]

1698.

Je ne sais pas comment vous l'entendez, madame ; mais pensez-vous qu'un homme qui, comme je vous l'ai déjà dit, a eu autrefois pour vous, sans que vous en sussiez rien, et du temps que vous n'étiez encore que mademoiselle de Marsilli, des sentiments qui alloient bien au

---

1. Cizeron-Rival (*Lett. famil.*, III, 89 à 92) l'a publiée d'après une copie jointe aux manuscrits de Brossette, et il a mis vis-à-vis de la signature ces mots : *A Paris*, 1696. Cette manière, tout à fait inusitée, de dater nous a fait présumer qu'il y avait ici quelque erreur de l'éditeur ; et, en effet, la copie dont nous parlons n'a aucune date. (B.-S.-P.) La date 1696 ne peut pas s'accorder avec l'envoi des trois dernières épîtres.

2. Cette dame était fille de M. de Marsilli, et, par sa mère, petite-fille de Thomas Corneille ; elle avait été élevée à Saint-Cyr, et y avait joué un personnage dans l'*Esther* de Racine. Elle épousa le marquis de Villette, cousin de Mme de Maintenon, et, en secondes noces, milord Bolingbroke ; elle est morte en Angleterre, en 1750. (M. Chéron.) Elle était née en 1679. De Saint-Surin donne le billet de la marquise, le voici : « M. le marquis d'Aubeterre, qui a passé par ici, m'a dit, monsieur, que vous lui aviez parlé de notre ancienne amitié, et il m'a rappelé des souvenirs qui vous vaudront un quartaut de fenouillette. C'est le présent le plus magnifique que je vous puisse faire d'un ermitage tel que celui-ci (Marsilli, près de Nogent-sur-Seine). J'avois résolu, l'hiver passé, d'aller vous surprendre dans le vôtre, et d'y rendre M. de Villette témoin de notre tendresse. Ma mauvaise santé m'empêcha d'exécuter ce projet ; j'espère qu'il ne sera que différé. En attendant, si vous nous jugiez dignes de lire vos derniers ouvrages, et que vous voulussiez nous les envoyer, je trouverois mon pauvre petit présent plus que payé. Notre ami, M. Racine, sait notre adresse, quoiqu'il ne s'en serve point ; mais vous êtes tous si dévots, que je ne suis point étonnée de vous perdre de vue. Cependant je ne vous estime et ne vous honore pas moins. Je suis, etc. »

delà de l'estime et de la simple admiration, puisse recevoir de vous une lettre pleine de douceurs, sans que ces sentiments se renouvellent? Cependant, non-seulement vous m'écrivez des paroles obligeantes, vous y joignez les effets. Vous me faites des présents magnifiques ; et, comme si ce n'étoit pas assez de m'avoir ravi tous les autres sens, vous m'attaquez encore par le goût, et m'envoyez une caisse pleine des plus exquises liqueurs.[1] En vérité, madame, j'aurois bon besoin de toute cette insensibilité chrétienne dont vous nous croyez remplis, monsieur Racine et moi, pour résister à ces douceurs ; car, pour me soutenir contre vous, il ne faut pas moins que Dieu même. Ma raison toute seule a pourtant gagné le dessus. Elle m'a fait concevoir ce que vous êtes et ce que je suis, et m'a si bien fait rentrer dans mon néant, qu'enfin toute ma passion s'est tournée en purs sentiments d'estime et de reconnoissance ; de sorte qu'au lieu d'amant impertinent que je commençois à devenir, je me suis trouvé tout à coup simplement ami très-sincère et très-respectueux. Permettez donc, madame, qu'en cette qualité je vous dise qu'on ne peut pas être plus touché que je le suis de toutes vos bontés et de votre somptueux présent ; qu'à mon avis néanmoins, il falloit garder sur cela les mesures que j'avois prises avec monsieur le marquis d'Aubeterre, et que de payer le port de la caisse est une galanterie plus que romanesque, et dont vous ne sauriez trouver d'autorité dans *Cassandre*, dans *Cléopâtre*, ni dans la *Clélie*. Tout ce que je puis donc faire, madame, pour répondre à votre magnifique galanterie, c'est de vous la

---

[1]. La fenouillette, dont il s'agit ici, était de l'eau-de-vie dans laquelle on faisait macérer l'herbe appelée fenouil ; elle était alors fort à la mode.

payer en monnoie poétique, en vous envoyant *mes trois dernières épîtres* et tous mes autres ouvrages bien reliés. Vous les recevrez peu de temps après l'arrivée de cette lettre. Je suis avec toute la reconnoissance et tout le respect que je dois, etc.

# LETTRE

### AU PÈRE BOUHOURS.

1698.[1]

J'espère, mon révérend père, avoir demain des copies imprimées de mes trois épîtres, et je vous en envoierai aussitôt. J'ai mis le mot de jésuite dans la Préface, mais avec si peu d'affectation, que, si votre illustre

---

1. Cette lettre figurait sous le n° 65 dans le catalogue Parison. M. Rathery, qui l'a transcrite sur l'original, a eu l'obligeance de nous en communiquer la copie. Elle ne porte pas de date, mais doit avoir été écrite au commencement de 1698, puisque la Préface de l'épitre sur l'*Amour de Dieu* a paru avec les trois dernières épîtres de 1698, et que Boileau parle d'en communiquer une copie *imprimée* au père Bouhours. Voyez la lettre à Racine, n° LXXXVII.

Le même catalogue Parison contenait, sous le n° 66, les fragments suivants et une analyse d'une lettre à Boileau, que nous regrettons de ne pouvoir donner entière. Cette lettre est adressée au père Bouhours, et la réponse du jésuite s'est trouvée dans les papiers de Brossette et a été publiée par M. Laverdet, *Supplément*, p. 423, n° XXIV.

« Mercredi au soir.

« Comme il me paroit, mon révérend père, par les paroles que le révérend père Tarteron a dites à mon frère, le docteur de Sorbonne, qu'il y a un dessein formé dans votre illustre compagnie de se déclarer contre moi et qu'on a même déjà défendu de lire mes ouvrages dans votre collége... »

société à mon avis n'en est contente, ce ne sera pas ma faute. Du reste je soutiens dans mon épître la nécessité du vrai amour de Dieu avec toute la vigueur que je puis. Mais en quoi cela peut-il regarder les jésuites, qui donnent tous les jours en plus d'un monde tant de marques de cet amour qu'ils ont encore plus dans le cœur que sur les lèvres? Je ne sais pas s'il y a quelques auteurs chez eux qui n'admettent pas cette nécessité, mais je sais bien qu'il y en a un fort grand nombre qui l'admettent. Ainsi, tout ce qu'il faudroit conclure de mon ouvrage, c'est que j'y ai défendu le sentiment de beaucoup de jésuites contre quelques jésuites. Enfin, mon révérend père, je ne vous cacherai point que c'est en quelque sorte par l'ordre de monseigneur l'archevêque de Paris que j'imprime cet ouvrage, que j'y ai corrigé trois endroits que le révérend père de La Chaise, à qui je l'ai lu, n'approuvoit pas, et que, si votre illustre société rompoit avec moi au sujet de mon épître, cela feroit un ridicule effet dans le monde, puisque cela donneroit occasion [à beau-

---

Il souhaiterait fort de le voir et de l'embrasser afin qu'au moins avant le combat ils se pardonnent leur mort; car, quoi qu'il arrive, il peut l'assurer qu'il l'estimera et aimera toujours chèrement... « J'aurois été vous dire tout cela chez vous s'il y faisoit sûr pour moi, et si je vous y pouvois parler auprès du feu et sans courir risque d'être entendu; mais cela ne se pouvant, voyez si vous serez assez hasardeux pour venir dîner avec moi; supposez que vous ayez assez d'audace pour cela, mandez-moi ce soir ou demain au matin à quelle heure vous voulez que je vous envoie mon carrosse. »

Cette lettre a été vendue 110 francs. (M. Chéron.)

Bouhours répond à cela : « Qu'il ne comprend rien à ce que Boileau lui dit, ni à ce qu'a dit le père Tarteron; que ce dessein formé lui est inconnu, qu'il n'y voit pas la moindre apparence; que tous les jésuites qui ont de l'esprit estiment Boileau infiniment; que les supérieurs sont trop sages pour empêcher de lire ses ouvrages; qu'il ira volontiers dîner avec lui; qu'il ne lui envoie pas son carrosse; qu'il suffira qu'il l'ait pour le retour. (Lavendet, *Supplément*, p. 423.)

coup d'impertinents[1]] de dire que c'est qu'elle ne peut souffrir qu'on aime Dieu. C'est ce que je vous prie de leur représenter, et qu'il ne s'agit point ici de jansénisme, puisque, même dans cette épître, je mets la contradictoire d'une des cinq propositions. Du reste vous savez bien que j'estimois infiniment le père Cheminais[2] de son vivant, et je l'estime et l'honore encore plus après sa mort. Je n'ai plus de papier que pour vous dire que je suis et que je serai toujours, quoi qu'il arrive,

   Votre très-humble et très-obéissant serviteur,

      Despréaux.

En un mot, mon révérend père,

  Vive les jésuites et Dieu surtout!

(*Sur la marge.*) Au nom de Dieu, mon révérend père, criez bien de votre côté contre cette impertinente copie qu'on donne en mon nom et qui m'a donné un des plus grands chagrins que j'ai eus dans ma vie.

1. Les mots entre crochets sont en interligne dans l'original. (M. Chéron.)
2. Voyez Épître XII, t. II, p. 275, le texte et la note 2.

## LETTRE XV.[1]

#### A M. DE LA CHAPELLE.[2]

CONSEILLER AU PARLEMENT DE METZ, PREMIER COMMIS
DE M. DE MAUREPAS, A VERSAILLES.

Paris, 8 janvier 1699.

Je vous ai bien de l'obligation, mon cher neveu, de votre souvenir ; mais depuis quand avez-vous oublié notre ancienne familiarité, et de quel front venez-vous le prendre avec moi sur un ton si respectueux ? Pensez-vous que j'aie oublié :

Sed si te colo, Sexte, non amabo,[3]

et n'appréhendez-vous point que j'en conclue que vous êtes dans la même disposition d'esprit envers moi que Martial étoit envers Sextus ? Au nom de Dieu, quand vous me ferez la faveur de m'écrire, soyez moins mon neveu et soyez davantage mon ami. Gardons, vous et moi, nos respects pour l'illustre monsieur de Maurepas.[4] C'est en

---

1. Publiée, ainsi que les quatre suivantes, par Cizeron-Rival, *Lettres familières*, t. III, p. 93-107, d'après les autographes, excepté la lettre à Pontchartrain, n° XVII, dont on n'a qu'une copie. (B.-S.-P.)

2. Henri de Bessé-La-Chapelle-Milon, petit-neveu de Despréaux, par Anne Boileau, conseiller au parlement de Metz, secrétaire de Pontchartrain. Né en 1669, il vivait encore en 1719.

3. Martial, liv. II, épigr. LV.

4. Jérôme Phélypeaux, comte de Pontchartrain et de Maurepas, secrétaire d'État pour la marine et la maison du roi, faisait payer exactement les pensions de Boileau.

écrivant à des personnes de son élévation qu'il faut se servir des termes que vous me prodiguez. Je vous prie donc de lui bien témoigner que j'ai pour lui toute l'estime et tout le respect que je dois, et que c'est sur l'honneur de sa protection que je fonde une des plus sûres espérances de ma tranquillité en ce monde. J'ose me flatter de le voir encore une fois en ma vie à Auteuil ; et c'est ce qui me fait attendre avec plus d'impatience le retour de mon ami le soleil. Adieu, mon cher neveu ; aimez-moi toujours, et croyez que je suis encore plus cette année que l'autre,

Votre affectionné oncle et serviteur,

Despréaux.

## LETTRE XVI.

AU COMTE DE MAUREPAS,[1]

SECRÉTAIRE D'ÉTAT.

22 avril 1699.

Quelque affligé que je sois, monseigneur, la douleur ne m'a pas encore rendu si stupide que je ne sente, comme je dois, l'extrême honneur que vous m'avez fait en m'écrivant d'une manière si obligeante, sur la mort de mon illustre ami.[2] Vous avez parfaitement tracé son éloge en très-peu de mots, et je doute que l'écrivain qui sera reçu,

1. Il est parlé de lui dans la lettre précédente.
2. Racine, mort le 21 d'avril 1699.

en sa place, à l'Académie, le fasse mieux en beaucoup de périodes. N'attendez pas cependant, monseigneur, de moi sur cela une réponse digne de votre obligeante lettre. Il me reste assez de raison pour comprendre ce que je vous dois, mais non pas assez de liberté d'esprit pour vous exprimer ma reconnoissance; et tout ce que je puis faire, c'est de vous assurer que je suis avec un très-grand zèle et un très-grand respect, monseigneur, etc.

Permettez pourtant que j'ajoute encore ce peu de mots, pour vous dire que c'est sur monsieur de Valincour qu'il me semble que tous les académiciens tournent les yeux pour remplir la place de monsieur Racine ; et j'espère que vous voudrez bien l'appuyer de votre crédit, [1] puisque c'est l'homme du monde le plus digne de lui succéder, et le plus propre à ne lui point faire un fade panégyrique. [2]

1. Racine fut en effet remplacé à l'Académie par Valincourt.
2. Ici devrait être placé un billet du 23 d'avril 1699, non publié par Cizeron-Rival. Boileau y mande à La Chapelle qu'il ira coucher chez lui, à Versailles, où il doit être mené par le comte d'Ayen (depuis le maréchal duc de Noailles). Cette dernière circonstance nous a paru mériter d'être rappelée, parce qu'elle constate l'ancienne liaison du poëte avec les Noailles, liaison qui nous a servi pour découvrir le personnage auquel est adressée la lettre du 13 octobre 1704 (n° xxix). (B.-S.-P.) (Ce billet est donné par M. Laverdet, *Supplément*, p. 428-429, n° xxix.)

## LETTRE XVII.

### A M. DE PONTCHARTRAIN,[1]

#### SECRÉTAIRE D'ÉTAT.

A Paris, le 10 septembre 1699.

Puisque vous daignez bien prendre quelquefois part à mes afflictions, trouvez bon, monseigneur, que je prenne part à votre joie, et que je ne sois pas des derniers à vous féliciter sur la justice que le roi a rendue au mérite de monseigneur votre père,[2] en le choisissant pour remplir la première dignité de son royaume. Jamais choix n'a été plus applaudi, ni n'a excité une réjouissance plus universelle, surtout parmi les honnêtes gens. Il n'y en a pas un qui ne se trouve gratifié en la personne de monseigneur votre père, et qui, par son élévation, ne se croie en quelque sorte lui-même accru de considération et d'estime. Pour moi qui, outre les raisons du bien public, ai encore par rapport à vous des raisons particulières et si sensibles d'être charmé de ce choix, jugez quelle doit être ma satisfaction. Mais, monseigneur, ce nouveau titre de grandeur qui entre dans votre maison vous laissera-t-il le même que vous avez toujours été? Puis-je espérer de trouver dans le fils d'un chancelier ce même ami tendre

---

1. Jérôme Phélypeaux, comte de Pontchartrain et de Maurepas, dont il est question dans les deux lettres précédentes.
2. Louis Phélypeaux de Pontchartrain, contrôleur général des finances et ministre de la marine, fut nommé grand chancelier en remplacement de Boucherat, qui mourut le 2 de septembre 1699. (M. Chéron.)

et officieux que je trouvois dans le fils d'un contrôleur général des finances? Et Auteuil oseroit-il se flatter de vous voir encore chez moi faire de ces repas,

> Sine aulæis et ostro...[1]

que Mécénas faisoit avec le bon Horace? Pourquoi non? Vous n'êtes pas moins galant homme que Mécénas, et je ne vous suis pas moins dévoué qu'Horace l'étoit à ce premier ministre d'Auguste. Je m'en vais donc tout préparer pour cela à votre retour de Fontainebleau. Ne craignez point pourtant, monseigneur, que je m'oublie, à quelque familiarité que vous descendiez avec moi. Je me souviendrai toujours avec quel respect je suis et dois être.....[2]

---

1. Horace, liv. III, ode XXIX, vers 15.
2. Voici le billet que M. de Pontchartrain écrivit à Boileau : « Du 7 décembre 1699. Vous avez grande raison, monsieur, de croire que vous trouverez dans le fils d'un chancelier, le même ami que vous avez trouvé dans le fils d'un contrôleur général, et je puis vous assurer que vous ne me verrez jamais changer de sentiments pour vous. Mais le croiriez-vous, monsieur, ce n'est point ce génie sublime, cet auteur des satyres, que je prise, et que j'aime en vous : c'est cette candeur et cette simplicité heureuse, que vous avez sçeu joindre à tout l'esprit imaginable, et qui vous fait aimer de vos ennemis mêmes.

> Quanquam urat fulgore suo, qui prægravat artes[*]
> Infra se positas...

« Je reçois avec beaucoup de sensibilité le compliment que vous me faites sur la nouvelle dignité de mon père, et j'attends avec impatience le moment fortuné où je pourray me dérober pour aller à Auteuil.

> Fastidiosam deserens copiam, etc.[**]

« Je suis tout à vous du meilleur de mon cœur.

« PONTCHARTRAIN.[***] »

---

[*] Il arrange à sa guise un vers d'Horace. Liv. II, ep. I. M. Laverdet a écrit *peragravat*.
[**] Autre vers d'Horace arrangé par Pontchartrain. HOR., *Odes*, III, XXIX, 9.
[***] Voir le portrait de Pontchartrain dans Saint-Simon. Édit. Garnier, t. VIII, p. 62 et suivantes.

## LETTRE XVIII.

#### A M. DE LA CHAPELLE.

Paris, 9 novembre 1699.

Je crois, monsieur mon cher neveu, que je ne ferai plus que solliciter monseigneur de Pontchartrain et vous. Voici encore un placet que je vous envoie, et que je vous prie de lui présenter de ma part ; et, bien qu'il vienne le dernier, j'ose vous prier de l'appuyer encore plus fortement que l'autre, parce que j'y prends encore plus d'intérêt, et qu'il s'agit d'obliger un de mes meilleurs amis. Que si monseigneur de Pontchartrain vient à rire, comme il en aura raison, sans doute, de ce que je prends ainsi les gens de marine sous ma protection, je vous supplie de lui dire que m'étant fait un si grand nombre d'ennemis sur la terre, il ne doit pas trouver étrange que je songe à me faire des amis sur la mer, surtout puisqu'elle est de son département. Recevez bien celui qui vous présentera ce billet, qui a peut-être une meilleure recommandation que la mienne auprès de vous, puisqu'il vous porte une lettre de M. de Bâville.[1] Je suis, monsieur mon neveu...[2]

1. Lamoignon, marquis de Bâville, alors intendant du Languedoc, fils du premier président. Voyez épître VI.
2. Voici quelques extraits d'une lettre adressée par Boileau à M. de La Chapelle ; elle se trouve dans le volume de M. Laverdet, *Supplément*, p. 432-433 : « A Paris, 7 décembre 1699. Je ne vous cacherai point, mon très-cher neveu, que j'ai été un peu surpris qu'un homme aussi exact que vous l'êtes, n'eût point fait de réponse à trois de mes billets, car la vérité est que je n'ai point reçu la lettre que vous prétendez m'avoir écrite, et dont vous m'articulez des choses si précises. Celle de monseigneur de Pontchartrain me fut apportée par un homme qui se disoit envoyé exprès de sa part, et elle étoit seule dans le paquet...

## LETTRE XIX.

A M. DE LA CHAPELLE.

Paris, 3 janvier 1700.

Je vous ai bien de l'obligation, mon très-cher neveu, de votre souvenir et de l'agréable flatterie que vous m'avez écrite au commencement de l'année. On ne peut pas plus agréablement louer un oncle que de lui dire qu'on le regarde comme une espèce de père; car il n'y a ordinairement rien de moins père qu'un oncle. Vous n'ignorez pas ce que veut dire en latin : *Ne sis patruus mihi et patruus patruissimus.*[1] Vous avez grande raison de ne me point mettre au rang de ces oncles trop oncles, et je n'ai pour vous que des sentiments qui tirent droit au paternel. Je suis bien aise de la bonne opinion que M. le

---

« A l'égard de mon voyage à Versailles, où je n'ai couché qu'une nuit, je vous dirai que j'avois dessein de vous aller voir le soir, au sortir de chez le roi, mais que M. le duc de Noailles et M. son fils me retinrent de vive force chez eux, d'où je ne revins que fort tard; que le lendemain je fus occupé toute la matinée à faire l'affaire de M. Manchon, pour qui M. Valincourt s'empressoit extrêmement; que j'attendis une heure et demie M. de Barbézieux dans son antichambre, et qu'enfin j'employai tout mon temps à faire ma cour, non pas au ministre, dont j'ai l'honneur d'être aimé, mais au ministre dont j'avois besoin... Voilà, mon très-cher neveu, toute l'histoire de mon voyage et de mon chagrin qui s'est envolé, *tanquam pulvis quem projicit ventus a facie terræ.* Recommençons donc notre amitié sur nouveaux frais, et croyez que je n'ai jamais été plus que je le suis, votre, etc.

« DESPRÉAUX. »

1. Voyez la lettre à Brossette, du 2 d'août 1703, n° CXVIII.
Sive ego prave
Seu recte hoc volui, ne sis patruus mihi...
(HOR., *Sat.*, II, III, 87.)
Patrue mi patruissime...
(PLAUT., *Pœn.* V, IV, 24.)

Baron[1] a de moi, et j'ai trouvé son compliment à M. le comte d'Ayen[2] très-joli et très-spirituel. Il est dans le goût des compliments de Molière, c'est-à-dire, que la satire y est adroitement mêlée à la flatterie, afin que l'une fasse passer l'autre. J'y ai trouvé seulement un peu à dire qu'il y mette les sots poëtes si proche d'Apollon. La racaille poétique, dont il parle, est logée au pied et dans les marais du mont *Parnassien,* où elle rampe avec les grenouilles et avec l'abbé de P...,[3] et Apollon est logé tout au haut avec les Muses et avec Corneille, Racine, Molière, etc. Jamais méchant auteur n'y arriva ; et quand quelqu'un en veut approcher, *Musæ furcillis præcipitem ejiciunt.*[4] Adieu, mon très-cher neveu, témoignez bien à M. le Baron que je fais de lui le cas que je dois, et croyez que je suis cette année, encore plus que les précédentes, entièrement à vous.[5]

1. Michel Boyron, dit Baron, comédien célèbre, né à Paris le 8 d'octobre 1653, mort en décembre 1729, et qui se donnait beaucoup d'importance. « Tous les ans, disait-il, on peut voir un César; mais il en faut dix mille pour produire un Baron. » (M. Chénov.)
Cizeron-Rival prétend qu'à la cour on appelait ce comédien M. Le Baron. De Saint-Surin imagine que Boileau n'emploie ici cette expression qu'à cause de l'importance qu'il se donnait.
2. Depuis le maréchal duc de Noailles.
3. L'abbé de Pure. Voyez satire IX, vers 28.
4. Cette citation, dont les commentateurs n'indiquent pas l'origine, est de Catulle, 105, 2.
5. Entre ces deux lettres, M. Laverdet donne (pages 431-32) deux billets de Boileau à M. de La Chapelle; quoiqu'ils soient assez insignifiants, nous les transcrivons ici :

« A Paris, mardi, 3 heures du soir.

« Monsieur Bourdelin, qui est maintenant dans ma chambre, veut bien, mon cher neveu, se charger du billet que je vous écris, et de la lettre que je viens, à la chaude, de griffonner pour monseigneur de Pont Chartrain. Je vous prie de la lui donner, et de lui bien demander pardon de mon griffonnage; mais selon ce que vous m'avez mandé, il vaut mieux qu'il la reçoive bientôt, que bien écrite. Je suis sur des épines en ce que je fais

# LETTRE XX.[1]

### A M. PERRAULT,[2]
#### DE L'ACADÉMIE FRANÇOISE.

Monsieur, (1700.)

Puisque le public a été instruit de notre démêlé, il est bon de lui apprendre aussi notre réconciliation, et de attendre M. Bourdelin. Ainsi trouvez bon que je vous dise très-laconiquement, que je suis avec passion votre, etc.

« Despréaux. »

« Au reste, prenez soin de bien *munus nostrum ornare verbis.* »

#### BOILEAU A M. DE LA CHAPELLE.

« A Auteuil, jeudi 17º août.

« Je ne perdrai point, mon très-cher neveu, le temps en paroles inutiles. Je m'en vais ce soir à Paris, mais je reviendrai demain, à pareille heure, à Auteuil; mandez-moi à quelle heure (votre carrosse), vos chevaux pourront être samedi à Seve, afin que je m'y trouve, et que j'aille rendre à monseigneur de Pont Chartrain, à Versailles, mes respects encore plus par inclination que par devoir. Nous éclaircirons là toutes choses. Tout ce que je puis vous dire, par avance, c'est que pourvu que mon honneur soit à couvert, il n'y a rien que je ne sois prêt à sacrifier à cet illustre seigneur, biens, vie, etc...

« Je vous envoie mon jardinier, à qui vous pouvez vous confier de tout. J'aurai soin de ne montrer votre lettre qu'à des gens qui n'en puissent pas abuser. Je vous donne le bon soir, et suis, mon très-cher neveu, votre...

« Despréaux. »

1. Publiée en 1701, à la suite des neuf premières réflexions critiques dont elle est en effet le complément, puisque, selon la remarque de Brossette, c'est proprement une dissertation où Boileau fixe le véritable point de la controverse sur les anciens et les modernes. Nous l'aurions en conséquence placée avant la dixième réflexion, si dans l'édition de 1713 on ne l'avait pas mise dans la correspondance. (B.-S.-P.)

2. Charles Perrault.

ne lui pas laisser ignorer qu'il en a été de notre querelle sur le Parnasse comme de ces duels d'autrefois, que la prudence du roi a si sagement réprimés, où, après s'être battu à outrance, et s'être quelquefois cruellement blessé l'un l'autre, on s'embrassoit et on devenoit sincèrement amis. Notre duel grammatical s'est même terminé encore plus noblement; et je puis dire, si j'ose vous citer Homère, que nous avons fait comme Ajax et Hector dans l'Iliade, [1] qui, aussitôt après leur long combat en présence des Grecs et des Troyens, se comblent d'honnêtetés et se font des présents. En effet, monsieur, notre dispute n'étoit pas encore bien finie, que vous m'avez fait l'honneur de m'envoyer vos ouvrages, et que j'ai eu soin qu'on vous portât les miens. Nous avons d'autant mieux imité ces deux héros du poëme qui vous plaît si peu, qu'en nous faisant ces civilités, nous sommes demeurés comme eux, chacun dans notre même parti et dans nos mêmes sentiments : c'est-à-dire, vous toujours bien résolu de ne point trop estimer Homère ni Virgile, et moi toujours leur passionné admirateur. Voilà de quoi il est bon que le public soit informé; et c'étoit pour commencer à le lui faire entendre, que peu de temps après notre réconciliation je composai une épigramme qui a couru, et que vraisemblablement vous avez vue. La voici :

  Tout le trouble poétique,[2] etc...

Vous pouvez reconnoître, monsieur, par ces vers où j'ai exprimé sincèrement ma pensée, la différence que j'ai

---

1. Chant VII, 206-312.
2. Boileau donne ici toute l'épigramme XXIX, t. III.

toujours faite de vous et de ce poëte de théâtre,[1] dont
j'ai mis le nom en œuvre pour égayer la fin de mon épigramme. Aussi étoit-ce l'homme du monde qui vous ressembloit le moins.

Mais maintenant que nous voilà bien remis, et qu'il
ne reste plus entre nous aucun levain d'animosité ni d'aigreur, oserois-je, comme votre ami, vous demander ce
qui a pu depuis si longtemps vous irriter et vous porter à
écrire contre tous les plus célèbres écrivains de l'antiquité?
Est-ce le peu de cas qu'il vous a paru que l'on faisoit
parmi nous des bons auteurs modernes? Mais où avez-vous vu qu'on les méprisât? Dans quel siècle a-t-on plus
volontiers applaudi aux bons livres naissants, que dans le
nôtre? Quels éloges n'y a-t-on point donnés aux ouvrages
de monsieur Descartes, de monsieur Arnauld, de monsieur
Nicole et de tant d'autres admirables philosophes et théologiens, que la France a produits depuis soixante ans, et
qui sont en si grand nombre qu'on pourroit faire un petit
volume de la seule liste de leurs écrits! Mais pour ne
nous arrêter ici qu'aux seuls auteurs qui nous touchent
vous et moi de plus près, je veux dire aux poëtes, quelle
gloire ne s'y sont point acquise les Malherbe, les Racan,
les Maynard! Avec quels battements de mains n'y a-t-on
point reçu les ouvrages de Voiture, de Sarasin et de La
Fontaine! Quels honneurs n'a-t-on point, pour ainsi dire,
rendus à monsieur de Corneille et à monsieur Racine! Et
qui est-ce qui n'a point admiré les comédies de Molière?
Vous-même, monsieur, pouvez-vous vous plaindre qu'on
n'y ait pas rendu justice à votre dialogue de l'Amour et
de l'Amitié, à votre poëme sur la peinture, à votre épître

1. Pradon.

sur monsieur de la Quintinie, et à tant d'autres excellentes pièces de votre façon? On n'y a pas véritablement fort estimé nos poëmes héroïques, mais a-t-on eu tort? et ne confessez-vous pas vous-même, en quelque endroit de vos *Parallèles*, que le meilleur de ces poëmes [1] est si dur et si forcé qu'il n'est pas possible de le lire?

Quel est donc le motif qui vous a tant fait crier contre les anciens? Est-ce la peur qu'on ne se gâtât en les imitant? Mais pouvez-vous nier que ce ne soit au contraire à cette imitation-là même que nos plus grands poëtes sont redevables du succès de leurs écrits? Pouvez-vous nier que ce ne soit dans Tite Live, dans Dion Cassius, dans Plutarque, dans Lucain et dans Sénèque, que monsieur de Corneille a pris ses plus beaux traits, a puisé ces grandes idées qui lui ont fait inventer un nouveau genre de tragédie inconnu à Aristote? Car c'est sur ce pied, à mon avis, qu'on doit regarder quantité de ses plus belles pièces de théâtre, où, se mettant au-dessus des règles de ce philosophe, il n'a point songé, comme les poëtes de l'ancienne tragédie, à émouvoir la pitié et la terreur, mais à exciter dans l'âme des spectateurs, par la sublimité des pensées et par la beauté des sentiments, une certaine admiration, dont plusieurs personnes, et les jeunes gens surtout, s'accommodent souvent beaucoup mieux que des véritables passions tragiques. Enfin, monsieur, pour finir cette période un peu longue, et pour ne me point écarter de mon sujet, pouvez-vous ne pas convenir que ce sont Sophocle et Euripide qui ont formé monsieur Racine? Pouvez-vous ne pas avouer que c'est dans Plaute et dans

---

1. La *Pucelle*, de Chapelain. *Parallèles*, t. III.

Térence que Molière a pris les plus grandes finesses de son art ?

D'où a pu donc venir votre chaleur contre les anciens ? Je commence, si je ne m'abuse, à l'apercevoir. Vous avez vraisemblablement rencontré il y a longtemps dans le monde quelques-uns de ces faux savants, tels que le président de vos dialogues, qui ne s'étudient qu'à enrichir leur mémoire, et qui, n'ayant d'ailleurs ni esprit, ni jugement, ni goût, n'estiment les anciens que parce qu'ils sont anciens, ne pensent pas que la raison puisse parler une autre langue que la grecque ou la latine, et condamnent d'abord tout ouvrage en langue vulgaire, sur ce fondement seul qu'il est en langue vulgaire. Ces ridicules admirateurs de l'antiquité vous ont révolté contre tout ce que l'antiquité a de plus merveilleux. Vous n'avez pu vous résoudre d'être du sentiment de gens si déraisonnables, dans la chose même où ils avoient raison. Voilà, selon toutes les apparences, ce qui vous a fait faire vos *Parallèles*. Vous vous êtes persuadé qu'avec l'esprit que vous avez et que ces gens-là n'ont point, et avec quelques arguments spécieux, vous déconcerteriez aisément la vaine habileté de ces foibles antagonistes ; et vous y avez si bien réussi, que, si je ne me fusse mis de la partie, le champ de bataille, s'il faut ainsi parler, vous demeuroit ; ces faux savants n'ayant pu, et les vrais savants, par une hauteur peut-être un peu trop affectée, n'ayant pas daigné vous répondre. Permettez-moi cependant de vous faire ressouvenir que ce n'est point à l'approbation des faux ni des vrais savants que les grands écrivains de l'antiquité doivent leur gloire, mais à la constante et unanime admiration de ce qu'il y a eu dans tous les siècles d'hommes sensés et délicats, entre lesquels on compte plus d'un

Alexandre et plus d'un César. Permettez-moi de vous représenter qu'aujourd'hui même encore ce ne sont point, comme vous vous le figurez, les Schrevelius, les Pararedus,[1] les Menagius,[2] ni, pour me servir des termes de Molière, les savants en *us*, qui goûtent davantage Homère, Horace, Cicéron, Virgile. Ceux que j'ai toujours vus le plus frappés de la lecture des écrits de ces grands personnages, ce sont des esprits du premier ordre, ce sont des hommes de la plus haute élévation. Que s'il falloit nécessairement vous en citer ici quelques-uns, je vous étonnerois peut-être par les noms illustres que je mettrois sur le papier; et vous y trouveriez non-seulement des Lamoignon, des Daguesseau, des Troisville,[3] mais des Condé, des Conti et des Turenne.[4]

Ne pourroit-on point donc, monsieur, aussi galant homme que vous l'êtes, vous réunir de sentiments avec tant de si galants hommes? Oui, sans doute, on le peut; et nous ne sommes pas même, vous et moi, si éloignés

---

1. Cornélius Schrevelius, érudit hollandais, mort en 1667, a donné un éditions d'Hésiode, d'Homère, de Virgile, d'Ovide, de Lucain, de Juvénal, de Perse, de Martial, de Claudien, etc., et a laissé un lexique grec assez estimé. — Jean de Peyrarède, auteur gascon, a laissé des vers latins, des remarques sur Térence, sur Florus, et a achevé les vers laissés incomplets par Virgile. (M. Chénon.)

2. Ménage, né à Angers en 1613, mort à Paris en 1692, *a donné un Dictionnaire étymologique* ou *les Origines de la langue françoise;* des *Observations sur la langue françoise;* les *Origines de la langue italienne; Diogène Laërce* (grec-latin); *Mulierum philosophorum historia*, à la suite de Diogène Laërce.

3. Henri-Joseph de Peyre, comte de Troisville (on prononçait Tréville), passait pour un grand érudit. Son jansénisme avéré empêcha Louis XIV de confirmer sa nomination à l'Académie française en 1704. Cf. Saint-Simon, édition Garnier frères, t. II, p. 221-222. (M. Chénon.) On a cru voir son portrait dans ce personnage du *Misanthrope*, que Célimène raille sous le nom de Damis. (Acte II, scène v.)

4. Louis de Latour, neveu du maréchal de Turenne.

d'opinion que vous pensez. En effet, qu'est-ce que vous avez voulu établir par tant de poëmes, de dialogues et de dissertations sur les anciens et sur les modernes ? Je ne sais si j'ai bien pris votre pensée ; mais la voici, ce me semble. Votre dessein est de montrer que pour la connoissance surtout des beaux-arts, et pour le mérite des belles-lettres, notre siècle, ou, pour mieux parler, le siècle de Louis le Grand est non-seulement comparable, mais supérieur à tous les plus fameux siècles de l'antiquité, et même au siècle d'Auguste. Vous allez donc être bien étonné, quand je vous dirai que je suis sur cela entièrement de votre avis, et que même, si mes infirmités et mes emplois m'en laissoient le loisir, je m'offrirois volontiers de prouver, comme vous, cette proposition la plume à la main. A la vérité j'emploierois beaucoup d'autres raisons que les vôtres, car chacun a sa manière de raisonner; et je prendrois des précautions et des mesures que vous n'avez point prises.

Je n'opposerois donc pas, comme vous avez fait, notre nation et notre siècle seuls à toutes les autres nations et à tous les autres siècles joints ensemble. L'entreprise, à mon sens, n'est pas soutenable. J'examinerois chaque nation et chaque siècle l'un après l'autre ; et, après avoir mûrement pesé en quoi ils sont au-dessus de nous, et en quoi nous les surpassons, je suis fort trompé, si je ne prouvois invinciblement que l'avantage est de notre côté.

Ainsi, quand je viendrois au siècle d'Auguste, je commencerois par avouer sincèrement que nous n'avons point de poëtes héroïques ni d'orateurs que nous puissions comparer aux Virgile et aux Cicéron, je conviendrois que nos plus habiles historiens sont petits devant les Tite Live

et les Salluste ; je passerois condamnation sur la satire
et sur l'élégie ; quoiqu'il y ait des satires de Régnier
admirables, et des élégies de Voiture, de Sarasin, de la
comtesse de La Suze,[1] d'un agrément infini. Mais en même
temps je ferois voir que pour la tragédie, nous sommes
beaucoup supérieurs aux Latins, qui ne sauroient opposer
à tant d'excellentes pièces tragiques que nous avons en
notre langue, que quelques déclamations plus pompeuses
que raisonnables d'un prétendu Sénèque, et un peu de
bruit qu'ont fait en leur temps le *Thyeste* de Varius[2] et
la *Médée* d'Ovide. Je ferois voir que, bien loin qu'ils
aient eu dans ce siècle-là des poëtes comiques meilleurs
que les nôtres, ils n'en ont pas eu un seul dont le nom
ait mérité qu'on s'en souvînt, les Plaute, les Cécilius[3] et
les Térence étant morts dans le siècle précédent. Je montrerois
que si pour l'ode nous n'avons point d'auteurs si
parfaits qu'Horace, qui est leur seul poëte lyrique, nous
en avons néanmoins un assez grand nombre qui ne lui
sont guère inférieurs en délicatesse de langue et en jus-

---

1. Henriette de Coligny, comtesse de La Suze, née à Paris en 1618,
morte en 1673, a laissé des élégies, des odes, des chansons et des madrigaux,
qui ont été réunis sous le titre de : *Poésies choisies*, dans le tome IV<sup>e</sup>
du *Recueil de poëtes,* fait en 1692, in-12 ; il avait paru d'elle, auparavant,
un volume de *Poésies*, Paris, Sercy, 1666, in-12. On lit dans le catalogue
manuscrit de la Bibliothèque impériale : « Elle eut toute sa vie le cœur
aussi galant que l'esprit. » On fit à sa louange ces quatre vers, qu'on attribue
à M. Fieubet :

> Quæ dea sublimi rapitur per inania curru ?
> An Juno ? an Pallas ? num Venus ipsa venit ?
> Si genus inspicias, Juno : si scripta, Minerva :
> Si spectes oculos, mater Amoris erit. »
>             (M. Chéron.)

2. Varius était l'ami de Virgile et d'Horace. Il passait, de son temps,
pour être le meilleur des poëtes dans l'épopée et dans la tragédie.

3. Cécilius mourut l'an de Rome 586. Les anciens grammairiens citent
de lui quarante comédies, dont il ne reste qu'un petit nombre de fragments.

tesse d'expression, et dont tous les ouvrages mis ensemble ne feroient peut-être pas dans la balance un poids de mérite moins considérable que les cinq livres d'odes qui nous restent de ce grand poëte. Je montrerois qu'il y a des genres de poésie où non-seulement les Latins ne nous ont point surpassés, mais qu'ils n'ont pas même connus ; comme, par exemple, ces poëmes en prose que nous appelons *Romans*, et dont nous avons chez nous des modèles qu'on ne sauroit trop estimer, à la morale près qui y est fort vicieuse, et qui en rend la lecture dangereuse aux jeunes personnes.

Je soutiendrois hardiment qu'à prendre le siècle d'Auguste dans sa plus grande étendue, c'est-à-dire, depuis Cicéron jusqu'à Corneille Tacite, on ne sauroit pas trouver parmi les Latins un seul philosophe qu'on puisse mettre, pour la physique, en parallèle avec Descartes, ni même avec Gassendi. Je prouverois que, pour le grand savoir et la multiplicité de connoissances, leurs Varron[1] et leurs Pline, qui sont leurs plus doctes écrivains, paroîtroient de médiocres savants devant nos Bignon,[2] nos Scaliger,[3]

---

1. Varron mourut l'an 25 avant notre ère. Il nous reste de lui quelques livres sur la langue latine et sur l'agriculture.
2. Jérôme Bignon, né à Paris le 24 d'août 1589, d'une famille originaire d'Anjou ; avocat général au grand conseil en 1620, et au parlement en 1625 ; conseiller d'État et bibliothécaire du roi en 1642 ; mort le 7 d'avril 1656. On lui doit une *Chorographie* ou *Description de la Terre sainte ; Discours de la ville de Rome*, Paris, 1604, in-4° ; *Traité de l'élection des Papes*, Paris, 1655, in-8° ; *De l'excellence des roys et du royaume de France*, Paris, 1610, in-8° ; et des *OEuvres latines*. (M. Chéron.)
3. Il y a eu deux Scaliger : l'un, Jules-César, né en 1484, à Vérone, mort en 1558 ; l'autre, Joseph-Juste Scaliger, né à Agen en 1540, mort en 1609. C'est de ce dernier que Boileau veut parler ; on a de lui des commentaires sur Varron, Verus Flaccus, Festus, Catulle, Tibulle, Properce, Perse, Ausone, Nonnus, César, Martial, Agathias, Publius Syrus... Beaucoup d'autres ouvrages d'une grande érudition.

nos Saumaise, [1] nos pères Sirmond [2] et nos pères Pétau. [3] Je triompherois avec vous du peu d'étendue de leurs lumières sur l'astronomie, sur la géographie et sur la navigation. Je les défierois de me citer, à l'exception du seul Vitruve, qui est même plutôt un bon docteur d'architecture qu'un excellent architecte ; je les défierois, dis-je, de me nommer un seul habile architecte, un seul habile sculpteur, un seul habile peintre latin, ceux qui ont fait du bruit à Rome dans tous ces arts étant des Grecs d'Europe et d'Asie, qui venoient pratiquer chez les Latins des arts que les Latins, pour ainsi dire, ne connoissoient point; au lieu que toute la terre aujourd'hui est pleine de la réputation et des ouvrages de nos Poussin, [4] de nos Lebrun, [5] de nos Girardon [6] et de nos Mansart. [7] Je pourrois ajouter encore à cela beaucoup d'autres choses ; mais ce que j'ai dit est suffisant, je crois, pour vous faire entendre comment je me tirerois d'affaire à l'égard du siècle d'Auguste. Que si de la comparaison des gens de lettres et des illustres artisans, il falloit passer à celle

1. Saumaise, Claude (Salmasius), né en 1588, à Semur-en-Auxois, mort en 1658 ; il savait la médecine, la jurisprudence, les sciences, l'antiquité, l'histoire; il avait appris seul le chaldéen, le persan, l'arabe, le copte. Il a laissé quatre-vingts ouvrages imprimés et soixante manuscrits.

2. Jacques Sirmond, de la Compagnie de Jésus, confesseur de Louis XIII, né à Riom le 12 d'octobre 1559; mort à Paris le 8 d'octobre 1651. Il a publié de nombreux ouvrages de théologie et d'érudition qui ont été réunis. Paris, impr. royale, 1696, 5 vol. in-folio. (M. Chéron.)

3. Denis Pétau, de la Compagnie de Jésus, né à Orléans le 21 d'août 1583, mort à Paris le 11 de décembre 1652. Il a laissé de nombreux ouvrages de théologie, d'érudition et de chronologie, et des poésies latines. (M. Chéron.)

4. Nicolas Poussin, né aux Andelys en 1594, mort à Rome le 19 de novembre 1665.

5. Charles Lebrun, né à Paris en 1619, mort le 12 de février 1690.

6. François Girardon, né à Troyes en 1630, mort à Paris en 1715.

7. Voyez *Art poétique*, chant IV.

des héros et des grands princes, peut-être en sortirois-je avec encore plus de succès. Je suis bien sûr au moins que je ne serois pas fort embarrassé à montrer que l'Auguste des Latins ne l'emporte pas sur l'Auguste des François.

Par tout ce que je viens de dire, vous voyez, monsieur, qu'à proprement parler nous ne sommes point d'avis différent sur l'estime qu'on doit faire de notre nation et de notre siècle; mais que nous sommes différemment de même avis. Aussi n'est-ce point votre sentiment que j'ai attaqué dans vos *Parallèles*, mais la manière hautaine et méprisante dont votre abbé et votre chevalier[1] y traitent des écrivains pour qui, même en les blâmant, on ne sauroit, à mon avis, marquer trop d'estime, de respect et d'admiration. Il ne reste donc plus maintenant, pour assurer notre accord et pour étouffer en nous toute semence de dispute, que de nous guérir l'un et l'autre : vous, d'un penchant un peu trop fort à rabaisser les bons écrivains de l'antiquité; et moi d'une inclination un peu trop violente à blâmer les méchants et même les médiocres auteurs de notre siècle. C'est à quoi nous devons sérieusement nous appliquer; mais quand nous n'en pourrions venir à bout, je vous réponds que de mon côté cela ne troublera point notre réconciliation, et que, pourvu que vous ne me forciez point à lire le *Clovis* ni la *Pucelle*, je vous laisserai tout à votre aise critiquer l'Iliade et l'Énéide, me contentant de les admirer, sans vous demander pour elles cette espèce de culte tendant à l'adoration, que vous vous plaignez en quelqu'un de vos poëmes qu'on veut exiger de vous, et que Stace semble

---

1. Interlocuteurs des *Parallèles*. Voyez *Sixième Réflexion critique*.

en effet avoir eu pour l'Énéide, quand il se dit à lui-même :

> ..... Nec tu divinam Æneida tenta;
> Sed longe sequere, et vestigia semper adora.[1]

Voilà, monsieur, ce que je suis bien aise que le public sache ; et c'est pour l'en instruire à fond que je me donne l'honneur de vous écrire aujourd'hui cette lettre, que j'aurai soin de faire imprimer dans la nouvelle édition qu'on fait en grand et en petit de mes ouvrages. J'aurois bien voulu pouvoir adoucir en cette nouvelle édition quelques railleries un peu fortes, qui me sont échappées dans mes Réflexions sur Longin ; mais il m'a paru que cela seroit inutile à cause des deux éditions qui l'ont précédée, auxquelles on ne manqueroit pas de recourir, aussi bien qu'aux fausses éditions qu'on en pourra faire dans les pays étrangers, où il y a de l'apparence qu'on prendra soin de mettre les choses en l'état qu'elles étoient d'abord. J'ai cru donc que le meilleur moyen d'en corriger la petite malignité, c'étoit de vous marquer ici, comme je viens de le faire, mes vrais sentiments pour vous. J'espère que vous serez content de mon procédé, et que vous ne vous choquerez pas même de la liberté que je me suis donnée de faire imprimer, dans cette dernière édition, la lettre que l'illustre M. Arnauld vous a écrite au sujet de ma dixième satire.[2]

Car, outre que cette lettre a déjà été rendue publique dans deux recueils des ouvrages de ce grand homme, je vous prie, monsieur, de faire réflexion que dans la préface de votre *Apologie des femmes*, contre laquelle cet

1. Stace, *Thébaïde*, vers 816-817.
2. Lettre X.

ouvrage me défend, vous ne me reprochez pas seulement des fautes de raisonnement et de grammaire ; mais que vous m'accusez d'avoir mis des mots sales, d'avoir glissé beaucoup d'impuretés, et d'avoir fait des médisances. Je vous supplie, dis-je, de considérer que ces reproches regardant l'honneur, ce seroit en quelque sorte reconnoître qu'ils sont vrais que de les passer sous silence ; qu'ainsi je ne pouvois pas honnêtement me dispenser de m'en disculper moi-même dans ma nouvelle édition, ou d'y insérer une lettre qui m'en disculpe si honorablement. Ajoutez que cette lettre est écrite avec tant d'honnêteté et d'égards pour celui même contre qui elle est écrite, qu'un honnête homme, à mon avis, ne sauroit s'en offenser. J'ose donc me flatter, je le répète, que vous la verrez sans chagrin, et que, comme j'avoue franchement que le dépit de me voir critiqué dans vos Dialogues[1] m'a fait dire des choses qu'il seroit mieux de n'avoir point dites, vous confesserez aussi que le déplaisir d'être attaqué dans ma dixième satire vous y a fait voir des médisances et des saletés qui n'y sont point. Du reste, je vous prie de croire que je vous estime comme je dois, et que je ne vous regarde pas simplement comme un très-bel esprit, mais comme un des hommes de France qui a le plus de probité et d'honneur. Je suis,[2] etc.

1. *Parallèles,* t. III.
2. Dans le *Bolœana,* p. 25-26, Monchesnay fait dire au *premier président* de Lamoignon, après la lecture de cette lettre : « Monsieur Despréaux, je ne doute pas que nous ne soyons toujours bons amis ; mais si jamais nous venions à nous raccommoder après une brouillerie, point de réparations, je vous prie, je crains plus vos réparations que vos injures. » Or le *premier président* est mort en 1677, vingt-quatre ans avant la publication de la *Lettre* à Charles Perrault. (DAUNOU.)

## LETTRE XXI.[1]

A M. L'ABBÉ BIGNON,[2]

CONSEILLER D'ÉTAT.

(1701.)[3]

Il n'y a rien, monsieur, de plus joli ni de plus obligeant que la lettre que je viens de recevoir de votre part; et bien que je ne convienne en aucune sorte des éloges que vous m'y donnez, je n'ai pas laissé de les lire avec un plaisir très-sensible, n'y ayant rien de plus agréable que d'être loué, même sans fondement, par l'homme du monde le plus louable, et qui a le plus de mérite. Vous pouvez, monsieur, nommer pour mon élève,[4] non-seulement un homme d'aussi grande capacité que M. Bourdelin,[5] mais qui il vous plaira, et je me déterminerai toujours plutôt par votre choix que par le mien. Je suis bien aise, monsieur, que vous excusiez si facilement l'impuissance où me mettent mes infirmités d'assister à vos savantes assemblées. Tout ce que je vous demande, pour mettre le comble à vos bontés, c'est de vouloir bien témoigner à

---

1. Publiée ainsi que la lettre suivante, sur l'autographe, par Cizeron-Rival, dans les *Lettres familières*, t. III, p. 108 à 114.
2. Voyez satire XI, vers 104.
3. Date fixée par M. de Saint-Surin; le manuscrit n'en a point.
4. L'Académie des inscriptions, qu'on nommait alors petite Académie des médailles. (CIZERON-RIVAL.) Il y avait des membres honoraires, des pensionnaires, des associés et des élèves.
5. François Bourdelin, né le 15 de juillet 1668, mort le 24 de mai 1717. Il a été secrétaire d'ambassade en Danemark, puis traducteur des dépêches étrangères à Paris. Les *Mémoires de l'Académie des inscriptions* contiennent de lui une *Description de quelques anciens monuments*.

tout le monde que si je suis si inutilement de l'Académie des médailles, il est bien vrai aussi que je n'en reçois ni n'en veux recevoir aucun profit pécuniaire. Du reste, monsieur, je vous prie d'être bien persuadé que c'est sincèrement et avec un très-grand respect que je suis...

## LETTRE XXII.

#### A M<sup>gr</sup> DE PONTCHARTRAIN.[1]

Paris, mardi, cinq heures du soir... (1701.)[2]

Monseigneur,

Mon neveu m'ayant écrit que vous seriez bien aise que je vous rendisse compte moi-même de ce qui se seroit passé à l'Académie des médailles le jour de ma réception,[3] j'ai saisi avec joie cette occasion de vous marquer mon obéissance. Je vous dirai donc, monseigneur, que j'y ai été reçu aujourd'hui avec un applaudissement général et que l'on m'y a accablé d'honneurs, de caresses et de bonnes paroles. J'y ai renouvelé connoissance avec monseigneur le duc d'Aumont, que j'avois eu l'honneur de fréquenter autrefois à la cour. On a commencé par y lire

---

1. Jérôme Phélypeaux de Pontchartrain et de Maurepas. Voyez lett. XV, XVI, XVII.
2. Date fixée par M. de Saint-Surin.
3. Despréaux était depuis plusieurs années membre de l'Académie des médailles. Par la lettre de M. de Pontchartrain, jointe au règlement de 1701, il y fut maintenu avec le titre de pensionnaire, et, de plus, le roi le nommait directeur jusqu'à la fin de 1702. C'est apparemment de la réception en cette qualité qu'il veut parler. (DAUNOU.)

un ouvrage fort savant, mais assez fastidieux, et on s'est
fort doctement ennuyé ; mais ensuite on en a examiné un
autre beaucoup plus agréable, et dont la lecture a assez
attiré d'attention. C'étoit une dissertation sur l'origine
du mot de *médaille*. Comme on a fait approcher de moi
celui qui la lisoit,[1] j'ai été en état de l'entendre et d'en
parler : c'est ce que j'ai fait jusqu'à l'affectation, sachant
bien que cela vous plairoit. D'autres en ont dit aussi leur
sentiment avec beaucoup de politesse et d'érudition, et je
n'ai plus vu aucune bouche s'ouvrir pour bâiller. On a
reçu ensuite trois élèves, et j'ai nommé M. Bourdelin.[2]
Voilà, monseigneur, ce qui s'est passé de plus mémorable
dans cette célèbre cérémonie, *cujus pars magna fui*. Tout
ce que je puis vous dire, c'est que je ne doute point que
votre établissement[3] ne réussisse dans la suite, et il ne
faut point s'étonner s'il y a maintenant quelques gens qui
le désapprouvent ; car tout ce qui est nouveau, quoique
excellent, ne manque jamais d'être contredit ; et quelles
sottises ne dit-on point de l'Académie françoise, lorsque le
cardinal de Richelieu la fit fonder ! Tout ce que je souhaiterois, monseigneur, c'est que tout le monde fût content
dans la métallique. Cela tient à bien peu de chose, et si
vous vouliez bien me permettre de négocier pour cela, je
suis persuadé que tous vos pensionnaires seroient bientôt
aussi satisfaits que moi. Je vous écris ceci, comme vous
l'avez souhaité, très à la hâte, à la sortie de notre assemblée, et suis avec un très-grand respect, etc...

---

1. Il avait de la peine à entendre, surtout de l'oreille gauche. (Cizeron-
Rival.)
2. Voir à la lettre précédente la note sur ce nom.
3. Pontchartrain avait fait faire le nouveau règlement. (Cizeron-Rival.)

## LETTRE XXIII.[1]

A M. LE COMTE DE REVEL,[2]

SUR LE COMBAT DE CRÉMONE.

Paris, 17 avril 1702.

Vous ne sauriez vous imaginer, monsieur, combien je vous suis obligé de la bonté que vous avez eue de m'envoyer votre relation du combat de Crémone. Elle a éclairci toutes mes difficultés, et elle m'a confirmé dans la pensée où j'ai toujours été, que les belles actions ne sont jamais mieux racontées que par ceux mêmes qui les ont faites. C'est proprement à César qu'il appartient d'écrire les exploits de César. Mais à propos de votre action, que vous dirai-je sinon que je n'en ai vu de pareille que dans les romans? Encore faut-il que ce soit des romans de chevalerie où l'auteur a beaucoup plus songé au merveilleux qu'au vraisemblable. Je ne suis point surpris du remercîment honorable que vous en a fait Sa Majesté Catholique. Eh! quels remercîments ne vous doit point un prince à qui, en sauvant une seule ville, vous sauvez les deux plus riches diamants de la couronne, je

---

1. Publiée par Cizeron-Rival, *Lettres familières*, t. III, p. 115, sur une copie corrigée par Boileau. (B.-S.-P.)
2. Charles-Amédée de Broglio, comte de Revel, fait chevalier du Saint-Esprit et gouverneur de Condé, pour avoir contribué à chasser les Allemands de Crémone, où ils s'étaient introduits par surprise le 1ᵉʳ février 1702. Il mourut en 1707, simple lieutenant général, malgré les *désirs des petits bourgeois*. (*Gaz.* du 29 octobre 1707.)

veux dire le Milanais et le royaume de Naples! Mais si les rois et les princes publient si hautement vos louanges, le peuple ici n'est pas moins déclaré en votre faveur, le roi vous a donné le cordon bleu ; mais il n'y a point de petit bourgeois à Paris qui ne vous donne en son cœur le bâton de maréchal de France, et qui ne soit persuadé comme moi que vous ne tarderez guère à en être honoré. Avant donc que vous l'ayez, et que nous soyons réduits par une indispensable bienséance à vous appeler MONSEIGNEUR, trouvez bon, monsieur, que je vous parle encore aujourd'hui sur ce ton familier auquel vous m'aviez autrefois accoutumé chez la fameuse C...[1] Vous étiez alors assez épris d'elle, et je doute que vous en fussiez rigoureusement traité. Permettez-moi cependant de vous dire que de toutes les maîtresses que vous avez aimées, celle, à mon avis, dont vous avez le plus sujet de vous louer, c'est la Gloire, puisqu'elle vous a toujours comblé de ses faveurs, et qu'elle ne vous a jamais trahi ; car je ne voudrois pas jurer que les autres vous aient gardé la même fidélité. Continuez donc à la suivre, et soyez bien persuadé que je suis avec toute l'estime et tout le respect que je dois, etc.

---

1. Il y avait sur la copie : « la célèbre Champmeslé; » Boileau a mis de sa main « la fameuse C... » Cizeron-Rival a suivi la copie.

## LETTRE XXIV.[1]

A M. DE LA CHAPELLE,

A VERSAILLES.

Paris, 13 mars 1703.

Je vous renvoie, mon très-cher neveu, votre papier avec les changements bons ou mauvais que j'y ai faits. Vous n'avez qu'à vous en servir comme vous jugerez à propos. Il me semble surtout qu'il faut prendre garde à l'article de Vigo,[2] qui est délicat à traiter. J'y ai mis ce qui m'est venu sur-le-champ. Le neveu de M. de Château-Renaud,[3] qui m'a apporté votre lettre, me paroît un très-galant homme, et je vous prie de lui témoigner combien je suis plein de lui. C'est lui qui a mis à la marge les petits anachronismes de l'histoire de M. son oncle. Je ne sais si ce que j'ai changé les rectifie assez bien, parce que je ne suis pas fort dressé au style des lettres et des ordonnances royales, ou plutôt royaux; car tel est le plaisir de ces lettres et de ces ordonnances de vouloir être *masculins*,

1. Publiée par Cizeron-Rival sur l'autographe. (*Lettres familières*, t. III, p. 119.)
2. Lieu où le vice-amiral Château-Renaud, conduisant les galions d'Espagne, fut défait par la flotte combinée des Anglais et des Hollandais. « Après une belle résistance, dit la *Gazette de France* du 22 de novembre 1702, il fut obligé de brûler tous ses vaisseaux pour ne pas les laisser prendre. » (B.-S.-P.) Vigo est un port de la Galice.
3. François-Louis de Rousselet, comte de Château-Renaud, né en 1637, se fit connaître par de belles actions sur la mer. Son échec de Vigo ne l'empêcha pas d'obtenir, en 1703, le bâton de maréchal de France. Il mourut en 1716.

dérogeant en cela à toutes les règles de la grammaire.[1] Que si, en travaillant sur un sujet si peu de mon génie, je vous ai fait quelque petit plaisir, je vous supplie, en récompense, de m'en faire un fort grand ; c'est de vouloir bien témoigner de ma part à monseigneur de Pontchartrain la part que je prends aux intérêts du fils de M. de Cartigny,[2] nouvel acquéreur d'une charge de commissaire de la marine. Je le prie de se ressouvenir que c'est le père de ce commissaire qui m'a donné la connoissance de monseigneur de Pontchartrain, et que c'est lui qui a accompagné à Auteuil cet illustre ministre d'État, la première fois qu'il me fit l'honneur de m'y venir voir, et que je lui donnai ce fameux repas qui me coûta huit livres dix sous. Je vous conjure, mon très-cher neveu, de lui vouloir bien représenter tout cela, et que la sollicitation que je lui fais n'est point de ces sollicitations mendiées auxquelles il suffit de répondre : *Je verrai*.[3] Du reste, soyez bien persuadé que c'est du fond du cœur que je suis, etc.

Ayez la bonté de me faire un petit mot de réponse sur l'article de M. Cartigny. Vous jugez bien pourquoi.[4]

1.     Griefs et faits nouveaux, baux et procès-verbaux,
    J'obtiens *lettres royaux* et je m'inscris en faux.
               (RACINE, *les Plaideurs*, acte I, scène VI.)

Cette dérogation aux règles de la grammaire française venait d'une observation fidèle de celles de la grammaire latine. L'adjectif *regalis* n'ayant dans cette langue qu'une seule terminaison pour les deux genres, on continua à dire, en français, *lettres royaux*, comme on disait *litteræ regales*.

2. Cartigny était, à ce qu'il paraît, ami de Boileau ; et il devint ensuite (1705) son débiteur. (B.-S.-P.)

3. Réponse ordinaire de Louis XIV. (B.-S.-P.) On peut dire aussi de beaucoup d'autres.

4. Post-scriptum omis par Cizeron-Rival. (B.-S.-P.)

## LETTRE XXV.[1]

A M. DE LAMOIGNON.[2]

A Auteuil, 7 juillet 1703.

Il n'y a rien, monsieur, de plus obligeant que votre lettre, et vous vous y plaignez d'une manière si agréable des fautes que vous prétendez que j'ai commises à votre égard, que bien loin de me corriger, vous me donnez presque envie d'en commettre de nouvelles, afin de m'attirer encore de pareils reproches. Permettez-moi pourtant de vous dire que ces reproches ne sont pas si bien fondés que vous vous imaginez. En effet, monsieur, puisque j'ai envoyé mon édition nouvelle à madame de Lamoignon, n'est-ce pas en quelque sorte vous l'avoir envoyée à vous-même, et ai-je dû présumer que le livre étant chez vous, la curiosité durant plus d'une année ne vous feroit pas du moins jeter les yeux sur les nouvelles pièces que j'y ai ajoutées, dont la plupart regardent la querelle que j'avois alors avec M. Perrault, et dans laquelle votre amour pour les anciens vous rendoit si considérablement intéressé? Vous dites que cette négligence vient de ce que je ne vous ai pas averti qu'il étoit parlé de vous dans ces pièces; mais n'y auroit-il pas eu une espèce d'affectation à moi de vous avertir de si peu de chose, puisque je ne

---

1. Nous publions cette lettre, dont on n'avait donné jusqu'ici que de courts fragments sur l'autographe qui appartient à M. Villenave. (B.-S.-P.) Elle n'est pas dans de Saint-Surin.
2. Voyez épître VI, t. II.

fais proprement que vous y nommer et vous déclarer défenseur du bon goût?[1] La vérité est pourtant, je l'avoue, que dans les règles je devrois vous avoir porté moi-même en personne mon livre accompagné de tous les compliments que l'on a accoutumé de faire en ces rencontres, mais pouvez-vous ignorer depuis combien d'années je me suis, de ma pleine puissance et autorité poétique, libéré de toutes ces règles et de tous ces devoirs? Avez-vous oublié ces deux vers de l'épître que je me suis autrefois donné l'honneur de vous adresser,

> Mais pour moi de Paris citoyen inhabile,
> Qui ne lui puis fournir qu'un rêveur inutile...[2]

et ne pouvois-je pas sur cela dire comme Horace :

> Quid tum profeci, mecum facientia jura
> Si tamen attentas...[3]

Mais laissons là ce qui me regarde et parlons de ce qui vous est arrivé au sujet de l'Académie. Tout m'en paroît extraordinaire et principalement le zèle immodéré de M. de Toureil.[4] Il semble que ce traducteur de Démosthène n'ait fait voir en cela toute sa prudence ordinaire. Je vous avoue néanmoins que je ne saurois condamner la violente intention qu'il a eue de donner à l'Académie un associé de votre mérite et de votre dignité. Quelque peu disposé que vous parussiez à accepter la place d'académicien, il a cru vraisemblablement entre-

---

1. Voyez la lettre à Perrault (lettre XX).
2. Épître VI, vers 137-138.
3. Horace, liv. II, épît. II, vers 23-24.
4. Membre de l'Académie française et de l'Académie des inscriptions, né en 1608, mort en 1715. (B.-S.-P.)

voir dans vos yeux une envie d'y être forcé, et s'est
persuadé qu'au moment que vous seriez élu vous ne vous
feriez plus prier pour occuper une place qu'on ne pourroit plus vous soupçonner d'avoir recherchée : il s'est
trompé et vous l'avez refusée. Je veux croire que c'est
pour de bonnes raisons.[1] Vous m'en avez allégué même
une considérable, c'est à savoir l'embarras d'avoir à louer
dans votre harangue l'ennemi des Homère et des Virgile.
On pourroit néanmoins vous répondre que c'étoit au contraire une belle occasion à un Isocrate comme vous de
montrer ce que peut l'éloquence sur les sujets les plus
ingrats. Quoi qu'il en soit, votre gloire est entièrement à
couvert, et, quelque mauvaise humeur que les académiciens conçoivent contre vous, ils ne sauroient nier qu'ils
ne vous aient tous donné leur suffrage. Il n'en est pas
ainsi de l'Académie, et un refus comme le vôtre ne sauroit jamais lui faire honneur. Elle a pourtant tâché
depuis peu de rhabiller sa gloire en élisant à votre place
monsieur le coadjuteur de Strasbourg,[2] et elle a pris à
mon sens un très-sage parti. Quelque mérite néanmoins
qu'ait ce prince et quelque beau que soit le nom de Soubise, je doute que, dans une compagnie de gens de lettres
comme l'Académie, il sonne plus agréablement à l'oreille
que le nom de Lamoignon. Cependant, monsieur, quelque
beau que soit votre triomphe, je suis persuadé que, de
l'humeur noble et modeste dont je vous connois, vous

1. Selon d'Olivet (*Hist.*, II, 39), en désignant Lamoignon comme can-
didat, on avait surtout voulu écarter Chaulieu, qui était fortement appuyé
(B.-S.-P.)

2. Armand-Gaston de Rohan-Soubise, fils d'un cousin par alliance de
Boileau. (B.-S.-P.)

Cf. Saint-Simon (édit. Garnier frères, t. III, p. 190); il dit qu'il était fils
de Louis XIV.

êtes très-fâché d'avoir causé ce déplaisir à une compagnie après tout très-illustre, qu'aucun motif de vanité ne s'est mêlé dans les considérations qui vous ont empêché d'y vouloir être admis, et que vous affecterez de le témoigner ainsi à toute la terre. C'est le parti à mon avis que vous devez prendre. Du reste, faites-moi aussi de votre côté la grâce de croire que j'ai pour vous, et pour toute votre illustre maison, le même zèle que j'ai eu autrefois. C'est de quoi j'espère les vacations prochaines vous entretenir plus particulièrement à Bâville,

..... Au pied de ces coteaux
Où Polycrène épand ses libérales eaux.[1]

Je suis avec beaucoup de sincérité et de respect,

Monsieur,

Votre très-humble et très-obéissant serviteur,

DESPRÉAUX.

## LETTRE XXVI.[2]

A MONSIEUR LE VERRIER.[3]

..... 1703.[4]

N'êtes-vous plus fâché, monsieur, du peu de complaisance que j'eus hier pour vous? Non, sans doute, vous

---

1. Épître VI, vers 151-152. Voir au tome Ier, la *Vie de Boileau*, p. cxcviii.
2. Publiée, presque entièrement refondue par Boileau en 1713. M. Laverdet, *Supplément*, p. 440-441, lettre XLII, l'a publiée d'après le premier original qui était dans les papiers de Brossette. (M. CHÉNON.)
3. Voyez *Poésies diverses*, XI et XII, t. III.
4. Année indiquée par Brossette. Quant au mois, il s'agit évidemment

ne l'êtes plus; et je suis persuadé qu'à l'heure qu'il est vous goûtez toutes mes raisons. Supposez pourtant que votre colère dure encore, je m'offre d'aller aujourd'hui chez vous à midi et demi vous prouver, le verre à la main, par plus d'un argument en forme, qu'un homme comme moi n'est point obligé de préférer son plaisir à sa santé, ni de demeurer à souper, même avec la meilleure compagnie du monde, quand il sent que cela le pourroit incommoder, et quand il a pour s'en excuser soixante et six raisons, aussi bonnes et aussi valables que celles que *la vieillesse avec ses doigts pesants m'a jetées sur la*

---

de celui de novembre, époque où Boileau accomplit sa soixante-septième année. (B.-S.-P.)

Nous donnons ici la lettre entière de Boileau, publiée par M. Laverdet; nous en conservons toute l'orthographe : « N'estes vous plus en colère, Monsieur, du peu de complaisance que j'eus pour vous hier. Si cela est, je m'offre d'aller aujourd'hui chés vous a midi et demi, vous prouver par plus d'un argument en forme, qu'un homme de mon âge n'est point obligé de préférer son plaisir à sa santé, ni d'aller en jeune estourdi se gorger de bons morceaux à des heures indues, quand il a pour s'en excuser soixante et six raisons, aussi bonnes et aussi sérieuses que celles que la vieillesse avec ses doigts pesans m'a jettées sur la teste, et, pour commencer ma preuve, je vous dirai ces deux vers d'Horace à Mécénas :

Quam mihi, etc.

« Mandés moi donc, supposé que vous vouliés que j'achève ma démonstration, *si validus, si lœtus eris, si denique posces.* Autrement commandés qu'on ne m'ouvre point vostre porte; j'aime bien mieux n'y point entrer, qu'y estre mal receû.

« Au reste j'ai non-seulement relu votre Plainte contre les Tuileries, mais je l'ai si bien racommodée, que franchement j'en ai fait un ouvrage tout à moi et où il ne vous appartient plus rien que votre prétendue passion pour Philis et le dépit de son infidélité, que je n'ai ni ne veux point avoir. Voici la pièce en l'état où je l'ai mise. Plaintes sur les Tuileries... *Agréables jardins,* etc.

« Faites, monsieur, de cet ouvrage et du vôtre ce que vous jugerez à propos. Peut-être de tous les deux restera-t-il quelque chose de bon; car pour moi je vous déclare que je n'y veux plus prendre aucune part. J'ai même une espèce de confusion d'avoir employé quelques heures à un ouvrage de cette nature, et d'avoir fait ce dont je me suis si heureusement

*tête.*[1] Et, pour commencer ma preuve, je vous dirai ces vers d'Horace à Mécénas :

> Quam mihi das ægro, dabis ægrotare timenti,
> Mæcenas, veniam,[2] etc.

En cas donc que vous vouliez que j'achève ma démonstration, mandez-moi

> Si validus, si lætus eris, si denique posces.[3]

Autrement ordonnez qu'on ne m'ouvre point chez vous. J'aime encore mieux n'y point entrer que d'y être mal reçu. Au reste, j'ai soigneusement relu votre plainte contre les Tuileries : et j'y ai trouvé des vers si bien tournés, que franchement en les lisant je n'ai pu me défendre d'un moment de jalousie poétique contre vous; de sorte qu'en la remaniant j'ai plutôt songé à vous surpasser qu'à vous réformer. C'est cette jalousie qui m'a fait mettre la pièce dans l'état où vous l'allez voir. Prenez la peine de la lire.

PLAINTE CONTRE LES TUILERIES.

Agréables jardins où les Zéphirs et Flore,[4] etc.

moqué dans la satire à mon esprit par ces quatre vers : Faudra-t-il (ici les vers).

« Je suis votre, etc. »

Ce passage est précieux en ce qu'il lève les doutes qui s'étaient élevés sur l'auteur des *Plaintes contre les Tuileries...* D'après la tournure de la lettre imprimée, quelques éditeurs, croyant que cette pièce était de Le Verrier, et que Boileau s'était borné à la retoucher, l'avaient laissée dans la correspondance. On voit que Saint-Marc a eu raison, nous l'avons dit ailleurs, de la placer parmi les *Poésies diverses* de Boileau. (B.-S.-P.)

1. Voyez épit. X, vers 25-28. Il avait soixante-sept ans.
2. Horace, liv. I, épit. vii, vers 4-5.
3. Horace, liv. I, épit. xiii, vers 3. — Il y a dans Horace : Si denique *poscet.*
4. Voyez *Poésies diverses*, XXXI, t. III.

LETTRES A DIVERSES PERSONNES. 235

Je ne sais, monsieur, si dans tout cela vous reconnoîtrez votre ouvrage, et si vous vous accommoderez des nouvelles pensées que je vous prête. Quoi qu'il en soit, faites-en tel usage que vous jugerez à propos ; car pour moi, je vous déclare que je n'y travaillerai pas davantage. Je ne vous cacherai pas même que j'ai une espèce de confusion d'avoir, par une molle complaisance pour vous, employé quelques heures à un ouvrage de cette nature, et d'être moi-même tombé dans le ridicule dont j'accuse les autres, et dont je me suis si bien moqué par ces vers de la satire à mon esprit :

> Faudra-t-il de sens froid et sans être amoureux,[1]
> Pour quelque Iris en l'air faire le langoureux ;
> Lui prodiguer les noms de soleil et d'aurore,
> Et toujours bien mangeant mourir par métaphore ?

Ce[2] qu'il y a de sûr, c'est que je ne tomberai plus dans une pareille foiblesse, et que c'est à ces vers d'amourettes, bien plus justement qu'à ceux de ma pénultième épître,[3] qu'aujourd'hui je dis très-sérieusement :

> Adieu, mes vers, adieu pour la dernière fois.

Du reste, je suis parfaitement votre, etc.

---

1. Satire IX, vers 261-264.
2. Tout ce qui suit n'est que dans l'imprimé.
3. C'est de l'antépultième, épît. X, vers 132.

## LETTRE XXVII.[1]

A MONSIEUR LE VERRIER.

Novembre 1703.

Comme je n'avois point eu de vos nouvelles, monsieur, je me suis engagé à une autre partie que celle que vous m'avez proposée. Pour les épigrammes, il n'y a plus de mesures à garder, puisque, grâce à l'indiscrétion, ou plutôt à l'envie de me faire valoir, de notre illustre ami,

1. Cette lettre a été publiée sur une copie intercalée dans un volume des manuscrits de Brossette, par Cizeron-Rival (III, 83). Celui-ci, la voyant placée avec cet intitulé : *Au même* (de la main de Boileau), après une lettre adressée à Racine, et y lisant à la marge la date de 1695, époque où Racine vivait encore, n'a pas douté qu'elle ne fût aussi adressée à ce grand poëte, quoiqu'il eût bien vite changé d'avis s'il avait pris garde qu'on y parle de l'épigramme sur les flagellants (XXXVII), composée vers la fin d'octobre 1703, quatre ans après la mort de Racine. Frappé de cet anachronisme, M. Daunou a d'abord douté (1809, III, 104) de l'authenticité de la lettre. Il est ensuite revenu sur ce point (1825, IV, 76), se bornant à observer, avec M. de Saint-Surin, qu'on ignore à qui elle est adressée. Cela n'était pas en effet aisé à découvrir, parce qu'on a bouleversé une grande partie de la correspondance étrangère à Brossette. Mais, en l'examinant avec soin, on reconnaît bientôt que Boileau, se proposant, vers la fin de sa vie, de publier un certain nombre de ses lettres, après les avoir corrigées, les a numérotées (aussi de sa main) dans l'ordre où il voulait les placer. Or cette lettre a le n° VI; elle doit donc 1° être adressée au même individu que le n° V, quoiqu'elle soit placée dans le volume (à la p. 127) avant ce numéro (celui-ci est à la p. 187) et qu'elle en soit séparée par beaucoup d'autres lettres, et ce n° V est précisément celui de la lettre à Le Verrier que nous avons donnée sous le n° XXVI; 2° elle doit être postérieure à ce même n° XXVI, quoique d'ailleurs elle soit du même mois (novembre 1703), comme on le verra plus loin, note 3. (B.-S.-P.) C'est cette lettre que M. E. Fournier, dans une nouvelle édition de Boileau, place comme une pièce qui *ne figure dans aucune des éditions du poëte, même les plus complètes*. Il suit l'erreur de Cizeron-Rival.

elles sont maintenant dans les mains de tout le monde. D'ailleurs, on n'y fait plus actuellement que des critiques que je ne sens point, et qui sont par conséquent fort mauvaises ; car à quoi je reconnois une bonne critique, c'est quand je la sens, et qu'elle m'attaque par l'endroit dont je me défiois. C'est alors que je songe tout de bon à corriger, regardant celui qui me la fait comme un excellent connoisseur, et tel que le censeur que je propose dans mon *Art poétique* en ces termes :

> Faites choix d'un censeur solide et salutaire,
> Que la raison conduise et le savoir éclaire ;
> Et dont le crayon sûr d'abord aille chercher
> L'endroit que l'on sent foible et qu'on se veut cacher.[1]

Du reste, je m'inquiète peu de toutes ces frivoles objections qui se font d'ordinaire contre les bons ouvrages naissants. Cela ne dure guère, et l'on est tout étonné souvent que l'endroit que l'on condamnoit devient le plus estimé. Cela est arrivé sur ces deux vers de ma satire des femmes :

> Et tous ces lieux communs de morale lubrique
> Que Lulli réchauffa des sons de sa musique...[2]

contre lesquels on se déchaîna d'abord, et qui passent aujourd'hui pour les meilleurs de la pièce. Il en arrivera de même, croyez-moi, du mot de *lubricité* dans mon épigramme sur le livre des Flagellants ; car je ne crois pas avoir jamais fait quatre vers plus sonores que ceux-ci :

---

1. *Art poétique,* chant IV, vers 71-74.
2. Satire X, vers 141-142.

> *Et ne sauroit souffrir*[1] la fausse piété,
> Qui, sous couleur d'éteindre en nous la volupté,
> Par l'austérité même et par la pénitence,
> Sait allumer le feu de la lubricité.

Cependant M. de Termes ne s'accommode pas, dites-vous, du mot de lubricité. Eh bien, qu'il en cherche un autre. Mais moi, pourquoi ôterois-je un mot qui est dans tous les dictionnaires au rang des mots les plus usités? Où en seroit-on, si l'on vouloit contenter tout le monde?

> Quid dem? Quid non dem? Renuis tu quod jubet alter.[2]

Tout le monde juge, et personne ne sait juger. Il en est de même que de la manière de lire. Il n'y a personne qui ne croie lire admirablement, et il n'y a presque point de bons lecteurs. Je suis votre très-humble, etc.

## LETTRE XXVIII.[3]

### A MONSIEUR DE LA CHAPELLE.

Paris, 10 juillet 1704.

J'ai reçu, mon très-cher et très-exact neveu, mon ordonnance. Elle est en très-bonne forme, mais plût à

---

1. Ces mots ont été changés :

    *Et combat vivement* la fausse piété,

ce qui prouve que l'épigramme était récente; et comme cette épigramme est de la fin d'octobre 1703, la lettre actuelle, on l'a déjà remarqué ci-dessus, doit être du mois suivant. (B.-S.-P.)

2. Horace, liv. II, épît. II, vers 63.

3. Publiée, sur l'autographe, par Cizeron-Rival, *Lettres familières*, t. III, p. 122.

Dieu que vous la pussiez aussi bien faire payer que vous la savez faire expédier. Il y a tantôt dix mois que je suis à solliciter le payement de la précédente, et qu'on me répond au trésor royal : *Il n'y a point d'argent,* sans même me faire espérer qu'il y en aura. Si cela dure, je vois bien qu'au lieu de louis d'or je vais amasser dans mon coffre quantité de beaux modèles de lettres financières, et qui pourront être de quelque utilité à ceux à qui je voudrai les prêter pour les copier. Voilà les fruits de la guerre :

Impius hæc tam culta novalia miles habebit.[1]

Je vous donne le bonjour, et suis passionnément, etc.

## LETTRE XXIX.[2]

### AU DUC DE NOAILLES.

A Paris, ce 13 octobre 1704.

Je ne sais pas, monseigneur, comme vous l'entendez ; mais il me semble que c'est le poëte qui doit écrire de belles lettres au duc et pair, et non point le duc et pair au

---

1. Virgile, églogue I, vers 71.
2. Cette lettre a été puisée dans les œuvres mêlées d'Hamilton, dont la première édition fut donnée sur les manuscrits, à Paris, en 1731 (privilége du 19 avril 1730), en trois volumes in-12, et réimprimée la même année en un volume (t. IV des œuvres) à Utrecht.

Elle y est placée (Paris, II, 67; Utrecht, p. 89), avec ce seul titre : *Réponse de M. Despréaux,* à la suite d'une pièce de vers intitulée (p. 63 et 85) *Épître écrite de Maintenon* à M. Despréaux, qui sans doute avait été

poëte. D'où vient donc que vous avez songé à m'en écrire une? Est-ce que vous vouliez m'apprendre mon métier, et que vous pensez savoir mieux que moi où il faut placer les belles figures et les comparaisons du soleil ?[1] La vérité est cependant que votre plume a mieux fait que vous, et non-seulement ne s'est point guindée pour me dire de belles choses, mais en me disant des choses très-badines, m'a autorisé à vous en dire de pareilles; c'est de quoi je m'accommode fort, et dont je saurai très-bien user. Oserois-je néanmoins vous dire que votre lettre, en me réjouissant fort, m'a pourtant chagriné, puisque je vous croyois entièrement guéri, et que c'est par elle que j'ai appris que vous étiez encore sous la conduite d'Esculape ?

envoyée à celui-ci par un duc et pair de sa connaissance, mais dont la lettre d'envoi n'est pas imprimée.

On l'a ensuite insérée, probablement d'après quelque réimpression de l'édition de 1731, dans la plupart des éditions modernes de Boileau (telles que 1815, Did.; 1821, S.-S.; 1821 et 1823, Viol.; 1821 et 1824, Am.; 1825, Daun. et Aug.; 1828, Thi.; 1829, B.-Ch.), comme adressée au fameux comte (Philibert) de Grammont, beau-frère d'Hamilton, quoique cette indication ne fût point dans les œuvres d'Hamilton, et qu'un simple coup d'œil sur le début de la lettre dût montrer qu'elle ne pouvait regarder ce comte. Philibert de Grammont, en effet, fut bien fils, frère et oncle de ducs et pairs, mais n'eut jamais lui-même cette dignité. La lettre est selon toute apparence adressée au même personnage que le n° xxxi, c'est-à-dire à Adrien Maurice de Noailles, fait duc quelques mois avant sa date (janvier 1704, *Moréri*), sur la démission de son père. Les femmes qu'on y cite par les signes de N. et de Q., et dont les commentateurs disent n'avoir pu deviner les noms, sont, également selon toute apparence, la duchesse de Noailles et la comtesse de Caylus (ce nom s'écrivait alors *Quailus* ou *Quélus*). La présence de ces trois personnes au lieu (Maintenon) d'où l'épître d'Hamilton fut envoyée à Boileau est assez naturelle, puisque les deux dames étaient les plus proches parentes et en même temps les favorites de M$^{me}$ de Maintenon. Enfin on voit dans d'autres lettres (entre autres n$^{os}$ xvi, xvii et lxx, et leurs notes) que Boileau était depuis longtemps en liaison avec le duc de Noailles et M$^{me}$ de Caylus. (B.-S.-P.)

1. C'est probablement une allusion à ce vers de l'épître d'Hamilton :

Où Phébus, à longs traits, répand son influence.

(B.-S.-P.)

Oh! le fâcheux dieu! Il ne parle jamais que de sobriété
et d'abstinences; et nous autres beaux esprits, quoique
ses frères en Apollon, nous ne le pouvons plus souffrir,
surtout depuis qu'il n'a plus voulu entreprendre de guérir
messieurs de...[1] de la folie de juger des ouvrages. Je le
tiens de la Faculté; je lui pardonne pourtant volontiers la
défense qu'il vous a faite de m'écrire de belles lettres;
mais non pas de m'écrire, comme vous faites, tout ce qui
vous vient au bout de la plume, et surtout de m'assurer
que madame de N... et madame de Q... me font l'honneur de se souvenir de moi. Cela ne s'appelle point *magno
conatu magnas nugas,* puisque c'est au contraire une
chose très-aisée à dire, et qui me fait un plaisir très-
sérieux. Mais, monseigneur, à propos de belles choses,
quel est donc le nouvel habitant de Maintenon qui m'a
écrit la lettre en vers que vous m'avez fait l'honneur de
m'envoyer?

> Quis novus hic vestris successit sedibus hospes?[2]

Je n'ai pas l'honneur de le connoître; mais, supposé qu'il
y ait chez vous beaucoup de pareils habitants, je ne doute
point que les Muses n'abandonnent dans peu les rives du
Permesse, pour s'aller habituer aux bords de la rivière
d'Eure. Il a raison de soutenir le parti de Voiture, puisqu'il lui ressemble beaucoup, et qu'en le défendant il
défend sa propre cause, aux pointes près, dont je ne le
vois pas fort amoureux. J'ose vous prier, monseigneur,

---

1. Ceci désigne évidemment les journalistes de Trévoux, avec qui Boileau
était alors en différend (voyez lettres cxx à cxxII). (B.-S.-P.)
2. Virgile, *Énéide,* liv. IV, vers 10. — Boileau substitue ici *vestris* à
*nostris.* (B.-S.-P.)

de lui bien témoigner l'estime que je fais de lui, et la reconnoissance que j'ai de l'estime qu'il fait de moi. Mais de quoi je vous conjure encore davantage, c'est de bien marquer à madame de N... et à madame de Q... la sincère vénération que j'ai pour elles, et de croire qu'il n'y a personne qui soit avec plus de sincérité et de respect que moi,

Monseigneur,

Votre, etc.

Despréaux.

## LETTRE XXX.[1]

### AU COMTE HAMILTON.[2]

Paris, le 8 février 1705.

Je ne devois dans les règles, monsieur, répondre à votre obligeante lettre, qu'en vous renvoyant l'agréable manuscrit que vous m'avez fait remettre entre les mains; mais ne me sentant pas disposé à m'en dessaisir, j'ai cru que je ne pouvois pas différer davantage à vous en faire mes remercîments, et à vous dire que je l'ai lu avec un

---

1. Publiée dans les *OEuvres* d'Hamilton, 1731, p. 28 et 37.
2. Antoine Hamilton, né en Irlande vers 1646, de l'ancienne maison de ce nom, fut élevé en France, passa en Angleterre avec Charles II, et revint avec Jacques II à Saint-Germain-en-Laye, où il mourut en 1720. Outre les célèbres *Mémoires de Gramont*, son beau-frère, on lui doit des *Contes*, et une *Épître* en vers au comte de Grammont, qui a été l'occasion de la lettre de Boileau. Ses *OEuvres* ont été réunies, Paris, 1749, 6 vol. in-12, et souvent réimprimées depuis. (M. Chénon.)

plaisir extrême; tout m'y ayant paru également fin, spirituel, agréable et ingénieux. Enfin, je n'y ai rien trouvé à redire que de n'être pas assez long; cela ne me paroît pas un défaut dans un ouvrage de cette nature, où il faut montrer un air libre, et affecter même quelquefois, à mon avis, un peu de négligence. Cependant, monsieur, comme dans l'endroit de ce manuscrit où vous parlez de moi magnifiquement, vous prétendez que si j'entreprenois de louer monsieur le comte de Grammont, je courrois risque en le flattant de le dévisager, [1] trouvez bon que je transcrive ici huit vers qui me sont échappés ce matin, en faisant réflexion sur la vigueur d'esprit que cet illustre comte conserve toujours, et que j'admire d'autant plus qu'étant encore fort loin de son âge, je sens le peu de génie que j'ai pu avoir autrefois entièrement diminué et tirant à sa fin. C'est sur cela que je me suis récrié :

Fait d'un plus pur limon, Grammont à son printemps... [2]

Je vous supplie, monsieur, de me mander s'il est égratigné dans ces vers, et de croire que je suis avec toute la sincérité et le respect que je dois, monsieur, votre, etc.

1. Voici l'endroit où il s'agit de Boileau :

> Des ouvrages d'esprit arbitre souverain,
> Il jouit en repos de sa première gloire ;
> Si du plus grand des rois il compose l'histoire,
> Phébus est attentif à conduire sa main;
> Et c'est l'unique soin des filles de Mémoire.
> Lui seul peut consacrer à l'immortalité
>    Un mérite comme le vôtre ;
> Mais sa muse a toujours quelque malignité,
>    Et vous caressant d'un côté,
>    Vous dévisageroit de l'autre.

2. *Poésies diverses*, XXXII, t. III, p. 60.

## LETTRE XXXI.[1]

#### AU DUC DE NOAILLES.[2]

A Paris, 30 juillet 1703.

Je ne sais pas, monseigneur, sur quoi fondé vous voulez qu'il y ait de l'*équivoque* dans le zèle et dans la sincère estime que j'ai toujours fait profession d'avoir pour vous. Avez-vous donc oublié que votre cher poëte n'a jamais été accusé de dissimulation, *et qu'enfin sa candeur* (c'est lui-même qui le dit dans une de ses épîtres[3]) *seule a fait tous ses vices?* Vous me faites concevoir que ce qui vous a donné cette mauvaise opinion de moi, c'est le peu de soin que j'ai eu depuis votre départ de vous mander des nouvelles de mon dernier ouvrage. Mais, tout de bon, monseigneur, croyez-vous qu'au milieu des grandes choses dont vous étiez occupé devant Barcelone, parmi le bruit des canons, des bombes et des carcasses,[4] mes Muses dussent vous aller demander audience, pour vous entretenir de mon démêlé avec l'Équivoque, et pour

---

1. Publiée d'abord en partie, et avec inexactitude, par Louis Racine (II, 267), et ensuite, en entier, sur l'autographe, par M. de Saint-Surin. (B.-S.-P.)
2. Voyez la lettre XXIX. — Adrien-Maurice de Noailles, mort à quatre-vingt-huit ans, en 1676.
3. Épître X, vers 86 :

    Et qu'enfin sa candeur seule a fait tous ses vices.

4. Carcasse, machine à feu, composée de deux cercles de fer qui se croisent en ovale, dans laquelle on met une bombe avec des grenades, des canons, des pistolets, des feux d'artifice, etc., revêtus d'une toile goudronnée, et qui se jette comme les bombes.

LETTRES A DIVERSES PERSONNES.

savoir de vous si je devois l'appeler maudit ou maudite ?[1]
Je veux bien pourtant avoir failli ; et puisque, même
encore aujourd'hui, vous voulez résolûment que je vous
rende compte de cette dernière pièce de ma façon, je
vous dirai que je l'ai achevée immédiatement après votre
départ, que je l'ai ensuite récitée à plusieurs personnes
de mérite, qui lui ont donné des éloges auxquels je ne
m'attendois pas ; que monseigneur le cardinal de Noailles[2]
surtout en a paru satisfait, et m'a même en quelque sorte
offert son approbation pour la faire imprimer ; mais que
comme j'ai attaqué à force ouverte la morale des méchants
casuistes, et que j'ai bien prévu l'éclat que cela alloit
faire, je n'ai pas jugé à propos *meam senectutem horum
sollicitare amentia*, et de m'attirer peut-être avec eux
sur les bras toutes les furies de l'enfer, ou, ce qui est
encore pis, toutes les calomnies de... :[3] vous m'entendez
bien, monseigneur. Ainsi j'ai pris le parti d'enfermer mon
ouvrage, qui vraisemblablement ne verra le jour qu'après
ma mort. Peut-être que ce sera bientôt. Dieu veuille que
ce soit fort tard ! Cependant je ne manquerai pas, dès que
vous serez à Paris, de vous le porter pour vous en faire
la lecture. Voilà l'histoire au vrai de ce que vous désiriez
savoir ; mais c'est assez parler de moi.

Parlons maintenant de vous. C'est avec un extrême
plaisir que j'entends tout le monde ici vous rendre justice
sur l'affaire de Barcelone, où l'on prétend que tout auroit

---

1. Allusion aux quatre premiers vers de la satire XII.

> Du langage françois bizarre hermaphrodite,
> De quel genre te faire, Équivoque maudite,
> Ou maudit ? Car sans peine aux rimeurs hasardeux
> L'usage encor, je crois, laisse le choix des deux.

2. Oncle du duc de Noailles.
3. Probablement du P. Le Tellier. (B.-S,-P.)

bien été, si on avoit aussi bien fini que vous avez bien commencé.[1] Il n'y a personne qui ne loue le roi de vous avoir fait lieutenant général ; et des gens sensés même croient que, pour le bien des affaires, il n'eût pas été mauvais de vous élever encore à un plus haut rang. Au reste, c'est à qui vantera le plus l'audace avec laquelle vous avez monté la tranchée, à peine encore guéri de la petite vérole, et approché d'assez près les ennemis pour leur communiquer votre mal, qui, comme vous savez, s'excite souvent par la peur. Tout cela, monseigneur, me donneroit presque l'envie de faire ici votre éloge dans les formes ; mais comme il me reste très-peu de papier et que le panégyrique n'est pas trop mon talent, trouvez bon que je me hâte plutôt de vous dire que je suis avec un très-grand respect, monseigneur, etc.

## LETTRE XXXII.[2]

### AU MARQUIS DE MIMEURE.[3]

A Paris, 4 août 1706.

Ce n'est point, monsieur, un faux bruit, c'est une vérité rès-constante, que dans la dernière assemblée qui se tint

1. Le siége avait été levé dans la nuit du 11 au 12 de mai 1706, sans qu'on eût livré d'assaut.
2. Publiée en 1777, dans les *Diversités galantes et littéraires,* partie II, p. 85, probablement sur l'original, et en 1814, par M. Fayole, dans le *Magasin encyclopédique,* t. IV, p. 333 et suivantes; et depuis par les divers éditeurs de Boileau, tels que MM. de Saint-Surin et Daunou. (B.-S.-P.)
3. Jacques-Louis de Valon, marquis de Mimeure, né à Dijon en 1650, élu de l'Académie française en 1707; tous ses titres étaient la traduction en

au Louvre pour l'élection d'un académicien, je vous donnai ma voix, et je vous la donnai avec d'autant plus de raison que vous ne l'aviez point briguée, et que c'étoit votre seul mérite qui m'avoit engagé dans vos intérêts. Je n'étois pas pourtant le premier à qui la pensée de vous élire étoit venue ; il y avoit un bon nombre d'académiciens qui me paroissoient dans la même disposition que moi. Mais je fus fort surpris, en arrivant dans l'assemblée, de les trouver tous changés en faveur d'un M. de Saint-Aulaire, [1] homme, disoit-on, de fort grande réputation, mais dont le nom pourtant, avant cette affaire, n'étoit pas venu jusqu'à moi. Je leur témoignai mon étonnement avec assez d'amertume ; mais ils me firent entendre, d'un air assez pitoyable, qu'ils étoient liés. Comme la brigue de M. de Saint-Aulaire, n'étoit pas médiocre, plusieurs gens de conséquence m'avoient écrit en faveur de cet aspirant à la dignité académique ; mais, par malheur pour lui, dans l'intention de me faire mieux concevoir son mérite, on m'avoit envoyé un poëme de sa façon, [2] très-mal versifié, où, en termes assez confus, il conjure la volupté de venir prendre soin de lui pendant sa vieillesse,

---

vers français de l'ode d'Horace : *Mater sæva cupidinum;* il mourut en 1719. Voir là-dessus notre *Vie de Boileau,* t. I, p. cvi et suivantes.

1. François-Joseph de Beaupoil, marquis de Saint-Aulaire, élu membre de l'Académie française en 1706, lieutenant général au gouvernement de Limousin, mort le 17 de décembre 1742, âgé de près de cent ans. On a de lui des vers insérés dans divers recueils. Les meilleurs sont ceux du quatrain bien connu à la duchesse du Maine, composé à quatre-vingt-quinze ans :

> La divinité qui s'amuse
> A me demander mon secret,
> Si j'étois Apollon, ne seroit pas ma Muse :
> Elle seroit Thétis, et le jour finiroit.

Ce quatrain ne fut fait par lui que trente ans après son élection.

2. Une élégie qu'il avait composée à l'âge de soixante ans. Monchesnai *Bolœana,* dit que le président de Lamoignon, à la prière du marquis de

et de réchauffer les restes glacés de sa concupiscence : voilà en effet le but où il tend dans ce beau poëme. Quelque bien qu'on m'eût dit de lui, j'avoue que je ne pus m'empêcher d'entrer dans une vraie colère contre son ouvrage.[1] Je le portai à l'Académie où je le laissai lire à qui voulut ; et quelqu'un s'étant mis en devoir de le défendre, je jouai le vrai personnage du misanthrope dans Molière, où plutôt j'y jouai mon propre personnage, le chagrin de ce misanthrope contre les méchants vers ayant été, comme Molière me l'a confessé plusieurs fois lui-même, copié sur mon modèle. Ensuite on procéda à l'élection par billets ; et bien que je fusse le seul qui écrivis votre nom dans mon billet, je puis dire que je fus le seul qui ne parus point honteux et déconcerté.

Voilà, monsieur, au vrai toute l'histoire de ce qui s'est passé à votre occasion à l'Académie. Je ne vous en fais pas un plus grand détail, parce que M. Le Verrier m'a dit qu'il vous en avoit déjà écrit fort au long.[2] Tout ce que

Saint-Aulaire, avait écrit à Boileau, en lui envoyant cette élégie, pour l'engager à lui donner sa voix.

Cette élégie commençait ainsi :

Où fuyez-vous, plaisirs, où fuyez-vous, amours,
De mon printemps compagnons si fidèles ?

1. Boileau avait mis d'abord : « Contre l'auteur d'un tel ouvrage. »
2. M. Le Verrier, dans une lettre au marquis de Noailles, du 30 juillet 1706, écrit les détails suivants : « Pour M. de Mimeure, ses meilleurs amis ont été obligés de le sacrifier ; d'autres se sont absentés de l'Académie, et de ce nombre sont M. d'Avranches, M. de Malezieu, M. l'abbé Genest et M. Dacier. Mais M. Despréaux, en vrai républicain, ne s'est point absenté ; il est allé courageusement à l'Académie ; il a représenté avec beaucoup de chaleur que tout étoit perdu, puisqu'il n'y avoit plus que la brigue des femmes qui mît des académiciens à la place de ceux qui mouroient. Enfin il a lu tout haut des vers de M. de Saint-Aulaire, qu'on lui avoit donnés de sa part ; il a représenté que dès sa première jeunesse sa bile s'étoit échauffée contre les mauvais poëtes ; que c'étoit ce qui l'avoit porté à écrire contre les Chapelains, les Cotins, les Pelletiers et tant d'autres qui étoient

je puis vous dire, c'est que dans tout ce que j'ai fait, je n'ai songé qu'à procurer l'avantage de la compagnie, et rendre justice au mérite. Cependant je vois que par là je me suis fait une fort grande affaire, non-seulement avec M. de Saint-Aulaire, mais avec vous, et que je suis plutôt l'objet de vos reproches que de vos remercîments. Vous vous plaignez surtout du hasard où je vous exposois, en vous nommant académicien, à faire une mauvaise harangue. Je suis bien persuadé que vous ne la pouviez faire que fort bonne; mais quand même elle auroit été mauvaise, n'aviez-vous pas un nombre infini d'illustres exemples pour vous consoler? Et est-ce la première méchante affaire dont vous seriez sorti glorieusement? Vous dites qu'en vous j'ai prétendu donner un bretteur à l'Académie. Oui, sans doute; mais un bretteur à la manière de César, et d'Alexandre. Hé quoi! avez-vous oublié que le bonhomme Horace avoit été colonel d'une légion, et n'étoit pas revenu comme vous d'une grande défaite?

> Cum fracta virtus, et minaces,
> Turpe solum tetigere mento.[1]

Cependant dans quelle Académie n'auroit-il point été reçu, supposé qu'il n'eût point eu pour concurrent M. de

---

les héros du Parnasse en comparaison de M. de Saint-Aulaire à qui l'on ne devoit pas donner le nom d'Anacréon, parce que c'est un vieillard qui invoque la mollesse de le venir réchauffer sur la fin de ses jours. Ainsi M. Despréaux, à la vue de tout le monde, donna une boule noire à M. de Saint-Aulaire, et nomma lui seul M. de Mimeure. Voilà, monseigneur, des témoignages qu'il y a encore de vrais Romains sur la terre; et à l'avenir vous prendrez la peine de ne plus appeler M. Despréaux votre cher poëte, mais votre cher Caton. » Extrait de la lettre de M. Le Verrier, publiée par de Saint-Surin, t. IV, p. 569 et 570.

1. Horace, liv. II, ode vii, vers 11-12.

Saint-Aulaire? Enfin, monsieur, vous me faites concevoir que je vous ai en quelque sorte compromis par trop de zèle, puisque vous n'avez eu pour vous que ma seule voix. Mais si j'ose ici faire le fanfaron, prétendez-vous que ma seule voix non briguée ne vaille pas vingt voix mendiées bassement? Et de quel droit prétendez-vous qu'il ne soit pas permis à un censeur soit à droit, soit à tort, installé depuis longtemps sur le Parnasse, comme moi, de rendre sans votre congé justice à vos bonnes qualités, et de vous donner mon suffrage sur une place qu'il croit que vous méritez?[1] Ainsi, monsieur, demeurons bons amis, et surtout pardonnez-moi les ratures qui sont dans ma lettre, puisqu'elle me coûteroit trop à récrire, et que je ne sais si je pourrois venir à bout de la mettre au net. Du reste croyez qu'il n'y a personne qui vous estime plus que moi, et que je suis très-affectueusement,

Votre très-humble, etc.

Nous avons déjà bu plusieurs fois à votre santé dans l'illustre auberge où l'on boit si souvent *gratis*, comme vous savez.[2]

---

1. Il la méritait si bien, que, lorsqu'il l'eut obtenue en 1707, il fit faire son discours de réception par Lamotte. (Daunou.) L'usage de l'Académie étant, selon d'Alembert, de choisir à de certaines époques un grand seigneur, plutôt qu'un homme de lettres, Boileau était excusable de vouloir faire passer M. de Mimeure, auquel il trouvait quelque mérite, avant M. de Saint-Aulaire, qui n'en avait alors aucun.

2. Sans doute chez Le Verrier, où Boileau dînait souvent. Voyez lett. 37, 128, 139, 144, etc.

## LETTRE XXXIII.[1]

A M. DE LOSME DE MONCHESNAI,[2]

SUR LA COMÉDIE.

(Septembre) 1707.[3]

Puisque vous vous détachez de l'intérêt du ramoneur, je ne vois pas, monsieur, que vous ayez aucun sujet de vous plaindre de moi, pour avoir écrit que je ne pouvois juger à la hâte d'ouvrages comme les vôtres, et surtout à l'égard de la question que vous entamez sur la tragédie et sur la comédie, que je vous ai avoué néanmoins que vous traitiez avec beaucoup d'esprit; car, puisqu'il faut vous dire le vrai, autant que je puis me ressouvenir

1. Publiée en 1729, dans les *Mémoires* de littérature du P. Desmolets, t. VII, partie II, p. 271. Louis Racine, en 1747, t. II, p. 258, en a publié un texte qui offre quelques variantes.

Voici ce que dit Racine : « Je mets ici cette lettre, non-seulement parce qu'elle apprend l'effet que produisirent deux vers de *Britannicus*, mais parce qu'elle contient la thèse que Boileau soutint devant M. Arnauld, comme je l'ai rapporté dans la *Vie* de mon père. Il avoit soutenu la même thèse, en présence du Père Massillon, contre M. de Montchesnai, auteur du *Bolœana*, qui lui envoya ensuite une dissertation sur cette matière; et le paquet fut porté par un ramoneur. Boileau, surpris du messager, en fit quelques railleries. M. de Montchesnai, en étant informé, lui écrivit une lettre que je ne rapporte point, parce qu'elle ne contient que des plaisanteries sur le ramoneur, et que ces plaisanteries n'ont rien d'agréable. La plume de l'auteur du *Bolœana* n'étoit pas légère. »

2. Jacques de Losme de Montchesnay, né à Paris en 1666, mort à Chartres, en 1740. Il a travaillé pour le théâtre et publié un *Bolœana*. (M. Chéron.)

3. La réponse de Montchesnai portant la date du 2 d'octobre, on en a conclu que cette lettre est du mois de septembre. (M. Chéron.) Cette réponse est dans Desmolets, p. 275.

de votre dernière pièce, vous prenez le change, et vous y confondez la comédienne avec la comédie, que, dans mes raisonnements avec le P. Massillon, j'ai, comme vous savez, exactement séparées.

Du reste, vous y avancez une maxime qui n'est pas, ce me semble, soutenable ; c'est à savoir, qu'une chose qui peut produire quelquefois de mauvais effets dans des esprits vicieux, quoique non vicieuse d'elle-même, doit être absolument défendue, quoiqu'elle puisse d'ailleurs servir au délassement et à l'instruction des hommes. Si cela est, il ne sera plus permis de peindre dans les églises des vierges Maries, ni des Suzannes, ni des Madeleines agréables de visage, puisqu'il peut fort bien arriver que leur aspect excite la concupiscence d'un esprit corrompu. La vertu convertit tout en bien, et le vice tout en mal. Si votre maxime est reçue, il ne faudra plus non-seulement voir représenter ni comédie ni tragédie, mais il n'en faudra plus lire aucune ; il ne faudra plus lire ni Virgile, ni Théocrite, ni Térence, ni Sophocle, ni Homère ;[1] et voilà ce que demandoit Julien l'Apostat, et qui lui attira cette épouvantable diffamation de la part des Pères de l'Église. Croyez-moi, monsieur, attaquez nos tragédies et nos comédies, puisqu'elles sont ordinairement fort vicieuses, mais n'attaquez point la tragédie et la comédie en général, puisqu'elles sont d'elles-mêmes indifférentes, comme le sonnet et les odes, et qu'elles ont quelquefois rectifié l'homme plus que les meilleures prédications : et, pour vous en donner un exemple admirable, je vous dirai qu'un grand prince,[2] qui avoit dansé à plusieurs ballets,

---

1. Dans Desmolets :... ni Térence, ni Sophocle, ni Homère, ni Virgile, ni Théocrite.
2. Louis XIV.

ayant vu jouer le *Britannicus* de M. Racine, où la fureur de Néron à monter sur le théâtre est si bien attaquée, [1] il ne dansa plus à aucun ballet, non pas même au temps du carnaval. Il n'est pas concevable de combien de mauvaises choses la comédie a guéri les hommes capables d'être guéris ; car j'avoue qu'il y en a que tout rend malades. Enfin, monsieur, je vous soutiens, quoi qu'en dise le P. Massillon, que le poëme dramatique est une poésie indifférente de soi-même, et qui n'est mauvaise que par le mauvais usage qu'on en fait. Je soutiens que l'amour, exprimé chastement dans cette poésie, non-seulement n'inspire point l'amour, mais peut beaucoup contribuer à guérir de l'amour les esprits bien faits, pourvu qu'on n'y répande point d'images ni de sentiments voluptueux. Que s'il y a quelqu'un qui ne laisse pas, malgré cette précaution, de s'y corrompre, la faute vient de lui, et non pas de la comédie. Du reste, je vous abandonne le comédien et la plupart de nos poëtes, et même M. Racine [2] en plusieurs de ses pièces. Enfin, monsieur, souvenez-vous que l'amour d'Hérode pour Mariamne dans Josèphe, est peint avec tous les traits les plus sensibles de la vérité. Cependant quel est le fou qui a jamais pour cela défendu la lecture de Josèphe ? Je vous barbouille tout ce canevas de dissertation, afin de vous montrer que ce n'est pas sans

---

1. Pour toute ambition, pour vertu singulière,
Il excelle à conduire un char dans la carrière ;
A disputer des prix indignes de ses mains ;
A se donner lui-même en spectacle aux Romains...
     Acte IV, scène iv.

2. « Je vous sais bon gré, dit Monchesnai dans sa réplique à Despréaux, de m'abandonner les comédiens et nos poëtes modernes, et même M. Racine, en plusieurs de ses pièces ; lui-même est convenu avec moi que sa *Bérénice* étoit très-dangereuse pour les mœurs. »

raison que j'ai trouvé à redire à votre raisonnement. J'avoue cependant que votre satire est pleine de vers bien trouvés. Si vous voulez répondre à mes objections, prenez la peine de le faire de bouche, parce qu'autrement cela traîneroit à l'infini : mais surtout trêve aux louanges. J'aime qu'on me lise, et non qu'on me loue. Je suis, etc.

## LETTRE XXXIV.[1]

### A M. DESTOUCHES,[2]

SECRÉTAIRE DE MONSEIGNEUR L'AMBASSADEUR[3] DE FRANCE EN SUISSE, A SOLEURE.

Paris, 26 décembre 1707.

Si j'étois en parfaite santé, vous n'auriez pas de moi, monsieur, une courte réplique. Je tâcherois, en répondant fort au long à vos magnifiques compliments, de vous faire voir que je sais rendre hyperboles pour hyperboles, et qu'on ne m'écrit pas impunément des lettres aussi spirituelles et aussi polies que la vôtre ; mais l'âge et mes infirmités ne permettant plus ces excès à ma plume,

---

1. Publiée par Cizeron-Rival, *Lettres familières*, t. III, p. 124, d'après une copie de la main de Boileau.
2. Philippe Néricault Destouches, de l'Académie française, né à Tours en 1680, mort le 4 de juillet 1754. C'est l'auteur du *Glorieux*, du *Philosophe marié*, etc. Ses OEuvres ont été réunies pour la première fois, Amsterdam, 1755-59, 5 vol. in-12. (M. Chéron.)
3. M. le marquis de Puisieulx, qui s'était fait le protecteur de Destouches, l'avait retiré du théâtre (car il était acteur et chef d'une troupe de campagne), et l'avait formé aux négociations diplomatiques.

trouvez bon, monsieur, que, sans faire assaut d'esprit avec vous, je me contente de vous assurer que j'ai senti, comme je dois, vos honnêtetés, et que j'ai lu avec un fort grand plaisir l'ouvrage que vous m'avez fait l'honneur de m'envoyer. J'y ai trouvé en effet beaucoup de génie et de feu, et surtout des sentiments de religion, que je crois d'autant plus estimables qu'ils sont sincères, et qu'il me paroît que vous écrivez ce que vous pensez. C'est un éloge que le zèle des dévots ne mérite pas toujours.[1] Cependant, monsieur, puisque vous souhaitez que je vous écrive avec cette liberté satirique que je me suis acquise, soit à droit, soit à tort, sur le Parnasse, depuis très-longtemps, je ne vous cacherai point que j'ai remarqué dans votre ouvrage de petites négligences, dont il y a apparence que vous vous êtes aperçu aussi bien que moi, mais que vous n'avez pas jugé à propos de réformer, et que pourtant je ne saurois vous passer. Car comment vous passer deux *hiatus* aussi insupportables que ceux qui paroissent dans les mots d'*essuient* et d'*envoie* de la manière dont vous les employez? comment souffrir qu'un aussi galant homme que vous fasse rimer *terre* à *colère*? Comment?... Mais je m'aperçois qu'au lieu des remercîments que je vous dois, je vais ici vous inonder de critiques, très-mauvaises peut-être. Le mieux donc est de m'arrêter, et de finir en vous exhortant de continuer dans le bon dessein que vous avez de vous élever sur la montagne au double sommet, et d'y

---

1. Cette phrase a été restituée au texte par M. Chéron; voici la raison qu'il en donne :

« Cette dernière phrase « c'est un éloge... » a été attribuée par tous les éditeurs à d'Alembert, qui la donna entre crochets dans son *Éloge de Destouches*. Elle est bien dans l'original de la lettre, que possède M. Rathery, mais Boileau ne l'avait pas mise sur la copie destinée à l'impression. »

M. Laverdet l'avait déjà fait remarquer.

cueillir les infaillibles lauriers qui vous y attendent. Je suis avec beaucoup de reconnoissance...

Monsieur,

Votre très-humble, etc.

BOILEAU DESPRÉAUX.[1]

## LETTRE XXXV.[2]

AU RÉVÉREND PÈRE THOULIER, JÉSUITE.

(DEPUIS, L'ABBÉ D'OLIVET.)

Paris, 13 août 1709.

Je vous avoue, mon très-révérend père, que je suis fort scandalisé qu'il me faille une attestation par écrit pour désabuser le public, et surtout d'aussi bons connoisseurs

---

1. Destouches fils (voir d'Alembert, vers 487) avait élevé des doutes sur l'authenticité de cette lettre. La publication de Cizeron-Rival les a réduits à néant. Quoique Boileau signe ordinairement ses lettres *Despréaux*, il ne faudrait pas se prévaloir de cette signature *Boileau Despréaux* pour attaquer l'authenticité de cette lettre. M. B.-S.-P. en cite un autre exemple.

2. Publiée sur une copie par Cizeron-Rival (III, 127 et suiv.) avec deux lettres des 12 et 13 d'août 1709, l'une du fameux père Le Tellier à Thoulier, et l'autre de Thoulier à Boileau, où l'on demandait que celui-ci désavouât par écrit une satire virulente contre les jésuites, à lui attribuée. Cizeron-Rival y joint un fragment d'une épître à Boileau contre ces religieux (elle est en entier à la Bibliothèque royale), que Cizeron-Rival, et d'après lui d'Alembert (VI, 236, éd. de d'Olivet), croient être cette satire. Mais il s'agit plutôt d'une réponse à une épigramme attribuée aux jésuites, mise sous le nom de Boileau, dans le *Boileau aux prises avec les jésuites*, comme l'a montré M. de Saint-Surin. Voyez aussi la lettre à Brossette, du 12 mars 1707, n° CXXXV.

Le même éditeur a reproduit toutes ces pièces : nous nous bornerons à

que les révérends pères jésuites, que j'aie fait un ouvrage aussi impertinent que la fade épître en vers dont vous me parlez. Je m'en vais pourtant vous donner cette attesta-

rapporter la fin de l'épitre dont nous venons de parler, telle qu'on la lit, non dans Cizeron-Rival ou dans M. de Saint-Surin, mais dans un petit manuscrit inédit de la Bibliothèque royale. (Imprimés, Y, 5093.)

> Peins ces flatteurs de cour et ces saints politiques
> Que Rome a pensé voir mille fois schismatiques ;
> Et qui contre elle armés pour Harlay, Richelieu,
> Vouloient créer en France un substitut à Dieu.
> Raille ces grands docteurs dont la morale utile
> Sait aplanir du ciel la route difficile ;
> Qui cherchant des couleurs aux plus honteux péchés,
> Trouvent l'art de blanchir les plus noirs débauchés :
> Mets ce beau dogme en vers : *On peut pour une pomme,*
> Lessius le soutient, *assassiner un homme ;*
> Et dussent de Sanchez les cyniques écrits
> Faire même rougir les Phrynés, les Laïs,
> Dis-nous comment ce prêtre en ses pages impures
> Exprima d'Arétin les infâmes postures.
> Dis-nous si, sans salir son esprit et son cœur,
> La Dancourt oseroit lire un si sale auteur ;
> Et si des flagellants les histoires critiques
> Approchent des horreurs de ces gloses lubriques.
> C'étoit peu d'étaler tant d'impudicités,
> Il falloit mettre au jour un tas d'impiétés,
> Qu'en un livre maudit avec plaisir retrace
> La sacrilége main du profane Garasse.
> Décris le culte affreux qu'ils souffrent aux Chinois ;
> Osent-ils leur prêcher un Dieu mort sur la croix ?
> Combats Mariana ; peut-on trop le combattre ?...
> La France saigne encor du meurtre d'Henri quatre.
> Suspens pour un moment ton glorieux emploi ;
> Venge Dieu, venge Arnauld, nos rois, l'Église et toi.
>                                     (B.-S.-P.)

Le manuscrit qui contient cette épître nous a paru mériter une description détaillée. C'est un petit cahier de format in-18, composé de vingt feuillets, 1, 1 *bis* à 20, qui a pour titre : *Recueil de plusieurs pièces contre M. Despréaux*. Il contient, feuillets 1 *bis* et 2, recto et verso : *Satyre de Cotin contre Despréaux ;* feuillet 2, verso : *Épigramme pour Cotin*, de Charpentier ; feuillet 3, recto : *Épigramme de Despréaux contre Perrault* (IX) ; *Réponse pour Perrault,* de Pinchesne ; 3, verso : *Sonnet contre Despréaux*, de Saint-Pavin ; *Réponse de Despréaux à Saint-Pavin* (XIII) ; feuillets 4 et 5, recto et verso : *Satyre à M. Bussy-Rabutin*, de Quinault ; 5, verso : *Épigramme*, de Charpentier ; feuillets 6 à 11 entièrement blancs ; 12 et 13, recto et verso : *Epistre à M. Despréaux, ou la Légende jésuitique ;* une main du XVIIIe siècle a ajouté : *par M. de Driancourt.* Nous en

tion, puisque vous le voulez, dans ce billet, où je vous déclare qu'il ne s'est jamais rien fait de plus mauvais, ni de plus sottement injurieux que cette grossière boutade de quelque cuistre de l'Université ; et que, si je l'avois faite, je me mettrois moi-même au-dessous des Coras, des Pelletiers et des Cotins. J'ajouterai à cette déclaration que je n'aurai jamais aucune estime pour ceux qui, ayant lu mes ouvrages, ont pu me soupçonner d'avoir fait cette puérile pièce, fussent-ils jésuites. [1] Je vous en dirois bien davantage si je n'étois pas malade, et si j'en avois la permission de mon médecin. Je vous donne le bonjour, et suis parfaitement, mon révérend père, [2] etc.

donnons ci-dessus la fin, dont les trois derniers vers sont sur le recto du feuillet 14 ; feuillets 14 à 20 blancs ; au verso du feuillet 20, deux *épigrammes* et un *madrigal pour Despréaux*. Ce petit cahier porte le n° des *Belles-Lettres* Y, 5093. (M. Chéron.)

Voir sur cette affaire notre *Vie de Boileau*, t. I, p. cdvi ; nous y donnons la lettre du P. Le Tellier au P. Thoulier.

1. Cette phrase dont Le Tellier pouvait se faire l'application lave Boileau, dit avec raison M. de Saint-Surin, du reproche de pusillanimité que d'Alembert lui a fait en cette occasion. Comment, en effet, suivant l'observation de M. Raynouard (*Journal des Savants*, p. 143), Le Tellier aurait-il osé montrer un semblable désaveu ? (B.-S.-P.)

2. Ici se placerait un billet inédit écrit trois jours après (16 d'août) à Thoulier, qui se trouve dans les manuscrits de Brossette et par lequel Boileau demande à ce jésuite une conférence *sur l'affaire qu'il sait* (sans doute la même dont il est question dans la lettre ci-dessus). Observant ensuite que ses infirmités ne lui permettent pas de l'aller voir (Thoulier), il offre de lui envoyer le lendemain, dès cinq heures du matin, son carrosse. (B.-S.-P.)

Ce billet est publié par M. Laverdet, *Supplément*, lettre LI, p. 449. Le voici :

« A Paris, vendredi, 16 août 1709.

« J'étois résolu, mon très-révérend père, de vous aller voir ce matin, mais il m'est survenu une incommodité qui ne me permet pas de sortir. Cependant il est nécessaire que nous conférions ensemble sur l'affaire que vous savez. Mandez-moi donc si vous voulez que je vous envoie ce soir sur les cinq heures mon carrosse, ou à telle autre heure demain au matin qu'il

## LETTRE XXXVI.[1]

### AU MÊME.

Paris, 13 décembre 1709.

Vous m'avez fait un très-grand plaisir de m'envoyer la lettre que j'ai écrite à M. de Maucroix ; car, comme elle a été écrite fort à la hâte, et, comme on dit, *currente calamo*, il y a des négligences d'expression qu'il sera bon de corriger. Vous faites fort bien, au reste, de ne point insérer dans votre copie la fin de cette lettre, parce que cela me pourroit faire des affaires avec l'Académie, et qu'il est bon de ne point réveiller les anciennes querelles.[2] J'oubliois à[3] vous dire qu'il est vrai que mes libraires me pressent fort de donner une nouvelle édition de mes ouvrages ; mais que je n'y suis nullement disposé, évitant de faire parler de moi, et fuyant le bruit avec autant de soin que je l'ai cherché autrefois. Je vous en dirai davantage la première fois que j'aurai le bonheur de vous voir. Ce ne sauroit être trop tôt. Faites-moi donc la grâce de me mander quand vous voulez que je vous envoie mon carrosse ; il sera sans faute à la porte de votre collége, à

vous plaira. Je vous attendrai chez moi, et je vous y dirai ma résolution sur l'affaire pour laquelle vous vous entremettez. J'espère que vous sortirez content de notre conférence.

« Je vous donne le bonjour et suis passionnément, mon révérend père, votre, etc.

« Despréaux. »

1. Publiée par Brossette, in-4°, t. II, p. 322, en note de la lettre à Maucroix. L'éditeur n'en a donné qu'un fragment.
2. Voyez la lettre à Maucroix, n° XII.
3. Il serait plus régulier aujourd'hui de dire *j'oubliais de...*

l'heure que vous me marquerez. Le droit du jeu pourtant seroit que j'allasse moi-même vous dire tout cela chez vous ; mais comme je ne saurois presque plus marcher qu'on ne me soutienne et qu'il faut monter les degrés de votre escalier pour avoir le plaisir de vous entretenir, je crois que le meilleur est de nous voir chez moi. Adieu, mon très-révérend père ; croyez que je sens, comme je dois, les bontés que vous avez pour moi ; et que je ne vous donne pas une petite place entre tant d'excellents hommes de votre Société que j'ai eus pour amis, et qui m'ont fait l'honneur, comme vous, de m'aimer un peu, sans s'effrayer de l'estime très-bien fondée que j'avois pour M. Arnauld et pour quelques personnes de Port-Royal, ne m'étant jamais mêlé des querelles de la grâce.[1]

---

1. Voir ses lettres à Brossette, du 4 de novembre, du 7 de décembre 1703, et du 15 de juin 1704, n°ˢ cxx, cxxi, cxxiv.

Ici se place encore un billet inédit du 24 de mars 1710, où Boileau mande à Thoulier qu'il a revu ses papiers et les lui renvoie (probablement les poésies dont il est question dans la lettre suivante).

Ce billet, du 24 de mars, est donné par M. Laverdet, *Supplément*, LIII, p. 450, après la lettre suivante qui porte la date du 4 d'avril 1710. Le voici :

« Au P. Thoulier.

« A Paris, 24ᵉ mars 1710.

« Je vous renvoie, mon révérend père, vos papiers que j'ai revus assez exactement malgré mes infirmités. Je ne sais si vous concevrez bien mes ratures et mes corrections ; mais si vous voulez en être éclairci parfaitement, il faut que vous preniez la peine de venir chez moi un matin, car il est bon que nous soyons seuls, et j'aurois de la peine à monter les degrés de votre maison collégiale. Tout ce que je vous puis dire en général de votre Préface, c'est que votre discours est fort sensé, et que lorsque vous y aurez mis la dernière main sur mes remarques, ce sera à mon avis une des meilleures et des plus solides préfaces que nous ayons en françois.

« Je vous donne le bon jour, et suis parfaitement votre, etc.

« DESPRÉAUX. »

M. H. Rigault, dans son *Histoire de la querelle des anciens et des*

## LETTRE XXXVII.[1]

### AU MÊME.

Paris, 4 avril 1710.

Il n'y a point, mon révérend père, à se plaindre du hasard. Peut-être a-t-il bien fait; car j'avois répandu fort à la hâte sur le papier les corrections que je vous ai envoyées, et je suis persuadé que j'en aurois rétracté plusieurs dans les entretiens que je prétendois sur cela avoir avec vous. Ainsi, laissant là toutes ces corrections, bonnes

*modernes*, Paris, 1856, a copié sur l'autographe de Boileau, appartenant à la collection de M. Gilbert, la lettre suivante au père Bouhours :

« Comme il me paroît, mon révérend père, par les paroles que le révérend père Tarteron a dites à mon frère le docteur de Sorbonne, et par d'autres choses qu'on m'a rapportées, qu'il y a un dessein formé dans votre Compagnie de se déclarer contre moi, et qu'on a même défendu de lire mes ouvrages dans votre collége, je souhaiterois de vous voir et de vous embrasser, afin qu'au moins avant le combat nous nous pardonnions notre mort. Car, quoi qu'il puisse arriver, je puis vous assurer que je vous estimerai et vous aimerai toujours chèrement, aussi bien que le révérend père de La Chaise, que j'honore et que je respecte comme l'homme du monde à qui j'ai la plus sensible obligation. J'aurois été vous dire tout cela chez vous s'il y faisoit sûr pour moi, et si je vous y pouvois parler auprès du feu et sans courir risque d'être entendu. Mais cela ne se pouvant point, voyez si vous serez assez hasardeux pour venir dîner demain avec moi. Supposez que vous ayez assez d'audace pour cela, mandez-moi ce soir, ou demain au matin, à quelle heure vous voulez que je vous envoie mon carrosse. Adieu, mon très-illustre adversaire ; je vous réponds, quoi qu'en veuille dire le P. Tarteron, que je suis très-sincère, et surtout quand je vous dis que je suis votre très-humble et très-obéissant serviteur.

« DESPRÉAUX. »

[1]. Publiée d'après un autographe, par Cizeron-Rival, *Lettres familières*, t. III, p. 139.

ou mauvaises, trouvez bon que je me contente de vous remercier de votre agréable présent. Je ne manquerai pas de porter à M. Le Verrier, chez qui je vais aujourd'hui dîner, le volume [1] dont vous m'avez chargé pour lui. Il meurt d'envie de vous donner à dîner, et il faut que nous prenions jour pour cela. Adieu, mon illustre père : aimez-moi toujours, et croyez que je ne perdrai jamais la mémoire du service considérable que vous m'avez rendu, en contribuant si bien à détromper les hommes de l'horrible affront qu'on me vouloit faire, en m'attribuant le plus plat et le plus monstrueux libelle qui ait jamais été fait. Je vous embrasse de tout mon cœur, et suis très-parfaitement...[2]

1. Les poésies de Huet dont Thoulier était éditeur. (CIZERON-RIVAL.)
2. Le *Bulletin du Bibliophile*, février 1870, p. 53-54, a publié ce billet de Boileau à M. de Gaignières; il est du mois de novembre 1683 :

« Je crois que ma maladie survivra à celle de M. de Puygmorin, qui n'a plus la fièvre, grâce au quinquina qu'il a pris à mes instantes sollicitations. Pour moi, j'ai toujours le genou malade... Je vous prie donc de me pardonner, si je vous demande quelques jours pour achever ce que vous souhaitez. Vous ne sauriez croire quelle mauvaise compagnie c'est que la douleur, quand on travaille aux choses d'esprit. Il n'y a qu'une conversation comme la vôtre qui la puisse faire oublier. Je l'éprouvai bien le dernier jour chez vous, et je vois bien que c'est le meilleur cataplasme que j'y puisse mettre; mais on ne le trouve pas quand on veut. »

## II.

# LETTRES DE BOILEAU A RACINE

ET

## DE RACINE A BOILEAU.[1]

---

### AVERTISSEMENT DE LOUIS RACINE.[2]

« On verra dans les lettres suivantes, tout commun entre les deux hommes qui s'écrivent, amis, intérêts, sentiments et ouvrages. On verra aussi mon père plus occupé, à la cour, de Boileau que de lui-même. Cette union, qui a duré près de quarante ans, ne s'est jamais refroidie.

« Les premières lettres furent écrites dans le temps que Boileau étoit allé à Bourbon, où les médecins l'avoient envoyé

---

1. Des cinquante et une lettres dont se compose le recueil suivant, quarante-sept ont été publiées, en 1747, par Louis Racine sur les originaux, et trois, en 1770, par Cizeron-Rival (ce sont les n°⁵ xxxix *, xli et lxxiii) sur des copies trouvées dans les manuscrits de Brossette; enfin, on en a imprimé une dans une traduction de Platon (c'est le n° xxxviii). On a élevé quelques doutes sur l'authenticité de celle-ci (voyez en les notes); toutes les autres ont été comprises dans les grandes éditions de Boileau, depuis la première de M. Daunou (1800). (B.-S.-P.)

2. Il l'a placé en tête (II, 87) de cette correspondance, qu'il a publiée le premier. (B.-S.-P.)

* La première, ou le n° xxxix, a depuis été publiée sur l'autographe.

prendre les eaux : remède assez bizarre pour une extinction de voix. Il l'avoit perdue entièrement, et tout à coup, à la fin d'un violent rhume; et, se regardant comme un homme inutile au monde, il s'abandonnoit à son affliction. Mon père le consoloit, en l'assurant qu'il retrouveroit la voix comme il l'avoit perdue, et qu'au moment qu'il s'y[1] attendroit le moins elle reviendroit. La prédiction fut véritable :[2] les remèdes ne firent rien; et la voix, six mois après, revint tout à coup.

« Les autres lettres sont presque toutes écrites dans le temps que mon père suivoit le roi dans ses campagnes. Boileau ne pouvant, à cause de la foiblesse de sa santé, avoir le même honneur, son collègue dans l'emploi d'écrire cette histoire avoit attention de l'instruire de tout ce qui se passoit. Il lui écrivoit à la hâte et Boileau lui répondoit de même. Ces lettres dans lesquelles ils ne cherchent point l'esprit, font connoître leur cœur.[3] »

1. Texte de Louis Racine (II, p. 88).
2. Louis Racine se trompe : c'est à Louis XIV que son père (lettre XLIX, p. 337) attribue cette prédiction.
3. Louis Racine n'a pas atteint le but qu'il semble indiquer par l'avis ci-dessus; il s'était permis d'altérer les lettres de son père et de Boileau, par une multitude de changements, d'additions, de retranchements, de transpositions, etc., etc. G. Garnier et successivement M. Daunou (édit. de 1825) ont tâché de redonner en quelque sorte sa véritable physionomie à ce portrait, en collationnant les mêmes lettres sur les originaux, et M. Berriat-Saint-Prix croit avoir perfectionné leur travail par une nouvelle collation.

# LETTRE XXXVIII.[1]

### RACINE A BOILEAU.

Paris (1678 à 1686).

Puisque vous allez demain à la cour, je vous prie d'y porter les papiers ci-joints : vous savez ce que c'est. J'avois le dessein de faire, comme on me le demandoit, des remarques sur les endroits qui me paroîtroient en avoir besoin ; mais comme il falloit les raisonner, ce qui auroit rendu l'ouvrage un peu long, je n'ai pas eu la résolution d'achever ce que j'avois commencé, et j'ai cru que j'aurois plus tôt fait d'entreprendre une traduction nouvelle. J'ai traduit jusqu'au discours du médecin exclusivement. Il dit à la vérité de très-belles choses, mais il

---

1. Ce fut l'abbé d'Olivet qui publia cette lettre en 1732, sous le pseudonyme de Bousquet; elle précédait le *Banquet de Platon*. L'éditeur faisait cette remarque : « Cette lettre est du 18 décembre; mais l'année n'y est pas marquée. Il seroit aussi difficile d'en deviner la date précise qu'inutile de le savoir au juste. » Racine le fils dit à ce propos : « La lettre de mon père à Boileau, rapportée à la page vii et viii (du volume de l'abbé d'Olivet), m'est inconnue et, ne se trouvant point au nombre de celles que Boileau nous avoit rendues, m'est fort suspecte. » L'abbé d'Olivet était suspect lui-même. Voici ce que dit de lui Mathieu Marais, Paris, 11 août 1732 : « L'ami D. (d'Olivet) n'a pas ici grande réputation sur les manuscrits, et celui du *Banquet de Platon*, qu'il a tiré de M. Racine, puis négocié, ne lui fait point honneur, ceci entre nous. » D'autre part on peut dire, avec M. Paul Mesnard, éditeur des œuvres de J. Racine (Hachette), que les assertions de Jean-Baptiste et de Louis Racine sont suspectes, et que cette traduction de Platon a dû être faite ou revisée, de 1677 à 1686. Voir là-dessus M. Pierre Clément, *Une Abbesse de Fontevrault au* xviie *siècle*. Appendice, pièce I, sur la traduction du *Banquet de Platon*, etc., p. 261; Paris, 1869.

ne les explique point assez; et notre siècle, qui n'est pas si philosophe que celui de Platon, demanderoit que l'on mît ces mêmes choses dans un plus grand jour. Quoi qu'il en soit, mon essai suffira pour montrer à madame de Fontevrault[1] que j'avois à cœur de lui obéir. Il est vrai que le mois où nous sommes m'a fait souvenir de l'ancienne fête des Saturnales, pendant laquelle les serviteurs prenoient avec leurs maîtres des libertés qu'ils n'auroient pas prises dans un autre temps. Ma conduite ne ressemble pas trop mal à celle-là. Je me mets sans façon à côté de madame de Fontevrault, je prends des airs de maître, je m'accommode sans scrupule de ses termes et de ses phrases; je les rejette quand bon me semble. Mais, monsieur, la fête ne durera pas toujours, les Saturnales passeront, et l'illustre dame reprendra sur son serviteur l'autorité qui lui est acquise. J'y aurai peu de mérite en tout sens : car il faut convenir que son style est admirable; il a une douceur que nous autres hommes n'attrapons point; et si j'avois continué à refondre son ouvrage, vraisemblablement je l'aurois gâté. Elle a traduit le discours d'Alcibiade, par où finit le Banquet de Platon; elle l'a rectifié, je l'avoue, par un choix d'expressions fines et délicates qui sauvent, en partie, la grossièreté des idées. Mais avec tout cela je crois que le mieux est de le supprimer. Outre qu'il est scandaleux, il est inutile; car ce sont les louanges non de l'amour, dont il s'agit dans ce Dialogue, mais de Socrate, qui n'y est introduit que comme un des interlocuteurs. Voilà, monsieur, le canevas

---

1. Marie-Magdeleine-Gabrielle de Mortemart-Rochechouart, nommée abbesse de Fontevrault en 1670. Elle parut à la cour après le triomphe de M$^{me}$ de Montespan, sa sœur. Cf. Saint-Simon, édition Garnier frères, t. VII, p. 241-242. Voir l'ouvrage désigné à la note précédente.

de ce que je vous supplie de vouloir dire pour moi à madame de Fontevrault. Assurez-la qu'enrhumé au point où je le suis depuis trois semaines, je suis au désespoir de ne point aller moi-même lui rendre ces papiers; et si par hasard elle demande que j'achève de traduire l'ouvrage, n'oubliez rien pour me délivrer de cette corvée. Adieu, bon voyage, et donnez-moi de vos nouvelles dès que vous serez de retour.

## LETTRE XXXIX.[1]

#### BOILEAU A RACINE.

Auteuil, 19 mai (1687).[2]

Je voudrois bien vous pouvoir mander que ma voix est revenue, mais la vérité est qu'elle est au même état que vous l'avez laissée, et qu'elle n'est haussée ni baissée d'un ton. Rien ne la peut faire revenir, mon ânesse y a perdu son latin, aussi bien que tous les médecins. La différence qu'il y a entre eux et elle, c'est que son lait m'a engraissé et que leurs remèdes me dessèchent. Ainsi, mon cher monsieur, me voilà aussi muet et aussi chagrin que jamais. J'aurois bon besoin de votre vertu, et surtout

---

1. Publiée par Cizeron-Rival (III, 55 à 59), sur une copie corrigée par Boileau; elle vient de l'être de nouveau sur l'autographe appartenant à M$^{me}$ la comtesse de Boni-Castellane, dans l'iconographie française de M$^{me}$ Delpech. (B.-S.-P.) Cet éditeur a rectifié le texte donné d'abord par Cizeron-Rival.

2. Cette année (le manuscrit n'en a point) a été suppléée par Cizeron-Rival.

de votre vertu chrétienne pour me consoler ; mais je n'ai pas été élevé, comme vous, dans le sanctuaire de la piété, et, à mon avis, une vertu ordinaire ne sauroit que blanchir contre un aussi juste sujet de s'affliger qu'est le mien. Il me faut de la grâce, et de la grâce *augustinienne* la plus *efficace*, pour m'empêcher de me désespérer ; car je doute que la grâce *molinienne* la plus *suffisante* suffise pour me soutenir dans l'abattement où je suis. Vous ne sauriez vous imaginer à quel excès va cet abattement, et quel mépris il m'inspire pour toutes les choses de la terre, sans néanmoins (ce qui est de plus fâcheux) m'inspirer un assez grand goût des choses du ciel. Quelque insensible pourtant qu'il m'ait rendu pour tout ce qui se passe ici-bas, je ne suis pas encore indifférent sur ce qui regarde la gloire du roi. Vous me ferez donc plaisir de me mander quelques particularités de son voyage,[1] puisque tous ses pas sont historiques et qu'il ne fait rien qui ne soit digne, pour ainsi dire, d'être raconté à tous les siècles. Je vous aurai aussi beaucoup d'obligation, si vous voulez en même temps m'écrire des nouvelles de votre santé. Je meurs de peur que votre mal de gorge ne soit aussi persévérant que mon mal de poitrine. Si cela est, je n'ai plus d'espérance d'être heureux, ni par autrui ni par moi-même. On me vient de dire que Furetière a été à l'extrémité, et que, par l'avis de son confesseur, il a envoyé quérir tous les académiciens offensés dans son factum, et qu'il leur a fait une amende honorable dans les formes, mais qu'il se porte mieux maintenant. J'aurai soin de m'éclaircir de la chose, et je vous en manderai le

---

1. Il était parti le 10 de mai 1687 pour aller examiner les fortifications de Luxembourg, place prise par Créqui en 1684. (*Gazette de France*, citée par M. Berriat-Saint-Prix.)

détail. Le père Souvenin[1] a dîné aujourd'hui chez moi, et m'a fort prié de vous faire ses recommandations. Je vous les fais donc, et, en récompense, je vous conjure de bien faire les miennes au cher M. Félix.[2] Pourquoi faut-il que je ne sois pas avec lui et avec vous, ou que je n'aie pas du moins une voix pour crier encore contre la fortune, qui m'a envié ce bonheur? Dites bien aussi à M. le marquis de Termes[3] que je songe à lui dans mon infortune, et qu'encore que je sache assez combien les gens de cour sont peu touchés des malheurs d'autrui, je le tiens assez galant homme pour me plaindre. Maximilien[4] m'est venu voir à Auteuil, et m'a lu quelque chose de son Théophraste. C'est un fort honnête homme, et à qui il ne manqueroit rien si la nature l'avoit fait aussi agréable qu'il a envie de l'être. Du reste, il a de l'esprit, du savoir et du mérite. Je vous donne le bonsoir et suis tout à vous.

1. Génovéfain, parent de Racine. (CIZERON-RIVAL.)
2. Charles-François-Félix de Tassy, né à Paris, nommé premier chirurgien du roi, en remplacement de son père à la mort de celui-ci, le 5 d'août 1676, mort le 25 de mai 1703. (M. CHÉRON.)
3. Voyez épitre XI, vers 54.
4. Ce nom désigne le célèbre La Bruyère. (CIZERON-RIVAL.) — M. Édouard Fournier l'a prouvé d'une façon irréfutable. Cf. *La Bruyère, quelques notes sur sa vie et ses mœurs,* dans la *Revue française* des 10 et 20 de janvier 1857. (M. CHÉRON.)

## LETTRE XL.

RACINE A BOILEAU.

Luxembourg, 24 mai[1] (1687).

Votre lettre m'auroit fait beaucoup plus de plaisir, si les nouvelles de votre santé eussent été un peu meilleures. Je vis M. Dodart[2] comme je venois de la recevoir, et la lui montrai. Il m'assura que vous n'aviez aucun lieu de vous mettre dans l'esprit que votre voix ne reviendra point, et me cita même quantité de gens qui sont sortis fort heureusement d'un semblable accident. Mais, sur toutes choses, il vous recommande de ne point faire d'effort pour parler, et, s'il se peut, de n'avoir commerce qu'avec des gens d'une oreille fort subtile, ou qui vous entendent à demi-mot. Il croit que le sirop d'abricot vous est fort bon, et qu'il en faut prendre quelquefois de pur, et très-souvent de mêlé avec de l'eau, en l'avalant lentement et goutte à goutte ; ne point boire trop frais, ni de vin que fort trempé ; du reste vous tenir l'esprit toujours gai. Voilà à peu près le conseil que M. Menjot me donnoit autrefois.[3] M. Dodart approuve beaucoup votre lait d'ânesse, mais

---

1. Date fautive ; cette lettre doit être du 22 de mai. (B.-S.-P.) Voir plus loin la note.

2. Denis Dodart, médecin janséniste, de l'Académie des sciences, né à Paris en 1634, mort le 5 de novembre 1707. Il a laissé de nombreux ouvrages de médecine et de botanique. (M. Chéron.)

3. Après lui avoir défendu de boire du vin, de manger de la viande, de lire et de s'appliquer à la moindre chose, ce médecin ajouta : « Du reste, réjouissez-vous. » (Louis Racine.)

beaucoup plus encore ce que vous dites de la vertu moliniste.[1] Il ne la croit nullement propre à votre mal, et assure même qu'elle y seroit très-nuisible. Il m'ordonne presque toutes les mêmes choses pour mon mal de gorge, qui va toujours son même train; et il me conseille un régime qui peut-être me pourra guérir dans deux ans, mais qui infailliblement me rendra dans deux mois de la taille dont vous voyez qu'est M. Dodart lui-même.[2] M. Félix[3] étoit présent à toutes ces ordonnances, qu'il a fort approuvées; et il a aussi demandé des remèdes pour sa santé, se croyant le plus malade de nous trois. Je vous ai mandé qu'il avoit visité la boucherie de Châlons. Il est, à l'heure que je vous parle, au marché, où il m'a dit qu'il avoit rencontré ce matin des écrevisses de fort bonne mine.

Le voyage est prolongé de trois jours, et on demeurera ici jusqu'à lundi prochain. Le prétexte est la rougeole de M. le comte de Toulouse,[4] mais le vrai est apparemment que le roi a pris goût à sa conquête,[5] et qu'il n'est pas fâché de l'examiner tout à loisir. Il a déjà considéré toutes les fortifications l'une après l'autre, est entré jusque dans les contre-mines du chemin couvert, qui sont

---

1. On conçoit que le janséniste Dodart, ami du grand Arnauld et son correspondant secret pendant son exil, devait se récrier au seul nom de cette vertu. (B.-S.-P.)

2. Il étoit extrêmement maigre. (Louis Racine.) Il passa le carême de l'année 1677, ne buvant et ne mangeant que vers les sept heures du soir et n'usant que de légumes, de pain et d'eau. (M. Chéron.)

3. Voir la lettre précédente.

4. Louis-Alexandre, comte de Toulouse, troisième fils de Louis XIV et de M$^{me}$ de Montespan, né le 6 de juin 1678, mort en 1737. (M. Chéron.)

5. Ces deux phrases montrent que la lettre a été écrite au moins trois jours avant celui qu'on avait fixé pour le départ du roi, qui eut lieu le 26 de mai 1687 (*Gazette de France*). Elle est donc du 22 et non du 24 de mai. (B.-S.-P.)

fort belles, et surtout a été fort aise de voir ces fameuses redoutes entre les deux chemins couverts, lesquelles ont tant donné de peine à M. de Vauban. Aujourd'hui le roi va examiner la circonvallation, c'est-à-dire faire un tour de sept ou huit lieues. Je ne vous fais point ici le détail de tout ce qui m'a paru ici de merveilleux ; qu'il vous suffise que je vous en rendrai bon compte quand nous nous verrons, et que je vous ferai peut-être concevoir les choses comme si vous y aviez été. M. de Vauban a été ravi de me voir, et, ne pouvant pas venir avec moi, m'a donné un ingénieur qui m'a mené partout. Il m'a aussi abouché avec M. d'Espagne, gouverneur de Thionville, qui se signala tant à Saint-Godard,[1] et qui m'a fait souvenir qu'il avoit souvent bu avec moi à l'auberge de M. Poignant,[2] et que nous étions, Poignant et moi, fort agréables avec feu M. de Bernage, évêque de Grasse. Sérieusement, ce M. d'Espagne est un fort galant homme, et il m'a paru un grand air de vérité dans tout ce qu'il m'a dit de ce combat de Saint-Godard. Mais, mon cher monsieur, cela ne s'accorde ni avec M. de Montecuculli, ni avec M. de Bissy, ni avec M. de la Feuillade, et je vois bien que la vérité qu'on nous demande tant est bien plus difficile à trouver qu'à écrire. J'ai vu aussi M. de Charuel, qui étoit intendant à Gigeri.[3] Celui-ci sait apparemment la vérité, mais il serre les lèvres tant qu'il peut de peur de la dire ; et j'ai eu à peu près la même peine à lui tirer quelques mots de la bouche, que Trivelin en avoit à en tirer de Scaramouche,

---

1. En 1664, à Saint-Gothard, en Hongrie.

2 Ancien capitaine de dragons, de la Ferté-Milon, avec qui La Fontaine voulut un jour se battre en duel. (G. GARNIER.)

3. Ville près d'Alger, prise le 22 de juillet 1664 par les Français ; mais au bout de trois mois ils furent forcés de se rembarquer. (REBOULET, III, 330.)

*musicien bègue.* M. de Gourville[1] arriva hier, et tout en arrivant me demanda de vos nouvelles. Je ne finirois point si je vous nommois tous les gens qui m'en demandent tous les jours avec amitié. M. de Chevreuse, entre autres, M. de Noailles,[2] monseigneur le Prince, que je devois nommer le premier, surtout M. Moreau, notre ami,[3] et M. Roze :[4] ce dernier avec des expressions fortes, vigoureuses, et qu'on voit bien en vérité qui partent du cœur. Je fis hier grand plaisir à M. de Termes de lui dire le souvenir que vous aviez de lui. M. l'archevêque d'Embrun[5] est ici, toujours mettant le roi en bonne humeur ; M. de Reims,[6] M. le président de Mesmes,[7] M. le cardinal de Furstemberg,[8] enfin plus de gens trois fois qu'à Versailles, la presse dans les rues comme à Bouquenon,[9] une infinité d'Allemands et d'Allemandes qui veulent...[10] (*voir le roi*).

1. Jean Hérault de Gourville, né à La Rochefoucauld le 11 de juillet 1625, mort à Paris en juin 1703, a laissé des *Mémoires*. Cf. Sainte-Beuve, *Causeries du lundi*, t. V, p. 283-299.
2. Père de celui à qui est adressée la lettre n° xxix. (B.-S.-P.)
3. Chirurgien ordinaire du roi, mort en 1693.
4. Président à la chambre des comptes de Paris, de l'Académie française, mort en 1701.
5. Charles Brulart de Genlis. (G. Garnier.) — Racine écrivait évêque d'*Ambrun*.
6. Charles-Maurice Le Tellier, frère de Louvois.
7. Jean-Jacques de Mesmes, de l'Académie française, mort en 1688.
8. Guillaume Égon, prince de Furstemberg, évêque de Strasbourg.
9. Saar-Bockenheim (Bas-Rhin). — On voit, par la *Gazette de France*, que ce nom s'écrivait en effet Bouquenon, et que Louis XIV, lors d'un voyage qu'il fit en Alsace, en 1683, s'y arrêta du 30 de juin au 5 de juillet. (B.-S.-P.)
10. C'est le dernier mot du feuillet et le suivant manque. — Louis Racine termine ainsi sa lettre : « ... que vous aviez de lui. M. de Reims, M. le président de Mesmes, et M. le cardinal de Furstemberg sont toujours ici et mettent le roi en bonne humeur. » (B.-S.-P.)

## LETTRE XLI.[1]

**BOILEAU A RACINE.**

A Auteuil, le (26) mai (1687).

Je ne me suis point hâté de vous répondre, parce que je n'avois rien à vous mander de ce que je vous avois déjà écrit dans ma dernière lettre. Les choses sont changées depuis. J'ai quitté au bout de cinq semaines le lait d'ânesse, parce que non-seulement il ne me rendoit point la voix, mais il commençoit à m'ôter la santé, en me donnant des dégoûts et des espèces d'émotions tirant à fièvre. Tout ce que vous a dit M. Dodart est fort raisonnable, et je veux croire sur sa parole que tout ira bien ; mais entre nous, je doute que ni lui ni personne connoisse bien ma maladie, ni mon tempérament. Quand je fus attaqué de la difficulté de respirer, il y a vingt-cinq ans, tous les médecins m'assuroient que cela s'en iroit, et se moquoient de moi quand je témoignois douter du contraire. Cependant cela ne s'est point en allé, et j'en fus encore hier incommodé considérablement. Je sens que cette difficulté de respirer est au même endroit que ma difficulté de parler, et que c'est un poids fort extérieur, que j'ai sur la poitrine, qui les cause l'une et l'autre. Dieu veuille

---

1. Publiée sur l'autographe, par Cizeron-Rival, *Lettres familières*, t. III, p. 60 à 64, sous la date du 26 de mai 1689. Tous les éditeurs y ont substitué avec raison celle du 26 de mai 1687, qui est en effet dans l'autographe. Cependant Boileau dit *qu'il ne s'est point hâté de répondre*, et la distance que la lettre devait parcourir était de quatre-vingts lieues. Il est possible que Boileau se soit trompé et qu'il ait écrit 26 au lieu de 29.

qu'elles n'aient pas fait une société inséparable! Je ne vois que des gens qui prétendent avoir eu le même mal que moi, et qui en ont été guéris ; mais, outre que je ne sais au fond s'ils disent vrai, ce sont pour la plupart des femmes ou des jeunes gens qui n'ont point de rapport avec un homme de cinquante ans ; et d'ailleurs, si je suis original en quelque chose, c'est en infirmités, puisque mes maladies ne ressemblent jamais à celles des autres. Avec tout ce que je vous dis, je ne me couche point que je n'espère le lendemain m'éveiller avec une voix sonore ; et quelquefois même, après mon réveil, je demeure longtemps sans parler pour m'entretenir dans mon espérance. Ce qui est de vrai, c'est qu'il n'y a point de nuit que je ne recouvre la voix en songe ; mais je reconnois bien ensuite que tous les songes, quoi qu'en dise Homère, ne viennent pas de Jupiter, ou il faut que Jupiter soit un grand menteur. Cependant je mène une vie fort chagrine et fort peu propre aux conseils de M. Dodart, d'autant plus que je n'oserois m'appliquer fortement à aucune chose, et qu'il ne me sort rien du cerveau qui ne me tombe sur la poitrine, et qui ne me ruine encore plus la voix. Je suis bien aise que votre mal de gorge vous laisse au moins plus de liberté, et ne vous empêche pas de contempler les merveilles qui se font à Luxembourg.[1] Vous avez raison d'estimer comme vous faites M. de Vauban. C'est un des hommes de notre siècle, à mon avis, qui a le plus prodigieux mérite ; et, pour vous dire en un mot ce que je pense de lui, je crois qu'il y a plus d'un maréchal de France qui, quand il le rencon-

---

1. Vauban fortifiait alors cette place. On lit dans l'autographe : « ... de contempler avec M. de Vauban les merveilles de Luxembourg. »

tre, rougit de se voir maréchal de France. Vous avez fait une grande acquisition en l'amitié de M. d'Espagne,[1] et c'est ce qui me fait encore plus déplorer la perte de ma voix, puisque c'est vraisemblablement ce qui m'a fait aussi manquer cette acquisition. J'écris à M. de Flamarens.[2] Je veux croire que notre cher Félix est le plus malade de nous trois ; mais, si ce que vous me mandez est véritable, l'affliction qu'il en a est une affliction *à la Puimorine*,[3] je veux dire fort dévorante, et qui ne lui a pas fait perdre la mémoire des soles et des longes de veau.[4] Faites-lui bien mes baise-mains, aussi bien qu'à M. de Termes, à M. de Nyert[5] et à M. Moreau. Adieu, mon cher monsieur, aimez-moi toujours, et croyez que je vous rendrai bien la pareille.

1. Célèbre officier de génie, selon Cizeron-Rival; dans la lettre précédente, Racine dit qu'il est gouverneur de Thionville. La *Gazette de France*, du 14 de juin 1684, cite un ingénieur de ce nom blessé au siége de Luxembourg; major d'infanterie, selon Daunou.
2. Philippe-Agésilan de Grossoles, comte de Flamarens, premier maître d'hôtel du duc d'Orléans, frère de Louis XIV. (Moréri.)
3. Allusion à la gourmandise de Pierre Boileau de Puymorin, son frère, et à ce que Racine dit, lettre XL, des visites de Félix à la boucherie et au marché de Châlons.
4. Mets fort vantés par les *Coteaux* et par Saint-Évremond.
5. Premier valet de chambre du roi, à qui La Fontaine a adressé une épître sur l'Opéra.

## LETTRE XLII.[1]

BOILEAU A RACINE.

A Bourbon, 21 juillet (1687).[2]

Depuis ma dernière lettre, j'ai été saigné, purgé, etc., et il ne me manque plus aucune des formalités prétendues nécessaires pour prendre des eaux. La médecine que j'ai prise aujourd'hui m'a fait, à ce qu'on dit, tous les biens du monde ; car elle m'a fait tomber quatre ou cinq fois en foiblesse, et m'a mis en tel état, qu'à peine je puis me soutenir.[3] C'est demain que se doit commencer le grand chef-d'œuvre ; je veux dire que je dois demain commencer à prendre des eaux. M. Bourdier, mon médecin, me remplit toujours de grandes espérances ; il n'est pas de l'avis de M. Fagon pour le bain, et cite même des exemples de gens, non-seulement qui n'ont pas recouvré[4] la voix, mais qui l'ont même perdue pour s'être baignés. Du reste, on ne peut pas faire plus d'estime de M. Fagon[5] qu'il en fait, et il le regarde comme l'Esculape de ce temps. J'ai fait connoissance avec deux ou trois malades, qui valent bien des gens en santé. J'en ai trouvé un même avec qui j'ai étudié autrefois, et qui est fort galant homme. Ce ne sera pas une petite affaire pour moi que la prise des eaux, qui

---

1. Lettre corrigée par Boileau sur une copie. (B.-S.-P.)
2. Date rectifiée d'après l'autographe ; la copie donnait *20 juillet*. (B.-S.-P.)
3. Boileau a effacé tout ce qui précède. (B.-S.-P.)
4. On lit *recouvert* dans le manuscrit. (B.-S.-P.)
5. Voyez satire X, vers 417, note 3, t. II, p. 80.

sont, dit-on, fort endormantes, et avec lesquelles néanmoins il faut absolument s'empêcher de dormir : ce sera un noviciat terrible ; mais que ne fait-on point pour avoir de quoi contredire M. Charpentier ?[1]

Je n'ai pas encore eu de temps pour me remettre à l'étude, parce que j'ai été assez occupé de remèdes, pendant lesquels on m'a défendu surtout l'application.[2] Les eaux, dit-on, me donneront plus de loisir ; et, pourvu que je ne m'endorme point, on me laisse toute liberté de lire et même de composer. Il y a ici un trésorier de la Sainte-Chapelle, grand ami de M. de Lamoignon,[3] qui me vient voir fort souvent ; il est homme de beaucoup d'esprit ; et s'il n'a pas la main si prompte à répandre les bénédictions que le fameux M. de Coutances,[4] il a en récompense beaucoup plus de lettres et beaucoup plus de solidité.[5] Je

---

1. Boileau, dit Louis Racine, disputoit souvent à l'Académie contre Charpentier.
Correction : *Noviciat terrible* pour un aussi déterminé dormeur que moi ; *mais que ne fait-on point pour* être en état de *contredire M. C*** ?
2. La copie sur laquelle Boileau faisait ses corrections se termine ici.
3. Celui à qui est dédiée l'épître VI.
4. Claude Auvry, évêque de Coutances, trésorier de la Sainte-Chapelle. Voyez le *Lutrin*, chant I, p. 411, t. II.
5. Ici Boileau a mis sur sa copie corrigée, qui est dans les papiers de Brossette, un signe de renvoi à une addition qui est en entier de sa main. La voici telle que la donne Berriat-Saint-Prix :

« Nous parlons quelquefois de vers, il ne m'en parle point sottement. Il m'en a lu l'autre jour un assez grand nombre de très-méchants qui ont été faits l'année passée dans Bourbon même, à l'occasion des eaux de Bourbon. Il me parut qu'il étoit aussi dégoûté de ces vers que moi, et pour vous montrer que je ne suis encore guéri de rien, c'est que je ne pus m'empêcher de faire sur-le-champ, à propos de ces misérables vers, cette épigramme que j'adresse à la fontaine de Bourbon : *Oui, vous pouvez*, etc... » (Ici est toute l'épigramme XXIII<sup>e</sup>.)

Comme cette addition, dans les papiers de Brossette, se trouvait après la lettre à Racine du 19 de mai 1687, n° XXXIX, M. Laverdet, *Supplément*, p. 379, l'a imprimée à la suite de cette lettre, avec laquelle elle n'a aucun rapport. Ce qu'il y a de singulier, c'est que dans le dernier alinéa de la

suis toujours fort affligé de ne vous point voir ; mais, franchement, le séjour de Bourbon jusqu'ici ne m'a pas paru si horrible que je me l'étois imaginé : j'ai un jardin pour me promener, et je m'étois préparé à une si grande inquiétude, que je n'en ai pas la moitié de ce que j'en croyois avoir. Celui qui doit porter cette lettre à Moulins me presse fort ; c'est ce qui fait que je me hâte de vous dire que je n'ai pas mieux conçu combien je vous aime, que depuis notre triste séparation. Mes recommandations au cher M. Félix, et je vous supplie, quand même je l'aurois oublié dans quelqu'une de mes lettres, de supposer toujours que je vous ai parlé de lui, parce que mon cœur l'a fait, si ma main ne l'a pas écrit. Je vous embrasse de tout mon cœur.

DESPRÉAUX.

## LETTRE XLIII.

#### RACINE A BOILEAU.

A Paris, ce 25 juillet (1687).

Je commençois à m'ennuyer beaucoup de ne point recevoir de vos nouvelles, et je ne savois même que répondre à quantité de gens qui m'en demandoient. Le roi, il y a trois jours, me demanda à son dîner comment alloit votre extinction de voix : je lui dis que vous étiez à

---

lettre n° XXXIX, Boileau parle de La Bruyère, et que l'addition, dans la publication de M. Laverdet, paraît ainsi s'appliquer tout entière à l'auteur des *Caractères*. (M. CHÉRON.) L'erreur vient du *Collecteur* qui, ayant placé le feuillet où elle est, après une lettre à laquelle elle n'a aucun rapport, la rendait tout à fait inintelligible.

Bourbon. Monsieur prit aussitôt la parole et me fit là-dessus force questions, aussi bien que Madame,[1] et vous fîtes l'entretien de plus de la moitié du dîner. Je me trouvai le lendemain sur le chemin de M. de Louvois, qui me parla aussi de vous, mais avec beaucoup de bonté, et me disant en propres mots qu'il étoit très-fâché que cela durât si longtemps. Je ne vous dis rien de mille autres qui me parlent tous les jours de vous, et quoique j'espère que vous retrouverez bientôt votre voix tout entière, je doute que vous en ayez jamais assez pour suffire à tous les remercîments que vous aurez à faire.

Je me suis laissé débaucher par M. Félix pour aller demain avec le roi à Maintenon : c'est un voyage de quatre jours. M. de Termes nous mène dans son carrosse ; et j'ai aussi débauché M. Hessein[2] pour faire le quatrième. Il se plaint toujours beaucoup de ses vapeurs, et je vois bien qu'il espère se soulager par quelque dispute de longue haleine ; mais je ne suis guère en état de lui donner contentement, me trouvant toujours assez incommodé de ma gorge dès que j'ai parlé un peu de suite. Cela va pourtant mieux que quand vous êtes parti, mais je ne suis pas encore hors d'affaire : ce qui m'embarrasse, c'est que M. Fagon et plusieurs autres médecins très-habiles m'avoient ordonné, comme vous savez, de boire beaucoup d'eau de Sainte-Reine et des tisanes de chicorée ; et j'ai trouvé chez M. Nicole un médecin qui me paroît fort sensé, qui m'a dit qu'il connoissoit mon mal à fond ; qu'il en a

---

1. Élisabeth-Charlotte de Bavière, mère du régent, dont la correspondance a été publiée en dernier lieu par M. Brunet, de Bordeaux. (M. Chéron.)
2. Secrétaire du roi, frère de M<sup>me</sup> de La Sablière et ami de Boileau et de Racine. Il avoit beaucoup d'esprit et de lettres ; mais il aimoit à disputer et à contredire. (L. Racine.)

guéri plusieurs gens en sa vie, et que je ne guérirois jamais tant que je boirois ni eau ni tisane ; que le seul moyen de sortir d'affaire étoit de ne boire que pour la seule nécessité, et tout au plus pour détremper les aliments dans l'estomac. Il m'a appuyé cela de quelques raisonnements qui m'ont paru assez solides. Ce qui est arrivé de là, c'est que présentement je n'exécute ni son ordonnance ni celle de M. Fagon : je ne me noie plus d'eau comme je faisois, je bois à ma soif ; et vous jugez bien que par le temps qu'il fait on a toujours assez soif, c'est-à-dire, à vous parler franchement, que je me suis remis dans mon train de vie ordinaire, et je m'en trouve assez bien. Ce même médecin m'a assuré que, si les eaux de Bourbon ne vous guérissoient pas, il vous guériroit infailliblement. Il m'a cité l'exemple d'un chantre de Notre-Dame (je crois que c'étoit une basse), à qui un rhume avoit fait perdre entièrement la voix. Cela lui avoit duré six mois, et il étoit sur le point de se retirer ; le médecin que je vous dis l'entreprit, et avec une tisane d'une herbe qu'on appelle, je crois, *erysimum*,[1] le tira d'affaire en trois semaines, en telle sorte que non-seulement il parle, mais il chante très-bien, et a la voix aussi forte qu'il l'avoit jamais eue. Ce chantre a, dit-il, quelque quarante ans. J'ai conté la chose aux médecins de la cour ; ils avouent que cette plante d'*erysimum* est très-bonne pour la poitrine ; mais ils disent qu'ils ne lui croyoient pas la vertu que dit mon médecin. C'est le même qui a deviné le mal de M. Nicole : il s'appelle M. Morin,[2] et il est à

---

[1]. *L'erysimum officinale, herbe aux chantres*, plante de la famille des crucifères, est encore employée en médecine dans le même cas. (M. CHÉRON.)

[2]. De l'Académie des sciences, mort en 1715, à quatre-vingts ans. Fontenelle a fait son éloge. (L. RACINE et M. CHÉRON.)

mademoiselle de Guise.[1] M. Fagon en fait un fort grand cas. J'espère que vous n'aurez pas besoin de lui; mais toujours cela est bon à savoir; et si le malheur vouloit que vos eaux ne fissent pas tout l'effet que vous souhaitez, voilà encore une assez bonne consolation que je vous donne. Je ne vous manderai point cette fois-ci d'autres nouvelles que celles qui regardent votre santé et la mienne. Je vous dirai seulement que j'ai encore mes deux chevaux sur la litière. J'ai...[2]

## LETTRE XLIV.

#### BOILEAU A RACINE.

A Bourbon, 29 juillet (1687).

Votre lettre m'a tiré d'un fort grand embarras, car je doutois que vous eussiez reçu celle que je vous avois écrite, et dont la réponse est arrivée fort tard à Bourbon[3]. Si la perte de ma voix ne m'avoit fort guéri de la vanité, j'aurois été très-sensible à tout ce que vous m'avez mandé de l'honneur que m'a fait le plus grand prince de la terre en vous demandant des nouvelles de ma santé; mais l'impuissance où ma maladie me met de répondre par mon travail à toutes les bontés qu'il me témoigne me fait un sujet de chagrin de ce qui devroit faire toute ma joie. Les eaux jusqu'ici m'ont fait un fort grand bien, selon

---

1. Marie de Lorraine, morte en 1688. (G. Garnier.)
2. C'est le dernier mot du feuillet, ainsi la fin de la lettre manque. (B.-S.-P.)
3. Louis Racine omet ce qu précède. (B.-S.-P.)

toutes les règles, puisque je les rends de reste, et qu'elles m'ont, pour ainsi dire, tout fait sortir du corps, excepté la maladie pour laquelle je les prends. M. Bourdier, mon médecin, soutient pourtant que j'ai la voix plus forte que quand je suis arrivé ; et M. Baudière, mon apothicaire, qui est encore meilleur juge que lui puisqu'il est sourd, prétend aussi la même chose ; mais pour moi je suis persuadé qu'ils me flattent, ou plutôt qu'ils se flattent eux-mêmes, et à ce que je puis reconnoître en moi, je tiens que les eaux me soulageront plutôt la difficulté de respirer que la difficulté de parler. Quoi qu'il en soit, j'irai jusqu'au bout, et je ne donnerai point occasion à M. Fagon et à M. Félix de dire que je me suis impatienté. Au pis aller, nous essayerons cet hiver l'*erysimum*. Mon médecin et mon apothicaire, à qui j'ai montré l'endroit de votre lettre où vous parlez de cette plante, ont témoigné tous deux en faire un fort grand cas ; mais M. Bourdier prétend qu'elle ne peut rendre la voix qu'à des gens qui ont le gosier attaqué, et non pas à un homme comme moi, qui a tous les muscles de la poitrine embarrassés. Peut-être que si j'avois le gosier malade, prétendroit-il que l'*erysimum* ne sauroit guérir que ceux qui ont la poitrine attaquée. Le bon de l'affaire est qu'il persiste toujours dans la pensée que les eaux de Bourbon me rendront bientôt la voix, plus tôt même qu'on ne sauroit s'imaginer. Si cela arrive ainsi, il se trouvera, mon cher monsieur, que ce sera à moi à vous consoler, puisque de la manière dont vous me parlez de votre mal de gorge, je doute qu'il puisse être guéri sitôt, surtout si vous vous engagez en de longs voyages avec M. Hessein.[1] Mais laissez-moi faire : si la

---

1. Voyez la lettre précédente et la note de Louis Racine.

voix me revient, j'espère de vous soulager dans les disputes que vous aurez avec lui, sauf à la perdre encore une seconde fois pour vous rendre cet office. Je vous prie pourtant de lui faire bien des amitiés de ma part, et de lui faire entendre que ses contradictions me seront toujours beaucoup plus agréables que les complaisances et les applaudissements fades de la plupart des amateurs de beaux esprits. Il s'est trouvé ici parmi les capucins un de ces amateurs qui a fait des vers à ma louange. J'admire ce que c'est que des hommes : *Vanitas et omnia vanitas.* Cette sentence ne m'a jamais paru si vraie qu'en fréquentant ces bons et crasseux pères. Je suis bien fâché que vous ne vous soyez point encore habitué à Auteuil, où

Ipsi te fontes, ipsa hæc arbusta vocabant,[1]

c'est-à-dire où mes deux puits[2] et mes abricotiers vous appeloient.

Vous faites très-bien d'aller à Maintenon avec une compagnie aussi agréable que celle dont vous me parlez, puisque vous y trouverez votre utilité et votre plaisir.

Omne tulit punctum,[3] etc.

Je n'ai jamais pu deviner la critique que peut faire M. l'abbé Tallemant[4] sur l'endroit de l'épitaphe que

---

1. Virgile, églogue I, vers 40.
2. Il n'avoit pas d'autres eaux dans cette petite maison dont il faisoit ses délices. (Louis RACINE.)
3. Horace, *Art poétique*, vers 343.
4. L'abbé Paul Tallemant, petit-fils de Montauron, fut à vingt-trois ans de l'Académie française, secrétaire de l'Académie des médailles ; il fut chargé le premier de rédiger les éloges des académiciens morts. Il a laissé le

vous m'avez marqué.¹ N'est-ce point qu'il prétend que ces termes, *il fut nommé*, semblent dire que le roi Louis XIII a tenu M. Le Tellier sur les fonts de baptême ; ou bien que c'est mal dit, que le roi *le choisit pour remplir la charge*, etc., parce que c'est la charge qui a rempli M. Le Tellier, et non pas M. Le Tellier qui a rempli la charge ; par la même raison que c'est la ville qui entoure les fossés et non pas les fossés qui entourent la ville?² C'est à vous à m'expliquer cette énigme. Faites bien, je vous prie, mes baise-mains au père Bouhours et à tous nos autres amis, quand vous les rencontrerez ; mais surtout témoignez bien à M. Nicole la profonde vénération que j'ai pour son mérite et pour la simplicité de ses mœurs, encore plus admirable que son mérite. Vous ne me parlez point de l'épitaphe de mademoiselle de Lamoignon.³ Voilà, ce me semble, une assez longue lettre pour un homme à qui on défend surtout les longues applications, et qu'on presse d'ailleurs de donner cette lettre pour la porter à Moulins. J'ai appris par la gazette que M. l'abbé de Choisy étoit agréé à l'Académie. Voici encore une voix que je vous envoie pour lui, si trente-neuf⁴ ne suffisoient pas. Adieu, aimez-moi toujours, et croyez que je n'aime rien plus que vous. Je passe ici le temps, *sic ut quimus, quando ut volumus non possum*. Adieu, encore

---

*Voyage à l'île d'Amour*, en prose et en vers, des *Panégyriques* de Louis XIV, etc. (*Remarques et Décisions de l'Académie françoise*, recueillies par M. L. T., 1698.)

1. L'épitaphe du chancelier Michel Le Tellier, mort le 3 d'octobre 1685.
2. Allusion à un trait de pointilleuse naïveté échappé à cet académicien dans la discussion du *Dictionnaire*. Furetière s'en est souvenu dans un de ses *factums*.
3. Morte le 14 d'avril 1687. Voyez *Poésies diverses*, XVI.
4. Il semble qu'au lieu de trente-neuf voix, Boileau devait dire trente-huit. (Daunou.)

une fois ; dites à ma sœur et à M. Manchon[1] que je ne manquerai pas de leur écrire par la première commodité. J'ai écrit à M. Marchand.[2]

## LETTRE XLV.

RACINE A BOILEAU.

A Paris, ce 4 août (1687).

Je suis ravi des bonnes espérances que l'on continue de vous donner, et du soulagement que vous ressentez déjà à votre poitrine. Je ne doute pas que la difficulté de parler ne soit encore plus aisée à guérir que la difficulté de respirer. Je n'ai point encore vu M. Fagon depuis que j'ai reçu de vos nouvelles ; oui bien M. Daquin,[3] qui trouve fort étrange que vous ne vous soyez pas mis entre les mains de M. des Trapières : il est même bien en peine qui peut vous avoir adressé à M. Bourdier. Je jugeai à propos, tant il étoit en colère, de ne pas lui dire un mot de M. Fagon. J'ai fait le voyage de Maintenon, et suis fort content des ouvrages que j'y ai vus ; ils sont prodigieux et dignes, en vérité, de la magnificence du roi. Il y en a encore, dit-on, pour deux ans. Les arcades qui doi-

---

1. Ecclésiastique, neveu de Boileau, qui fut plus tard, en 1692, commissaire des guerres. Jérôme Manchon, bachelier en théologie de la faculté de Paris, naquit en 1661 et vivait encore en 1712.
2. Voyez plus loin, lettre LV, une note de Berriat-Saint-Prix sur Marchand.
3. Antoine Daquin, premier médecin du roi, né à Paris, mort à Vichy en 1696. Fagon le remplaça comme premier médecin en 1693, lorsqu'il encourut la disgrâce de Louis XIV. (G. Garnier et M. Chéron.)

vent joindre les deux montagnes vis-à-vis de Maintenon sont presque faites ; il y en a quarante-huit ; elles sont fort hautes et bâties pour l'éternité. Je voudrois qu'on eût autant d'eau à faire passer dessus qu'elles sont capables d'en porter. Il y a là près de trente mille hommes qui travaillent, tous gens bien faits, et qui, si la guerre recommence, remueront plus volontiers la terre devant quelque place sur la frontière que dans les plaines de Beauce.[1] J'eus l'honneur de voir madame de Maintenon, avec qui je fus une bonne partie d'une après-dînée ; et elle me témoigna même que ce temps-là ne lui avoit point duré. Elle est toujours la même que vous l'avez vue, pleine d'esprit, de raison, de piété et de beaucoup de bonté pour nous. Elle me demanda des nouvelles de notre travail ; je lui dis que votre indisposition et la mienne, mon voyage à Luxembourg et votre voyage de Bourbon nous avoient un peu reculés, mais que nous ne perdions pas cependant notre temps.

A propos de Luxembourg, j'en viens de recevoir un plan et de la place et des attaques, et tout cela dans la dernière exactitude. Je viens aussi tout à l'heure de recevoir une lettre de Versailles, d'où l'on me mande une nouvelle fort surprenante et fort affligeante pour vous et pour moi : c'est la mort de notre ami M. de Saint-Laurent,[2] qui a été emporté d'un seul accès de colique néphrétique, à quoi il n'avoit jamais été sujet en sa vie. Je ne crois pas qu'excepté MADAME, on en soit fort affligé au Palais-Royal : les voilà débarrassés d'un homme de bien.

---

1. Ces travaux étaient destinés à conduire à Versailles une partie des eaux de l'Eure ; mais ils furent abandonnés en 1688 et sont restés inutiles.
2. Homme très-pieux, précepteur du duc de Chartres, depuis duc d'Orléans et régent. (L. RACINE.) Voir les lettres XLVI et XLVIII.

Je laissai volontiers à la gazette à vous parler de l'abbé de Choisy. Il fut reçu sans opposition ; [1] il avoit pris tous les devants qu'il falloit auprès des gens qui auroient pu lui faire de la peine. Il fera, le jour de Saint-Louis, sa harangue qu'il m'a montrée ; il y a quelques endroits d'esprit. Je lui ai fait ôter quelques fautes de jugement. M. Bergeret [2] fera la réponse ; je crois qu'il y aura plus de jugement.

Je suis bien aise que vous n'ayez pas conçu la critique de l'abbé Tallemant : c'est signe qu'elle ne vaut rien. La critique tomboit sur ces mots : *Il en commença les fonctions.* Il prétendoit qu'il falloit dire nécessairement : *Il commença à en faire les fonctions.* Le P. Bouhours ne le devina point, non plus que vous, et quand je lui dis la difficulté, il s'en moqua. Je donnai l'épitaphe de mademoiselle de Lamoignon à M. de La Chapelle [3] en l'état que nous en étions convenus à Montgeron ; je n'en ai pas ouï parler depuis.

M. Hessein n'a point changé ; nous fûmes cinq jours ensemble. Il fut fort doux les quatre premiers jours et eut beaucoup de complaisance pour M. de Termes, qui ne l'avoit jamais vu et qui étoit charmé de sa douceur. Le dernier jour, M. Hessein ne lui laissa pas passer un mot

---

1. A l'Académie française, à la place du duc de Saint-Aignan. Voir sur ce personnage étrange les *Causeries du lundi*, de M. Sainte-Beuve, t. III. Il avait pour tout mérite et pour titres d'avoir composé une *Vie de David* et une *Traduction des Psaumes*.

2. Jean-Louis Bergeret, né à Paris, mort en 1694. Il était premier commis du ministre Colbert de Croissy, et, grâce à sa protection, il obtint, en 1685, « une place destinée à Ménage, qui, par quantité d'ouvrages savants et utiles, avoit réparé le tort que sa *Requête des Dictionnaires*, par badinage de sa jeunesse, avoit pu lui faire dans l'esprit de quelques académiciens. » (L'abbé d'Olivet.) *Histoire de l'Académie françoise*, t. II, p. 312 (1743).

3. Voyez lettre XV.

sans le contredire ; et même quand il nous voyoit fatigués de parler ou endormis, il avançoit malicieusement quelque paradoxe qu'il savoit bien qu'on ne lui laisseroit point passer. En un mot, il eut contentement ; non-seulement on disputa ; mais on se querella, et on se sépara sans avoir trop d'envie de se revoir de plus de huit jours. Il me sembla que M. de Termes avoit toujours raison ; il lui sembla aussi la même chose de moi. M. Félix témoigna un peu plus de bonté pour M. Hessein, et nous gronda tous, plutôt que de se résoudre à le condamner. Voilà comme s'est passé le voyage. Mon mal de gorge est beaucoup diminué, Dieu merci, mais il n'est pas encore fini ; il me reste de temps en temps quelques âcretés vers la luette, mais cela ne dure point. Quoi qu'il en soit, je n'y fais plus rien. Mes chevaux marcheront demain pour la première fois depuis votre départ. Celui qui avoit le farcin est, dit-on, entièrement guéri ; je n'ose encore trop vous l'assurer. M. Marchand [1] me vint voir il y a trois jours, un peu fâché de ce que vous n'avez pas pris à Bourbon le logis qu'il vous avoit dit. Il doit mener à Auteuil sa fille qui est sortie de religion, pour lui faire prendre l'air. Cela ne m'empêchera pas d'y aller passer des après-dînées, et même d'y aller dîner avec lui.[2] Adieu, mon cher monsieur ; mandez-moi au plus tôt que vous parlez ; c'est la meilleure nouvelle que je puisse recevoir en ma vie.

1. Voyez une note de la lettre LV.
2. Louis Racine, suivi par G. Garnier, a réduit les sept phrases précédentes à celle-ci : « Mon mal de gorge n'est pas encore fini, mais je n'y fais plus rien. » (B.-S.-P.)

## LETTRE XLVI.[1]

RACINE A BOILEAU.

A Paris, ce 8 août (1687).

Madame Manchon vint avant-hier me chercher, fort alarmée d'une lettre que vous lui avez écrite ;[2] et qui est en effet bien différente de celle que j'ai reçue de vous. J'aurois déjà été à Versailles pour entretenir M. Fagon ; mais le roi est à Marly depuis quatre jours, et n'en reviendra que demain au soir : ainsi je n'irai qu'après-demain matin, et je vous manderai exactement tout ce qu'il m'aura dit. Cependant je me flatte que ce dégoût et cette lassitude dont vous vous plaignez n'auront point de suite, et que c'est seulement un effet que les eaux doivent produire quand l'estomac n'y est pas encore accoutumé ; que si elles continuent à vous faire mal, vous savez ce que tout le monde vous dit en partant, qu'il falloit les quitter en ce cas, ou tout du moins les interrompre. Si par malheur elles ne vous guérissent pas, il n'y a point lieu encore de vous décourager, et vous ne seriez pas le premier qui, n'ayant pas été guéri sur les lieux, s'est trouve guéri étant de retour chez lui. En tout cas, le sirop d'*erysimum* n'est point assurément une vision. M. Dodart, à qui j'en parlai il y a trois jours, me dit et m'assura en conscience que ce M. Morin, qui m'a parlé de ce remède,

---

1. Réponse à la lettre de Boileau du 29 de juillet 1687, n° XLIV.
2. Voir la lettre du 31 de juillet 1687, n° VII.

est sans doute le plus habile médecin qui soit dans Paris, et le moins charlatan. Il est constant que, pour moi, je me trouve infiniment mieux depuis que, par son conseil, j'ai renoncé à tout ce lavage d'eaux qu'on m'avoit ordonnées, et qui m'avoient presque gâté entièrement l'estomac, sans me guérir mon mal de gorge. Je prierai aussi M. de Jussac d'écrire à madame sa femme, à Fontevrault, et de lui mander l'embarras de ce pauvre paralytique, qui étoit sans vous sur le pavé.[1]

M. de Saint-Laurent est mort d'une colique de *miserere*, et non point d'un accès de néphrétique, comme je vous avois mandé. Sa mort a été fort chrétienne, et même aussi singulière que le reste de sa vie. Il ne confia qu'à M. de Chartres qu'il se trouvoit mal et qu'il alloit s'enfermer dans une chambre pour se reposer, conjurant instamment ce jeune prince de ne point dire où il étoit, parce qu'il ne vouloit voir personne. En le quittant il alla faire ses dévotions : c'étoit un dimanche, et on dit qu'il les faisoit tous les dimanches ; puis il s'enferma dans une chambre jusqu'à trois heures après midi, que M. de Chartres, étant en inquiétude de sa santé, déclara où il étoit. Tancret y fut, qui le trouva tout habillé sur un lit, souffrant apparemment beaucoup, et néanmoins fort tranquille. Tancret ne lui trouva point de pouls ; mais M. de Saint-Laurent lui dit que cela ne l'étonnât point, qu'il étoit vieux, et qu'il n'avoit pas naturellement le pouls fort élevé. Il voulut être saigné, et il ne vint point de sang. Peu de temps après il se mit sur son séant, puis dit à son valet de le pencher un peu sur son chevet ; et aussitôt ses pieds se mirent à trépigner contre le plancher, et il

---

1. Voyez lettre VII.

expira dans le moment même. On trouva dans sa bourse un billet par lequel il déclaroit où l'on trouveroit son testament. Je crois qu'il donne tout son bien aux pauvres. Voilà comme il est mort, et voici ce qui fait, ce me semble, assez bien son éloge : vous savez qu'il n'avoit presque d'autres soins auprès de M. de Chartres que de l'empêcher de manger des friandises; qu'il l'empêchoit le plus qu'il pouvoit d'aller aux comédies et aux opéras; et il vous a conté lui-même toutes les rebuffades qu'il lui a fallu essuyer pour cela, et comme toute la maison de Monsieur étoit déchaînée contre lui, gouverneur, sous-précepteur,[1] valets de chambre. Cependant on a été plus de deux jours sans oser apprendre sa mort à ce même M. de Chartres ; et quand Monsieur enfin la lui a annoncée, il a jeté des cris effroyables, se jetant, non point sur son lit, mais sur le lit de M. de Saint-Laurent, qui étoit encore dans sa chambre, et l'appelant à haute voix comme s'il eût encore été en vie : tant la vertu, quand elle est vraie, a de force pour se faire aimer ! Je suis assuré que cela vous fera plaisir, non-seulement pour la mémoire de M. de Saint-Laurent, mais même pour M. de Chartres. Dieu veuille qu'il persiste longtemps dans de pareils sentiments! Il me semble que je n'ai point d'autres nouvelles à vous mander.

M. le duc de Roannès[2] est venu ce matin pour me parler de sa rivière et pour me prier d'en parler. Je lui ai demandé s'il ne savoit rien de nouveau, il m'a dit que non ; et il faut bien, puisqu'il ne sait point de nouvelles, qu'il n'y en ait point, car il en sait toujours plus qu'il n'y.

---

1. Le sous-précepteur étoit alors l'abbé Dubois, depuis cardinal et premier ministre. (Louis RACINE.)
2. François d'Aubusson-Lafeuillade.

en a. On dit seulement que M. de Lorraine a passé la Drave, et les Turcs la Save : ainsi il n'y a point de rivière qui les sépare; tant pis apparemment pour les Turcs ; je les trouve merveilleusement accoutumés à être battus.[1] La nouvelle qui fait ici le plus de bruit, c'est l'embarras des comédiens, qui sont obligés de déloger de la rue Guénégaud, [2] à cause que messieurs de Sorbonne, en acceptant le collége des Quatre-Nations, ont demandé, pour première condition, qu'on les éloignât de ce collége. Ils ont déjà marchandé des places dans cinq ou six endroits; mais, partout où ils vont, c'est merveille d'entendre comme les curés crient. Le curé de Saint-Germain de l'Auxerrois a déjà obtenu qu'ils ne seroient point à l'hôtel de Sourdis, parce que de leur théâtre on auroit entendu tout à plein les orgues, et de l'église on auroit entendu parfaitement les violons ; enfin ils en sont à la rue de Savoie, dans la paroisse de Saint-André. Le curé a été aussi au roi lui représenter qu'il n'y a tantôt plus dans sa paroisse que des auberges et des coquetiers; si les comédiens y viennent, que son église sera déserte. Les Grands-Augustins ont aussi été au roi, et le père Lembrochons, provincial, a porté la parole; mais on dit que les comédiens ont dit à Sa Majesté que ces mêmes Augustins, qui ne veulent point les avoir pour voisins, sont fort assidus spectateurs de la comédie, et qu'ils ont même voulu ven-

---

1. Ils le furent en effet à Mohatz, en Hongrie, le 12 d'août 1687. (G. GARNIER.)

2. Le 20 de juin 1687, les comédiens français reçurent ordre de fermer, dans un délai de trois mois, leur théâtre de la rue Guénégaud. Après plusieurs contrats qui furent cassés, ils obtinrent, en 1688, la permission d'acquérir le jeu de paume de la rue des Fossés-Saint-Germain, et ils firent construire le théâtre qui a été pendant près de cent ans celui de la Comédie-Française. (DAUNOU.)

dre à la troupe des maisons qui leur appartiennent dans la rue d'Anjou pour y bâtir un théâtre, et que le marché seroit déjà conclu si le lieu eût été plus commode. M. de Louvois a ordonné à M. de La Chapelle de lui envoyer le plan du lieu où ils veulent bâtir dans la rue de Savoie. Ainsi on attend ce que M. de Louvois décidera. Cependant l'alarme est grande dans le quartier, tous les bourgeois, qui sont gens de palais, trouvant fort étrange qu'on vienne leur embarrasser leurs rues. M. Billard[1] surtout, qui se trouvera vis-à-vis de la porte du parterre, crie fort haut; et quand on lui a voulu dire qu'il en auroit plus de commodité pour s'aller divertir quelquefois, il a répondu fort tragiquement : *Je ne veux point me divertir*. Adieu, monsieur; je fais moi-même ce que je puis pour vous divertir, quoique j'aie le cœur fort triste depuis la lettre que vous avez écrite à madame votre sœur. Si vous croyez que je puisse vous être bon à quelque chose à Bourbon, n'en faites point de façon, mandez-le-moi; je volerai pour vous aller voir.

## LETTRE XLVII.[2]

#### BOILEAU A RACINE.

A Bourbon, 9 août (1687).

Je vous demande pardon du gros paquet que je vous envoie; mais M. Bourdier, mon médecin, a cru qu'il étoit

---

1. Avocat dont les deux filles épousèrent, l'une Jérôme Bignon, prévôt des marchands en 1708; l'autre, Louis Chauvelin, père du garde des sceaux.
2. Réponse à la lettre XLV, corrigée par Boileau sur une copie.

de son devoir d'écrire à M. Fagon sur ma maladie. Je lui ai dit qu'il falloit que M. Dodart vît aussi la chose : ainsi nous sommes convenus de vous adresser sa relation avec un cachet volant, afin que vous la fissiez voir à l'un et à l'autre. Je vous envoie un compliment pour M. de La Bruyère.[1] J'ai été sensiblement affligé de la mort de M. de Saint-Laurent. Franchement notre siècle se dégarnit fort de gens de mérite et de vertu ; et sans ceux qu'on a étouffés sous prétexte de jansénisme, en voilà un grand nombre que la mort a enlevés depuis peu. Je plains fort le pauvre M. de Sainctot.[2] Je ne vous dirai point en quel état est ma poitrine, puisque mon médecin vous en écrit tout le détail ; ce que je puis vous dire, c'est que ma maladie est de ces sortes de choses *quæ non recipiunt magis et minus,* puisque je suis environ au même état que j'étois lorsque je suis arrivé. On me dit cependant toujours, comme à Paris, que cela reviendra, et c'est ce qui me désespère, cela ne revenant point. Si je savois que je dusse être sans voix toute ma vie, je m'affligerois sans doute ; mais je prendrois ma résolution, et je me trouverois peut-être moins malheureux que dans un état d'incertitude qui ne me permet pas de me fixer, et qui me laisse toujours comme un coupable qui attend le jugement de son procès. Je m'efforce pourtant de traîner ici ma misérable vie du mieux que je puis, avec un abbé, très-honnête homme, qui est trésorier d'une sainte-chapelle,[3] mon médecin et mon apothicaire. Je passe le temps avec eux à peu près comme D. Quixotte[4] le passoit, *en un lugar de*

---

1. Il venait de faire paraître son livre ; Paris, Michallet, 1687, in-12.
2. Nicolas de Sainctot, maître des cérémonies.
3. Voyez lettres XLII et XLVIII.
4. Boileau écrit toujours *Guichot*, comme Saint-Évremond. Voyez épigramme XXV.

*la Mancha*, avec son curé, son barbier et le bachelier Sanson Carasco. J'ai aussi une servante : il me manque une nièce. Mais de tous ces gens-là, celui qui joue le mieux son personnage, c'est moi qui suis presque aussi fou que lui, et qui ne dirois guère moins de sottises, si je pouvois me faire entendre. Je n'ai point été surpris de ce que vous m'avez mandé de M. Hessein :

Naturam expellas furca, tamen usque recurret.[1]

Il a d'ailleurs de très-bonnes qualités, mais, à mon avis, puisque je suis sur la citation de D. Quixotte, il n'est pas mauvais de garder avec lui les mêmes mesures qu'avec Cardenio.[2] Comme il veut toujours contredire, il ne seroit pas mauvais de le mettre avec cet homme que vous savez de notre assemblée, qui ne dit jamais rien qu'on ne doive contredire;[3] ils seroient merveilleux ensemble. Adieu, mon cher monsieur; conservez-moi toujours une amitié qui fait ma plus grande consolation.

J'ai déjà formé mon plan pour l'année 1667,[4] où je vois de quoi ouvrir un beau champ à l'esprit; mais, à ne vous rien déguiser, il ne faut pas que vous fassiez un grand fond sur moi tant que j'aurai tous les matins à prendre douze verres d'eau, qu'il coûte encore plus à rendre qu'à avaler, et qui vous laissent tout étourdi le reste du jour, sans qu'il soit permis de sommeiller un moment. Je ferai pourtant du mieux que je pourrai, et j'espère que Dieu m'aidera.

1. Horace, liv. I, épit. x, vers 24. Voyez satire XI, vers 45.
2. Voyez *Don Quijote*, part. I, ch. xxiii et suivants. (B.-S.-P.)
3. Charpentier. Voyez lettre XLII.
4. Il parle de l'histoire du roi, dont ils étoient tous deux continuellement occupés. (Louis Racine.)

Vous faites bien de cultiver madame de Maintenon ; jamais personne ne fut si digne qu'elle du poste qu'elle occupe, et c'est la seule vertu où je n'aie point encore remarqué de défaut. L'estime qu'elle a pour vous est une marque de son bon goût. Pour moi, je ne me compte pas au rang des choses vivantes :

> ..... Vox quoque Mœrin
> Jam fugit ipsa : lupi Mœrin videre priores.[1]

## LETTRE XLVIII.[2]

### BOILEAU A RACINE.

A Moulins, 13 août (1687).

Mon médecin a jugé à propos de me laisser reposer deux jours, et j'ai pris ce temps pour venir voir Moulins, où j'arrivai hier au matin, et d'où je m'en dois retourner aujourd'hui au soir. C'est une ville très-marchande et très-peuplée, et qui n'est pas indigne d'avoir un trésorier de France comme vous.[3] Un M. de Chamblain, ami de M. l'abbé de Salles,[4] qui y est venu avec moi, m'y donna hier à souper fort magnifiquement. Il se dit grand ami

---

1. Virgile, églogue IX, vers 52-53. Les bergers croyaient, chez les anciens, qu'un homme perdait la voix lorsqu'un loup l'apercevait avant d'en être aperçu.
2. Lettre corrigée par Boileau sur une copie.
3. M. de Colbert le fit favoriser d'une charge de trésorier de France au bureau des finances de Moulins, qui étoit tombée aux parties casuelles. (Louis RACINE.)
4. L'abbé de Salles, trésorier de la Sainte-Chapelle de Bourbon. Voyez lettres VII et XLII.

de M. de Poignant, et connoît fort votre nom, aussi bien que tout le monde de cette ville, qui s'honore fort d'avoir un magistrat de votre force, et qui lui est si peu à charge.[1] Je vous ai envoyé par le dernier ordinaire une très-longue déduction de ma maladie, que M. Bourdier, mon médecin, écrit à M. Fagon : ainsi vous en devez être instruit à l'heure qu'il est parfaitement. Je vous dirai pourtant que dans cette relation il ne parle point de la lassitude de jambes et du peu d'appétit ; si bien que tout le profit que j'ai fait jusqu'ici à boire des eaux, selon lui, consiste à un éclaircissement de teint que le hâle du voyage m'avoit jauni plutôt que la maladie ; car vous savez bien qu'en partant de Paris je n'avois pas le visage trop mauvais, et je ne vois pas qu'à Moulins, où je suis, on me félicite fort présentement de mon embonpoint. Si j'ai écrit une lettre si triste à ma sœur, cela ne vient point de ce que je me sente beaucoup plus mal qu'à Paris, puisqu'à vous dire vrai, tout le bien et tout le mal mis ensemble, je suis environ au même état que quand je partis ; mais dans le chagrin de ne point guérir, on a quelquefois des moments où la mélancolie redouble, et je lui ai écrit dans un de ces moments. Peut-être dans une autre lettre verra-t-elle que je ris. Le chagrin est comme une fièvre qui a ses redoublements et ses suspensions.

La mort de M. de Saint-Laurent est tout à fait édifiante ; il me paroît qu'il a fini avec toute l'audace d'un philosophe et toute l'humilité d'un chrétien. Je suis persuadé qu'il y a des saints canonisés qui n'étoient pas plus saints que lui : on le verra un jour, selon toutes les apparences, dans les litanies. Mon embarras est seulement

---

[1]. Parce qu'il n'y alloit jamais. (Louis Racine.)

comment on l'appellera, et si on lui dira simplement saint
Laurent ou saint Saint-Laurent. Je n'admire pas seulement
M. de Chartres, [1] mais je l'aime, j'en suis fou. Je ne sais
pas ce qu'il sera dans la suite; mais je sais bien que
l'enfance d'Alexandre, ni de Constantin n'a jamais promis
de si grandes choses que la sienne, et on pourroit beaucoup plus justement faire de lui les prophéties que Virgile,
à mon avis, a faites assez à la légère du fils de Pollion. [2]
Dans le temps que je vous écris ceci, M. Amiot [3] vient
d'entrer dans ma chambre; il a précipité, dit-il, son
retour à Bourbon pour me venir rendre service. Il m'a dit
qu'il avoit vu, avant que de partir, M. Fagon, et qu'ils
persistoient l'un et l'autre dans la pensée du demi-bain,
quoi qu'en puissent dire MM. Bourdier et Baudière : c'est
une affaire qui se décidera demain à Bourbon. A vous
dire le vrai, mon cher monsieur, c'est quelque chose
d'assez fâcheux que de se voir ainsi le jouet d'une science
très-conjecturale, et où l'un dit blanc et l'autre noir : car
les deux derniers ne soutiennent pas seulement que le
bain n'est point bon à mon mal; mais ils prétendent qu'il
y va de la vie, et citent sur cela des exemples funestes.
Mais enfin me voilà livré à la médecine, et il n'est plus
temps de reculer. Ainsi, ce que je demande à Dieu, ce
n'est pas qu'il me rende la voix, mais qu'il me donne la
vertu et la piété de M. de Saint-Laurent, ou de M. Nicole,
ou même la vôtre, puisque avec cela on se moque des
périls. S'il y a quelque malheur dont on se puisse réjouir,
c'est, à mon avis, de celui des comédiens : si on continue
à les traiter comme on fait, il faudra qu'ils s'aillent éta-

---

1. Le futur duc d'Orléans, régent.
2. Églogue IV, vers 7 et suivants.
3. Médecin de Bourbon.

blir entre la Villette et la porte Saint-Martin ; encore ne sais-je s'ils n'auront point sur les bras le curé de Saint-Laurent.[1] Je vous ai une obligation infinie du soin que vous prenez d'entretenir un misérable comme moi. L'offre que vous me faites de venir à Bourbon est tout à fait héroïque et obligeante ; mais il n'est pas nécessaire que vous veniez vous enterrer inutilement dans le plus vilain lieu du monde, et le chagrin que vous auriez infailliblement de vous y voir ne feroit qu'augmenter celui que j'ai d'y être. Vous m'êtes plus nécessaire à Paris qu'ici, et j'aime encore mieux ne vous point voir que de vous voir triste et affligé. Adieu, mon cher monsieur ; mes recommandations à M. Félix, à M. de Termes et à tous nos autres amis.

## LETTRE XLIX.

RACINE A BOILEAU.

A Paris, ce 13 août (1687).

Je ne vous écrirai aujourd'hui que deux mots, car, outre qu'il est extrêmement tard, je reviens chez moi pénétré de frayeur et de déplaisir. Je sors de chez le pauvre M. Hessein, que j'ai laissé à l'extrémité ; je doute qu'à moins d'un miracle je le retrouve demain en vie. Je vous conterai sa maladie une autre fois, et je ne vous parlerai maintenant que de ce qui vous regarde. Vous êtes un peu

---

1. La paroisse de Saint-Laurent s'étendait jusque-là. — Voyez la lettre du 24 d'août 1687, n° LIII.

cruel à mon égard, de me laisser si longtemps dans l'horrible inquiétude où vous avez bien dû juger que votre lettre à madame Manchon me pouvoit jeter.[1] J'ai vu M. Fagon, qui, sur le récit que je lui ai fait de ce qui est dans cette lettre, a jugé qu'il falloit quitter sur-le-champ vos eaux. Il dit que leur effet naturel est d'ouvrir l'appétit, bien loin de l'ôter; il croit même qu'à l'heure qu'il est vous les aurez interrompues, parce qu'on n'en prend jamais plus de vingt jours de suite. Si vous vous en êtes trouvé considérablement bien, il est d'avis qu'après les avoir laissées pour quelque temps vous les recommenciez; si elles ne vous ont fait aucun bien, il croit qu'il les faut quitter entièrement. Le roi me demanda avant-hier au soir si vous étiez revenu; je lui répondis que non, et que les eaux jusqu'ici ne vous avoient pas fort soulagé. Il me dit ces propres mots: « Il fera mieux de se remettre à son train de vie ordinaire; la voix lui reviendra lorsqu'il y pensera le moins. » Tout le monde a été charmé de la bonté que Sa Majesté a témoignée pour vous en parlant ainsi, et tout le monde est d'avis que pour votre santé vous ferez bien de revenir. M. Félix est de cet avis; le premier médecin et M. Moreau en sont entièrement. M. du Tartre[2] croit qu'absolument les eaux de Bourbon ne sont point bonnes pour votre poitrine, et que vos lassitudes en sont une marque. Tout cela, mon cher monsieur, m'a donné une furieuse envie de vous voir de retour. On dit que vous trouverez de petits remèdes innocents qui vous rendront infailliblement la voix, et qu'elle reviendra d'elle-même quand vous ne ferez rien. M. le maréchal de Belle-

---

1. Racine n'avait donc pas encore reçu la lettre du 9 d'août, n° XLVII.
2. Chirurgien juré du Parlement de Paris, et depuis chirurgien ordinaire du roi. (G. GARNIER.)

fonds [1] m'enseigna hier un remède dont il dit qu'il a vu plusieurs gens guéris d'une extinction de voix ; c'est de laisser fondre dans sa bouche un peu de myrrhe, la plus transparente qu'on puisse trouver ; d'autres se sont guéris avec la simple eau de poulet, sans compter l'*erysimum* ; enfin, tout d'une voix, tout le monde vous conseille de revenir. Je n'ai jamais vu une santé plus généralement souhaitée que la vôtre. Venez donc, je vous en conjure ; et, à moins que vous n'ayez déjà un commencement de voix qui vous donne des assurances que vous achèverez de guérir à Bourbon, ne perdez pas un moment de temps pour vous redonner à vos amis, et à moi surtout, qui suis inconsolable de vous voir si loin de moi, et d'être des semaines entières sans savoir si vous êtes en santé ou non. Plus je vois décroître le nombre de mes amis, plus je deviens sensible au peu qui m'en reste ; et il me semble, à vous parler franchement, qu'il ne me reste presque plus que vous. Adieu : je crains de m'attendrir follement, en m'arrêtant trop sur cette réflexion. Madame Manchon pense toutes les mêmes choses que moi, et est véritablement inquiète sur votre santé.[2]

---

1. Bernardin Gigault, marquis de Bellefonds, maréchal de France, né en 1630, mort le 4 de décembre 1694. Il s'est distingué en Catalogne, en Flandre, en Italie et en Hollande. Il était écuyer de madame la Dauphine et avait été envoyé en Angleterre en 1672 et 1673 comme ambassadeur extraordinaire. (M. Chéron.)

2. Ceci avait été omis par Louis Racine ainsi que cette *adresse :* « A monsieur Despréaux, chez M. Prévost, chirurgien à Bourbon. » (B.-S.-P.)

## LETTRE L.[1]

#### RACINE A BOILEAU.

###### A Paris, ce 17 août (1687).

J'allai hier au soir à Versailles, et j'y allai tout exprès pour voir M. Fagon et lui donner la consultation de M. Bourdier. Je la lus auparavant avec M. Félix, et je la trouvai très-savante, dépeignant votre tempérament et votre mal en termes très-énergiques; j'y croyois trouver en quelque page : *Numero Deus impare gaudet.*[2] M. Fagon m'a dit que du moment qu'il s'agissoit de la vie, et qu'elle pouvoit être en compromis, il s'étonnoit qu'on mît en question si vous prendriez le demi-bain. Il en écrira à M. Bourdier, et cependant il m'a chargé de vous écrire au plus vite de ne point vous baigner, et même, si les eaux vous ont incommodé, de les quitter entièrement, et de vous en revenir.

Je vous avois déjà mandé son avis là-dessus, et il y persiste toujours. Tout le monde crie que vous devriez revenir, médecins, chirurgiens, hommes, femmes.

Je vous avois mandé qu'il falloit un miracle pour sauver M. Hessein : il est sauvé, et c'est votre bon ami le quinquina qui a fait ce miracle. L'émétique l'avoit mis à la mort : M. Fagon arriva fort à propos, qui, le croyant à demi mort, ordonna au plus vite le quinquina. Il est pré-

---

1. Réponse à la lettre du 9 d'août 1687, n° XLVII.
2. Virgile, églogue VIII, vers 75.

sentement sans fièvre ; je l'ai même tantôt fait rire jusqu'à la convulsion, en lui montrant l'endroit de votre lettre où vous parlez du bachelier, du curé et du barbier. Vous dites qu'il vous manque une nièce : voudriez-vous qu'on vous envoyât mademoiselle Despréaux?[1] Je m'en vais ce soir à Marly. M. Félix a demandé permission au roi pour moi, et j'y demeurerai jusqu'à mercredi prochain.

M. le duc de Charost[2] m'a tantôt demandé de vos nouvelles, d'un ton de voix que je vous souhaiterois de tout mon cœur. Quantité de gens de nos amis sont malades, entre autres M. le duc de Chevreuse et M. de Chamlai :[3] tous deux ont la fièvre double-tierce. M. de Chamlai a déjà pris le quinquina ; M. de Chevreuse le prendra au premier jour. On ne voit à la cour que des gens qui ont le ventre plein de quinquina. Si cela ne vous excite pas à y revenir, je ne sais plus ce qui vous peut en donner envie. M. Hessein ne l'a point voulu prendre des apothicaires, mais de la propre main de Smith. J'ai vu ce

---

1. Petit trait de raillerie. Boileau n'aimoit pas beaucoup cette nièce. (Louis RACINE.) Il y a apparence que l'oncle changea ensuite de sentiments, puisqu'il fit un legs considérable à cette même nièce. Toutefois Germain Garnier, Amar, de Saint-Surin disent (sans citer d'autorités) que la nièce avait l'humeur bizarre et acariâtre de sa mère, et le premier ajoute que la nièce et la mère tourmentèrent beaucoup Boileau lorsqu'il demeurait chez son frère Jérôme. Il est difficile de concilier ces assertions avec une libéralité plus considérable que Puymorin, lié d'une étroite amitié avec Despréaux, fit, en 1683, à la même nièce, par son testament; et en cela il n'agissait pas par pure déférence pour les liens du sang, puisqu'il ne nomme pas même son autre nièce, Louise-Geneviève, morte seulement en 1701. (B.-S.-P.)

2. Armand de Béthune, duc de Charost, gendre du surintendant Fouquet.

3. Maréchal des logis des armées dès le temps de Turenne, mort en 1719. A la mort de Louvois, en 1691, il refusa le ministère de la guerre. Cf. Saint-Simon, édition Garnier frères, t. XXIV, p. 99-100, et t. XXXIII, p. 69. (M. CHÉRON.)

Smith chez lui; il a le visage vermeil et boutonné, et a bien plus l'air d'un maître cabaretier que d'un médecin. M. Hessein dit qu'il n'a jamais rien bu de plus agréable, et qu'à chaque fois qu'il en prend il sent la vie descendre dans son estomac. Adieu, mon cher monsieur, je commencerai et finirai toutes mes lettres en vous disant de vous hâter de revenir.

## LETTRE LI.[1]

#### BOILEAU A RACINE.

A Bourbon, 19 août (1687).

Vous pouvez juger, monsieur, combien j'ai été frappé de la funeste nouvelle que vous m'avez mandée de notre pauvre ami.[2] En quelque état pitoyable néanmoins que vous l'ayez laissé, je ne saurois m'empêcher d'avoir toujours quelque rayon d'espérance, tant que vous ne m'aurez point écrit : *il est mort*; et je me flatte même qu'au premier ordinaire j'apprendrai qu'il est hors de danger. A dire le vrai, j'ai bon besoin de me flatter ainsi, surtout aujourd'hui que j'ai pris une médecine qui m'a fait tomber quatre fois en foiblesse, et qui m'a jeté dans un abattement dont même les plus agréables nouvelles ne seroient pas capables de me relever. Je vous avoue pourtant que si quelque chose pouvoit me rendre la santé et

---

1. Corrigée par Boileau sur une copie.
2. M. Hessein.

la joie, ce seroit la bonté qu'a Sa Majesté de s'enquérir de moi, toutes les fois que vous vous présentez devant lui. Il ne sauroit guère rien arriver de plus glorieux, je ne dis pas à un misérable comme moi, mais à tout ce qu'il y a de gens plus considérables à la cour ; et je gage qu'il y en a plus de vingt d'entre eux qui, à l'heure qu'il est, envient ma bonne fortune, et qui voudroient avoir perdu la voix et même la parole à ce prix. Je ne manquerai pas, avant qu'il soit peu, de profiter du bon avis qu'un si grand prince me donne, sauf à désobliger M. Bourdier, mon médecin, et M. Baudière mon apothicaire, qui prétendent maintenir contre lui que les eaux de Bourbon sont admirables pour rendre la voix ; mais je m'imagine qu'ils réussiront dans cette entreprise, à peu près comme toutes les puissances de l'Europe ont réussi à lui empêcher de prendre Luxembourg et tant d'autres villes. Pour moi, je suis persuadé qu'il fait bon suivre ses ordonnances, en fait même de médecine. J'accepte l'augure qu'il m'a donné en vous disant que la voix me reviendroit lorsque j'y penserois le moins. Un prince qui a exécuté tant de choses miraculeuses est vraisemblablement inspiré du ciel, et toutes les choses qu'il dit sont des oracles. D'ailleurs j'ai encore un remède à essayer, où j'ai grande espérance, qui est de me présenter à son passage dès que je serai de retour ; car je crois que l'envie que j'aurai de lui témoigner ma joie et ma reconnoissance me fera trouver de la voix, et peut-être même des paroles éloquentes. Cependant je vous dirai que je suis aussi muet que jamais, quoique inondé d'eaux et de remèdes.[1] Nous attendons la réponse de M. Fagon sur la relation que M. Bour-

---

[1]. Boileau supprime tout ce qui suit dans cette lettre. (B.-S.-P.)

dier lui a envoyée. Jusque-là je ne puis rien vous dire sur mon départ. On me fait toujours espérer ici une guérison prochaine, et nous devons tenter le demi-bain, supposé que M. Fagon persiste toujours dans l'opinion qu'il me peut être utile. Après cela je prendrai mon parti. Vous ne sauriez croire combien je vous suis obligé de la tendresse que vous m'avez témoignée dans votre dernière lettre ; les larmes m'en sont presque venues aux yeux ; et quelque résolution que j'eusse faite de quitter le monde, supposé que la voix ne me revînt point, cela m'a entièrement fait changer d'avis ; c'est-à-dire, en un mot, que je me sens capable de quitter toutes choses, hormis vous. Adieu, mon cher monsieur, excusez si je ne vous écris pas une longue lettre ; franchement, je suis fort abattu. Je n'ai point d'appétit ; je traîne les jambes plutôt que je ne marche ; je n'oserois dormir, et je suis toujours accablé de sommeil. Je me flatte pourtant encore de l'espérance que les eaux de Bourbon me guériront. M. Amiot est homme d'esprit, et me rassure fort. Il se fait une affaire très-sérieuse de me guérir, aussi bien que les autres médecins. Je n'ai jamais vu de gens si affectionnés à leur malade, et je crois qu'il n'y en a pas un d'entre eux qui ne donnât quelque chose de sa santé pour me rendre la mienne. Outre leur affection, il y va de leur intérêt, parce que ma maladie fait grand bruit dans Bourbon. Cependant ils ne sont point d'accord, et M. Bourdier lève toujours des yeux très-tristes au ciel, quand on parle de bain. Quoi qu'il en soit, je leur suis obligé de leurs soins et de leur bonne volonté ; et quand vous m'écrirez, je vous prie de me dire quelque chose qui marque que je parle bien d'eux. M. de La Chapelle m'a écrit une lettre fort obligeante, et m'envoie plusieurs inscriptions sur lesquelles il me prie de dire mon avis.[1] Elles me paroissent toutes fort spirituelles ; mais je ne saurois pas lui mander, pour cette fois, ce que j'y trouve à redire : ce sera pour le premier ordinaire. M. Boursault,[2] que je croyois mort, me vint voir il y a cinq ou six jours, et m'apparut le soir assez subitement. Il me dit qu'il s'étoit détourné de trois grandes lieues du chemin de Mont-Luçon, où il alloit, et où il est habitué, pour avoir le bonheur de me saluer. Il me fit offre de toutes choses, d'argent, de commodités, de chevaux.[3] Je lui répondis avec les mêmes honnêtetés, et voulus le retenir pour le lendemain à dîner ; mais il me dit qu'il étoit obligé de s'en aller dès le grand matin : ainsi nous nous séparâmes amis à outrance. A propos d'amis, mes baise-mains, je vous prie, à tous nos amis communs. Dites bien à M. Quinault que je lui suis infiniment obligé de son souvenir, et des choses obligeantes qu'il a écrites de moi à M. l'abbé de Sales.[4] Vous pouvez l'assurer que je le compte présentement au rang de mes meilleurs amis, et de ceux dont j'estime le plus le cœur et l'esprit. Ne vous étonnez pas si vous recevez quelquefois mes lettres un peu tard, parce que la poste n'est point à Bourbon, et que souvent, faute de gens pour envoyer à Moulins, on perd un ordinaire. Au

---

1. En sa qualité de contrôleur des bâtiments du roi, Henri de Bessé de La Chapelle était adjoint, comme secrétaire, à la petite Académie, depuis Académie des inscriptions. (M. Chéron.)

2. Edme Boursault, né à Mucit-l'Évêque, en Bourgogne, au mois d'octobre 1638, mort à Montluçon, où il était receveur des fermes, le 13 de septembre 1701. Son théâtre a été imprimé, Paris, 1725, 3 vol. in-12. Il a fait contre Boileau la *Satire des satires*. (M. Chéron.) Voir Molière, l'*Impromptu de Versailles*, scène III.

3. Sensible à ce trait de générosité, Boileau ôta de ses satires (satire IX) le nom de Boursault. (Louis Racine.)

4. Voyez lettre XLVIII, p. 336, note 2.

nom de Dieu, mandez-moi avant toutes choses des nouvelles de M. Hessein.

## LETTRE LII.

#### BOILEAU A RACINE.

###### A Bourbon, 23 août (1687).

On me vient d'avertir que la poste est de ce soir à Bourbon; c'est ce qui fait que je prends la plume à l'heure qu'il est, c'est-à-dire, à dix heures du soir, qui est une heure fort extraordinaire aux malades de Bourbon, pour vous dire que, malgré les tragiques remontrances de M. Bourdier, je me suis mis aujourd'hui dans le demi-bain, par le conseil de M. Amiot, et même de M. des Trapières, que j'ai appelé au conseil. Je n'y ai été qu'une heure ; cependant j'en suis sorti beaucoup en meilleur état que je n'y étois entré, c'est-à-dire la poitrine beaucoup plus dégagée, les jambes plus légères, l'esprit plus gai : et même mon laquais m'ayant demandé quelque chose, je lui ai répondu un *non* à pleine voix, qui l'a surpris lui-même, aussi bien qu'une servante qui étoit dans la chambre ; et pour moi, j'ai cru l'avoir prononcé par enchantement. Il est vrai que je n'ai pu depuis rattraper ce ton-là; mais, comme vous voyez, monsieur, c'en est assez pour me remettre le cœur au ventre, puisque c'est une preuve que ma voix n'est pas entièrement perdue, et que le bain m'est très-bon. Je m'en vais piquer de ce côté-là, et je vous manderai le succès. Je ne sais pas pourquoi M. Fagon a molli si aisément sur les objections très-superstitieuses de M. Bourdier.[1] Il y a tantôt six mois que je n'ai eu de véritable joie que ce soir. Adieu, mon cher monsieur; je dors en vous écrivant. Conservez-moi votre amitié, et croyez que si je recouvre la voix, je l'emploierai à publier à toute la terre la reconnoissance que j'ai des bontés que vous avez pour moi, et qui ont encore accru de beaucoup la véritable estime et la sincère amitié que j'avois pour vous. J'ai été ravi, charmé, enchanté du succès du quinquina; et ce qu'il a fait sur notre ami Hessein m'engage encore plus dans ses intérêts que la guérison de ma fièvre double-tierce.

## LETTRE LIII.

### RACINE A BOILEAU.

A Paris, ce 24 août (1687).

Je vous dirai, avant toutes choses, que M. Hessein, excepté quelque petit reste de foiblesse, est entièrement hors d'affaire, et ne prendra plus que huit jours du quinquina, à moins qu'il n'en prenne pour son plaisir : car la chose devient à la mode; et on commencera bientôt, à la fin des repas, à le servir comme le café et le chocolat.

---

1. Si l'on rapproche ce passage de ce que dit ailleurs Racine (lettre L), qu'il croyait trouver dans la consultation de Bourdier l'adage *numero Deus impare gaudet,* on peut présumer que Bourdier insistait sur les jours intercalaires, 3e, 5e, 9e, 13e, 19e..., jadis si accrédités en médecine. (B.-S.-P.) — Dans le *Malade imaginaire,* acte II, scène IX, M. Diafoirus dit à Argan qu'il faut mettre les grains de sel par nombres impairs dans les médicaments. (M. Chéron.)

L'autre jour, à Marly, Monseigneur, après un fort grand déjeuner avec madame la princesse de Conti[1] et d'autres dames, en envoya querir deux bouteilles chez les apothicaires du roi, et en but le premier un grand verre; ce qui fut suivi par toute la compagnie, qui, trois heures après, n'en dîna que mieux : il me sembla même que cela leur avoit donné un plus grand air de gaieté ce jour-là; et, à ce même dîner, je contai au roi votre embarras entre vos deux médecins, et la consultation très-savante de M. Bourdier. Le roi eut la bonté de me demander ce qu'on vous répondoit là-dessus, et s'il y avoit à délibérer. « Oh! pour moi, s'écria naturellement madame la princesse de Conti, qui étoit à table à côté de Sa Majesté, j'aimerois mieux ne parler de trente ans, que d'exposer ainsi ma vie pour recouvrer la parole. » Le roi, qui venoit de faire la guerre à Monseigneur sur sa débauche de quinquina, lui demanda s'il ne voudroit point aussi tâter des eaux de Bourbon. Vous ne sauriez croire combien cette maison de Marly est agréable; la cour y est, ce me semble, toute autre qu'à Versailles. Il y a peu de gens, et le roi nomme tous ceux qui l'y doivent suivre. Ainsi tous ceux qui y sont, se trouvant fort honorés d'y être, y sont aussi de fort bonne humeur. Le roi même y est fort libre et fort caressant. On diroit qu'à Versailles il est tout entier aux affaires, et qu'à Marly il est tout à lui et à son plaisir. Il m'a fait l'honneur plusieurs fois de me parler, et j'en suis sorti à mon ordinaire, c'est-à-dire fort charmé de lui et au désespoir contre moi : car je ne me trouve jamais si peu d'esprit que dans ces moments où j'aurois le plus d'envie d'en avoir.

---

1. M$^{lle}$ de Blois, fille de Louis XIV et de M$^{me}$ de La Vallière.

Du reste, je suis revenu riche de bons mémoires. J'y ai entretenu tout à mon aise les gens qui pouvoient me dire le plus de choses de la campagne de Lille.[1] J'eus même l'honneur de demander cinq ou six éclaircissements à M. de Louvois, qui me parla avec beaucoup de bonté. Vous savez sa manière, et comme toutes ses paroles sont pleines de droit sens et vont au fait. En un mot, j'en sortis très-savant et très-content. Il me dit que tout autant de difficultés que nous aurions, il nous écouteroit avec plaisir. Les questions que je lui fis regardoient Charleroi et Douai. J'étois en peine pourquoi on alla d'abord à Charleroi, et si on avoit déjà nouvelle que les Espagnols l'eussent rasé : car, en voulant écrire, je me suis trouvé arrêté tout à coup, et par cette difficulté et par beaucoup d'autres que je vous dirai. Vous ne me trouverez peut-être, à cause de cela, guère plus avancé que vous; c'est-à-dire beaucoup d'idées et peu d'écriture. Franchement je vous trouve fort à dire, et dans mon travail et dans mes plaisirs. Une heure de conversation m'étoit d'un grand secours pour l'un, et d'un grand accroissement pour les autres.

Je viens de recevoir une lettre de vous.[2] Je ne doute pas que vous n'ayez présentement reçu celle où je vous mandois l'avis de M. Fagon :[3] et que M. Bourdier n'ait aussi reçu des nouvelles de M. Fagon même, qui ne serviront pas peu à le confirmer dans son avis. Tout ce que vous m'écrivez de votre peu d'appétit et de votre grand abattement est très-considérable, et marque toujours, de plus en plus, que les eaux ne vous conviennent point. M. Fa-

---

1. Celle de 1667. Le récit en est dans la *Campagne royale,* 1668, in-12. (B.-S.-P.)
2. Lettre n° XLVIII, datée de Moulins le 13 d'août 1687.
3. Lettre n° XLIX, datée de Paris le 13 d'août 1687.

gon ne manquera pas de me répéter encore qu'il les faut quitter, et les quitter au plus vite ; car, je vous l'ai mandé, il prétend que leur effet naturel est d'ouvrir l'appétit et de rendre les forces. Quand elles font le contraire, il faut y renoncer. Je ne doute donc pas que vous ne vous remettiez bientôt en chemin pour revenir. Je suis persuadé comme vous que la joie de revoir un prince qui témoigne tant de bonté pour vous, vous fera plus de bien que tous les remèdes. M. Roze m'avoit déjà dit de vous mander de sa part qu'après Dieu le roi étoit le plus grand médecin du monde, et je fus même fort édifié que M. Roze voulût bien mettre Dieu devant le roi. Je commence à soupçonner qu'il pourroit bien être en effet dans la dévotion. M. Nicole a donné depuis deux jours au public deux tomes de *Réflexions sur les épîtres et sur les évangiles*,[1] qui me semblent encore plus forts et plus édifiants que tout ce qu'il a fait. Je ne vous les envoie pas, parce que j'espère que vous serez bientôt de retour, et vous les trouverez infailliblement chez vous. Il n'a encore travaillé que sur la moitié des épîtres et des évangiles de l'année ; j'espère qu'il achèvera le reste, pourvu qu'il plaise à Dieu et au révérend père de Lach.[2] de lui laisser encore un an de vie.

Il n'y a point de nouvelles de Hongrie que celles qui sont dans la Gazette. M. de Lorraine, en passant la Drave, a fait, ce me semble, une entreprise de fort grand éclat et fort inutile.[3] Cette expédition a bien de l'air de celle qu'on fit pour secourir Philisbourg.[4] Il a trouvé au delà de la

---

1. *Continuation des Essais de morale, contenant des Réflexions morales sur les épîtres et évangiles de toute l'année.* Paris, 1687-1688, 5 vol. in-12.
2. Le père de Lachaise.
3. Voir la lettre suivante.
4. Ville, alors très-forte, que le duc de Lorraine prit aux Français (ils

rivière un bois, et au delà de ce bois les ennemis retranchés jusqu'aux dents. M. de Termes est du nombre de ceux que je vous ai mandé qui avoient l'estomac farci de quinquina. Croyez-vous que le quinquina, qui vous a sauvé la vie, ne vous rendroit point la voix? il devroit du moins vous être plus favorable qu'à un autre, vous qui vous êtes enroué tant de fois à le louer. Les comédiens, qui vous font si peu de pitié, sont pourtant toujours sur le pavé, et je crains, comme vous,[1] qu'ils ne soient obligés de s'aller établir auprès des vignes de feu M. votre père ;[2] ce seroit un digne théâtre pour les œuvres de M. Pradon : j'allois ajouter de M. Boursault; mais je suis trop touché des honnêtetés que vous avez tout nouvellement reçues de lui. Je ferai tantôt à M. Quinault celles que vous me mandez de lui faire. Il me semble que vous avancez furieusement dans le chemin de la perfection. Voilà bien des gens offensés à qui vous avez pardonné.

On m'a dit, chez madame Manchon, que M. Marchand partoit lundi prochain pour Bourbon :

Hui! vereor ne quid Andria apportet mali.[3]

en étaient maîtres depuis 1644), le 17 septembre 1676, après quatre mois de siége.

Luxembourg, chargé avant le siége de veiller aux mouvements de l'armée ennemie alors établie dans la haute Alsace, se porta, pour aller recueillir un renfort, vers la basse Alsace; mais pendant cette espèce de retraite, le duc de Lorraine repassa le Rhin et investit Philisbourg (Reboulet, *Hist. de Louis XIV*, V, 3 et 4). C'est probablement à la manœuvre de Luxembourg que Racine fait ici allusion, et l'on voit, par la lettre déjà citée de Boileau, que le mouvement du duc de Lorraine en Hongrie était en effet une retraite, ce dont on aurait pu douter en s'en tenant aux expressions de Racine. (B.-S.-P.)

1. Voyez la lettre n° XLVIII.
2. Du côté de Pantin, près des voiries. (G. Garnier.)
3. Térence, *Andrienne*, acte I, scène I, vers 45. Il y a HEI! dans Térence.

Franchement j'appréhende un peu qu'il ne vous retienne. Il aime fort son plaisir. Cependant je suis assuré que M. Bourdier même vous dira de vous en aller. Le bien que les eaux vous pouvoient faire est peut-être fait : elles auront mis votre poitrine en bon train. Les remèdes ne font pas toujours sur-le-champ leur plein effet ; et mille gens qui étoient allés à Bourbon pour des foiblesses de jambes, n'ont recommencé à bien marcher que lorsqu'ils ont été de retour chez eux. Adieu, mon cher monsieur ; vous me demandez pardon de m'avoir écrit une lettre trop courte, et vous avez raison de le demander ; et moi je vous le demande d'en avoir écrit une trop longue, et j'ai peut-être raison aussi.

## LETTRE LIV.[1]

#### BOILEAU A RACINE.

A Bourbon, 28 août (1687).

Je ne m'étonne point, monsieur, que madame la princesse de Conti soit dans le sentiment où elle est. Quand elle auroit perdu la voix, il lui resteroit encore un million de charmes pour se consoler de cette perte ; elle seroit encore la plus parfaite chose que la nature ait produite depuis longtemps. Il n'en est pas ainsi d'un misérable qui a besoin de sa voix pour être souffert des hommes, et qui a quelquefois à disputer contre M. Charpentier. Quand ce ne seroit que cette dernière raison, il doit risquer quelque

---

1. Lettre corrigée par Boileau sur une copie.

chose, et la vie n'est pas d'un si grand prix qu'il ne la puisse hasarder, pour se mettre en état d'interrompre un tel parleur. J'ai donc tenté l'aventure du demi-bain avec toute l'audace imaginable ; mes valets faisant lire leur frayeur sur leurs visages, et M. Bourdier s'étant retiré pour n'être point témoin d'une entreprise si téméraire. A vous dire vrai, cette aventure a été un peu semblable à celle des *maillotins* dans *Don Quichotte*,[1] je veux dire, qu'après bien des alarmes, il s'est trouvé qu'il n'y avoit qu'à rire, puisque non-seulement le bain ne m'a point augmenté la fluxion sur la poitrine, mais qu'il me l'a même fort soulagée, et que, s'il ne m'a rendu la voix, il m'a du moins en partie rendu la santé. Je ne l'ai encore essayé que quatre fois, et M. Amiot prétend le pousser jusqu'à dix ; après quoi, si la voix ne me revient, il m'assure qu'il me donnera mon congé. Je conçois un fort grand plaisir à vous revoir et à vous embrasser, mais vous ne sauriez croire pourtant tout ce qui se présente d'affreux à mon esprit, quand je songe qu'il me faudra peut-être repasser muet par ces mêmes hôtelleries, et revenir sans voix dans ces mêmes lieux où l'on m'avoit tant de fois assuré que les eaux de Bourbon me guériroient infailliblement. Il n'y a que Dieu et vos consolations qui me puissent soutenir dans une si juste occasion de désespoir. J'ai été fort frappé de l'agréable débauche de MONSEIGNEUR chez madame

---

1. On a déjà dit (lettre XLVII) que Boileau écrit *Guichot*. Il regardait sans doute cette manière d'écrire comme la seule bonne en français, car il a substitué Guichot à *Quixote* qu'on avait mis dans la copie sur laquelle il faisait ses corrections. — Par l'aventure des *maillotins*, il désigne probablement celle des *moulins à foulons* (Don Quixote, part. I, ch. XXIX), moulins qui, dans les traductions anciennes, telles que celles de 1620 et 1668, sont désignés par les mots *maillets à foules* ou *à foulon*, correspondants aux mots du texte original, *maços de batan*. (B.-S.-P.)

a princesse de Conti ; mais ne songe-t-il point à l'insulte qu'il a faite par là à tous messieurs de la Faculté ? Passe pour avaler le quinquina sans avoir la fièvre ; mais de le prendre sans s'être préalablement fait saigner et purger, c'est une chose qui crie vengeance, et il y a une espèce d'effronterie à ne se point trouver mal après un tel attentat contre toutes les règles de la médecine. Si MONSEIGNEUR et toute sa compagnie avoient, avant tout, pris une dose de séné dans quelque sirop convenable, cela lui auroit à la vérité coûté quelques tranchées, et l'auroit mis, lui et tous les autres, hors d'état de dîner, mais il y auroit eu au moins quelques formes gardées, et M. Bachot[1] auroit trouvé le trait galant. Au lieu que de la manière dont la chose s'est faite, cela ne sauroit jamais être approuvé que des gens de cour et du monde, et non point des véritables disciples d'Hippocrate, gens à barbe vénérable, et qui ne verront point assurément ce qu'il peut y avoir eu de plaisant à tout cela. Que si personne n'en a été malade, ils vous répondront qu'il y a eu du sortilége ; et en effet, monsieur, de la manière dont vous me peignez Marly, c'est un véritable lieu d'enchantement. Je ne doute point que les fées n'y habitent. En un mot, tout ce qui s'y dit et ce qui s'y fait me paroît enchanté ; mais surtout les discours du maître du château ont quelque chose de fort ensorcelant, et ont un charme qui se fait sentir jusqu'à Bourbon.

De quelque pitoyable manière que vous m'ayez conté la disgrâce des comédiens, je n'ai pu m'empêcher d'en rire. Mais dites-moi, monsieur, supposé qu'ils aillent

---

1. Apothicaire, dit de Saint-Surin ; plutôt un médecin, dit Berriat-Saint-Prix.

habiter où je vous ai dit, croyez-vous qu'ils boivent du vin du cru ?[1] Ce ne seroit pas une mauvaise pénitence à proposer à M. Champmeslé,[2] pour tant de bouteilles de vin de Champagne qu'il a bues :[3] vous savez aux dépens de qui.[4] Vous avez raison de dire qu'ils auront là un merveilleux théâtre pour jouer les pièces de M. Pradon ; et d'ailleurs ils y auront une commodité : c'est que quand le souffleur aura oublié d'apporter la copie de ses ouvrages, il en retrouvera infailliblement une bonne partie dans les précieux dépôts qu'on apporte tous les matins en cet endroit. M. Fagon n'a point écrit à M. Bourdier. Faites bien des compliments pour moi à M. Roze. Les gens de son tempérament sont de fort dangereux ennemis; mais il n'y a point aussi de plus chauds amis, et je sais qu'il a de l'amitié pour moi. Je vous félicite des conversations fructueuses que vous avez eues avec M$^{gr}$ de Louvois, d'autant plus que j'aurai part à votre récolte. Ne craignez point que M. Marchand m'arrête à Bourbon. Quelque amitié que j'aie pour lui, il n'entre point en balance avec vous, et l'Andrienne n'apportera aucun mal.[5] Je meurs d'envie de voir les *Réflexions* de M. Nicole ; et je m'imagine que c'est Dieu qui me prépare ce livre à Paris, pour me consoler de mon infortune. J'ai fort ri de la raillerie que vous me faites sur les gens à qui j'ai pardonné. Cependant savez-vous bien qu'il y a à cela plus de mérite

---

1. Le vin de Pantin où le père de Boileau avait des vignes. Voyez lettres XLVIII et LIII.
2. Le mari de la comédienne, grand ivrogne. (Louis RACINE.)
3. Corr., *qu'il a bues chez lui.*
4. Dans la copie corrigée de sa main, Boileau supprime la phrase qui suit, jusqu'à *cet endroit* inclusivement.
5. Allusion au vers de Térence cité par Racine dans la lettre précédente.

que vous ne le croyez, si le proverbe italien est véritable, que *Chi offende non perdona*.[1] L'action de M. de Lorraine ne me paroît point si inutile qu'on se veut imaginer, puisque rien ne peut mieux confirmer l'assurance de ses troupes, que de voir que les Turcs n'ont osé sortir de leurs retranchements, ni même donner sur son arrière-garde dans sa retraite ; et il faut en effet que ce soient de grands coquins pour l'avoir ainsi laissé repasser la Drave. Croyez-moi, ils seront battus ; et la retraite de M. de Lorraine a plus de rapport à la retraite de César, quand il décampa devant Pompée, qu'à l'affaire de Philisbourg. Quand vous verrez M. Hessein, faites-le ressouvenir que nous sommes frères en quinquina,[2] puisqu'il nous a sauvé la vie à l'un et à l'autre. Vous pensez vous moquer, mais je ne sais pas si je n'en essayerai point pour le recouvrement de ma voix. Adieu, mon cher monsieur, aimez-moi toujours, et croyez qu'il n'y a rien au monde que j'aime plus que vous. Je ne sais où vous vous êtes mis en tête que vous m'aviez écrit une longue lettre, car je n'en ai jamais trouvé une si courte.

1. Voyez lettre LIII.
2. Voir sur le quinquina un poëme de La Fontaine ; voir aussi de nombreuses lettres de M$^{me}$ de Sévigné sur l'emploi de ce remède, mis à la mode par un médecin anglais du nom de Talbot.

## LETTRE LV.[1]

**BOILEAU A RACINE.**

A Bourbon, 2 septembre (1687).

Ne vous étonnez pas, monsieur, si vous ne recevez pas des réponses à vos lettres, aussi promptes que peut-être vous souhaitez, parce que la poste est fort irrégulière à Bourbon, et qu'on ne sait pas trop bien quand il faut écrire. Je commence à songer à ma retraite. Voilà tantôt la dixième fois que je me baigne ; et, à ne vous rien celer, ma voix est tout au même état que quand je suis arrivé. Le monosyllabe que j'ai prononcé n'a été qu'un effet de ces petits tons que vous savez qui m'échappent quelquefois quand j'ai beaucoup parlé, et mes valets ont été un peu trop prompts à crier miracle. La vérité est pourtant que le bain m'a renforcé les jambes et fortifié la poitrine ; mais pour ma voix, ni le bain, ni la boisson des eaux ne m'y ont de rien servi. Il faut donc s'en aller de Bourbon aussi muet que j'y suis arrivé. Je ne saurois vous dire quand je partirai ; je prendrai brusquement mon parti, et Dieu veuille que le déplaisir ne me tue pas en chemin ! Tout ce que je vous puis dire, c'est que jamais exilé n'a quitté son pays avec tant d'affliction que je retournerai au mien. Je vous dirai encore plus, c'est que, sans votre considération, je ne crois pas que j'eusse jamais revu Paris, où je ne conçois aucun autre plaisir que celui de vous revoir. Je suis bien fâché de la juste inquiétude que vous

---

1. Lettre corrigée par Boileau sur une copie.

donne la fièvre de monsieur votre jeune fils.[1] J'espère que
cela ne sera rien ; mais si quelque chose me fait craindre
pour lui, c'est le nombre de bonnes qualités qu'il a, puisque je n'ai jamais vu d'enfant de son âge si accompli en
toutes choses. M. Marchand[2] est arrivé ici samedi. J'ai été
fort aise de le voir ; mais je ne tarderai guère à le quitter.
Nous faisons notre ménage ensemble. Il est toujours aussi
bon et aussi méchant homme que jamais. J'ai su par lui
tout ce qu'il y a de mal à Bourbon, dont je ne savois pas
un mot à son arrivée. Votre relation de l'affaire de Hongrie m'a fait un très-grand plaisir, et m'a fait comprendre
en très-peu de mots ce que les plus longues relations ne m'auroient peut-être pas appris. Je l'ai débitée à tout Bourbon,
où il n'y avoit qu'une relation d'un commis de M. Jacques,[3]
où, après avoir parlé du grand vizir, on ajoutoit, entre

1. Il parle de mon frère aîné. (Louis Racine.) Ce fils s'appelait Jean-Baptiste, il avait alors neuf ans.

2. Nous avons fait un très-grand nombre de recherches pour connaître cet intime ami de nos deux grands poëtes, cet homme qui exerçait une espèce d'autorité sur Boileau, avec qui celui-ci faisait ménage, et auquel, surmontant sa paresse ordinaire, il s'empressait d'écrire (voyez lettres VII, XLIV, XLV, LIII, LIV et LVI). — Voici tout ce que nous avons pu découvrir. Il se nommait Antoine Petit-Jean-Marchand, mais dans l'usage on l'appelait de ce dernier nom seulement, comme on le voit, soit par les lettres citées, soit par son acte de décès, soit par la signature d'une de ses filles qui supprime le nom de Petit-Jean dans un acte où elle n'était pas au nombre des témoins essentiels. Son père avait été *pourvoyeur*, c'est-à-dire intendant ou maître d'hôtel du duc de Vendôme, fils naturel de Henri IV ; et lui-même, au temps de ces lettres, l'était de Monsieur, frère de Louis XIV. Il mourut en 1689. Nous avions d'abord cru qu'il était parent de Boileau, mais il paraît qu'il était seulement son voisin à Auteuil, et que là il s'était lié avec lui et avec les Manchon, ses parents. Peut-être avait-il rendu quelque service à la famille du poëte, comme par exemple de contribuer à faire obtenir une place de chambellan de Monsieur à son cousin germain, Nicolas-Charles de Nyélé. (B.-S.-P.)

3. Ce Jacques était entrepreneur de la fourniture des vivres dans l'armée du duc de Lorraine. La Bruyère parle d'un Jacquier « qui sait les vivres. »

autres choses, que *ledit vizir voulant réparer le grief qui lui avoit été fait,* etc. Tout le reste étoit de ce style. Adieu, mon cher monsieur, aimez-moi toujours, et croyez que vous seul êtes ma consolation.

Je vous écrirai en partant de Bourbon, et vous aurez de mes nouvelles en chemin. Je ne sais pas trop le parti que je prendrai à Paris. Tous mes livres sont à Auteuil, où je ne puis plus désormais aller les hivers. J'ai résolu de prendre un logement pour moi seul. Je suis las franchement d'entendre le tintamarre des nourrices et des servantes. [1] Je n'ai qu'une chambre et point de meubles au cloître [2] où je suis. Tout ceci soit dit entre nous ; mais cependant je vous prie de me donner votre avis. N'ayant point de voix, il me faut du moins de la tranquillité. Je suis las de me sacrifier au plaisir et à la commodité d'autrui. Il n'est pas vrai que je ne puisse bien vivre et tenir seul mon ménage : ceux qui le croient se trompent grossièrement. D'ailleurs je prétends désormais mener un genre de vie dont tout le monde ne s'accommodera pas. J'avois pris des mesures que j'aurois exécutées, si ma oix ne s'étoit point éteinte. Dieu ne l'a pas voulu. J'ai

---

1. Ceci annonce qu'il demeurait, au moins pendant le jour, dans la maison de son neveu Dongois, cour du Palais. M^me Gilbert de Voisins, fille de celui-ci et habitant avec lui, avait alors deux fils âgés seulement, l'un de deux et l'autre de trois ans. (B.-S.-P.)

2. Il s'agit du cloître Notre-Dame. Voyez lettre LVIII. Il était chez l'abbé de Dreux, conseiller au Parlement, chanoine de l'Église de Paris. (S.-S.)

Boileau avait pris cette chambre au mois d'octobre 1683, comme nous l'apprenons par une lettre que lui écrivit Maucroix le 2 de novembre suivant, et qui est dans les manuscrits de Brossette. Dongois l'engagea sans doute à conserver en même temps un appartement chez lui, et à y vivre, de sorte que, selon toute apparence, la chambre du cloître ne lui servait que pour la nuit. (B.-S.-P.) — Cf. Édouard Fournier, *Paris démoli*, deuxième édition, p. 115-167. (M. Chéron.)

honte de moi-même, et je rougis des larmes que je répands en vous écrivant ces derniers mots.

## LETTRE LVI.

RACINE A BOILEAU.

A Paris, ce 5 septembre (1687).

J'avois destiné cette après-dînée à vous écrire fort au long; mais un cousin, abusant d'un fâcheux parentage,[1] est venu malheureusement me voir, et il ne fait que de sortir de chez moi. Je ne vous écris donc que pour vous dire que je reçus avant-hier une lettre de vous. Le père Bouhours et le père Rapin étoient dans mon cabinet quand je la reçus. Je leur en fis la lecture en la décachetant, et je leur fis un fort grand plaisir. Je regardois pourtant de loin, à mesure que je la lisois, s'il n'y avoit rien dedans qui fût trop jansèniste. Je vis vers la fin le nom de M. Nicole, et je sautai bravement, ou, pour mieux dire, lâchement, par-dessus.[2] Je n'osai m'exposer à troubler la grande joie et même les éclats de rire que leur causèrent plusieurs choses fort plaisantes que vous me mandiez. Nous aurions été tous trois les plus contents du monde, si nous eussions trouvé à la fin de votre lettre que vous par-

1. Un cousin, abusant d'un fâcheux parentage.
(Épître VI, vers 46.)

2. Ceci montre combien il était dès lors dangereux de paraître avoir quelque liaison avec les jansénistes, puisque Boileau ne donne dans cette lettre, n° LIV, aucun éloge à Nicole. (B.-S.-P.) Ceci montre également quel était le caractère de Racine.

liez à votre ordinaire, comme nous trouvions que vous écriviez avec le même esprit que vous avez toujours eu. Ils sont, je vous assure, tous deux fort de vos amis, et même fort bonnes gens. Nous avions été le matin entendre le père de Villiers,[1] qui faisoit l'oraison funèbre de M. le Prince,[2] grand-père de M. le Prince d'aujourd'hui.[3] Il y a joint les louanges du dernier mort,[4] et il s'est enfoncé jusqu'au cou dans le combat de Saint-Antoine ; Dieu sait combien judicieusement! En vérité il a beaucoup d'esprit; mais il auroit bien besoin de se laisser conduire. J'annonçai au père Bouhours un nouveau livre qui excita fort sa curiosité, ce sont les *Remarques de M. de Vaugelas avec les notes de Thomas Corneille.* Cela est ainsi affiché dans Paris depuis quatre jours.[5] Auriez-vous jamais cru voir ensemble M. de Vaugelas et M. de Corneille le jeune, donnant des règles sur la langue? J'eusse bien voulu vous pouvoir mander que M. de Louvois est guéri, en vous mandant qu'il a été malade ; mais ma femme, qui revient de voir madame de La Chapelle,[6] m'apprend qu'il a encore de la fièvre. Elle étoit d'abord comme continue, et même assez grande ; elle n'est présentement qu'intermittente : et c'est

---

1. Le père de Villiers quitta la compagnie de Jésus pour l'ordre de Clugni. Il a fait un mauvais poëme intitulé l'*Art de prêcher ;* des *Réflexions sur les défauts d'autrui ;* un *Traité de la Satire ;* les *Moines,* comédie en musique, etc. Monchesnai raconte, dans le *Bolæana,* p. 127-128, une anecdote au moins douteuse sur Boileau et le père de Villiers. (M. Chéron.)
2. Henri de Bourbon II, mort en 1646. (Moréri.)
3. Henri-Jules de Bourbon, né en 1643, mort en 1709. (Moréri.)
4. Le grand Condé, qui, le 2 de juillet 1652, se battit dans le faubourg Saint-Antoine contre l'armée royale commandée par Turenne ; mort en 1686.
5. *Remarques sur la langue françoise,* de M. de Vaugelas. Nouvelle édition revue et corrigée, avec des notes de Thomas Corneille. Paris, 1687, 2 vol. in-12.
6. La nièce de Boileau. La place de contrôleur des bâtiments mettait son mari en relation avec Louvois, qui en était intendant. (B.-S.-P.)

encore une des obligations que nous avons au quinquina. J'espère que je vous manderai lundi qu'il est absolument guéri. Outre l'intérêt du roi et celui du public, nous avons, vous et moi, un intérêt très-particulier à lui souhaiter une longue santé. On ne peut pas nous témoigner plus de bonté qu'il nous en témoigne ; et vous ne sauriez croire avec quelle amitié il m'a toujours demandé de vos nouvelles. Bonsoir, mon cher monsieur. Je salue de tout mon cœur M. Marchand. Je vous écrirai plus au long lundi. Mon fils est guéri.

## LETTRE LVII.

#### BOILEAU A RACINE, AU CAMP DE MONS.

A Paris, 25 mars (1691).

Je ne voyois proprement que vous pendant que vous étiez à Paris; et depuis que vous n'y êtes plus, je ne vois plus, pour ainsi dire, personne. N'attendez donc pas que je vous rende nouvelles pour nouvelles, puisque je n'en sais aucunes. D'ailleurs, il n'est guère fait mention à Paris présentement que du siége de Mons, dont je ne crois pas vous devoir instruire. Les particularités que vous m'en avez mandées m'ont fait un fort grand plaisir. Je vous avoue pourtant que je ne saurois digérer que le roi s'expose comme il fait. C'est une mauvaise habitude qu'il a prise, dont il devroit se guérir; et cela ne s'accorde pas avec cette haute prudence qu'il fait paroître dans toutes ses autres actions. Est-il possible qu'un prince qui prend si bien ses mesures pour assiéger Mons, en prenne si peu pour la conservation de sa propre personne? Je sais bien qu'il a pour lui l'exemple des Alexandres et des Césars, qui s'exposoient de la sorte ; mais avoient-ils raison de le faire? Je doute qu'il ait lu ce vers d'Horace :

> Decipit exemplar vitiis imitabile.[1]

Je suis ravi d'apprendre que vous êtes dans un couvent, en même cellule que M. de Cavoie ;[2] car, bien que le logement soit un peu étroit, je m'imagine qu'on n'y garde pas trop étroitement les règles, et qu'on n'y fait pas la lecture pendant le dîner, si ce n'est, peut-être, de lettres pareilles à la mienne. Je vous dis bien en partant que je ne vous plaignois plus, puisque vous faisiez le voyage avec un homme tel que lui, auprès duquel on trouve toutes sortes de commodités, et dont la compagnie pourroit consoler de toutes sortes d'incommodités. Et puis, je vois bien qu'à l'heure qu'il est, vous êtes un soldat parfaitement aguerri contre les périls et contre la fatigue. Je vois bien, dis-je, que vous allez recouvrer votre honneur à Mons, et que toutes les mauvaises plaisanteries du voyage de Gand ne tomberont plus que sur moi. M. de Cavoie a déjà assez bien commencé à m'y préparer.[3] Dieu veuille seulement que je les puisse

---

1. Livre I, épître xix, vers 17.
2. Voyez épître IV. Grand maréchal de la maison du roi, mort en 1716 ; ami de Racine.
3. En 1678, Boileau et Racine avaient suivi le roi pendant cette campagne, et les courtisans et même l'*ami* Cavoie y cherchaient souvent à égayer le maître aux dépens des deux *vilains*. Louis Racine (I, 150) raconte sur des ouï-dire, et avec l'air du doute, deux assez pauvres tours que leur joua le même Cavoie (il fit croire à Racine qu'avant de partir il aurait dû faire avec son maréchal ferrant un marché pour garantir que les fers de son cheval lui dureraient six mois ; et il insinua à Boileau qu'il était dans

entendre, au hasard même d'y mal répondre! Mais, à ne vous rien celer, non-seulement mon mal ne finit point, mais je doute même qu'il guérisse. En récompense me voilà fort bien guéri d'ambition et de vanité; et, en vérité, je ne sais si cette guérison-là ne vaut pas bien l'autre, puisqu'à mesure que les honneurs et les biens me fuient, il me semble que la tranquillité me vient. J'ai été une fois à notre assemblée[1] depuis votre départ. M. de La Chapelle ne manqua pas, comme vous vous le figurez bien, de proposer d'abord une médaille sur le siége de Mons : et j'en imaginai une sur le...[2]

une espèce de disgrâce auprès du roi parce qu'il se tenait de travers à cheval). Ce qu'il y a de plus certain, c'est que les mêmes *amis* ne leur firent pas une réputation de bravoure, et Pradon s'empressa de le rappeler (voyez aussi lettre XC) dans la suite (*Nouv. rem.*, p. 6 et 25) en les représentant au camp, armés, dit-il, jusqu'aux yeux :

> Et pour voir sans danger les périls, les alarmes,
> Ils avoient apporté des lunettes pour armes,
> Dont ces deux champions, se servant au besoin,
> N'approchoient l'ennemi que pour le voir de loin.
> Le haut du mont *Pagnote*\* étoit leur mont Parnasse;
> C'étoit là que brilloit leur fierté, leur audace...
>
> (B.-S.-P.)

1. L'Académie des médailles.
2. Ici finit la troisième page, la dernière qui reste de cette lettre.

\* Étymologie : ital. *Pagnotta*, sorte de pain, de *pane*, pain. « Les Italiens, dit Ménage, appellent *gentilhuomini di pagnotta*, les gentilshommes que les seigneurs louent pour leur escorte aux jours de cérémonie, à cause qu'on leur donnoit des pains ce jour-là. » Le nom de *Pagnotta* passa à ces hommes d'escorte, qui, tenus en peu d'estime, déterminèrent le sens péjoratif du mot. *Pagnotta*, à cause du pain, signifiait, dès le XIVᵉ siècle, une maison de pauvres. Genevois, *pagnot*, nigaud, dadais. En 1542, dans le Piémont, les Espagnols appelaient les soldats français *Pagnottes*. (E. LITTRÉ, *Dict. de la langue française*.)

## LETTRE LVIII.

#### RACINE A BOILEAU.

Au camp devant Mons, le 3 avril (1691).

On vous avoit trop tôt mandé la prise de l'ouvrage à cornes : il ne fut attaqué, pour la première fois, qu'avant-hier. Encore fut-il abandonné un moment après par les grenadiers du régiment des gardes, qui s'épouvantèrent mal à propos, et que leurs officiers ne purent retenir, même en leur présentant l'épée nue, comme pour les percer. Le lendemain, qui étoit hier, sur les neuf heures du matin, on recommença une autre attaque avec beaucoup plus de précaution que la précédente. On choisit pour cela huit compagnies de grenadiers, tant du régiment du roi que d'autres régiments, qui tous méprisent fort les soldats des gardes, qu'ils appellent des *Pierrots*.[1] On commanda aussi cent cinquante mousquetaires des deux compagnies pour soutenir les grenadiers. L'attaque se fit avec une vigueur extraordinaire, et dura trois bons quarts d'heure ; car les ennemis se défendirent en fort braves gens, et quelques-uns d'entre eux se colletèrent même avec quelques-uns de nos officiers. Mais comment auroient-ils pu faire ? Pendant qu'ils étoient aux mains, tout notre canon tiroit sans discontinuer sur les demi-lunes qui devoient les couvrir, et d'où, malgré cette tem-

---

1. Le blanc dominait dans leur costume. On les appelait encore ainsi en 1789.

pête de canon, on ne laissoit pourtant pas de faire un feu épouvantable. Nos bombes tomboient aussi à tous moments sur ces demi-lunes, et sembloient les renverser sens dessus dessous. Enfin nos gens demeurèrent les maîtres, et s'établirent de manière qu'on n'a pas même osé depuis les inquiéter. Nous y avons bien perdu deux cents hommes, entre autres huit ou dix mousquetaires, du nombre desquels étoit le fils de M. le prince de Courtenai, qui a été trouvé mort dans la palissade de la demi-lune, car quelques mousquetaires poussèrent jusque dans cette demi-lune, malgré la défense expresse de M. de Vauban et de M. de Maupertuis,[1] croyant faire sans doute la même chose qu'à Valenciennes. Ils furent obligés de revenir fort vite sur leurs pas; et c'est là que la plupart furent tués ou blessés. Les grenadiers, à ce que dit M. de Maupertuis lui-même, ont été aussi braves que les mousquetaires. De huit capitaines, il y a eu sept tués ou blessés. J'ai retenu cinq ou six actions ou paroles de simples grenadiers, dignes d'avoir place dans l'histoire, et je vous les dirai quand nous nous reverrons. M. de Chasteauvillain, fils de M. le grand trésorier de Pologne,[2] étoit à tout, et est un des hommes de l'armée le plus estimé. La Chesnaye[3] a aussi fort bien fait. Je vous les nomme tous deux, parce que vous les connoissez particulièrement ; mais je ne vous puis dire assez de bien du premier, qui joint beaucoup d'esprit

1. Louis de Melun, marquis de Maupertuis, capitaine-lieutenant de la première compagnie des mousquetaires, mort sans postérité, en 1721, âgé de quatre-vingt-six ans. (M. Chéron.)
2. Le comte de Morstein, grand trésorier de Pologne, s'était établi en France, où il avait acheté le comté de Châteauvillain.
3. Aide de camp du Dauphin. Il eut un cheval tué sous lui, près de ce prince, suivant la *Gazette de France*; entre le roi et le comte de Toulouse, suivant le *Journal* de Dangeau. (M. Chéron, d'après Berriat-Saint-Prix et de Saint-Surin.)

à une fort grande valeur. Je voyois toute l'attaque fort à mon aise, d'un peu loin à la vérité ; mais j'avois de fort bonnes lunettes, que je ne pouvois presque tenir fermes, tant le cœur me battoit de voir tant de braves gens dans le péril! On fit une suspension pour retirer les morts de part et d'autre. On trouva de nos mousquetaires morts dans le chemin couvert de la demi-lune. Deux mousquetaires blessés s'étoient couchés parmi ces morts de peur d'être achevés : ils se levèrent tout à coup sur leurs pieds, pour s'en revenir avec les morts qu'on remportoit; mais les ennemis prétendirent qu'ayant été trouvés sur leur terrain, ils devoient demeurer prisonniers. Notre officier ne put pas en disconvenir; mais il voulut au moins donner de l'argent aux Espagnols, afin de faire traiter ces deux mousquetaires. Les Espagnols répondirent : « Ils seront mieux traités parmi nous que parmi vous, et nous avons de l'argent plus qu'il n'en faut pour nous et pour eux. » Le gouverneur fut un peu plus incivil; car M. de Luxembourg lui ayant envoyé une lettre par un tambour pour s'informer si le chevalier d'Estrade,[1] qui s'est trouvé perdu, n'étoit point du nombre des prisonniers qui ont été faits dans ces deux actions, le gouverneur[2] ne voulut ni lire la lettre ni voir le tambour.

On a pris aujourd'hui deux manières de paysans, qui étoient sortis de la ville avec des lettres pour M. de Castanaga.[3] Ces lettres portoient que la place ne pouvoit plus tenir que cinq ou six jours. En récompense, comme le roi regardoit de la tranchée tirer nos batteries cette après-

---

1. Second fils du maréchal ; il fut tué en 1692, à Steinkerque. (G. Garnier.)
2. Prince de Berghes, capitaine général du Hainaut. (Moréri.)
3. Gouverneur de Bruxelles. (G. Garnier.)

dînée, un homme, qui apparemment étoit quelque officier ennemi, déguisé en soldat avec un simple habit gris, est sorti, à la vue du roi, de notre tranchée, et, traversant jusqu'à une demi-lune des ennemis, s'est jeté dedans, et on a vu deux des ennemis venir au-devant de lui pour le recevoir. J'étois aussi dans la tranchée dans ce temps-là, et je l'ai conduit de l'œil jusque dans la demi-lune. Tout le monde a été surpris au dernier point de son impudence ; mais vraisemblablement il n'empêchera pas la place d'être prise dans cinq ou six jours.[1] Toute la demi-lune est presque éboulée, et les remparts de ce côté-là ne tiennent plus à rien : on n'a jamais vu un tel feu d'artillerie. Quoique je vous dise que j'ai été dans la tranchée, n'allez pas croire que j'aie été dans aucun péril, les ennemis ne tiroient plus de ce côté-là, et nous étions tous, ou appuyés sur le parapet, ou debout sur le revers de la tranchée ; mais j'ai couru d'autres périls que je vous conterai en riant quand nous serons de retour.

Je suis, comme vous, tout consolé de la réception de Fontenelle.[2] M. Roze paroît fâché de voir, dit-il, l'Académie *in pejus ruere*. Il vous fait ses baise-mains avec des expressions très-fortes, à son ordinaire. M. de Cavoie et quantité de nos communs amis m'ont chargé aussi de vous en faire. Voilà, ce me semble, une assez longue lettre ; mais j'ai les pieds chauds, et je n'ai guère de plus grand plaisir que de causer avec vous. Je crois que le nez a saigné au prince d'Orange, et il n'est tantôt plus fait mention

1. La ville de Mons fut prise le 9 d'avril 1691 ; cette lettre est datée du 3. (*Gazette de France,* du 14.)
2. Fontenelle fut reçu à l'Académie française le 5 de mai 1691. Il disait que c'était par pure inimitié que Boileau et Racine s'opposaient à son élection, mais, dans le fait, il n'avait jusque-là rien produit de passable. (G. Garnier.)

de lui. Vous me ferez un extrême plaisir de m'écrire, quand cela vous fera aussi quelque plaisir. Je vous prie de faire mes baise-mains à M. de La Chapelle. Ayez la bonté de mander à ma femme que vous avez reçu de mes nouvelles.

J'ai oublié de vous dire que, pendant que j'étois sur le mont Pagnote[1] à regarder l'attaque, le R. P. de Lachaise étoit dans la tranchée, et même fort près de l'attaque, pour la voir plus distinctement. J'en parlois hier au soir à son frère,[2] qui me dit tout naturellement : « Il se fera tuer un de ces jours. » Ne dites rien de cela à personne; car on croiroit la chose inventée, et elle est très-vraie et très-sérieuse.[3]


## LETTRE LIX.

RACINE A BOILEAU.

A Versailles, ce mardi (8 avril 1692).

Madame de Maintenon m'a dit ce matin que le roi avoit réglé notre pension[4] à quatre mille francs pour moi, et à deux mille francs pour vous : cela s'entend sans y com-

---

1. Voir un combat du *haut du mont Pagnote,* signifie le voir d'un lieu où l'on ne court aucun danger. (LAVAUX.) Voyez les vers de Pradon cités plus haut et la note qui les accompagne.
2. Capitaine de la porte du roi.
3. *Adresse* : A monsieur, monsieur Despréaux, dans le cloître Notre-Dame, chez M. l'abbé de Dreux, à Paris. — Cet abbé de Dreux était ami de la famille de Boileau. (B.-S.-P.)
4. Comme historiographes.

prendre notre pension de gens de lettres. Je l'ai fort remerciée pour vous et pour moi. Je viens aussi tout à l'heure de remercier le roi. Il m'a paru qu'il avoit quelque peine qu'il y eût de la diminution ; mais je lui ai dit que nous étions trop contents. J'ai plus appuyé encore sur vous que sur moi, et j'ai dit au roi que vous prendriez la liberté de lui écrire pour le remercier, n'osant pas lui venir donner la peine d'élever sa voix[1] pour vous parler. J'ai dit en propres paroles : « Sire, il a plus d'esprit que jamais, plus de zèle pour Votre Majesté, et plus d'envie de travailler pour votre gloire. »

Vous voyez enfin que les choses ont été réglées comme vous l'aviez souhaité vous-même. Je ne laisse pas d'avoir une vraie peine de ce qu'il semble que je gagne à cela plus que vous ; mais outre les dépenses et les fatigues des voyages, dont je suis assez aise que vous soyez délivré, je vous connois si noble et si plein d'amitié, que je suis assuré que vous souhaiteriez de bon cœur que je fusse encore mieux traité. Je serai très-content si vous l'êtes en effet. J'espère vous revoir bientôt. Je demeure ici pour voir de quelle manière la chose doit tourner ; car on ne m'a point encore dit si c'est par un brevet, ou si c'est à l'ordinaire sur la cassette. Je suis entièrement à vous. Il n'y a rien de nouveau ici. On ne parle que du voyage,[2] et tout le monde n'est occupé que de ses équipages. Je vous conseille d'écrire quatre lignes au roi, et autant à madame de Maintenon, qui assurément s'intéresse toujours avec

---

1. Boileau commençait à devenir un peu sourd. (Louis Racine.) — Dans la lettre LVII, du 25 de mars 1691, Boileau parle de sa surdité, dont il désespérait déjà de pouvoir guérir.

2. Le voyage de Flandre, qui eut lieu le mois suivant, et où Louis XIV fut accompagné de toute sa cour. (G. Garnier.)

beaucoup d'amitié à tout ce qui vous[1] touche. Envoyez-moi vos lettres par la poste, ou par votre jardinier, comme vous le jugerez à propos.

## LETTRE LX.

#### BOILEAU A RACINE.

A Paris, 9ᵉ avril (1692).

Êtes-vous fou avec vos compliments? Ne savez-vous pas bien que c'est moi qui ai, pour ainsi dire, prescrit la chose de la manière qu'elle s'est faite, et pouvez-vous douter que je ne sois parfaitement content d'une affaire où l'on m'accorde tout ce que je demandois? Tout va le mieux du monde, et je suis encore plus réjoui pour vous que pour moi-même. Je vous envoie deux lettres que j'écris, suivant vos conseils, l'une au roi, l'autre à madame de Maintenon. Je les ai écrites sans faire de brouillon, et je n'ai point ici de conseil. Ainsi je vous prie d'examiner si elles sont en état d'être données, afin que je les réforme, si vous ne les trouvez pas bien. Je vous les envoie pour cela toutes décachetées; et, supposé que vous jugiez à propos de les présenter, prenez la peine d'y mettre votre cachet. Je verrai aujourd'hui madame Racine pour la féliciter. Je vous donne le bonjour, et suis tout à vous. Je ne reçus votre lettre qu'hier tout au soir, et je vous envoie mes trois lettres aujourd'hui à huit heures par la poste. Voilà, ce me

---

1. Ce *vous* n'est point dans le manuscrit, mais il est bien évident qu'il a été omis par pure inadvertance. (B.-S.-P.)

semble, une assez grande diligence pour le plus paresseux de tous les hommes.[1]

## LETTRE LXI.

#### RACINE A BOILEAU.

###### A Versailles, ce 11ᵉ avril (1692).

Je vous renvoie vos deux lettres avec mes remarques, dont vous ferez tel usage qu'il vous plaira. Tâchez de me les renvoyer avant six heures, ou, pour mieux dire, avant cinq heures et demie du soir, afin que je les puisse donner avant que le roi entre chez madame de Maintenon. J'ai trouvé que *la trompette et les sourds* étoient trop joués,[2] et qu'il ne falloit point trop appuyer sur votre incommodité, moins encore chercher de l'esprit sur ce sujet. Du reste, les lettres seront fort bien, et il n'en faut pas davantage. Je m'assure que vous donnerez un meilleur tour aux choses que j'ai ajoutées. Je ne veux point faire attendre votre jardinier. Je n'ai point encore de nouvelles de la manière dont votre affaire sera tournée. M. de Chevreuse[3] veut que je le laisse achever ce qu'il a commencé, et dit que nous nous en trouverons bien. Je vous conseille de lui écrire un mot à votre loisir. On ne peut pas avoir plus d'amitié qu'il en a pour vous.

1. *Adresse* : Pour monsieur Racine.
2. Boileau avoit apparemment fait sur sa surdité quelque plaisanterie qui ne plut pas à l'ami dont il faisoit son juge. (Louis RACINE.)
3. Charles-Honoré d'Albert, duc de Luynes et de Chevreuse, puis ministre, etc., un des hommes les plus honnêtes de la cour. (B.-S.-P.)

## LETTRE LXII.

#### RACINE A BOILEAU.

(Versailles, 11 ou 12 avril 1692.)

Vos deux lettres sont à merveille, et je les donnerai tantôt. M. de Pontchartrain[1] oublia de parler hier, et ne peut parler que dimanche; mais j'en fus bien aise, parce que M. de Chevreuse aura le temps de le voir. M. de Pontchartrain me parla de notre autre pension et de la *petite académie*, mais avec une bonté incroyable, en me disant que dans un autre temps il prétend bien faire d'autres choses pour vous et pour moi.

Je ne crois pas aller à Auteuil : ainsi ne m'y attendez point. Je ne crois pas même aller à Paris encore demain ; et, en ce cas, je vous prie de tout mon cœur de faire bien mes excuses à M. de Pontchartrain,[2] que j'ai une extrême impatience de revoir. Madame sa mère me demanda hier fort obligeamment si nous n'allions pas toujours chez lui, je lui dis que c'étoit bien notre dessein de recommencer à y aller.

J'envoie à Paris pour un volume de M. de Noailles, que mon laquais prétend avoir reporté chez lui, et qu'on n'y trouve point. Cela me désole. Je vous prie de lui dire si vous ne croyez point l'avoir chez vous. Je vous donne le bonjour.

1. C'est probablement le père de Jérôme Phélipeaux. Voyez lettre XVII.
2. Il paroît qu'il s'agit ici de Jérôme lui-même, qui étoit conseiller au Parlement de Paris depuis le 20 mars précédent. (MORÉRI.)

## LETTRE LXIII.

#### RACINE A BOILEAU.

###### Au camp de Gévries, le 21e mai (1692).[1]

Il faut que j'aime M. Vigan[2] autant que je fais, pour ne pas lui vouloir beaucoup de mal du contre-temps dont il a été cause. Si je n'avois pas eu des embarras, tels que vous pouvez vous imaginer, je vous aurois été chercher à Auteuil. Je ne vous ai pas écrit pendant le chemin, parce que j'étois chagrin au dernier point d'un vilain clou qui m'est venu au menton, qui m'a fait de fort grandes douleurs, jusqu'à me donner la fièvre deux jours et deux nuits. Il est percé, Dieu merci, et il ne me reste plus qu'un emplâtre qui me défigure, et dont je me consolerois volontiers, sans toutes les questions importunes que cela m'attire à tout moment.

Le roi fit hier la revue de son armée et de celle de M. de Luxembourg. C'étoit assurément le plus grand spectacle qu'on ait vu depuis plusieurs siècles. Je ne me souviens point que les Romains en aient vu un tel; car leurs armées n'ont guère passé, ce me semble, quarante ou tout au plus cinquante mille hommes; et il y avoit hier six vingt mille hommes ensemble sur quatre lignes. Comptez

---

1. Racine a laissé une Relation des événements rapportés dans cette lettre et dans les suivantes. (*Mémoires de son fils*, t. I, part. 2, p. 91.)
2. Ami de Racine, chez qui logeait à Versailles Jean-Baptiste Racine, employé dans les bureaux de M. de Torci, ministre des affaires étrangères. (M. CHÉRON.)

qu'à la rigueur il n'y avoit pas là-dessus trois mille hommes à rabattre. Je commençai à onze heures du matin à marcher ; j'allai toujours au grand pas de mon cheval, et je ne finis qu'à huit heures du soir ; enfin on étoit deux heures à aller du bout d'une ligne à l'autre. Mais si on n'a jamais vu tant de troupes ensemble, assurez-vous qu'on n'en a jamais vu de si belles. Je vous rendrois un fort bon compte des deux lignes de l'armée du roi et de la première de l'armée de M. de Luxembourg ; mais quant à la seconde ligne, je ne vous en puis parler que sur la foi d'autrui. J'étois si las, si ébloui de voir briller des épées et des mousquets, si étourdi d'entendre des tambours, des trompettes et des timbales, qu'en vérité je me laissois conduire à mon cheval, sans plus avoir d'attention à rien ; et j'eusse voulu de tout mon cœur que tous les gens que je voyois eussent été chacun dans leur chaumière ou dans leur maison, avec leurs femmes et leurs enfans, et moi, dans ma rue des Maçons, avec ma famille.[1] Vous avez peut-être trouvé dans les poëmes épiques les revues d'armées fort longues et fort ennuyeuses ; mais celle-ci m'a paru tout autrement

---

1. Racine à l'époque de son mariage demeurait au coin des rues de l'Éperon et de Saint-André-des-Arcs : en 1686, il prit un logement rue des Maçons-Sorbonne ; et en 1693 il s'établit dans la maison où il est mort, rue des Marais, faubourg Saint-Germain.

Il y a quelques observations à faire sur le récit de Germain Garnier (VII, 262), adopté par Auger et par MM. Daunou et Amar : 1° Racine lors de son mariage demeurait sur la paroisse Saint-Landry ; 2° il est douteux qu'aussitôt après son mariage il se soit établi sur la paroisse Saint-André-des-Arcs, car on ne trouve point dans les registres de cette paroisse la naissance de son fils aîné (10 novembre 1678... *ib.*, 347 et 404), tandis que celles de ses trois premières filles (1680, 1682 et 1684) y sont (la quatrième et la cinquième sont nées (1686 et 1688) sur Saint-Séverin dont dépendait la rue des Maçons) ; 3° dès l'automne de 1692, il demeurait rue des Marais, dans la maison qui porte aujourd'hui le n° 19. (B.-S.-P.) La rue des Marais porte aujourd'hui le nom de rue *Visconti*, elle donne dans la rue Bonaparte.

longue, et même pardonnez-moi cette espèce de blasphème, plus lassante que celle de la *Pucelle*.[1] J'étois, au retour, à peu près dans le même état que nous étions vous et moi dans la cour de l'abbaye de Saint-Amand.[2] A cela près, je ne fus jamais si charmé et si étonné que je le fus de voir une puissance si formidable. Vous jugez bien que tout cela nous prépare de belles matières. On m'a donné un ordre de bataille des deux armées. Je vous l'aurois envoyé volontiers; mais il y en a ici mille copies, et je ne doute pas qu'il n'y en ait bientôt autant à Paris. Nous sommes ici campés le long de la Trouille, à deux lieues de Mons. M. de Luxembourg est campé près de Binche, partie sur le ruisseau qui passe aux Estines,[3] et partie sur la Haisne, où ce ruisseau tombe. Son armée est de soixante-six bataillons et de deux cent neuf escadrons; celle du roi, de quarante-six bataillons et de quatre-vingt-dix escadrons. Vous voyez par là que celle de M. de Luxembourg occupoit bien plus de terrain que celle du roi. Son quartier général, j'entends celui de M. de Luxembourg, est à Thieusies. Vous trouverez tous ces villages dans la carte.

L'une et l'autre se mettent en marche après-demain. Je pourrai bien n'être pas en état de vous écrire de cinq ou six jours; c'est pourquoi je vous écris aujourd'hui une si longue lettre. Ne trouvez point étrange le peu d'ordre que vous y trouverez : je vous écris au bout d'une table environnée de gens qui raisonnent de nouvelles et qui

1. Elle est au chant VI, p. 174-183, de l'édition de 1656 in-12, et a plus de trois cents vers. (B.-S.-P.)

2. Cette abbaye est près de Tournai. Dans la campagne de Gand en 1678. (G. GARNIER.)

3. Des éditions ont donné *Estives* (dans la carte de Cassini comme dans l'autographe de Racine ce nom est écrit *Estines*). (B.-S.-P.)

veulent à tous moments que j'entre dans la conversation. Il vint hier de Bruxelles un rendu,[1] qui dit que M. le prince d'Orange assembloit quelques troupes à Auderleck, qui en est à trois quarts de lieue. On demanda au rendu ce qu'on disoit à Bruxelles. Il répondit qu'on y étoit fort en repos, parce qu'on étoit persuadé qu'il n'y avoit à Mons qu'un camp volant, que le roi n'étoit point en Flandre, et que M. de Luxembourg étoit en Italie.

Je ne vous dis rien de la marine; vous êtes à la source, et nous ne les savons[2] qu'après vous. Vraisemblablement j'aurai bientôt de plus grandes choses à vous mander qu'une revue, quelque grande et quelque magnifique qu'elle ait été. M. de Cavoie vous baise les mains. Je ne sais ce que je ferois sans lui; il faudroit en vérité que je renonçasse aux voyages, et au plaisir de voir tout ce que je vois. M. de Luxembourg, dès le premier jour que nous arrivâmes, envoya dans notre écurie un des plus commodes chevaux de la sienne pour m'en servir pendant la campagne. Vous n'avez jamais vu homme de cette bonté et de cette magnificence : il est encore plus à ses amis, et plus aimable à la tête de sa formidable armée qu'il n'est à Paris et à Versailles. Je vous nommerois au contraire certaines gens qui ne sont pas reconnoissables dans ce pays-ci, et qui, tout embarrassés de la figure qu'ils y font, sont à peu près comme vous dépeignez le pauvre M. Jannart,[3] quand il commençoit une courante. Adieu, mon cher monsieur; voilà bien du verbiage, mais

---

1. Soldat qui déserte pour se venir rendre dans le parti contraire. (RICHELET.)

2. Les nouvelles, probablement; Racine croyait sans doute avoir écrit : « Vous êtes à la source des nouvelles. » (B.-S.-P.)

3. Boileau était un excellent mime. De Saint-Surin croit que ce Jannart était l'oncle de la femme de La Fontaine. (B.-S.-P.)

je vous écris au courant de ma plume, et me laisse entraîner au plaisir que j'ai de causer avec vous, comme si j'étois dans vos allées d'Auteuil. Je vous prie de vous souvenir de moi dans la petite académie, et d'assurer M. de Pontchartrain de mes très-humbles respects. Faites aussi mille compliments pour moi à M. de La Chapelle. Je prévois qu'il y aura bientôt matière à des types plus magnifiques qu'il n'en a encore imaginé. Écrivez-moi le plus souvent que vous pourrez, et forcez votre paresse. Pendant que j'essuie de longues marches et des campements fort incommodes, serez-vous fort à plaindre quand vous n'aurez que la fatigue d'écrire des lettres bien à votre aise dans votre cabinet?

## LETTRE LXIV.

### RACINE A BOILEAU.

Au camp de Gévries, le 22ᵉ mai (1692).

Comme j'étois fort interrompu hier en vous écrivant, je fis une grosse faute dans ma lettre, dont je ne m'aperçus que lorsqu'on l'eut portée à la poste. Au lieu de vous dire que le quartier principal de M. de Luxembourg étoit aux hautes Estines, je vous marquai qu'il étoit à Thieusies, qui est un village à plus de trois ou quatre lieues de là, et où il devoit aller camper en partant des Estines, à ce qu'on m'avoit dit; on parloit même de cela autour de moi pendant que j'écrivois. J'ai donc cru que je vous ferois plaisir de vous détromper, et qu'il valoit mieux qu'il vous en coûtât un petit port de lettre que quelque grosse gageure où vous pourriez vous engager mal à propos, ou contre M. de La Chapelle, ou contre M. Hessein. J'ai surtout pâli quand j'ai songé au terrible inconvénient qui arriveroit si ce dernier avoit quelque avantage sur vous; car je me souviens du bois qu'il mettoit à la droite opiniâtrément, malgré tous les serments et toute la raison de M. de Guilleragues,[1] qui en pensa devenir fou. Dieu vous garde d'avoir jamais tort contre un tel homme!

Je monte en carrosse pour aller à Mons, où M. de Vauban m'a promis de me faire voir les nouveaux ouvrages qu'il y a faits. J'y allai l'autre jour dans ce même dessein; mais je souffrois alors tant de mal, que je ne songeai qu'à m'en revenir au plus vite.[2]

## LETTRE LXV.

RACINE A BOILEAU.

Au camp devant Namur, le 3e juin (1692).

J'ai été si troublé depuis huit jours de la petite vérole de mon fils, que j'appréhendois qui ne fût fort dangereuse, que je n'ai pas eu le courage de vous mander aucunes nouvelles. Le siége a bien avancé durant ce temps-là, et nous sommes à l'heure qu'il est au corps de la place. Il n'a point fallu pour cela détourner la Meuse,

---

1. Celui à qui est adressée l'épître V.
2. *Adresse* : A monsieur, monsieur Despréaux, au cloître Notre-Dame, chez M. l'abbé de Dreux, à Paris.

comme vous m'écrivez qu'on le disoit à Paris,[1] et ce qui seroit une étrange entreprise; on n'a pas même eu besoin d'appeler les mousquetaires, ni d'exposer beaucoup de braves gens. M. de Vauban, avec son canon et ses bombes, a fait lui seul toute l'expédition. Il a trouvé des hauteurs au deçà et au delà de la Meuse, où il a placé ses batteries. Il a conduit sa principale tranchée dans un terrain assez resserré, entre des hauteurs et une espèce d'étang d'un côté, et la Meuse de l'autre. En trois jours il a poussé son travail jusqu'à un petit ruisseau qui coule au pied de la contrescarpe, et s'est rendu maître d'une petite contregarde revêtue qui étoit en deçà de la contrescarpe; et de là, en moins de seize heures, a emporté tout le chemin couvert, qui étoit garni de plusieurs rangs de palissades, a comblé un fossé large de dix toises et profond de huit pieds, et s'est logé dans une demi-lune qui étoit au-devant de la courtine, entre un demi-bastion qui est sur le bord de la Meuse à la gauche des assiégeants et un bastion qui est à leur droite : en telle sorte que cette place si terrible, en un mot, Namur, a vu tous ses dehors emportés dans le peu de temps que je vous ai dit, sans qu'il en ait coûté au roi plus de trente hommes. Ne croyez pas pour cela qu'on ait eu affaire à des poltrons ; tous ceux de nos gens qui ont été à ces attaques sont étonnés du courage des assiégés. Mais vous jugerez de l'effet terrible du canon et des bombes quand je vous dirai, sur le rapport d'un officier espagnol qui fut pris hier dans les dehors, que notre artillerie leur a tué en deux jours douze cents hommes. Imaginez-vous trois batteries qui se croisent et

---

1. On n'a ni cette lettre, ni aucune de celles que Boileau dut écrire à Racine pendant la même campagne (B.-S.-P.)

qui tirent continuellement sur de pauvres gens qui sont vus d'en haut et de revers, et qui ne peuvent pas trouver un seul coin où ils soient en sûreté. On dit qu'on a trouvé les dehors tous pleins de corps dont le canon a emporté les têtes, comme si on les avoit coupées avec des sabres. Cela n'empêche pas que plusieurs de nos gens n'aient fait des actions de grande valeur. Les grenadiers du régiment des gardes françoises et ceux des gardes suisses se sont entre autres extrêmement distingués. On raconte plusieurs actions particulières, que je vous redirai quelque jour, et que vous entendrez avec plaisir; mais en voici une que je ne puis différer de vous dire et que j'ai ouï conter au roi même. Un soldat du régiment des fusiliers, qui travailloit à la tranchée, y avoit posé un gabion; un coup de canon vint qui emporta son gabion; aussitôt il en alla poser à la même place un autre, qui fut sur-le-champ emporté par un autre coup de canon. Le soldat, sans rien dire, en prit un troisième, et l'alla poser; un troisième coup de canon emporta ce troisième gabion. Alors le soldat rebuté se tint en repos; mais son officier lui commanda de ne point laisser cet endroit sans gabion. Le soldat dit : « J'irai, mais j'y serai tué. » Il y alla, et, en posant son quatrième gabion, eut le bras fracassé d'un coup de canon. Il revint soutenant son bras pendant avec l'autre bras, et se contenta de dire à son officier : « Je l'avois bien dit. » Il fallut lui couper le bras, qui ne tenoit presque à rien. Il souffrit cela sans desserrer les dents, et, après l'opération, dit froidement : « Je suis donc hors d'état de travailler; c'est maintenant au roi à me nourrir. » Je crois que vous me pardonnerez le peu d'ordre de cette narration, mais assurez-vous qu'elle est fort vraie. M. de Cavoie me presse d'achever ma lettre. Je vous dirai donc en deux mots, pour l'achever, qu'apparemment la ville sera prise en deux jours. Il y a déjà une grande brèche au bastion, et même un officier vient, dit-on, d'y monter avec deux ou trois soldats, et s'en est revenu parce qu'il n'étoit point suivi, et qu'il n'y avoit encore aucun ordre pour cela. Vous jugez bien que ce bastion ne tiendra guère; après quoi il n'y a plus que la vieille enceinte de la ville, où les assiégés ne nous attendront pas; mais vraisemblablement la garnison laissera faire la capitulation aux bourgeois, et se retirera dans le château, qui ne fait pas plus de peur à M. de Vauban que la ville. M. le prince d'Orange n'a point encore marché, et pourra bien marcher trop tard. Nous attendons avec impatience des nouvelles de la mer.[1] Je ne suis point surpris de tout ce que vous me mandez du gouverneur, qui a fait déserter votre assemblée à son pupille.[2] J'ai ri de bon cœur de l'embarras où vous êtes sur le rang où vous devez placer M. de Richesource.[3] Ce que vous dites des esprits médiocres est fort vrai, et m'a frappé, il y a longtemps, dans votre Poétique.[4] M. de Cavoie vous fait mille baise-mains, et M. Roze aussi, qui m'a confié les grands dégoûts qu'il avoit de l'Académie,

---

1. Cela se conçoit. Cinq jours auparavant (29 mai) Tourville, d'après des ordres imprudents ou plutôt absurdes du roi, ordres donnés malgré Tourville (Saint-Simon, I, 15), et révoqués trop tard, avait attaqué la flotte ennemie avec une flotte de moitié moindre. Battue et dispersée, une partie de la flotte française (quinze vaisseaux) se réfugia à la Hogue et à Cherbourg, où elle fut brûlée au moment à peu près (1ᵉʳ, 2 et 3 de juin) où Racine écrivait. (*Mémoires de Tourville,* 1758, III, 164 et suiv.) (B.-S.-P.)

2. Le marquis d'Arcy, gouverneur du duc de Chartres, lui défendit d'assister aux assemblées de la petite Académie. (G. GARNIER.)

3. Il en est question dans la huitième Réflexion critique.

4. Voyez *Art poétique,* chant IV, vers 111-118 :

Fuyez, surtout, fuyez ces basses jalousies ..

jusqu'à méditer même d'y faire retrancher les jetons, s'il n'étoit, dit-il, retenu par la charité. Croyez-vous que les jetons durent beaucoup, s'il ne tient qu'à la charité de M. Roze qu'ils ne soient retranchés?[1] Adieu, monsieur. Je vous conseille d'écrire un mot à monsieur le contrôleur général lui-même,[2] pour le prier de vous faire mettre sur l'état de distribution; et cela sera fait aussitôt. Vous êtes pourtant en fort bonnes mains, puisque M. de Bie[3] a promis de vous faire payer. C'est le plus honnête homme qui se soit jamais mêlé de finances. Mes compliments à M. de La Chapelle.

## LETTRE LXVI.

#### RACINE A BOILEAU.

Au camp près de Namur, le 15 juin (1692).

Je ne vous ai point écrit sur l'attaque d'avant-hier; je suis accablé de lettres qu'il me faut écrire à des gens beaucoup moins raisonnables que vous, et à qui il faut faire

---

1. Il était fort avare. On croit que c'est à lui que se rapporte l'anecdote suivante rapportée par Chamfort et par Bernardin de Saint-Pierre : « On faisait une quête à l'Académie française en faveur d'un homme de lettres fort pauvre. Il manquait un écu de six francs ou un louis dans la collecte. Un membre de la Compagnie dont l'avarice était bien connue fut soupçonné de n'y avoir pas contribué. Comme on s'adressait une seconde fois à lui pour combler le déficit, il dit : « J'ai mis dans la bourse. » Celui qui la tenait répondit : « Je le crois, mais je ne l'ai pas vu. » « Pour moi, « repartit aussitôt Fontenelle, je l'ai vu, mais je ne le crois pas. » (S.-S.)
2. Pontchartrain. Voyez lettre XVII.
3. C'était un employé principal des finances qui rendit service à Boileau. Voyez lettre LXXI.

des réponses bien malgré moi. Je crois que vous n'aurez pas manqué de relations. Ainsi, sans entrer dans des détails ennuyeux, je vous manderai succinctement ce qui m'a le plus frappé dans cette action. Comme la garnison est au moins de six mille hommes, le roi avoit pris de fort grandes précautions pour ne pas manquer son entreprise. Il s'agissoit de leur enlever une redoute et un retranchement de plus de quatre cents toises de long, d'où il sera fort facile de foudroyer le reste de leurs ouvrages, cette redoute étant au plus haut de la montagne, et par conséquent pouvant commander aux ouvrages à cornes qui couvrent le château de ce côté-là. Ainsi le roi, outre les sept bataillons de tranchée, avoit commandé deux cents de ses mousquetaires, cent cinquante grenadiers à cheval et quatorze compagnies d'autres grenadiers, avec mille ou douze cents travailleurs pour le logement qu'on vouloit faire; et, pour mieux intimider les ennemis, il fit paroître tout à coup sur la hauteur la brigade de son régiment, qui est encore composée de six bataillons. Il étoit là en personne à la tête de son régiment, et donnoit ses ordres à la demi-portée du mousquet. Il avoit seulement devant lui trois gabions, que le comte de Fiesque,[1] qui étoit son aide de camp de jour, avoit fait poser pour le couvrir ; mais ces gabions, presque tous pleins de pierres, étoient la plus dangereuse défense du monde : car un coup de canon qui eût donné dedans auroit fait un beau massacre de tous ceux qui étoient derrière. Néanmoins un de ces gabions sauva peut-être la vie au roi ou à MONSEIGNEUR ou à MONSIEUR, qui tous deux étoient à ses côtés; car il rompit le coup d'une balle de mousquet qui venoit droit

---

1. Jean-Louis de Fiesque-Lavaigne, mort en 1708. (MONÉRI.)

au roi, et qui, en se détournant un peu, ne fit qu'une contusion au bras de M. le comte de Toulouse,[1] qui étoit, pour ainsi dire, dans les jambes du roi.

Mais, pour revenir à l'attaque, elle se fit dans un ordre merveilleux. Il n'y eut pas jusqu'aux mousquetaires qui ne firent pas un pas plus qu'on ne leur avoit commandé. A la vérité, M. de Maupertuis, qui marchoit à leur tête, leur avoit déclaré que si quelqu'un osoit passer devant lui, il le tueroit. Il n'y en eut qu'un seul qui, ayant osé désobéir et passer devant lui, il le porta par terre de deux coups de sa pertuisane, qui ne le blessèrent pourtant point. On a fort loué la sagesse de M. de Maupertuis; mais il faut vous dire aussi deux traits de M. de Vauban, que je suis assuré qui vous plairont. Comme il connoît la chaleur du soldat dans ces sortes d'attaques, il leur avoit dit : « Mes enfants, on ne vous défend pas de poursuivre les ennemis quand ils s'enfuiront; mais je ne veux pas que vous alliez vous faire échiner[2] mal à propos sur la contrescarpe de leurs autres ouvrages. Je retiens donc à mes côtés cinq tambours pour vous rappeler quand il sera temps. Dès que vous les entendrez, ne manquez pas de revenir chacun à vos postes. » Cela fut fait comme il l'avoit concerté. Voilà pour la première précaution. Voici la seconde. Comme le retranchement qu'on attaquoit avoit un fort grand front, il fit mettre sur notre tranchée des espèces de jalons, vis-à-vis desquels chaque corps devoit attaquer et se loger pour éviter la confusion; et la chose réussit à merveille. Les ennemis ne soutinrent point et n'attendirent

---

1. Il entrait seulement dans sa quinzième année, étant né le 6 de juin 1678. Voyez lettre XL.
2. Manuscrit (*Schigner*).

pas même nos gens : ils s'enfuirent après qu'ils eurent fait une seule décharge, et ne tirèrent plus que de leurs ouvrages à cornes. On en tua bien quatre ou cinq cents; entre autres un capitaine espagnol, fils d'un grand d'Espagne qu'on nomme le comte de Lémos.[1] Celui qui le tua étoit un des grenadiers à cheval, nommé *Sans-Raison*. Voilà un vrai nom de grenadier. L'Espagnol lui demanda quartier, et lui promit cent pistoles, lui montrant même sa bourse où il y en avoit trente-cinq. Le grenadier, qui venoit de voir tuer le lieutenant de sa compagnie, qui étoit un fort brave homme, ne voulut point faire de quartier, et tua son Espagnol. Les ennemis envoyèrent demander le corps, qui leur fut rendu, et le grenadier *Sans-Raison* rendit aussi les trente-cinq pistoles qu'il avoit prises au mort, en disant : « Tenez, voilà son argent, dont je ne veux point; les grenadiers ne mettent la main sur les gens que pour les tuer. »

Vous ne trouverez point peut-être ces détails dans les relations que vous lirez; et je m'assure que vous les aimerez bien autant qu'une supputation exacte du nom des bataillons et de chaque compagnie, des gens détachés, ce que M. l'abbé de Dangeau[2] ne manqueroit pas de rechercher bien curieusement.

Je vous ai parlé du lieutenant de la compagnie des grenadiers qui fut tué, et dont *Sans-Raison* vengea la mort. Vous ne serez peut-être pas fâché de savoir qu'on lui trouva un cilice sur le corps. Il étoit d'une piété sin-

---

1. Pierre-Antoine Fernandez de Castro, vice-roi du Pérou. (Moréri.)
2. Louis de Courcillon, abbé de Dangeau, frère du marquis, de l'Académie française, né à Paris en janvier 1643, mort le 4 de janvier 1723. C'était surtout un grammairien, et il a laissé des ouvrages élémentaires de chronologie, de géographie et d'histoire. Cf. Son éloge par d'Alembert. (M. Chéron.)

gulière, et avoit même fait ses dévotions le jour d'auparavant. Respecté de toute l'armée pour sa valeur accompagnée d'une douceur et d'une sagesse merveilleuse, le roi l'estimoit beaucoup, et a dit, après sa mort, que c'étoit un homme qui pouvoit prétendre à tout. Il s'appeloit Roquevert.[1] Croyez-vous que frère Roquevert ne valût pas bien frère Muce? Et si M. de la Trappe l'avoit connu, auroit-il mis, dans la vie de frère Muce,[2] que les grenadiers font profession d'être les plus grands scélérats du monde? Effectivement, on dit que dans cette compagnie il y a des gens fort réglés. Pour moi, je n'entends guère de messe dans le camp qui ne soit servie par quelque mousquetaire, et où il n'y en ait quelqu'un qui communie, et cela de la manière du monde la plus édifiante.

Je ne vous dis rien de la quantité de gens qui reçurent des coups de mousquet ou des contusions tout auprès du roi : tout le monde le sait, et je crois que tout le monde en frémit. M. le Duc[3] étoit lieutenant général de jour, et y fit à la Condé, c'est tout dire. M. le Prince, dès qu'il vit que l'action alloit commencer, ne put pas s'empêcher de courir à la tranchée et de se mettre à la tête de tout. En voilà bien assez pour un jour. Je ne puis pourtant finir sans vous dire un mot de M. de Luxembourg. Il est toujours vis-à-vis des ennemis, la Méhagne entre

---

1. Germain Garnier dit qu'il s'appelait Flotte de Roquevaire. La *Gazette* du 9 juillet le nomme de Roquevert. (M. Chéron, d'après B.-S.-P.)

2. Le Bouthilier de Rancé, abbé de la Trappe, a publié : *Instruction sur la mort de dom Muce*, religieux de l'abbaye de la Trappe, Paris, 1690, in-18, anonyme. C'est pages 4 et 5 que Rancé fait l'énumération des « méchantes qualitez » qui caractérisent, suivant lui, les grenadiers, et dont aucune ne manquait à frère Muce avant sa conversion.

3. Louis de Bourbon III, petit-fils du Grand Condé, et fils de M. *le Prince*, Henri-Jules, et d'Anne de Bavière, né en 1668, mort le 4 de mars 1710. (M. Chéron.)

deux, qu'on ne croit pas qu'ils osent passer. On lui amena avant-hier un officier espagnol, qu'un de nos partis avoit pris, et qui s'étoit fort bien battu. M. de Luxembourg, lui trouvant de l'esprit, lui dit : « Vous autres Espagnols, je sais que vous faites la guerre en honnêtes gens, et je veux la faire avec vous de même. » Ensuite il le fit dîner avec lui, puis lui fit voir toute son armée. Après quoi il le congédia, en lui disant : « Je vous rends votre liberté; allez trouver M. le prince d'Orange, et dites-lui ce que vous avez vu. » On a su aussi, par un rendu,[1] qu'un de nos soldats s'étant allé rendre aux ennemis, le prince d'Orange lui demanda pourquoi il avoit quitté l'armée de M. de Luxembourg : « C'est, dit le soldat, qu'on y meurt de faim ; mais, avec tout cela, ne passez pas la rivière, car assurément ils vous battront. »

Le roi envoya hier six mille sacs d'avoine et cinq cents bœufs à l'armée de M. de Luxembourg ; et quoi qu'ait dit le déserteur, je puis vous assurer qu'on y est fort gai, et qu'il s'en faut bien qu'on y meure de faim. Le général a été trois jours entiers sans monter à cheval, passant le jour à jouer dans sa tente. Le roi a eu nouvelle aujourd'hui que le baron de Serclas,[2] avec cinq ou six mille chevaux de l'armée du prince d'Orange, avoit passé la Meuse à Huy, comme pour venir inquiéter le quartier de M. de Boufflers. Le roi prend ses mesures pour le bien recevoir.

Adieu, monsieur, je vous manderai une autre fois des nouvelles de la vie que je mène, puisque vous en voulez savoir. Faites, je vous prie, part de cette lettre à M. de

---

1. Voyez la lettre LXIII, la note sur ce mot.
2. Le comte de Tzerclaës de Tilly.

La Chapelle, si vous trouvez qu'elle en vaille la peine. Vous me ferez même beaucoup de plaisir de l'envoyer à ma femme, quand vous l'aurez lue ; car je n'ai pas le temps de lui écrire, et cela pourra la réjouir elle et mon fils.

On est fort content de M. de Bonrepaux.[1] J'ai écrit à M. de Pontchartrain le fils par le conseil de M. de La Chapelle. Une page de compliments[2] m'a plus coûté cinq cents fois que les huit pages que je vous viens d'écrire. Adieu, monsieur. Je vous envie bien votre beau temps d'Auteuil, car il fait ici le plus horrible temps du monde.

Je vous ai vu rire assez volontiers de ce que le vin fait quelquefois faire aux ivrognes. Hier un boulet de canon emporta la tête d'un de nos Suisses dans la tranchée. Un autre Suisse son camarade, qui étoit auprès, se mit à rire de toute sa force, en disant : « Ho! Ho! cela est plaisant; il reviendra sans tête dans le camp. »

On a fait aujourd'hui trente prisonniers de l'armée du prince d'Orange, et ils ont été pris par un parti de M. de Luxembourg. Voici la disposition de l'armée des ennemis : M. de Bavière à la droite avec des Brandebourgs et autres Allemands ; M. de Valdeck est au corps de bataille

---

1. François d'Usson de Bonrepaux. Il servait alors comme lieutenant général des armées navales, disent Germain Garnier et plusieurs éditeurs après lui. C'est une erreur. Bonrepaux, longtemps commis au ministère, était *intendant général,* et non pas lieutenant général des armées navales (*Gazette de France* du 24 de nov. 1695; SAINT-SIMON, t. III, p. 92-93) : aussi ne l'indique-t-on point comme ayant pris part à quelques-uns des combats déjà rappelés, mais seulement comme ayant assisté à un conseil qui se tint à la Hogue pour aviser aux moyens d'empêcher la destruction de nos vaisseaux. (*Mém. de Tourville,* III, 164 à 183.) Un de ses frères, il est vrai, fut officier général, mais il ne servait que dans l'armée de terre, et il n'était, au temps de la lettre, que maréchal de camp. (*Gazette* du 17 d'octobre 1693.) (B.-S.-P.)

2. Sans doute sur sa réception comme conseiller. Voy. lettre LXII.

avec les Hollandois ; et le prince d'Orange, avec les Anglois, est à la gauche. J'oubliois de vous dire que quand M. le comte de Toulouse reçut son coup de mousquet, on entendit le bruit de la balle ; et le roi demanda si quelqu'un étoit blessé. « Il me semble, dit en souriant le jeune prince, que quelque chose m'a touché. » Cependant la contusion étoit assez grosse, et j'ai vu la marque de la balle sur le galon de sa manche, qui étoit tout noirci comme si le feu y avoit passé. Adieu, monsieur. Je ne saurois me résoudre à finir, quand je suis avec vous.

En fermant ma lettre, j'apprends que la présidente Barentin,[1] qui avoit épousé M. de Cormaillon, ingénieur, a été pillée par un parti de Charleroi. Ils lui ont pris ses chevaux de carrosse et sa cassette, et l'ont laissée dans le chemin à pied. Elle venoit pour être auprès de son mari, qui avoit été blessé. Il est mort.

## LETTRE LXVII.

#### RACINE A BOILEAU.

Au camp près de Namur, le 24 juin (1692).

Je laisse à M. de Valincour le soin de vous écrire la prise du Château-Neuf. Voici seulement quelques circonstances qu'il oubliera peut-être dans sa relation. Ce Château-Neuf est appelé autrement le *Fort-Guillaume*, parce que c'est le prince d'Orange qui ordonna l'année passée

---

1. La présidente Barentin était la grand'mère d'Anne de Souvré, marquise de Louvois. Elle s'était remariée à Damas de Cormaillon.

de le faire construire, et qui avança pour cela dix mille écus de son argent. C'est un grand ouvrage à cornes, avec quelques redans dans le milieu de la courtine, selon que le terrain le demandoit. Il est situé de telle sorte, que, plus on en approche, moins on le découvre; et depuis huit ou dix jours que notre canon le battoit, il n'y avoit fait qu'une très-petite brèche à passer deux hommes, et il n'y avoit pas une palissade du chemin couvert qui fût rompue. M. de Vauban a admiré lui-même la beauté de cet ouvrage. L'ingénieur qui l'a tracé, et qui a conduit tout ce qu'on y a fait, est un Hollandois nommé Cohorne.[1] Il s'étoit enfermé dedans pour le défendre, et y avoit même fait creuser sa fosse, disant qu'il s'y vouloit enterrer. Il en sortit hier, avec la garnison, blessé d'un éclat de bombe. M. de Vauban a eu la curiosité de le voir, et, après lui avoir donné beaucoup de louanges, lui a demandé s'il jugeoit qu'on eût pu l'attaquer mieux qu'on n'a fait. L'autre fit réponse que, si on l'eût attaqué dans les formes ordinaires, et en conduisant une tranchée devant la courtine et les demi-bastions, il se seroit encore défendu plus de quinze jours, et qu'il nous en auroit coûté bien du monde; mais que de la manière dont on l'avoit embrassé de toutes parts, il avoit fallu se rendre. La vérité est que notre tranchée est quelque chose de prodigieux, embrassant à la fois plusieurs montagnes et plusieurs vallées avec une infinité de tours et de retours, autant presque qu'il y a de rues à Paris. Les gens de la cour commençoient à s'ennuyer de voir si longtemps remuer la terre; mais enfin il s'est trouvé que, dès que nous avons attaqué la

---

[1]. Menno, baron de Cohorn, né dans la Frise, au château de Lettingastaate, en 1641, mort à la Haye le 17 de mai 1704. Il a publié des ouvrages relatifs à l'art de fortifier et de défendre les places. (M. Chéron.

contrescarpe, les ennemis, qui craignoient d'être coupés,
ont abandonné dans l'instant tout leur chemin couvert;
et, voyant dans leur ouvrage vingt de nos grenadiers qui
avoient grimpé par un petit endroit où on ne pouvoit monter qu'un à un, ils ont aussitôt battu la chamade. Ils
étoient encore quinze cents hommes, gens bien faits s'il
y en a au monde. Le principal officier qui les commandoit, nommé M. de Vimbergue, est âgé de près de quatre-vingts ans. Comme il étoit d'ailleurs fort incommodé des
fatigues qu'il a souffertes depuis quinze jours, et qu'il ne
pouvoit plus marcher, il s'étoit fait porter sur la petite
brèche que notre canon avoit faite, résolu d'y mourir
l'épée à la main. C'est lui qui a fait la capitulation ; et il
y a fait mettre qu'il lui seroit permis d'entrer dans le
vieux château pour s'y défendre encore jusqu'à la fin du
siége. Vous voyez par là à quelles gens nous avons
affaire, et que l'art et les précautions de M. de Vauban
ne sont pas inutiles pour épargner bien de braves gens
qui s'iroient faire tuer mal à propos. C'étoit encore M. le
Duc qui étoit lieutenant général de jour, et voici la troisième affaire qui passe par ses mains. Je voudrois que vous
eussiez pu entendre de quelle manière aisée, et même
avec quel esprit, il m'a bien voulu raconter une partie
de ce que je vous mande ; les réponses qu'il fit aux officiers qui le vinrent trouver pour capituler ; et comme, en
leur faisant mille honnêtetés, il ne laissoit pas de les intimider. On a trouvé le chemin couvert tout plein de corps
morts, sans tous ceux qui étoient à demi enterrés dans
l'ouvrage. Nos bombes ne les laissoient pas respirer ; ils
voyoient sauter à tout moment en l'air leurs camarades,
leurs valets, leur pain, leur vin ; et étoient si las de se
jeter par terre, comme on fait quand il tombe une bombe,

que les uns se tenoient debout, au hasard de ce qui en
pourroit arriver; les autres avoient creusé de petites niches
dans des retranchements qu'ils avoient faits dans le milieu
de l'ouvrage, et s'y tenoient plaqués tout le jour. Ils
n'avoient d'eau que celle d'un petit trou qu'ils avoient
creusé en terre, et ont passé ainsi quinze jours entiers.
Le vieux château est composé de quatre autres forts, l'un
derrière l'autre, et va toujours en s'étrécissant, en telle
sorte que celui de ses forts qui est à l'extrémité de la montagne ne paroît pas pouvoir contenir trois cents hommes.
Vous jugez bien quel fracas y feront nos bombes. Heureusement nous ne craignons pas d'en manquer sitôt. On
en trouva hier chez les révérends pères jésuites de Namur
douze cent soixante toutes chargées, avec leurs amorces.
Les bons pères gardoient précieusement ce beau dépôt,
sans en rien dire, espérant vraisemblablement de les rendre
aux Espagnols, au cas qu'on nous fît lever le siége.
Ils paroissoient pourtant les plus contents du monde d'être
au roi ; et ils me dirent à moi-même, d'un air riant et
ouvert, qu'ils lui étoient trop obligés de les avoir délivrés
de ces maudits protestants qui étoient en garnison à
Namur, et qui avoient fait un prêche de leurs écoles. Le
roi a envoyé le père recteur à Dole ; mais le P. de Lachaise
dit lui-même que le roi est trop bon, et que les supérieurs de leur compagnie seront plus sévères que lui.[1]
Adieu, monsieur, ne me citez point.[2] J'écrirai demain à
M. de Milon,[3] qui m'a mandé, comme vous, le crache-

1. Cf. SAINT-SIMON, édition Garnier frères, t. I, page 32. « Comme
c'étoient des jésuites, dit-il, il n'en fut rien. »
2. « Car je ne voudrois point. » Ces paroles avaient été écrites, puis effacées. La Rochefoucauld-Liancourt, *Études de Racine*, II<sup>e</sup> partie, 2<sup>e</sup> édition,
p. 173. (M. CHÉRON.)
3. Frère aîné de La Chapelle.

ment de sang de M. de La Chapelle. J'espère que cela n'aura point de suites ; je vous assure que j'en serois sensiblement affligé.

J'oubliois de vous dire que je vis passer les deux otages que ceux du dedans de l'ouvrage à cornes envoyoient au roi. L'un avoit le bras en écharpe ; l'autre la mâchoire à demi emportée, avec la tête bandée d'une écharpe noire. Ce dernier est un chevalier de Malte. Je vis aussi huit prisonniers qu'on amenoit du chemin couvert, ils faisoient horreur. L'un avoit un coup de baïonnette dans le côté ; un autre un coup de mousquet dans la bouche ; les six autres avoient le visage et les mains toutes brûlées du feu qui avoit pris à la poudre qu'ils avoient dans leurs havresacs.

## LETTRE LXVIII.

#### RACINE A BOILEAU.

A Fontainebleau, le 3 octobre (1692).

Votre ancien laquais, dont j'ai oublié le nom, m'a fait grand plaisir ce matin en m'apprenant de vos nouvelles. A ce que je vois, vous êtes dans une fort grande solitude à Auteuil, et vous n'en partez point. Est-il possible que vous puissiez être si longtemps seul, et ne point faire du tout de vers ? Je m'attends qu'à mon retour je trouverai votre *Satire des femmes* entièrement achevée. Pour moi, il s'en faut bien que je sois aussi solitaire que vous. M. de Cavoie a voulu encore à toute force que je logeasse chez lui, et il ne m'a pas été possible d'obtenir de lui que je fisse tendre un lit dans votre maison, où je n'aurois pas été si magnifiquement que chez lui;[1] mais j'y aurois été plus tranquillement et avec plus de liberté.

Cependant elle n'a été marquée pour personne, au grand déplaisir des gens qui s'en étoient emparés les autres années. Notre ami M. Félix y a mis son carrosse et ses chevaux, et les miens n'y ont pas même trouvé place; mais tout cela s'est passé avec mon agrément et sous mon bon plaisir. J'ai mis mes chevaux à l'hôtel de Cavoie, qui en est tout proche. M. de Cavoie[2] a permis aussi à M. de Bonrepaux de faire sa cuisine chez vous. Votre concierge voyant que les chambres demeuroient vides, en a meublé quelqu'une, et l'a louée. On a mis sur la porte qu'elle étoit à vendre, et j'ai dit qu'on m'adressât ceux qui la viendroient voir; mais on ne m'a encore envoyé personne. Je soupçonne que le concierge, se trouvant fort bien d'y louer des chambres, seroit assez aise que la maison ne se vendît point. J'ai conseillé à M. Félix de l'acheter, et je vois bien que je le ferai aller jusqu'à quatre mille francs. Je crois que vous ne feriez pas trop mal d'en tirer cet argent; et je crains que, si le voyage se passe sans que le marché soit conclu, M. Félix ni personne n'y songe plus jusqu'à l'autre année. Mandez-moi là-dessus vos sentiments; je ferai le reste.

On reçut hier de bonnes nouvelles d'Allemagne. M. le maréchal de Lorges ayant fait assiéger par un détachement de son armée une petite ville nommée Pforzheim[3]

---

1. Il paraît que cette maison lui venait de la succession de Puymorin. (B.-S.-P.)

2. Probablement l'intendant général dont il est question lettre LXVI.

3. Le maréchal prit Pforzheim le 16 de septembre et battit les Allemands le 17, selon Germain Garnier; ce que plusieurs éditeurs ont répété

entre Philisbourg et Dourlach, les Allemands ont voulu s'avancer pour la secourir. Il y a eu avis qu'un corps de quarante escadrons avoit pris les devants, et n'étoit qu'à une lieue et demie de lui, ayant devant eux un ruisseau assez difficile à passer. La ville a été prise dès le premier jour, et cinq cents hommes qui étoient dedans ont été faits prisonniers de guerre. Le lendemain, M. de Lorges a marché avec toute son armée sur ces quarante escadrons que je vous ai dit, et a fait d'abord passer le ruisseau à seize de ses escadrons soutenus du reste de la cavalerie. Les ennemis, voyant qu'on alloit à eux avec cette vigueur, s'en sont fuis[1] à vau-de-route, abandonnant leurs tentes et leur bagage, qui a été pillé. On leur a pris deux pièces de canon, deux paires de timbales et neuf étendards, quantité d'officiers, entre autres leur général, qui est oncle de M. de Wirtemberg et administrateur de ce duché,[2] un général-major de Bavière[3] et plus de treize cents cavaliers. Ils en ont eu près de neuf cents tués sur la place. Il ne nous en coûte qu'un maréchal des logis, un cavalier et six dragons. M. de Lorges a abandonné au

---

(sans le citer). S'ils avaient pris garde qu'en s'en tenant à ces dates il aurait fallu *quinze jours* pour transmettre à Fontainebleau ces *bonnes nouvelles*, puisque d'après la lettre de Racine elles n'avaient été reçues que le 2 d'octobre, ils auraient soupçonné qu'il y avait une faute d'impression dans la note de Garnier. Et dans le fait, au lieu du 16 et 17 de septembre, il faut lire le 26 et 27 de septembre. (*Gazette de France* du 7 d'octobre; Larrey, VI, 43.) (B.-S.-P.)

1. Cette locution était déjà blâmée par les Annotateurs de Vaugelas : « Il faut dire, ils *se sont enfuis*, parce que la particule *en* ne se doit point séparer de *fuir* et que les deux ne font qu'un seul mot. » (*Remarques de Vaugelas sur la langue françoise*, 1738.)

2. Frédéric-Charles, grand-oncle, et tuteur depuis 1677, de Éverard-Louis, duc de Wirtemberg. (Moréri.) Il fut conduit à Paris, où Louis XIV lui fit une réception fort honorable et pleine de courtoisie. (Larrey.)

3. Le comte de Soyez.

pillage la ville de Pforzheim et une autre petite ville, auprès de laquelle étoient campés les ennemis. Ç'a été, comme vous voyez, une déroute; et il n'y a pas eu, à proprement parler, aucun coup de tiré de leur part : tout ce qu'on a pris et tué, ç'a été en les poursuivant. Le prince d'Orange est parti pour la Hollande. Son armée s'est rapprochée de Gand, et apparemment se séparera bientôt. M. de Luxembourg me mande qu'il est en parfaite santé. Le roi se porte à merveille.

## LETTRE LXIX.

#### RACINE A BOILEAU.

A Fontainebleau, le 6 octobre (1692).

J'ai parlé à M. de Pontchartrain, le conseiller, du garçon qui vous a servi; et M. le comte de Fiesque, à ma prière, lui en a parlé aussi. Il m'a dit qu'il feroit son possible pour le placer; mais qu'il prétendoit que vous lui en écrivissiez vous-même, au lieu de lui faire écrire par un autre. Ainsi je vous conseille de forcer un peu votre paresse, et de m'envoyer une lettre pour lui, ou bien de lui écrire par la poste.

J'ai déjà fait naître à madame de Maintenon une grande envie de voir de quelle manière vous parlez de Saint-Cyr.[1] Elle a paru fort touchée de ce que vous aviez eu même la pensée d'en parler; et cela lui donna occa-

---

1. Voyez satire X, vers 364 :

Mais, eût-elle sucé la raison dans Saint-Cyr.,.

sion de dire mille biens de vous. Pour moi, j'ai une extrême impatience de voir ce que vous me dites que vous m'envoyerez.[1] Je n'en ferai part qu'à ceux que vous voudrez, à personne même si vous le souhaitez. Je crois pourtant qu'il sera très-bon que madame de Maintenon voie ce que vous avez imaginé pour sa maison. Ne vous mettez pas en peine ; je le lirai du ton qu'il faut, et je ne ferai point tort à vos vers.

Je n'ai point vu M. Félix depuis que j'ai reçu votre lettre. Au cas que vous ne trouviez point les cinq mille francs, ce que je crois très-difficile, je vous conseille de louer votre maison ;[2] mais il faudra pour cela que je vous trouve des gens qui prennent soin de trouver des locataires : car je doute que ceux qui y logent soient bien propres à vous trouver des marchands, leur intérêt étant de demeurer seuls dans cette maison, et d'empêcher qu'on ne les en vienne déposséder.

Il n'y a ici aucune nouvelle. L'armée de M. de Luxembourg commence à se séparer, et la cavalerie entre dans des quartiers de fourrages. Quelques gens vouloient hier que le duc de Savoie pensât à assiéger Nice à l'aide des galères d'Espagne ; mais le comte d'Estrées ne tardera guère à donner la chasse aux galères et aux vaisseaux espagnols, et doit arriver incessamment vers les côtes d'Italie. Le roi grossit de quarante bataillons son armée de Piémont pour l'année prochaine, et je ne doute pas qu'il ne tire une rude vengeance des pays de M. de Savoie.[3]

---

1. C'est la leçon du manuscrit au lieu de *m'enverrez* que donnent les éditeurs modernes.
2. Voir la lettre précédente.
3. En 1693, l'armée de Catinat brûla la Vénerie, magnifique château

Mon fils m'a écrit une assez jolie lettre sur le plaisir qu'il a eu de vous aller voir, et sur une conversation qu'il a eue avec vous.[1] Je vous suis plus obligé que vous ne le sauriez dire de vouloir bien vous amuser avec lui. Le plaisir qu'il prend d'être avec vous me donne assez bonne opinion de lui; et s'il est jamais assez heureux que de vous entendre parler de temps en temps, je suis persuadé qu'avec l'admiration dont il est prévenu, cela lui fera le plus grand bien du monde. J'espère que cet hiver vous voudrez bien faire quelquefois chez moi de petits dîners dont je prétends tirer tant d'avantages. M. de Cavoie vous fait ses compliments. J'appris hier la mort du pauvre abbé de Saint-Réal.[2]

du duc, et après la victoire de la Marsaille (4 d'octobre) mit le Piémont à contribution; tristes et faibles représailles des ravages faits par le duc en Dauphiné (août et septembre 1692), où il avait aussi levé des contributions et brûlé quatre-vingts villes, bourgs, châteaux ou villages. (Larrey, VI, 40 et 131.) (B.-S.-P.)

1. La réponse du père est dans le Racine de La Harpe, IV, 354. (B.-S.-P.)

2. Césard Vichard, plus connu sous le nom d'abbé de Saint-Réal, né à Chambéry en 1639, mort dans la même ville au mois de septembre 1692. Il fit ses études à Paris chez les jésuites, passa en Angleterre avec Hortense Mancini, nièce de Mazarin, et revint vivre à Paris d'une pension qu'il avait sur la Bibliothèque du roi. Outre l'*Histoire de la conjuration des Espagnols contre Venise* en 1618, son plus célèbre ouvrage, il a laissé différentes œuvres d'érudition et de controverse. On a publié ses *OEuvres choisies*, Paris, 1819, in-8°. (M. Chéron.)

*Adresse* : A monsieur, monsieur Despréaux, à Auteuil.

## LETTRE LXX.

#### BOILEAU A RACINE.

A Auteuil, 7 octobre (1692).

Je vous écrivis avant-hier[1] si à la hâte, que je ne sais si vous aurez bien conçu ce que je vous écrivois : c'est ce qui m'oblige à vous récrire aujourd'hui. Madame Racine vient d'arriver chez moi, qui s'engage à vous faire tenir

---

1. *Je vous écrivis avant-hier.* Cette lettre manque, dit Berriat-Saint-Prix. Elle a, depuis, été donnée par M. de La Rochefoucault-Liancourt dans ses *Études littéraires et morales de Racine.* Elle y est signalée à la page 178 par M. Chéron; nous la donnons ici :

« Auteuil, 6 octobre 1692.

« Votre lettre du 3 m'a causé un vif plaisir, et l'agréable nouvelle de votre santé a chassé tous les chagrins de ma solitude. Ma *Satire des femmes* est loin d'être achevée, j'y ai travaillé fort assidûment durant huit jours et je crois que lorsque j'aurai tout rassemblé, il y aura bien cent vers nouveaux d'ajoutés. Mais présentement je ne fais point de vers, et ma fougue poétique est passée presque aussi vite qu'elle est venue. J'amasserai ce qu'il y a de fait sur l'histoire de la lieutenante et je vous enverrai ces jours prochains avec un ou deux autres morceaux. C'est un ouvrage qui me coûte beaucoup de temps et de fatigue, et vous savez combien il est difficile de rentrer dans une idée une fois qu'on en est sorti.

« Adieu, monsieur, je vous embrasse de tout mon cœur. Je vous demande pardon de vous écrire si à la hâte et de ne pas m'étendre sur l'action de M. de Lorges, qui est très-grande et très-belle. Mais je pense vous écrire par le prochain ordinaire, surtout pour vous remercier de toutes les peines que vous vous êtes données pour notre misérable maison. Je n'y vois plus clair et je suis forcé de terminer brusquement en vous embrassant de nouveau. Jusques à demain.

« DESPRÉAUX. »

Suivant M. de La Rochefoucault-Liancourt, « avant-hier » est une erreur,

ma lettre. L'action de M. de Lorges est très-grande et très-belle, et j'ai déjà reçu une lettre de M. l'abbé Renaudot,[1] qui me mande que M. de Pontchartrain veut qu'on travaille au plus tôt à faire une médaille pour cette action. Je crois que cela occupe déjà fort M. de La Chapelle; mais pour moi, je crois qu'il sera assez temps d'y penser vers la Saint-Martin. Je ne saurois assez vous remercier du soin que vous prenez de notre maison de Fontainebleau. Je n'ai point encore vu sur cela personne de notre famille; mais, autant que j'en puis juger, tout le monde trouvera assez mauvais que celui qui l'habite prétende en profiter à nos dépens. C'est une étrange chose qu'un bien en commun : chacun en laisse le soin à son compagnon; ainsi personne n'y soigne,[2] et il demeure au pillage. Je vous mandois, le dernier jour, que j'ai travaillé à la *Satire des femmes* durant huit jours : cela est véritable; mais il est vrai aussi que ma fougue poétique est passée presque aussi vite qu'elle est venue, et que je n'y pense plus à l'heure qu'il est. Je crois que, lorsque j'aurai tout amassé, il y aura bien cent vers nouveaux d'ajoutés; mais je ne sais si je n'en ôterai pas bien vingt-cinq ou trente de la des-

---

car la date du 6 de la première est bien, dit-il, écrite de la main de Boileau. — L'éditeur avait sous les yeux l'original de la lettre que nous venons de donner.

1. Le petit-fils de Théophraste Renaudot; il avait alors le privilége de la *Gazette de France* et venait d'entrer dans la petite Académie. C'est à lui qu'est adressée l'épître XII.

2. *Personne n'y soigne.* Cette forme intransitive du verbe *soigner* a complétement vieilli. Elle était fort usitée au début du XVIIe siècle. « Sous ombre que vous avez à cette heure une infinité d'affaires ; que vous soignez à fortifier un camp et à prendre une ville. » Voiture, lettre 83. — « Le Prince : Faites observer qu'aucun ne nous écoute. — Théodore. Soignez-y, Léonore. » Rotrou, *Venceslas*, IV, 2. — « Bien, bien, dit-il, à cela j'ai soigné. » La Font., *Faiseur.* C'était aussi le sens général au moyen âge.

cription du lieutenant et de la lieutenante-criminelle.[1] C'est un ouvrage qui me tue, par la multitude des transitions, qui sont, à mon sens, le plus difficile chef-d'œuvre de la poésie. Comme je m'imagine que vous avez quelque impatience d'en voir quelque chose, je veux bien vous en transcrire ici vingt ou trente vers; mais c'est à la charge que, foi d'honnête homme, vous ne les montrerez à âme vivante, parce que je veux être absolument maître d'en faire ce que je voudrai; et que, d'ailleurs, je ne sais s'ils sont encore en l'état où ils demeureront.[2] Mais, afin que vous en puissiez voir la suite, je vais vous mettre la fin de l'histoire de la lieutenante, de la manière que je l'ai achevée :

Mais peut-être j'invente une fable frivole.[3]

En voilà plus que je ne vous avois promis. Mandez-moi ce que vous y aurez trouvé de fautes plus grossières.

[1]. Il en ôta en effet vingt vers, mais il les rétablit en 1698. (B.-S.-P.)
[2]. Il y fit plus tard des changements. Sur les cinquante que Boileau envoie à Racine, nous ne donnons que les vers qui ne sont pas conformes à ceux de la satire X, vers 329 à 372. Les italiques indiquent les variantes. (M. CHÉRON.)

>*Soutiens* donc tout Paris...
>*Deux* voleurs qui, chez eux, pleins d'espérance entrèrent;
>*Enfin un beau matin tous deux les massacrèrent...*
>*Vrai disciple,* ou plutôt singe de Bourdaloue,
>Je me plais à remplir mes sermons de portraits...
>*La louve, la coquette et la parfaite* avare.
>Il y faut joindre encor la revêche bizarre...
>*Qui dans tous ses discours par quolibets s'exprime,*
>*A toujours dans la bouche un proverbe, une rime,*
>*Et d'un roulement d'yeux aussitôt applaudit*
>*Au mot aigrement fou qu'au hasard elle dit...*
>Combien n'a-t-on pas vu de *Philis* aux doux yeux
>Sous leur fontange altière asservir leurs maris

[3]. Boileau transcrit ici du vers 329 au vers 372.

J'ai envoyé des pêches à madame de Caylus,¹ qui les a reçues, dit-on, avec de grandes marques de joie. Je vous donne le bonsoir, et suis tout à vous.

## LETTRE LXXI.

#### RACINE A BOILEAU.

Au Quesnoy, le 30 mai (1693).

Le roi fait demain ses dévotions.² Je parlai hier de M. le doyen³ au P. de Lachaise; il me dit qu'il avoit reçu votre lettre, me demanda des nouvelles de votre santé, et m'assura qu'il étoit fort de vos amis et de toute la famille. J'ai parlé ce matin à madame de Maintenon, et lui ai même donné une lettre que je lui avois écrite sur ce sujet, la mieux tournée que j'ai pu, afin qu'elle la pût lire au roi. M. de Chamlai, de son côté, proteste qu'il a déjà fait merveilles et qu'il a parlé de M. le doyen comme de l'homme du monde qu'il estimoit le plus, et qui méritoit le mieux les grâces de Sa Majesté. Il promet qu'il reviendra encore ce soir à la charge. Je l'ai échauffé de tout mon possible, et l'ai assuré de votre reconnoissance et de celle de M. le doyen et de MM. Dongois.⁴

---

1. Boileau écrit *Quélus*. M. Daunou a le premier (1825) signalé cette variante assez précieuse, en ce qu'elle sert à faire découvrir une des dames dont Boileau parle dans la lettre XXIX, et par là même celui à qui il écrit. Tous les autres éditeurs l'avaient négligée. (B.-S.-P.)

2. Il les fit le 31 de mai. (*Gazette de France* du 6 de juin 1693.)

3. Son frère, l'abbé Jacques Boileau.

4. Gilles et Nicolas Dongois, l'un chanoine, l'autre greffier de la

Voilà, mon cher monsieur, où la chose en est. Le reste est entre les mains du bon Dieu, qui peut-être inspirera le roi en notre faveur. Nous en saurons demain davantage.

Quant à nos ordonnances, M. de Pontchartrain me promit qu'il nous les feroit payer aussitôt après le départ du roi. C'est à vous de faire vos sollicitations, soit par M. de Pontchartrain le fils, soit par M. l'abbé Bignon.[1] Croyez-vous que vous fissiez mal d'aller vous-même une fois chez lui? Il est bien intentionné; la somme est petite: enfin, on m'assure qu'il faut presser, et qu'il n'y a pas un moment à perdre. Quand vous aurez arraché cela de lui, il ne vous en voudra que plus de bien. Il faudroit aussi voir ou faire voir M. de Bie,[2] qui est le meilleur homme du monde, et qui le feroit souvenir de nous quand il fera l'état de distribution.

Au reste, j'ai été obligé de dire ici, le mieux que j'ai pu, quelques-uns des vers de votre satire à M. le Prince : *Nosti hominem*. Il ne parle plus d'autre chose, et il me les a redemandés plus de dix fois. M. le prince de Conti[3] voudroit bien que vous m'envoyassiez l'histoire du lieutenant-criminel, dont il est surtout charmé. M. le Prince et lui ne font que redire les deux vers : *La mule et les chevaux* au marché,[4] etc. Je vous conseille de m'envoyer

grand'chambre du parlement, neveux de Boileau, et frères de M^me de La Chapelle.

1. Jean-Paul Bignon, petit-fils de Jérôme Bignon, et neveu de Pontchartrain. Il avait l'inspection de l'Académie des Médailles. (G. GANNIER.) Voyez lettres XX et XXI.

2. Il en a déjà été parlé lettre LXV.

3. François-Louis de Bourbon, d'abord prince de la Roche-sur-Yon, puis prince de Conti, à la mort de son frère aîné, en 1685. (MORÉRI.)

4. Satire X, vers 285. Le vers a été retouché :

*Les deux chevaux, la mule au marché s'envolèrent.*

tout cet endroit, et quelques autres morceaux détachés, si vous pouvez : assurez-vous qu'ils ne sortiront point de mes mains. M. le Prince n'est pas moins touché de ce que j'ai pu retenir de votre ode. Je ne suis point surpris de la prière que M. de Pontchartrain le fils vous a faite en faveur de Fontenelle. Je savois bien qu'il avoit beaucoup d'inclination pour lui : et c'est pour cela même que M. de La Loubère[1] n'en a guère ; mais enfin vous avez très-bien répondu, et, pour peu que Fontenelle se reconnoisse, je vous conseillerois aussi de lui faire grâce. Mais, à dire vrai, il est bien tard, et la stance[2] a fait un furieux progrès.

Je n'ai pas le temps d'écrire ce matin à M. de La Chapelle. Ayez la bonté de lui dire que tout ce qu'il a imaginé, et vous aussi, sur l'ordre de Saint-Louis, me paroît fort beau ; mais pour moi, je voudrois simplement mettre pour type la croix même de Saint-Louis, et à la légende *Ordo militaris*,[3] etc. Chercherons-nous toujours de l'esprit dans les choses qui en demandent le moins ? Je vous écris tout ceci avec une rapidité épouvantable, de peur que la poste ne soit partie. Il fait le plus beau temps

---

1. Simon de La Loubère, protégé par MM. de Pontchartrain, fut élu membre de l'Académie française en 1693 et reçu le 25 d'août de la même année ; il était mécontent de l'intérêt que les Pontchartrain prenaient aussi à Fontenelle. La Loubère fut chargé d'affaires à Strasbourg en 1678, envoyé extraordinaire vers le roi de Siam en 1687 et 1688 ; il est mort à Toulouse, où il était né en mars 1642, le 26 de mars 1729. On a de lui : *Du Royaume de Siam*. Paris, 1691, et Amsterdam, 1714, 2 vol. in-12. (M. CHÉRON.) Il avait été élu la même année à l'Académie, également par le crédit des Pontchartrain. (G. GARNIER.)

2. Celle qui devait être la seconde de l'Ode sur Namur. Voyez t. III, p. 16, note 1.
Un torrent dans les prairies...

3. Cet ordre fut institué le 10 de mai 1693. (LARREY, VI, 10.)

du monde. Le roi, qui a eu une fluxion sur la gorge, se porte bien : ainsi nous serons bientôt en campagne. Je vous écrirai plus à loisir avant que de sortir du Quesnoy.

## LETTRE LXXII.

#### RACINE A BOILEAU.

*Au Quesnoy, le 30ᵉ mai*[1] *(1693).*

Vous verrez par la lettre que j'écris à M. l'abbé Dongois les obligations que vous avez à Sa Majesté. M. le doyen est chanoine de la Sainte-Chapelle, et est mieux encore que je n'avois demandé. Madame de Maintenon m'a chargé de vous bien faire ses baise-mains. Elle mérite bien que vous lui fassiez quelque remercîment, ou du moins que vous fassiez d'elle une mention honorable qui la distingue de tout son sexe,[2] comme en effet elle en est distinguée de toutes manières. Je suis content au dernier point de M. de Chamlai ; et il faut absolument que vous lui écriviez, aussi bien qu'au P. de Lachaise, qui a très-bien servi M. le doyen. Tout le monde m'a chargé ici de vous faire ses compliments, entre autres M. de Cavoie et M. de Sérignan.[3] M. le prince de Conti même

1. Date de l'original. On y a substitué (M. Daun., 1809) le 30 mai soir, ou (G. Garnier) le 31 mai, ou enfin (M. de S.-S.) le 31 mai soir, pour que la lettre ne fût pas du même jour que la précédente. — Quoiqu'il ne soit pas impossible qu'elles aient toutes deux été écrites le même jour, il est plus probable que la lettre LXXII le fut le lendemain de la lettre LXXI, qui est certainement du 30. (B.-S.-P.)

2. Voyez satire X, vers 514-520.

3. De Sérignan était aide-major des gardes du corps. Cf. Saint-Simon, édition Garnier frères, t. XXXIV, p. 268. (M. Chéron.)

m'a témoigné prendre beaucoup de part à votre joie.

Nous partons mardi matin pour aller camper sous Mons. Le roi se mettra à la tête de l'armée de M. de Boufflers. M. de Luxembourg, avec la sienne, nous côtoiera de fort près. Le roi envoie les dames à Maubeuge : ainsi nous voilà à la veille des grandes nouvelles. Je vous donne le bonsoir, et suis entièrement à vous.

Songez à nos ordonnances. Prenez aussi la peine de recommander à M. Dongois le petit Mercier, valet de chambre de madame de Maintenon. Il voudroit avoir pour commissaire, pour la conclusion de son affaire, ou M. l'abbé Brunet, ou M. l'abbé Petit.[1] Si cela se peut faire dans les règles, et sans blesser la conscience, il faudroit tâcher de lui faire avoir ce qu'il demande.[2]

## LETTRE LXXIII.[3]

BOILEAU A RACINE.

Paris, mardi 2 juin 1693.

Je sors de notre assemblée des Inscriptions, où j'ai été principalement pour parler à M. de Tourreil; mais il ne s'y est point trouvé. Il s'étoit chargé de parler de nos ordonnances à M. de Pontchartrain le père, et il m'en devoit rendre compte aujourd'hui. J'enverrai demain sa-

---

1. Conseillers clercs. L'abbé Petit était oncle maternel de Gilbert des Voisins, gendre de Dongois. (B.-S.-P.)
2. *Adresse :* A monsieur, monsieur Despréaux, à Paris.
3. Publiée par Cizeron-Rival, *Lettres familières,* t. III, p. 71, sur une copie corrigée par Boileau. (B.-S.-P.)

voir s'il est malade, et pourquoi il n'est pas venu. Cependant M. l'abbé Renaudot m'a promis aussi d'agir très-fortement auprès du même ministre.[1] Cet abbé doit venir dîner jeudi avec moi à Auteuil, et me raconter tout ce qu'il aura fait : ainsi il ne se perdra point de temps.[2]

Madame Racine me fit l'honneur de souper dimanche chez moi, avec toute votre petite et agréable famille. Cela se passa fort gaiement, mon rhume étant presque entièrement guéri. Je n'ai jamais vu une si belle journée. J'entretins fort M. votre fils, qui, à mon sens, croît toujours en mérite et en esprit. Il me montra une traduction qu'il a faite d'une harangue de Tite Live, et j'en fus fort content. Je crois non-seulement qu'il sera habile pour les lettres, mais qu'il aura la conversation agréable, parce qu'en effet il pense beaucoup, et qu'il conçoit fort vivement tout ce qu'on lui dit. Je ne saurois trouver de termes assez forts pour vous remercier des mouvements que vous vous donnez pour M. le doyen de Sens;[3] et quand l'affaire ne réussiroit point, je vous puis assurer que je n'oublierai jamais la sensible obligation que je vous ai.

Vous m'avez fort surpris en me mandant l'empressement qu'ont deux des plus grands princes de la terre pour voir des ouvrages que je n'ai pas achevés.[4] En vérité, mon cher monsieur, je tremble qu'ils ne se soient trop aisément laissé prévenir en ma faveur ; car, pour vous dire sincèrement ce qui se passe en moi au sujet de ces

---

1. Première composition originale : et de mettre le cœur au ventre à M. de Pontchartrain, le fils, pour nous faire avoir satisfaction. Il *doit* venir jeudi *dîner avec moi et me raconter tout.*

2. Il y a : « M. Dongois doit me mener voir M. de Bie, qui est fort de ses amis et qui me fit plaisir l'année passée. » Voyez lettre LXV et lettre LXXI.

3. L'abbé Jacques Boileau, son frère.

4. La satire X et l'ode sur la prise de Namur. Voyez lettre LXXI.

derniers ouvrages, il y a des moments où je crois n'avoir rien fait de mieux; mais il y en a aussi beaucoup où je n'en suis point du tout content, et je fais résolution de ne les jamais laisser imprimer. Oh! qu'heureux est M. Charpentier, qui, raillé, et mettons quelquefois bafoué sur les siens, se maintient toujours parfaitement tranquille, et demeure invinciblement persuadé de l'excellence de son esprit! Il a tantôt apporté à l'Académie une médaille de très-mauvais goût, et, avant que de la laisser lire, il a commencé par en faire l'éloge. Il s'est mis par avance en colère sur ce qu'on y trouveroit à redire, déclarant pourtant que, quelques critiques qu'on y pût faire, il sauroit bien ce qu'il devoit penser là-dessus, et qu'il n'en resteroit pas moins convaincu qu'elle étoit parfaitement bonne. Il a, en effet, tenu parole, et tout le monde l'ayant généralement désapprouvé, il a querellé tout le monde, il a rougi et s'est emporté; mais il s'est en allé satisfait de lui-même. Je n'ai point, je l'avoue, cette force d'âme; et si des gens un peu sensés s'opiniâtroient de dessein formé à blâmer la meilleure chose que j'aie écrite, je leur résisterois d'abord avec assez de chaleur; mais je sens bien que peu de temps après je conclurois contre moi, et que je me dégoûterois de mon ouvrage. Ne vous étonnez donc point si je ne vous envoie point encore par cet ordinaire les vers que vous me demandez, puisque je n'oserois presque me les présenter à moi-même sur le papier. Je vous dirai pourtant que j'ai en quelque sorte achevé l'*Ode sur Namur*, à quelques vers près, où je n'ai point encore attrapé l'expression que je cherche. Je vous l'enverrai[1] un de ces jours; mais c'est à la charge que vous

---

1. P.-C.-O. *Je vous l'envoierai.*

la tiendrez secrète, et que vous n'en lirez rien à personne que je ne l'aie entièrement corrigée sur vos avis.

Il n'est bruit ici que de grandes choses que le roi va faire ; et, à vous dire le vrai, jamais commencement de campagne n'eut un meilleur air. J'ai bien vu[1] dans les livres des exemples de grandes félicités ; mais au prix de la fortune du roi, à mon sens, tout est malheur. Ce qui m'embarrasse, c'est qu'ayant épuisé pour Namur toutes les hyperboles et toutes les hardiesses de notre langue,[2] où trouverai-je des expressions pour le louer, s'il vient à faire quelque chose de plus grand que la prise de cette ville ? Je sais bien ce que je ferai : je garderai le silence et vous laisserai parler. C'est le meilleur parti que je puisse prendre.

Spectatus satis, et donatus jam rude...[3]

Je vous prie de bien témoigner à M. de Chamlai combien je lui suis obligé des bons offices qu'il rend à mon frère ;[4] je vois bien que la fortune n'est pas capable de l'aveugler, et qu'il voit toujours ses amis avec les mêmes yeux qu'auparavant. Adieu, mon cher monsieur, soyez bien persuadé que je vous aime et que je vous estime infiniment.

Dans le temps que j'allois finir cette lettre, M. l'abbé Dongois est entré dans ma chambre avec le petit mot de

---

1. P.-C.-O. *J'ai bien vu parler et j'ai bien lu dans les livres de grandes félicités.*
2. P.-C.-O. *Les hardiesses de ma langue.*
3. HORACE, liv. I, ép. 1, vers 2-3.
   Spectatum satis, et donatum jam rude, quæris,
   Mœcenas, iterum antiquo me includere ludo...
4. L'abbé Jacques Boileau, pour le canonicat sollicité.

lettre que vous écrivez à madame Racine, et où vous mandez l'heureux, surprenant, incroyable succès de votre négociation.[1] Que vous dirai-je là-dessus? Cela demande une lettre tout entière, que je vous écrirai demain. Cependant souvenez-vous de l'état de Pamphile, à la fin de l'*Andrienne :*

Nunc est quum me interfici patiar :[2]

voilà à peu près mon état. Adieu, encore un coup, mon cher, illustrissime, effectif, ou, puisque la passion permet quelquefois d'inventer des mots, mon effectissime ami.

## LETTRE LXXIV.

BOILEAU A RACINE.

A Paris, 4 juin (1693).

Je vous écrivis hier au soir une assez longue lettre et qui étoit toute remplie du chagrin que j'avois alors, causé par un tempérament sombre qui me dominoit,[3] et par un

---

1. Pour l'obtention de ce canonicat. P.-C.-O. Incroyable, prodigieux, ravissant, admirable, étonnant, charmant succès de...
2. M. de Saint-Surin dit en note : A la fin de l'*Andrienne*, Pamphile fait un mariage auquel il attache son bonheur; mais son rôle n'offre rien de semblable aux expressions citées par Despréaux. C'est dans l'*Eunuque,* autre comédie de Térence, que Chérée, jeune amant au comble de ses vœux, s'écrie :

..... Proh Jupiter!
Nunc est profecto tempus, cum perpeti me possum interfici,
Ne hoc gaudium contaminet vita ægritudine aliqua.
(Acte III, scène VI, vers 2-4.)

3. On n'a pas cette lettre, et d'après ce que Boileau vient de dire dans

reste de maladie; mais je vous en écris une aujourd'hui toute pleine de la joie que m'a causée l'agréable nouvelle que j'ai reçue. Je ne saurois vous exprimer l'allégresse qu'elle a excitée dans toute notre famille : elle a fait changer de caractère à tout le monde. M. Dongois le greffier est présentement un homme jovial et folâtre; M. l'abbé Dongois un bouffon et un badin. Enfin il n'y a personne qui ne se signale par des témoignages extraordinaires de plaisir et de satisfaction, et par des louanges et des exclamations sans fin sur votre bonté, votre générosité, votre amitié, etc. A mon sens, néanmoins, celui qui doit être le plus satisfait, c'est vous ; et le contentement que vous devez avoir en vous-même d'avoir obligé si efficacement dans cette affaire tant de personnes qui vous estiment et qui vous honorent depuis si longtemps, est un plaisir d'autant plus agréable qu'il ne procède que de la vertu, et que les âmes du commun ne sauroient ni se l'attirer, ni le sentir. Tout ce que j'ai à vous prier maintenant, c'est de me mander les démarches que vous croyez qu'il faut que je fasse à l'égard du roi et du P. de Lachaise ; et non-seulement s'il faut que je leur écrive. M. le doyen de Sens ne sait encore rien de ce qu'on a fait pour lui. Jugez de sa surprise, quand il apprendra tout d'un coup le bien imprévu et excessif que vous lui avez fait! Ce que j'admire le plus, c'est la félicité de la circonstance, qui a fait que demandant pour lui la moindre de toutes les chanoinies de la Sainte-Chapelle, nous lui avons obtenu la meilleure après celle de M. l'abbé Dense.[1] *O factum bene!* Vous pouvez compter que vous aurez désormais en lui un homme

la lettre précédente, il fallait qu'il fût en effet bien *dominé* par son tempérament pour *la remplir de chagrin*. (B.-S.-P.)

1. Voyez le *Lutrin*, chant IV, vers 190, t. II, p. 175, n. 3.

qui disputera avec moi de zèle et d'amitié pour vous.

J'avois résolu de ne vous envoyer la suite de mon *Ode sur Namur* que quand je l'aurois mise en état de n'avoir plus besoin que de vos corrections; mais en vérité vous m'avez fait trop de plaisir, pour ne pas satisfaire sur-le-champ la curiosité que vous avez peut-être conçue de la voir. Ce que je vous prie, c'est de ne la montrer à personne, et de ne la point épargner. J'y ai hasardé des choses fort neuves, jusqu'à parler de la plume blanche que le roi a sur son chapeau; mais, à mon avis, pour trouver des expressions nouvelles en vers, il faut parler de choses qui n'aient point été dites en vers. Vous en jugerez, sauf à tout changer si cela vous déplaît. L'ode sera de dix-huit stances.[1] Cela fait cent quatre-vingts vers. Je ne croyois pas aller si loin. Voici ce que vous n'avez point vu : je vais le mettre sur l'autre feuillet.

> Déployez toutes vos rages,
> Princes, vents, peuples, frimats;[2] etc.

Je vous demande pardon de la peine que vous aurez peut-être à déchiffrer tout ceci, que je vous ai écrit sur un papier qui boit. Je vous le récrirois bien; mais il est près de midi, et j'ai peur que la poste ne parte. Ce sera pour une autre fois. Je vous embrasse de tout mon cœur.

Despréaux.

---

1. Y compris la stance supprimée. Voir la lettre LXXI.
2. Boileau donne ici la première composition des stances ix-xvii. Voyez t. III, p. 20.

## LETTRE LXXV.

#### BOILEAU A RACINE.

Paris, samedi 6[1] juin (1693).

Je vous écrivis hier,[2] monsieur, avec toute la chaleur qu'inspire une méchante nouvelle, le refus que fait l'abbé de Paris de se démettre de sa chanoinie. Ainsi, vous jugerez bien par ma lettre que ce ne sont pas, à l'heure qu'il est, des remercîments que je mérite, puisque je suis même honteux de ceux que j'ai déjà faits. A vous dire le vrai, le contre-temps est fâcheux, et quand je songe aux chagrins qu'il m'a déjà causés, je voudrois presque n'avoir jamais pensé à ce bénéfice pour mon frère. Je n'aurois pas la douleur de voir que vous vous soyez peut-être donné tant de peine si inutilement. Ne croyez pas toutefois, quoi qu'il puisse arriver, que cela diminue en moi le sentiment des obligations que je vous ai. Je sens bien qu'il n'y a qu'une étoile bizarre et infortunée qui pût empêcher le succès d'une affaire si bien conduite, et où vous aviez également signalé et votre prudence et votre amitié.

Je vous ai mandé, par ma dernière lettre, ce que M. de Pontchartrain avoit répondu à M. l'abbé Renaudot touchant nos ordonnances. Comme il a fait la distinction entre les raisons que vous aviez de le presser et celles

---

1. Des éditions ont donné le 9, le manuscrit donne le 6.
2. On n'a pas cette lettre.

que j'avois d'attendre, je m'en vais ce matin chez madame
Racine, et je lui conseillerai de porter votre ordonnance
à M. de Bie à part ; je ne doute point qu'elle ne touche
au plus tôt son argent. Pour moi, j'attendrai sans peine
la commodité de M. de Pontchartrain : je n'ai rien qui
me presse, et je vois bien que cela viendra. J'oubliai hier
à[1] vous mander que M. de Pontchartrain, en même temps
qu'il parla de nos ordonnances à M. l'abbé Renaudot, le
chargea de me féliciter de la chanoinie que Sa Majesté
avoit donnée à mon frère. Je ne doute point, monsieur,
que vous ne soyez à la veille de quelque grand et heureux
événement ; et, si je ne me trompe, le roi va faire la plus
triomphante campagne qu'il ait jamais faite. Il fera grand
plaisir à M. de La Chapelle, qui, si nous l'en voulions
croire, nous engageroit déjà à imaginer une médaille
sur la prise de Bruxelles, dont je suis persuadé qu'il a
déjà fait le type en lui-même.[2] Vous m'avez fort réjoui de
me mander la part qu'a madame de Maintenon dans notre
affaire. Je ne manquerai pas de me donner l'honneur de
lui écrire, mais il faut auparavant que notre embarras
soit éclairci, et que je sache s'il faut parler sur le ton
gai ou sur le ton triste. Voici la quatrième lettre[3] que
vous devez avoir reçue de moi depuis six jours. Trouvez
bon que je vous prie encore ici de ne rien montrer à personne du fragment informe que je vous ai envoyé, et qui
est tout plein des négligences d'un ouvrage qui n'est pas

---

1. Jusqu'au milieu du xviii<sup>e</sup> siècle, on disait indifféremment *oublier à*, ou *oublier de*, comme on le peut voir dans le Dictionnaire de l'Académie et que l'observe Féraud. (B.-S.-P.)

2. On va voir par les lettres qui suivent que M. de La Chapelle se pressait trop. (M. Chénon.)

3. C'était bien la cinquième, savoir les n<sup>os</sup> LXXIII, LXXIV, LXXV, et les deux lettres qui manquent. (B.-S.-P.)

encore digéré. Le mot de *roir* y est répété partout jusqu'au dégoût. La stance

> Grands défenseurs de l'Espagne, etc.

rebat celle qui dit :

> Approchez, troupes altières, etc.

Celle sur la plume blanche du roi est un peu encore en maillot et je ne sais si je la laisserai avec

> Mars et sa sœur la Victoire.

J'ai déjà retouché à tout cela, mais je ne veux point l'achever que je n'aie reçu vos remarques, qui sûrement m'éclaireront encore l'esprit : après quoi je vous enverrai[1] l'ouvrage complet. Mandez-moi si vous croyez que je doive parler de M. de Luxembourg. Vous n'ignorez pas combien notre maître est chatouilleux sur les gens qu'on associe à ses louanges.[2] Cependant j'ai suivi mon inclination. Adieu, mon cher monsieur ; croyez qu'heureux ou malheureux, gratifié ou non gratifié, payé ou non payé, je serai toujours tout à vous.

DESPRÉAUX.

---

1. Boileau écrit ici *envoierai*.
2. Il ne donna plus de commandement à son frère, depuis qu'il eut entendu des *vivat* criés en faveur de MONSIEUR, après la victoire de Cassel (1677). D'ALEMBERT, t. III, 63, n. 14.

## LETTRE LXXVI.

#### RACINE A BOILEAU.

A Gemblours,[1] le 9° juin (1693).

J'avois commencé une grande lettre, où je prétendois vous dire mon sentiment sur quelques endroits des stances que vous m'avez envoyées ; mais comme j'aurai le plaisir de vous revoir bientôt, puisque nous nous en retournons à Paris, j'aime mieux attendre à vous dire de vive voix tout ce que j'avois à vous mander. Je vous dirai seulement, en un mot, que les stances m'ont paru très-belles et très-dignes de celles qui les précèdent, à quelque peu de répétitions près, dont vous vous êtes aperçu vous-même.

Le roi fait un grand détachement de ses armées, et l'envoie en Allemagne avec Monseigneur. Il a jugé qu'il falloit profiter de ce côté-là d'un commencement de campagne qui paroît si favorable, d'autant plus que le prince d'Orange s'opiniâtrant à demeurer sous de grosses places et derrière des canaux et des rivières, la guerre auroit pu devenir ici fort lente, et peut être moins utile que ce

---

1. Orthographe, 1° du manuscrit ; 2° de Moréri et des Dictionnaires géographiques de Vosgien et de l'Encyclopédie ; 3° de l'Histoire de Reboulet ; 4° de la Description géographique de Longuerue ; 5° des cartes de d'Anville, de Julien, de Delille, de Bonne, etc. C'est donc mal à propos que M. de Saint-Surin affirme que « l'histoire et la géographie *disent Gembloux* » (cela n'est vrai que pour les ouvrages modernes), et reproche aux éditeurs de Boileau d'avoir mis *Gemblours*. ( B.-S.-P. )

qu'on peut faire au delà du Rhin.[1] Nous allons demain coucher à Namur. M. de Luxembourg demeure en ce pays-ci avec une armée capable, non-seulement de faire tête aux ennemis, mais même de leur donner beaucoup d'embarras. Adieu, mon cher monsieur; je me fais un grand plaisir de vous embrasser bientôt.

M. de Chamlai a parlé depuis moi au P. de Lachaise, qui lui a dit les mêmes choses qu'il m'avoit dites : que tout ira bien, et qu'il n'y a qu'à le laisser faire. M. de Chamlai[2] n'a point encore reçu de vos nouvelles; mais il compte sur votre amitié. Tous les gens de mes amis qui connoissent le P. de Lachaise et la manière dont s'est passée l'affaire de M. le doyen,[3] m'assurent tous que nous devons avoir l'esprit en repos.[4]

---

1. Ce départ subit, malgré les sollicitations de Luxembourg, est une tache à la gloire de Louis XIV. Le prince d'Orange était perdu si on l'eût attaqué... G. Garnier. — C'est aussi ce que dit Saint-Simon (I, 127), et il attribue ce départ aux prières de M<sup>me</sup> de Maintenon. (B.-S.-P.)

2. Sur M. de Chamlai, voyez la lettre L. — Sa liaison avec Boileau et Racine, dont il a été déjà question dans les lettres précédentes, résulte encore de ce billet inédit, adressé par le dernier au premier, et qui existe en original dans les papiers de Brossette :

« M. de Chamlai se doit trouver avec moy ce matin à neuf heures, vous nous feriez plaisir à l'un et à l'autre de vous y trouver aussi. Je vous donne le bon jour. RACINE.

« Ce 15 août. » (*Adresse* : A monsieur, monsieur Despréaux.)

Il est probable que l'entrevue où Boileau était appelé avait pour but des éclaircissements que l'emploi de Chamlai le mettait à portée de donner sur la guerre à nos deux historiographes. Il est par conséquent postérieur à 1677. (B.-S.-P.)

3. Voyez lettre XI.

4. *Adresse* : A monsieur, monsieur Despréaux, cloistre Nostre-Dame, à Paris.

Le P. de Lachaise arrangea effectivement l'affaire de la Sainte-Chapelle, et Boileau publiait partout qu'il lui était redevable de ce service. (DAUNOU.)

## LETTRE LXXVII.

#### BOILEAU A RACINE.

A Paris, 13 juin (1693).

Je ne suis revenu que ce matin d'Auteuil, où j'ai été passer durant quatre jours la mauvaise humeur que m'avoit donnée le bizarre contre-temps qui nous est arrivé dans l'affaire de la chanoinie. J'ai reçu en arrivant à Paris votre dernière lettre, qui m'a fort consolé, aussi bien que celle que vous avez écrite à M. l'abbé Dongois. J'ai été fort surpris d'apprendre que M. de Chamlai n'avoit point encore reçu le compliment que je lui ai envoyé sur-le-champ, et qui a été porté à la poste en même temps que la lettre que j'ai écrite au R. P. de Lachaise. Je lui en écris un nouveau, afin qu'il ne me soupçonne pas de paresse dans une occasion où il m'a si bien marqué et sa bonté pour moi, et sa diligence à obliger mon frère. Mais de peur d'une nouvelle méprise, je vous l'envoie, ce compliment, empaqueté dans ma lettre, afin que vous le lui rendiez en main propre. Je ne saurois vous exprimer la joie que j'ai du retour du roi. La nouvelle bonté que Sa Majesté m'a témoignée, en accordant à mon frère le bénéfice que nous demandons, a encore augmenté le zèle et la passion très-sincère que j'ai pour elle. Je suis ravi de voir que sa sacrée personne ne sera point en danger cette campagne; et, gloire pour gloire, il me semble que les lauriers sont aussi bons à cueillir sur le Rhin et sur le Danube que sur l'Escaut et sur la Meuse. Je ne vous parle point du plaisir que j'aurai à vous embrasser plus tôt que je ne croyois : car cela s'en va sans dire. Vous avez bien fait de ne me point envoyer par écrit vos remarques sur mes stances, et d'attendre à m'en entretenir que vous soyez de retour, puisque, pour en bien juger, il faut que je vous aie communiqué auparavant les différentes manières dont je les puis tourner, et les retranchements ou les augmentations que j'y puis faire. Je vous prie de bien témoigner au R. P. de Lachaise l'extrême reconnoissance que j'ai de toutes ses bontés. Nous devons encore aller lundi prochain, M. Dongois et moi, prendre madame Racine, pour la mener avec nous chez M. de Bie, qui ne doit être revenu de la campagne que ce jour-là. J'ai fait ma sollicitation pour vous à M. l'abbé Bignon. Il m'a dit que c'étoit une chose un peu difficile, à l'heure qu'il est, d'être payé au trésor royal. Je lui ai représenté que vous étiez actuellement dans le service, et qu'ainsi vous étiez au même droit que les soldats et les autres officiers du roi. Il m'a avoué que je disois vrai, et s'est chargé d'en parler très-fortement à M. de Pontchartrain. Il me doit rendre réponse aujourd'hui à notre assemblée. Adieu le type de M. de La Chapelle sur Bruxelles.[1] Il étoit pourtant imaginé fort heureusement et fort à propos ; mais, à mon sens, les médailles prophétiques dépendent un peu du hasard, et ne sont pas toujours sûres de réussir. Nous voilà revenus à Heidelberg.[2] Je propose pour mot : *Heidelberga deleta ;*

---

1. Voyez lettre LXXV.
2. Heidelberg avait été pris le 21 de mai précédent, par le maréchal de Lorges, dit Germain Garnier, qui est encore ici copié (sans citation) par plusieurs éditeurs. Heidelberg ne fut point pris par le maréchal, qui, depuis le 18, marchait assez loin de là avec une partie de son armée pour s'opposer à celle du prince de Bade, mais par le marquis de Chavigny, avec une autre partie de l'armée. La ville fut en effet prise et saccagée le 21 de mai,

et nous verrons ce soir si on l'acceptera, ou les deux vers latins que propose M. Charpentier, et qu'il trouve d'un goût merveilleux pour la médaille. Les voici :

> Servare potui : perdere si possim rogas ?[1]

Or, comment cela vient à Heidelberg, c'est à vous à le deviner; car ni moi, ni même, je crois, M. Charpentier, n'en savons rien.

Je ne vous parle presque point, comme vous voyez, de notre chagrin sur la chanoinie, parce que vos lettres m'ont rassuré, et que d'ailleurs il n'y a point de chagrin qui tienne contre le bonheur que vous me faites espérer de vous revoir bientôt ici de retour. Adieu, mon cher monsieur, aimez-moi toujours, et croyez qu'il n'y a personne qui vous honore et vous révère plus que moi.

## LETTRE LXXVIII.

#### BOILEAU A RACINE.

Paris, jeudi au soir 18 juin (1693).

Je ne saurois, mon cher monsieur, vous exprimer ma surprise; et, quoique j'eusse les plus grandes espérances

---

et le château se rendit le 23. Larrey, VI, 77. — Par l'expression *revenus*, Boileau fait sans doute allusion à la prise et à l'abandon d'Heidelberg, qui avait déjà eu lieu au commencement de cette guerre. Reboulet, VI, 73 et 187. (B.-S.-P.)

1. C'est un vers de *Médée*, tragédie perdue d'Ovide, cité par Quintilien, l. VIII, ch. v. Il y a *an possim* et non *si possim*. C'est sans doute par erreur que Boileau annonce deux vers. (M. Chéron.) Boileau ne rapporte que l'un des deux vers proposés par Charpentier.

du monde, je ne laissois pas encore de me défier de la fortune de M. le doyen.[1] C'est vous qui avez tout fait, puisque c'est à vous que nous devons l'heureuse protection de madame de Maintenon. Tout mon embarras maintenant est de savoir comment je m'acquitterai de tant d'obligations que je vous ai. Je vous écris ceci de chez M. Dongois le greffier, qui est sincèrement transporté de joie, aussi bien que toute notre famille; et, de l'humeur dont je vous connois, je suis sûr que vous seriez ravi vous-même de voir combien d'un seul coup vous avez fait d'heureux. Adieu, mon cher monsieur, croyez qu'il n'y a personne qui vous aime plus sincèrement ni par plus de raisons que moi. Témoignez bien à M. de Cavoie la joie que j'ai de sa joie,[2] et à M. de Luxembourg mes profonds respects. Je vous donne le bonsoir, et suis, autant que je le dois, tout à vous.

Je viens d'envoyer chez madame Racine.

## LETTRE LXXIX.

#### RACINE A BOILEAU.

A Versailles, le 9 juillet (1693).

Je vais aujourd'hui à Marly, où le roi demeurera près d'un mois; mais je ferai de temps en temps quelques

---

1. L'abbé Jacques Boileau fut reçu chanoine le 13 de janvier 1694. (*Registres de la Sainte-Chapelle.*)

2. Cavoie avait eu une audience de Louis XIV, qui lui avait promis le collier de l'ordre, promesse qui ne fut pas accomplie. DAUNOU.) Cf. Saint-Simon, édition Garnier frères, t. II, p. 139-140.

voyages à Paris, et je choisirai les jours de la petite académie.[1] Cependant je suis bien fâché que vous ne m'ayez pas donné votre ode : j'aurois peut-être trouvé quelque occasion de la lire au roi. Je vous conseille même de me l'envoyer. Il n'y a pas plus de deux lieues d'Auteuil à Marly. Votre laquais n'aura qu'à me demander et à me chercher dans l'appartement de M. Félix. Je vous prie de renvoyer mon fils à sa mère : j'appréhende que votre trop grande bonté ne vous coûte un peu trop d'incommodité. Je suis entièrement à vous.

RACINE.[2]

## LETTRE LXXX.

RACINE A BOILEAU.

A Marly, le 6e août au matin (1693).

Je ferai vos présents[3] ce matin. Je ne sais pas bien encore quand je vous reverrai, parce qu'on attend à toute heure des nouvelles d'Allemagne. La victoire[4] de M. de Luxembourg est bien plus grande que nous ne pensions, et nous n'en savions pas la moitié. Le roi reçoit tous les jours des lettres de Bruxelles et de mille autres endroits, par où il apprend que les ennemis n'avoient pas une troupe ensemble le lendemain de la bataille ; presque toute l'in-

---

1. On sait que Boileau était très-exact aux séances de l'Académie des Médailles.
2. *Adresse :* A monsieur, monsieur Despréaux, à Auteuil.
3. Il s'agit de la distribution des exemplaires de l'*Ode sur la prise de Namur.* (G. GARNIER.)
4. La victoire de Nerwinde, le 29 juillet 1693.

fanterie qui restoit avoit jeté ses armes. Les troupes hollandoises se sont la plupart enfuies jusqu'en Hollande. Le prince d'Orange, qui pensa être pris après avoir fait des merveilles, coucha le soir, lui huitième, avec M. de Bavière,[1] chez un curé près de Loo. Nous avons pris vingt-cinq ou trente drapeaux, cinquante-cinq étendards, soixante-seize pièces de canon, huit mortiers, neuf pontons, sans tout ce qui est tombé dans la rivière. Si nos chevaux, qui n'avoient point mangé depuis deux fois vingt-quatre heures, eussent pu marcher, il ne resteroit pas un homme ensemble[2] aux ennemis.

Tout en vous écrivant, il me vient en pensée de vous envoyer deux lettres, une de Bruxelles, l'autre de Vilvorde, et un récit du combat général, qui me fut dicté hier au soir par M. d'Albergotti.[3] Croyez que c'est comme si M. de Luxembourg l'avoit dicté lui-même. Je ne sais si vous le pourrez lire; car en écrivant j'étois accablé de sommeil, à peu près comme l'étoit M. de Puymorin en écrivant ce bel arrêt sous M. Dongois.[4] Le roi est transporté de joie, et tous ses ministres, de la grandeur de cette action. Vous me feriez un fort grand plaisir, quand vous aurez lu tout cela, de l'envoyer, bien cacheté, avec cette

---

1. Maximilien-Marie-Emmanuel, électeur de Bavière, frère de Marie-Anne-Christine, dauphine de France, morte en 1690. (MONMERQUÉ.)

2. *Ensemble*, terme militaire qui indique la cohésion des troupes.

3. Colonel du régiment de Royal-Italien, mort en 1717, à soixante-treize ans, lieutenant général et cordon bleu. (*Gazette de France*.)

4. Jean Dongois, son beau-frère, lui dictoit une nuit un arrêt pressant. Frappé de la rapidité avec laquelle Puymorin écrivoit, il concevoit déjà des espérances de ses dispositions pour la pratique, lorsqu'au bout de deux heures, ayant voulu lire l'arrêt, il n'y trouva que le dernier mot de chaque phrase. (LOUIS RACINE.)

D'Alembert a attribué ce petit fait à Boileau lui-même, on voit que c'est une erreur.

même lettre que je vous écris, à M. l'abbé Renaudot,[1] afin qu'il ne tombe point dans l'inconvénient de l'année passée. Je suis assuré qu'il vous en aura obligation : *ce ne sera que la peine de votre jardinier.* Il pourra distribuer une partie des choses que je vous envoie en plusieurs articles, tantôt sous celui de Bruxelles, tantôt sous celui de Landefermé, où M. de Luxembourg campa le trente et un juillet, à demi-lieue du champ de bataille, tantôt même sous l'article de Malines ou de Vilvorde.

Il saura d'ailleurs les actions des principaux particuliers, comme, que M. de Chartres chargea trois ou quatre fois à la tête de divers escadrons, et fut débarrassé des ennemis, ayant blessé de sa main l'un deux qui le vouloit emmener ; le pauvre Vacoigne,[2] tué à son côté ; M. d'Arci, son gouverneur, tombé aux pieds de ses chevaux, le sien ayant été blessé ; La Bertière, son sous-gouverneur, aussi blessé. M. le prince de Conti chargea aussi plusieurs fois, tantôt avec la cavalerie, tantôt avec l'infanterie, et regagna pour la troisième fois le fameux village de Nerwinde, qui donne le nom à la bataille, et reçut sur la tête un coup de sabre d'un des ennemis qu'il tua sur-le-champ. M. le Duc chargea de même, regagna la deuxième fois le village à la tête de l'infanterie, et combattit encore à la tête de plusieurs escadrons de cavalerie. M. de Luxembourg étoit, dit-on, quelque chose de plus qu'humain, volant partout, et même s'opiniâtrant à continuer les attaques dans le temps que les plus braves étoient rebutés, menant en personne les bataillons et les escadrons à la charge. M. de Montmorency,[3] son fils aîné,

1. Il avait le privilége de la *Gazette*.
2. La *Gazette* du 12 août 1693 écrit *de Vacogne*.
3. Charles-François-Frédéric, gendre du duc de Chevreuse.

après avoir combattu plusieurs fois à la tête de sa brigade de cavalerie, reçut un coup de mousquet dans le temps qu'il se mettoit au-devant de son père, pour le couvrir d'une décharge horrible que les ennemis firent sur lui. M. le comte de Luxe,[1] son frère, a été blessé à la jambe, M. de La Roche-Guyon[2] au pied, et tous les autres que sait M. l'abbé ; M. le maréchal de Joyeuse,[3] blessé aussi à la cuisse, et retournant au combat après sa blessure. M. le maréchal de Villeroi entra dans les lignes ou retranchements à la tête de la maison du roi.

Nous avons quatorze cents prisonniers, entre lesquels cent soixante-cinq officiers, plusieurs officiers généraux, dont on aura sans doute donné les noms. On croit le pauvre Ruvigni[4] tué, on a ses étendards; et ce fut à la tête de son régiment de François que le prince d'Orange chargea nos escadrons, en renversa quelques-uns, et enfin fut renversé lui-même. Le lieutenant-colonel de ce régiment, qui fut pris, dit à ceux qui le prenoient, en leur montrant de loin le prince d'Orange : « Tenez, messieurs, voilà celui qu'il vous falloit prendre. » Je conjure M. l'abbé Renaudot,[5] quand il aura fait son usage de tout ceci, de bien recacheter et cette lettre et mes mémoires, et de les renvoyer chez moi.

1. Christian-Louis, comte de Luxe, quatrième fils du maréchal de Luxembourg. (G. GARNIER.)
2. François de La Rochefoucauld, petit-fils de l'auteur des *Maximes*, gendre de Louvois, qui resta estropié des suites de sa blessure. Il a été fait duc de La Roche-Guyon en 1681, duc et pair de La Rochefoucauld en 1714, et mourut en 1728. (M. CHÉRON, d'après Moréri.)
3. Jean-Armand, marquis de Joyeuse, maréchal de France du 27 de mars précédent; il commandait l'aile gauche. (*Gazette de France*.)
4. Henri de Massue, marquis de Ruvigny, excellent officier que la révocation de l'édit de Nantes força de passer en Angleterre, où il servit sous le nom de lord Galloway. Il ne mourut qu'en 1720. (G. GARNIER.)
5. Ne pas oublier que Renaudot rédigeait la *Gazette de France*.

Voici encore quelques particularités. Plusieurs généraux des ennemis étoient d'avis de repasser d'abord la rivière. Le prince d'Orange ne voulut pas; l'électeur de Bavière dit qu'il falloit au contraire rompre tous les ponts, et qu'ils tenoient à ce coup les François. Le lendemain du combat, M. de Luxembourg a envoyé à Tirlemont, où il étoit resté plusieurs officiers ennemis blessés, entre autres le comte de Solms, général de l'infanterie, qui s'est fait couper la jambe. M. de Luxembourg,[1] au lieu de les faire transporter en cet état, s'est contenté de leur parole, et leur a fait offrir toutes sortes de rafraîchissements. « Quelle nation est la vôtre ! » s'écria le comte de Solms en parlant au chevalier du Rozel : « vous vous battez comme des lions, et vous traitez les vaincus comme s'ils étoient vos meilleurs amis.[2] »

Les ennemis commencent à publier que la poudre leur manqua tout à coup, et veulent par là excuser leur défaite. Ils ont tiré plus de neuf mille coups de canon, et nous quelque cinq ou six mille.

Je fais mille compliments à M. l'abbé Renaudot; et j'exciterai ce matin M. de Croissy[3] à empêcher, s'il peut, le malheureux *Mercure galant*[4] de défigurer notre victoire.

Il y avoit sept lieues du camp dont M. de Luxembourg partit jusqu'à Nerwinde. Les ennemis avoient cinquante-cinq bataillons et cent soixante escadrons.

---

1. Henri de Maestrick, comte de Solms; il mourut à la suite de cette opération, âgé de cinquante-six ans. (G. GARNIER.)
2. Voltaire, dans le *Siècle de Louis XIV*, ch. XVI, attribue le mot, en l'arrangeant, à un comte de Salm:« Il n'y a point, lui fait-il dire, d'ennemis plus à craindre dans une bataille, ni d'amis plus généreux après la victoire. » M. CHÉRON, d'après Berriat-Saint-Prix.)
3. Ministre des affaires étrangères depuis la disgrâce de Pomponne en 1679. (G. GARNIER et M. CHÉRON.)
4. Rédigé depuis 1672 par Donneau de Visé. Voyez épigr. XXVI.

## LETTRE LXXXI.[1]

#### RACINE A BOILEAU.

(1693.)

Denys d'Halicarnasse, pour montrer que la beauté du style consiste principalement dans l'arrangement des mots, cite un endroit de l'Odyssée où, Ulysse et Eumée étant sur le point de se mettre à table pour déjeuner le matin, Télémaque arrive tout à coup dans la maison d'Eumée. Les chiens, qui le sentent approcher, n'aboient point, mais remuent la queue; ce qui fait voir à Ulysse que c'est quelqu'un de connoissance qui est sur le point d'entrer. Denys d'Halicarnasse, ayant rapporté tout cet endroit, fait cette réflexion, que ce n'est point le choix des mots qui en fait l'agrément, la plupart de ceux qui y sont employés étant, dit-il, très-vils et très-bas, εὐτελεστάτων τε καὶ ταπεινοτάτων, et qui sont tous les jours dans la bouche des moindres laboureurs et des moindres artisans; mais qu'ils ne laissent pas de charmer par la manière dont le poëte a eu soin de les arranger. En lisant cet endroit, je me suis souvenu que, dans une de vos nouvelles remarques, vous avancez que jamais on n'a dit qu'Homère ait employé un seul mot bas. C'est à vous de voir si cette remarque de Denys d'Halicarnasse n'est point contraire à la vôtre, et s'il n'est point à craindre qu'on vienne vous chicaner là-dessus. Prenez la peine de lire toute la

---

1. Racine fait ici des observations sur la neuvième Réflexion critique (t. III), dont le manuscrit lui avait été communiqué, et qui fut publiée en 1694. (B.-S.-P.)

réflexion de Denys d'Halicarnasse, qui m'a paru très-belle et merveilleusement exprimée; c'est dans son traité περὶ συνθέσεως ὀνομάτων,[1] à la troisième page.

J'ai fait réflexion aussi qu'au lieu de dire que le mot d'*âne* est en grec un mot très-noble, vous pourriez vous contenter de dire que c'est un mot qui n'a rien de bas,[2] et qui est comme celui de cerf, de cheval, de brebis, etc. Ce *très-noble* me paroît un peu trop fort.

Tout ce traité de Denys d'Halicarnasse, dont je viens de vous parler, et que je relus hier tout entier avec un grand plaisir, me fit souvenir de l'extrême impertinence de M. Perrault, qui avance que le tour des paroles ne fait rien pour l'éloquence, et qu'on ne doit regarder qu'au sens; et c'est pourquoi il prétend qu'on peut mieux juger d'un auteur par son traducteur, quelque mauvais qu'il soit, que par la lecture de l'auteur même. Je ne me souviens point que vous ayez relevé cette extravagance, qui vous donnoit pourtant beau jeu pour le tourner en ridicule.

Pour le mot de μισγεῖσθαι, qui signifie quelquefois coucher avec une femme ou avec un homme, et souvent converser simplement, voici des exemples tirés de l'Écriture. Dieu dit à Jérusalem, dans Ézéchiel: « *Congregabo tibi amatores tuos cum quibus commista es*,[3] » etc. Dans le prophète Daniel, les deux vieillards, racontant comme ils ont surpris Suzanne en adultère, disent, parlant d'elle et du jeune homme qu'ils prétendent qui étoit avec elle: *Vidimus eos pariter commisceri.*[4] Ils disent aussi à

---

1. *De l'Arrangement des mots.*
2. Correction adoptée par Boileau.
3. Ézéchiel, ch. xvi, verset 37. Dans la marge du manuscrit, il y a: ἐπεμίγης (B.-S.-P.)
4. Daniel, ch. xiii, verset 38.

Suzanne : *Assentire nobis, et commiscere nobiscum.*[1]
Voilà *commisceri* dans le premier sens. Voici des exemples du second sens. Saint Paul dit aux Corinthiens : *Ne commisceamini fornicariis :* [2] « N'ayez point de commerce avec les fornicateurs. » Et, expliquant ce qu'il a voulu dire par là, il dit qu'il n'entend point parler des fornicateurs qui sont parmi les gentils ; autrement, ajoute-t-il, il faudroit renoncer à vivre avec les hommes : mais quand je vous ai mandé de n'avoir point de commerce avec les fornicateurs, *non commisceri*, j'ai entendu parler de ceux qui se pourroient trouver parmi les fidèles, et non-seulement avec les fornicateurs, mais encore avec les avares et les usurpateurs du bien d'autrui, etc.

Il en est de même du mot *cognoscere*, qui se trouve dans ces deux sens en mille endroits de l'Écriture.

Encore un coup, je me passerois de la fausse érudition de Tussanus,[3] qui est trop clairement démentie par l'endroit des servantes de Pénélope. M. Perrault ne peut-il pas avoir quelque ami grec qui lui fournisse des mémoires ?

1. Daniel, ch. XIII, verset 20.
2. Saint Paul, épître I aux Corinthiens, ch. V, versets 9-11. A la marge du manuscrit, il y a : συναναμίγνυσθαι. (B.-S.-P.)
3. Jacques Toussain, helléniste, mort en 1547, qui a pris le nom de Tussanus sur son *Lexicon græco-latinum.* (M. CHÉRON.)
Boileau a profité de cet avis, car dans ses *Réflexions critiques* il ne cite pas Toussain. (B.-S.-P.)

## LETTRE LXXXII.

**RACINE A BOILEAU.**

A Fontainebleau, le 28 septembre (1694).

Je suppose que vous êtes de retour de votre voyage,[1] afin que vous puissiez bientôt m'envoyer vos avis sur un nouveau cantique[2] que j'ai fait depuis que je suis ici, et que je ne crois pas qui soit suivi d'aucun autre. Ceux que Moreau[3] a mis en musique ont extrêmement plu : il est ici, et le roi doit les lui entendre chanter au premier jour. Prenez la peine de lire le septième[4] chapitre de la Sagesse, d'où ces derniers vers ont été tirés : je ne les donnerai point qu'ils n'aient passé par vos mains; mais vous me ferez plaisir de me les renvoyer le plus tôt que vous pourrez. Je voudrois bien qu'on ne m'eût point engagé dans un embarras de cette nature; mais j'espère m'en tirer, en substituant à ma place ce M. Bardou[5] que vous

---

1. Tout ce que nous savons sur ce voyage, c'est qu'il dut être de courte durée, puisque vingt-deux jours auparavant (6 de septembre) Boileau était à la clôture de l'Académie des Médailles. (*Registres de l'Académie.*) (B.-S.-P.)
2. On voit, par les citations faites dans la lettre suivante, qu'il s'agit du cantique sur le bonheur des justes et le malheur des réprouvés. (B.-S.-P.)
3. Jean-Baptiste Moreau, maître de musique de la chambre du roi, né à Angers en 1656, mort à Paris le 24 d'août 1723. On lui doit la musique des *Bergers de Marly*, divertissement pour la cour; les chœurs de *Jonathas*, tragédie de Duché; les chœurs d'*Esther* et d'*Athalie* de Racine; la musique de plusieurs chansons et cantates de Lainez, etc. (M. Chéron.)
4. Inadvertance, c'est le *cinquième*. (B.-S.-P.)
5. C'est, selon Germain Garnier et MM. de Saint-Surin, Daunou et Amar, le Bardou critiqué dans les premières éditions de la satire VII qui portait au vers 45 : *Bardou, Mauroy, Boursaut...* Il est pourtant peu probable que

avez vu à Paris. Vous savez bien, sans doute, que les
Allemands ont repassé le Rhin, et même avec quelque
espèce de honte. On dit qu'on leur a tué ou pris sept à
huit cents hommes, et qu'ils ont abandonné trois pièces
de canon.[1] Il est venu une lettre à Madame, par laquelle
on lui mande que le Rhin s'étoit débordé tout à coup, et
que près de quatre mille Allemands ont été noyés; mais,
au moment que je vous écris, le roi n'a point encore reçu
de confirmation de cette nouvelle.[2] On dit que milord
Barclai est devant Calais pour le bombarder. M. le maréchal de Villeroi s'est jeté dedans.[3] Voilà toutes les nouvelles de la guerre. Si vous voulez, je vous en dirai
d'autres de moindre conséquence. M. de Tourreil est
venu ici présenter le Dictionnaire de l'Académie au roi et
à la reine d'Angleterre, à Monseigneur et aux ministres. Il
a partout accompagné son présent d'un compliment,[4] et
on m'a assuré qu'il avoit très-bien réussi partout. Pendant
qu'on présentoit ainsi le Dictionnaire de l'Académie, j'ai

Racine eût osé se substituer un mauvais poëte dont Boileau venait seulement (édition de 1694) d'ôter le nom de ses satires. (B.-S.-P.)

1. Chacun s'applaudit de cette campagne; les Français pour avoir forcé
les Allemands d'évacuer l'Alsace avec tant de précipitation qu'ils laissèrent
en arrière un grand nombre de soldats; les Allemands pour avoir ravagé
l'Alsace, seul but de leur expédition. Larrey, VI, 194. — Ce qu'il y a de
sûr, c'est que, selon l'expression d'un témoin oculaire, notre armée, après
le départ des Allemands, « s'en retourna au camp aussi triste qu'elle en
étoit partie gaillarde. » (B.-S.-P.)

2. Elle était fausse. (B.-S.-P.)

3. Ce n'était point Barclai, mais Schowel, un de ses officiers. Il commença le bombardement le 27 de septembre et fut, grâce au vent, presque
aussitôt forcé de l'abandonner. Barclai avait eu plus de succès à Dieppe, et
il en eut également davantage, en 1695 et 1696, à Calais même. Larrey, VI,
190 et suivantes, 285 et 361. (B.-S.-P.)

4. Il en fit vingt-huit différents, tous fort applaudis selon de Boze (Acad.
Inscr., III, xxviii); et cependant le seul qu'on ait publié est, disent
MM. de Saint-Surin et Daunou, un tissu de flatteries hyperboliques et ridi-
cules. (B.-S.-P.)

appris que Leers, libraire d'Amsterdam, avoit aussi présenté au roi et aux ministres une nouvelle édition du Dictionnaire de Furetière, qui a été très-bien reçu.[1] C'est M. de Croissy et M. de Pomponne[2] qui ont présenté Leers au roi. Cela a paru un assez bizarre contre-temps pour le Dictionnaire de l'Académie, qui me paroît n'avoir pas tant de partisans que l'autre. J'avois dit plusieurs fois à M. Thierry[3] qu'il auroit dû faire quelques pas pour ce dernier dictionnaire; et il ne lui auroit pas été difficile d'en avoir le privilége : peut-être même, il ne le seroit pas encore. *Ne parlez qu'à lui seul de ce que je vous mande là-dessus.*[4] On commence à dire que le voyage de Fontainebleau pourra être abrégé de huit ou dix jours, à cause que le roi y est fort incommodé de la goutte. Il en est au lit depuis trois ou quatre jours; il ne souffre pas pourtant beaucoup, Dieu merci, et il n'est arrêté au lit que par la foiblesse qu'il a encore aux jambes. Il me paroît, par les lettres de ma femme, que mon fils[5] a grande envie de vous aller voir à Auteuil. J'en serai fort aise, pourvu qu'il ne vous embarrasse point du tout. Je prendrai en même temps la liberté de vous prier de tout mon cœur de l'exhorter à travailler sérieusement, et à se mettre en état de vivre en honnête homme. Je voudrois bien qu'il n'eût pas l'esprit autant dissipé qu'il l'a, par

---

1. Nouvelle édition, la Haye et Rotterdam, 1694, 2 vol. in-fol. (M. Chéron.)

2. Disgracié en 1679, rentré au conseil en 1691. (G. Garnier.

3. Libraire de Boileau. Voyez épître X, vers 61, et lettre à Brossette du 16 de juin 1708, n° cxli.

4. Louis Racine, Daunou, Viollet-le-Duc, avaient dans leur édition supprimé cette ligne; elle a été rétablie par M. Berriat-Saint-Prix.

5. L'aîné, celui qui travaillait dans les bureaux des affaires étrangères. (M. Chéron.)

l'envie démesurée qu'il témoigne de voir des opéras et des comédies. Je prendrai là-dessus vos avis, quand j'aurai l'honneur de vous voir; et cependant je vous supplie de ne pas lui témoigner le moins du monde que je vous aie fait aucune mention de lui. Je vous demande pardon de toutes les peines que je vous donne, et suis entièrement à vous.

RACINE.

## LETTRE LXXXIII.

#### RACINE A BOILEAU.

A Fontainebleau, le 3 octobre (1694).[1]

Je vous suis bien obligé de la promptitude avec laquelle vous m'avez fait réponse. Comme je suppose que vous n'avez pas perdu les vers que je vous ai envoyés,[2] je vais vous dire mon sentiment sur vos difficultés, et en même temps vous dire plusieurs changements que j'avois déjà faits de moi-même : car vous savez qu'un homme qui compose fait souvent son thème en plusieurs façons.

> Quand, par une fin soudaine,
> Détrompés d'une ombre vaine
> Qui passe et ne revient plus...

---

1. Dans certaines éditions on a mis les lettres LXXXII et LXXXIII à l'année 1692... Cette lettre et la précédente sont de 1694, et non de 1692, puisque le Dictionnaire de l'Académie n'avait été publié qu'en 1694, que c'est aussi l'année de la réception de l'abbé Charles Boileau, et que Villeroi n'a été fait maréchal de France qu'en 1693. (DAUNOU.)

2. Le cantique *sur le bonheur des justes et sur le malheur des réprouvés,* dont il est question lettre LXXXII.

J'ai choisi ce tour, parce qu'il est conforme au texte, qui parle de la fin imprévue des réprouvés ; et je voudrois bien que cela fût bon, et que vous pussiez passer et approuver *par une fin soudaine*, qui dit précisément la même chose. Voici comme j'avois mis d'abord :

> Quand, déchus d'un bien frivole,
> Qui comme l'ombre s'envole,
> Et ne revient jamais plus...

Mais ce *jamais* me parut un peu mis pour remplir le vers, au lieu que *qui passe et ne revient plus* me sembloit assez plein et assez vif. D'ailleurs, j'ai mis à la troisième stance :[1] *pour trouver un bien fragile*, et c'est la même chose qu'*un bien frivole*. Ainsi tâchez de vous accoutumer à la première manière, ou trouvez quelque autre chose qui vous satisfasse. Dans la seconde stance,[2]

> Misérables que nous sommes,
> Où s'égaroient nos esprits?

*Infortunés* m'étoit venu le premier ; mais le mot de misérables que j'ai employé dans *Phèdre*, à qui je l'ai mis dans la bouche,[3] et que l'on a trouvé assez bien, m'a paru avoir de la force en le mettant aussi dans la bouche des réprouvés, qui s'humilient et se con-

---

1. Elle est devenue la quatrième. (Voyez Racine, édition de La Harpe, V, 348.)
2. Elle est devenue la troisième. (Voyez Racine, édition de La Harpe, V, 348.)
3.   Misérable! et je vis! et je soutiens la vue
    De ce sacré soleil dont je suis descendue!
                          (*Phèdre*, acte IV, scène vi.)

damnent eux-mêmes.[1] Pour le second vers, j'avois mis :

> Diront-ils avec des cris...

Mais j'ai cru qu'on pouvoit leur faire tenir tout ce discours sans mettre *diront-ils*,[2] et qu'il suffisoit de mettre à la fin : *Ainsi, d'une voix plaintive,* et le reste, par où on fait entendre que tout ce qui précède est le discours des réprouvés. Je crois qu'il y en a des exemples dans les odes d'Horace.

> Et voilà que triomphants...

Je me suis laissé entraîner au texte : *Ecce quomodo computati inter filios Dei?*[3] et j'ai cru que ce tour marquoit mieux la passion; car j'aurois pu mettre *Et maintenant triomphants*,[4] etc. Dans la troisième stance,[5]

> . . . . . . . . . .
> Qui nous montroit la carrière
> De la bienheureuse paix.

On dit *la carrière de la gloire, la carrière de l'honneur,* c'est-à-dire *par où on court à la gloire, à l'honneur.* Voyez si l'on ne pourroit pas dire de même *la carrière de la bienheureuse paix* ; on dit même *la carrière de la vertu.* Du reste, je ne devine pas comment je le pourrois mieux dire. Il reste la quatrième stance.[6] J'avois d'abord mis le mot de *repentance*; mais, outre qu'on ne diroit pas bien

---

1. Racine a rétabli le mot *infortunés*.
2. Il a aussi remis *diront-ils*, mais au troisième vers de la même stance.
3. *Sagesse*, ch. v, verset 5.
4. Il y a : mais *aujourd'hui* triomphants.
5. Devenue la quatrième.
6. Devenue la cinquième.

les remords de la pénitence, ce mot de *pénitence*, en le joignant avec *tardive*, est assez consacré dans la langue de l'Écriture : *sero pœnitentiam agentes*. On dit *la pénitence d'Antiochus*, pour dire *une pénitence tardive et inutile*. On dit aussi dans ce sens *la pénitence des damnés*. Pour la fin de cette stance, je l'avois changée deux heures après que la lettre fut partie. Voici la stance entière :

> Ainsi, d'une voix plaintive,
> Exprimera ses remords
> La pénitence tardive
> Des inconsolables morts.
> Ce qui faisoit leurs délices,
> Seigneur, fera leurs supplices :
> Et, par une égale loi,
> Les saints trouveront des charmes
> Dans le souvenir des larmes
> Qu'ils versent ici pour toi.

Je vous conjure de m'envoyer votre sentiment sur tout ceci. J'ai dit franchement que j'attendois votre critique, avant que de donner mes vers au musicien ; et je l'ai dit à madame de Maintenon, qui a pris de là occasion de me parler de vous avec beaucoup d'amitié. Le roi a entendu chanter les deux autres cantiques, et a été fort content de M. Moreau, à qui nous espérons que cela pourra faire du bien. Il n'y a rien ici de nouveau. Le roi a toujours la goutte, et en est au lit. Une partie des princes sont revenus de l'armée; les autres arriveront demain ou après-demain. Je vous félicite du beau temps que nous avons ici : car je crois que vous l'avez aussi à Auteuil, et que vous en jouissez plus tranquillement que nous ne faisons ici. Je suis entièrement à vous.

La harangue de M. l'abbé Boileau[1] a été trouvée très-mauvaise en ce pays-ci. M. de Niert prétend que Richesource[2] en est mort de douleur. Je ne sais pas si la douleur est bien vraie, mais la mort est très-véritable.

## LETTRE LXXXIV.

###### RACINE A BOILEAU.

A Compiègne, ce 4 mai (1695).

M. Desgranges m'a dit qu'il avoit fait signer hier nos ordonnances, et qu'on les feroit viser par le roi après-demain, qu'ensuite il les envoieroit[3] à M. Dongois, de qui vous les pouvez retirer. Je vous prie de me garder la mienne jusqu'à mon retour. Il n'y a point ici de nouvelles. Quelques gens veulent que le siége de Casal soit levé ; mais la chose est fort douteuse,[4] et on n'en sait rien de certain. Six armateurs de Saint-Malo[5] ont pris dix-sept

---

1. Charles Boileau, abbé de Beaulieu, prédicateur, membre de l'Académie française, né à Beauvais, mort à Paris en 1704. Non-seulement il n'était pas, comme l'a dit Sabatier de Castres, frère de Despréaux, mais il n'était même pas de la famille. Il a laissé des *Homélies et sermons sur les évangiles du carême,* publiés par Richard. Paris, 1712, 2 vol. in-12; des *Panégyriques*. Paris, 1718, in-8° et in-12; on a publié aussi, Paris, 1733, in-12, un volume de *Pensées* extraites de ses sermons. (M. CHÉRON.)

2. Voyez huitième Réflexion sur Longin, t. III, page 368, note 3.

3. Louis Racine a mis *enverroit*.

4. Casal ne fut rendue au duc de Savoie, par M. de Crenan, que le 11 de juillet suivant. Larrey, VI, 224. (B.-S.-P.)

5. Commandés par Jacobsen. *(Gazette de France.)*

D'autres éditeurs ont mis par Duguay-Trouin, c'est une erreur ; il était alors au Spitzberg.

vaisseaux d'une flotte marchande des ennemis, et un vaisseau de guerre de soixante pièces de canon. Le roi est en parfaite santé, et ses troupes merveilleuses.

Quelque horreur que vous ayez pour les méchants vers, je vous exhorte à lire *Judith*,[1] et surtout la préface, dont je vous prie de me mander votre sentiment. Jamais je n'ai vu rien de si méprisé que tout cela l'est en ce pays-ci; et toutes vos prédictions sont accomplies.[2] Adieu, monsieur, je suis entièrement à vous.

Je crains de m'être trompé en vous disant qu'on envoieroit nos ordonnances à M. Dongois, et je crois que c'est à M. de Bie chez qui M. Desgranges m'a dit que M. Dongois n'auroit qu'à envoyer samedi prochain.[3]

## LETTRE LXXXV.[4]

RACINE A BOILEAU.

Versailles, 4 avril 1696.

Je suis très-obligé au P. Bouhours de toutes les honnêtetés qu'il vous a prié de me faire de sa part, et de la part de sa compagnie. Je n'avois point encore entendu parler de la harangue de leur régent de troisième,[5] et

1. Tragédie de Boyer.
2. Boileau avait dit à Hessein, un des prôneurs de Boyer : « Je l'attends sur le papier. » *Bolæana*, de Monchesnay.
3. *Adresse* : A monsieur, monsieur Despréaux, cloistre Notre-Dame, chez M. l'abbé de Dreux, à Paris.
4. Publiée par Desmolets (*Mém.*, VIII, 203); d'après lui par Saint-Marc (III, 533); mais avec des changements par Louis Racine (II, 225).
5. Ce régent prononça un discours latin sur ce sujet : *Racinius an chris-*

comme ma conscience ne me reproche rien à l'égard des jésuites, je vous avoue que j'ai été un peu surpris d'apprendre que l'on m'eût déclaré la guerre chez eux. Vraisemblablement ce bon régent est du nombre de ceux qui m'ont très-faussement attribué la traduction du *Santolius pœnitens* ;[1] et il s'est cru engagé d'honneur à me rendre injures pour injures. Si j'étois capable de lui vouloir quelque mal, et de me réjouir de la forte réprimande que le P. Bouhours dit qu'on lui a faite, ce seroit sans doute pour m'avoir soupçonné d'être l'auteur d'un pareil ouvrage : car pour mes tragédies, je les abandonne volontiers à sa critique. Il y a longtemps que Dieu m'a fait la grâce d'être assez peu sensible au bien et au mal que l'on en peut dire,[2] et de ne me mettre en peine que du compte que j'aurai à lui en rendre quelque jour.

Ainsi, monsieur, vous pouvez assurer le P. Bouhours et tous les jésuites de votre connoissance, que, bien loin d'être fâché contre le régent qui a tant déclamé contre mes pièces de théâtre, peu s'en faut que je ne le remercie d'avoir prêché une si bonne morale dans leur collége, et d'avoir donné lieu à sa compagnie de marquer tant de chaleur pour mes intérêts ; et qu'enfin, quand l'offense qu'il m'a voulu faire seroit plus grande, je l'oublierois avec la même facilité, en considération de tant d'autres pères dont j'honore le mérite, et surtout en considération du R. P. de Lachaise, qui me témoigne tous les jours mille bontés et à qui je sacrifierois bien d'autres injures. Je suis, etc.

*tianus? an poeta? Racine est-il chrétien? est-il poète?* La réponse était : Ni l'un, ni l'autre. Racine, édition de La Harpe, I, 90-91.

1. Santeuil, après avoir composé l'épitaphe d'Arnauld, en demande pardon aux jésuites. Rollin, sur ce sujet, composa le *Santolius pœnitens*.

2. Il laissa pourtant dans son édition de 1697 une préface, celle de *Bérénice*, où il répond à des critiques. (B.-S.-P.)

## LETTRE LXXXVI.

#### RACINE A BOILEAU.

A Fontainebleau, 8 octobre (1697).

Je vous demande pardon si j'ai été si longtemps sans vous faire réponse ; mais j'ai voulu, avant toutes choses, prendre un temps favorable pour recommander M. Manchon[1] à M. de Barbezieux.[2] Je l'ai fait, et il m'a fort assuré qu'il feroit son possible pour me témoigner la considération qu'il avoit pour vous et pour moi. Il m'a paru que le nom de M. Manchon lui étoit assez inconnu, et je me suis souvenu alors qu'il avoit un autre nom dont je ne me souvenois point du tout. J'ai eu recours à M. de La Chapelle[3] qui m'a fait un mémoire que je présenterai à M. de Barbezieux, dès que je le verrai. Je lui ai dit que M. l'abbé de Louvois[4] voudroit bien joindre ses prières aux nôtres, et je crois qu'il n'y aura point de mal qu'il lui en écrive un mot.

Je suis bien aise que vous ayez donné votre épître[5] à

---

1. Voyez lettre XLIV.
2. Louis-François Le Tellier, marquis de Barbezieux, fils de Louvois; il succéda à son père, dans le ministère de la guerre, en 1691. Il avait vingt-trois ans.
3. Henri de Bessé, cousin au cinquième degré de Manchon, petit-neveu de Boileau, fils de Bessé de La Chapelle dont il a déjà été souvent question dans la *Correspondance.* (M. Chéron.)
4. Camille Le Tellier, frère de Barbezieux, de l'Académie française, bibliothécaire du roi et évêque de Clermont sous le régent; né en 1675, mort en 1718. (M. Chéron.)
5. Épître XII, *sur l'Amour de Dieu.*

M. de Meaux et que M. de Paris¹ soit disposé à vous donner une approbation authentique.² Vous serez surpris quand je vous dirai que je n'ai point encore rencontré M. de Meaux, quoiqu'il soit ici : mais je ne vais guère aux heures où il va chez le roi, c'est-à-dire au lever et au coucher : d'ailleurs, la pluie presque continuelle empêche qu'on ne se promène dans les cours ou dans les jardins, qui sont les endroits où l'on a de coutume³ de se rencontrer. Je sais seulement qu'il a présenté au roi l'ordonnance de M. l'archevêque de Reims⁴ contre les jésuites : elle m'a paru très-forte, et il y explique très-nettement la doctrine de Molina avant que de la condamner. Voilà, ce me semble, un rude coup pour les jésuites, et il y a bien des gens qui commencent à croire que leur crédit est fort baissé, puisqu'on les attaque si ouvertement. Au lieu que c'étoit à eux qu'on donnoit autrefois les priviléges pour écrire tout ce qu'ils vouloient, ils sont maintenant réduits à ne se défendre que par de petits libelles anonymes, pendant que les censures des évêques pleuvent de tous côtés sur eux. Votre épître ne contribuera pas à les consoler ; et il me semble⁵ que vous n'avez

1. Bossuet et M. de Noailles.
2. Cette phrase seule suffirait pour prouver que l'épître XII fut publiée au plus tôt à la fin de 1697 (voy. d'ailleurs lettre XIV), puisque Boileau parle de l'*approbation* de l'archevêque de Paris dans sa préface des trois dernières épîtres, et la lettre actuelle ne peut être antérieure au mois d'octobre 1697, puisqu'elle fait mention de l'arrivée du prince de Conti en Pologne, qui avait eu lieu (lettre LXXXVII) à la fin de septembre (nous reviendrons sur la même phrase). (B.-S.-P.)
3. Des éditeurs ont eu tort de donner : *où l'on a la coutume*.
4. Charles-Maurice Le Tellier : « Son ordonnance fera du bruit et embarrassera le roi, » écrivait Mᵐᵉ de Maintenon le 7 d'octobre 1697. (DAUNOU.)
5. Louis Racine (II, 243) a fait, dans les phrases précédentes, des suppressions et des corrections qui montrent combien les jésuites étaient encore

rien perdu pour attendre, et qu'elle paroîtra fort à propos.

On a eu nouvelle aujourd'hui que M. le prince de Conti [1] étoit arrivé en Pologne; mais on n'en sait pas davantage, n'y ayant point encore de courrier qui soit venu de sa part. M. l'abbé Renaudot vous en dira plus que je ne saurois vous en écrire. Je n'ai pas fort avancé le mémoire dont vous me parlez.[2] Je crains même d'être entré dans des détails qui l'allongeront bien plus que je ne croyois. D'ailleurs, vous savez la dissipation de ce pays-ci.

Pour m'achever, j'ai ma seconde fille [3] à Melun, qui prendra l'habit dans huit jours. J'ai fait deux voyages pour essayer de la détourner de cette résolution, ou du moins pour obtenir d'elle qu'elle différât encore six mois; mais je l'ai trouvée inébranlable. Je souhaite qu'elle se trouve aussi heureuse dans ce nouvel état qu'elle a eu d'empressement pour y entrer. M. l'archevêque de Sens [4] s'est offert de venir faire la cérémonie, et je n'ai pas osé

---

redoutés de son temps. Voici ce que son édition porte : l'*Ordonnance de M. l'archevêque de Reims : elle m'a paru très-forte; et il y explique très-nettement la doctrine qu'il y condamne. Votre épître ne peut qu'être très-bien reçue; et il me semble...* (B.-S.-P.)

1. Il en a été question lettre LXXI. — François-Louis de Bourbon-Conti, né en 1664, élu roi de Pologne, le 27 juin 1697, parti le 6 de septembre, arriva le 26 à Dantzig, et repartit le 6 de novembre. (G. GARNIER). — Selon Larrey (VI, 488), il était parti le 7 et arrivé le 28 de septembre, et il remit à la voile le 9 de novembre. (B.-S.-P.)

2. Pour les religieuses de Port-Royal, selon Germain Garnier et M. de Saint-Surin; ce que nie M. Daunou, parce que, dit-il, cette affaire était terminée. (B.-S.-P.)

3. Anne Racine, née le 29 de juillet 1682. Elle avait donc quinze ans et deux mois.

4. Hardouin Fortin de La Hoguette, neveu de Hardouin de Péréfixe de Beaumont, et qui avait été d'abord évêque de Saint-Brieuc, puis de Poitiers. (*Gazette de France*). Cf. Saint-Simon, édition Garnier frères, t. V, p. 209-211, et t. XXVI, p. 6.

refuser un tel honneur. J'ai écrit à M. l'abbé Boileau[1] pour le prier d'y prêcher; et il a l'honnêteté de vouloir bien partir exprès de Versailles en poste, pour me donner cette satisfaction. Vous jugez que tout cela cause assez d'embarras à un homme qui s'embarrasse aussi aisément que moi. Plaignez-moi un peu dans votre profond loisir d'Auteuil, et excusez si je n'ai pas été plus exact à vous mander des nouvelles. La paix[2] en a fourni d'assez considérables, et qui nous donneront assez de matière pour nous entretenir quand j'aurai l'honneur de vous revoir. Ce sera au plus tard dans quinze jours, car je partirai deux ou trois jours avant le départ du roi. Je suis entièrement à vous.

RACINE.

## LETTRE LXXXVII.[3]

BOILEAU A RACINE.

A Auteuil, mercredi (milieu d'octobre 1697).[4]

Je crois que vous serez bien aise d'être instruit de ce qui s'est passé dans la visite que nous avons, suivant votre

1. Charles Boileau, abbé de Beaulieu. Voyez lettre LXXXIII.
2. La paix de Riswick, conclue, le 20 de septembre, avec l'Espagne, l'Angleterre et la Hollande, et bientôt après (30 d'octobre) avec l'empereur et l'empire. Larrey, VI, 519. — On la célébra par plusieurs médailles. L'Académie des Inscriptions (séance du 28 de mai 1701) motiva la légende de l'une d'entre elles sur ce que, « pendant la guerre de Dix ans terminée par cette paix, les ennemis de la France n'avoient pu entamer aucune de ses frontières. » (Idem, Médailles de Louis le Grand, 1702, p. 270.) On a vu, lettre LXIX, que malheureusement cela n'est pas tout à fait exact. (B.-S.-P.)
3. Publiée d'abord en 1712, et ensuite dans l'édition de 1713, avec des changements faits probablement par Boileau lui-même. (B.-S.-P.)
4. Nous montrerons plus loin que telle est probablement la date de cette lettre. (B.-S.-P.)

conseil, rendue ce matin, mon frère le docteur de Sorbonne et moi, au R. P. de Lachaise. Nous sommes arrivés chez lui sur les neuf heures; et sitôt qu'on lui a dit notre nom, il nous a fait entrer. Il nous a reçus avec beaucoup d'agrément, m'a interrogé fort obligeamment sur l'état de ma santé, et a paru fort content de ce que je lui ai dit que mon incommodité[1] n'augmentoit point. Ensuite il a fait apporter des chaises, s'est mis tout proche de moi, afin que je le pusse mieux entendre, et aussitôt entrant en matière, m'a dit que vous lui aviez lu un ouvrage de ma façon, où il y avoit beaucoup de bonnes choses, mais que la matière que j'y traitois étoit une matière fort délicate, et qui demandoit beaucoup de savoir; qu'il avoit autrefois enseigné la théologie, et qu'ainsi il devoit être instruit de cette matière à fond; qu'il falloit faire une grande différence de l'amour *affectif* d'avec l'amour *effectif*;[2] que ce dernier étoit absolument nécessaire, et entroit dans l'attrition; au lieu que l'amour affectif venoit de la contrition parfaite, et qu'ainsi il justifioit par lui-même le pécheur, mais que l'amour effectif n'avoit d'effet qu'avec l'absolution du prêtre. Enfin, il nous a débité en très-bons termes tout ce que d'habiles auteurs scolastiques ont écrit sur ce sujet, sans pourtant dire, comme quelques-uns d'eux, que l'amour de Dieu, absolument parlant, n'est point nécessaire pour la justification du pécheur. Mon frère applaudissoit à chaque mot qu'il disoit, paroissant être enchanté de sa doctrine, et encore

---

1. Sa surdité. Voy. lettre LXI.
2. Dans le système de théologie suivi par le P. de Lachaise, l'amour *effectif* désigne le simple accomplissement des commandements de Dieu, et l'amour *affectif* le même accomplissement joint à une affection de Dieu. Note de M. l'abbé de L., vicaire général. (B.-S.-P.)

plus de sa manière de l'énoncer. Pour moi, je suis demeuré dans le silence. Enfin, lorsqu'il a cessé de parler, je lui ai dit que j'avois été fort surpris qu'on m'eût prêté des charités auprès de lui, et qu'on lui eût donné à entendre que j'avois fait un ouvrage contre les jésuites; ajoutant que ce seroit une chose bien étrange si soutenir qu'on doit aimer Dieu s'appeloit écrire contre les jésuites; que mon frère avoit apporté avec lui vingt passages de dix ou douze de leurs plus fameux écrivains, qui soutenoient, en termes beaucoup plus forts que ceux de mon épître, que, pour être justifié, il faut indispensablement aimer Dieu; qu'enfin j'avois si peu songé à écrire contre les jésuites, que les premiers à qui j'avois lu mon ouvrage, c'étoient six jésuites des plus célèbres, qui m'avoient tous dit qu'un chrétien ne pouvoit pas avoir d'autres sentiments sur l'amour de Dieu que ceux que j'énonçois dans mes vers. J'ai ajouté ensuite que depuis peu j'avois eu l'honneur de réciter mon ouvrage à monseigneur l'archevêque de Paris, et à monseigneur l'évêque de Meaux,[1] qui en avoient tous deux paru, pour ainsi dire, transportés;[2] qu'avec tout cela néanmoins, si sa révérence croyoit mon ouvrage périlleux, je venois présentement pour le lui lire, afin qu'il m'instruisît de mes fautes. Enfin, je lui ai fait le même compliment que je fis

---

1. M. de Noailles et Bossuet.
2. La tournure de cette phrase et de la suivante annonce que la lettre actuelle est postérieure de quelque temps à celle du 8 d'octobre, où l'on a vu que l'entrevue de Boileau avec Noailles est présentée comme tout à fait récente. D'ailleurs l'entrevue avec le P. de Lachaise que l'on raconte ici fut sollicitée d'après le conseil de Racine, et Racine n'en parlant point dans la lettre du 8 d'octobre, il est probable qu'il donna ce conseil plus tard à Boileau. Les éditeurs n'auraient donc pas dû placer la même lettre après celle-ci. (B.-S.-P.)

à monseigneur l'archevêque lorsque j'eus l'honneur de le lui réciter, qui étoit que je ne venois pas pour être loué, mais pour être jugé; que je le priois donc de me prêter une vive attention, et de trouver bon même que je lui répétasse beaucoup d'endroits. Il a fort approuvé ma proposition, et je lui ai lu mon épître très-posément, jetant au reste dans ma lecture toute la force et tout l'agrément que j'ai pu. J'oubliois de vous avertir que je lui ai auparavant dit encore une particularité qui l'a assez agréablement surpris : c'est à savoir que je prétendois n'avoir proprement fait autre chose dans mon ouvrage que mettre en vers la doctrine qu'il venoit de nous débiter; et l'ai assuré que j'étois persuadé que lui-même n'en disconviendroit pas. Mais pour en revenir au récit de ma pièce, croiriez-vous, monsieur, que la chose est arrivée comme je l'avois prophétisé, et qu'à la réserve des deux petits scrupules qu'il vous a dits, et qu'il nous a répétés, qui lui étoient venus au sujet de ma hardiesse à traiter en vers une matière si délicate, il n'a fait d'ailleurs que s'écrier : « *Pulchre! bene! recte!* Cela est vrai, cela est indubitable; voilà qui est merveilleux; il faut lire cela au roi; répétez-moi encore cet endroit. Est-ce là ce que M. Racine m'a lu? » Il a été surtout extrêmement frappé de ces vers que vous lui aviez passés, et que je lui ai récités avec toute l'énergie dont je suis capable :

> Cependant on ne voit que docteurs, même austères,[1]
> Qui les semant partout, s'en vont pieusement
> De toute piété, etc.

1. Ce vers a été changé :
   On voit, pourtant on voit des docteurs même austères.

Épître XII, vers 50.

Il est vrai que je me suis heureusement avisé d'insérer dans mon épître huit vers que vous n'avez point approuvés, et que mon frère juge très à propos de rétablir. Les voici ; c'est ensuite de ce vers :

> *Oui, dites-vous. Allez, vous l'aimez, croyez-moi.*
> « Écoutez la leçon que lui-même il nous donne,
> « Qui m'aime c'est celui qui fait ce que j'ordonne. [1] »
> Faites-le donc ; et, sûr qu'il nous veut sauver tous,
> Ne vous alarmez point pour quelques vains dégoûts
> Qu'en sa faveur souvent la plus sainte âme éprouve.
> Courez toujours à lui ; [2] qui le cherche le trouve ;
> Et plus de votre cœur il paroît s'écarter,
> Plus par vos actions songez à l'arrêter.

Il m'a fait redire trois fois ces huit vers. Mais je ne saurois vous exprimer avec quelle joie, quels éclats de rire il a entendu la prosopopée de la fin. En un mot, j'ai si bien échauffé le révérend père, que, sans une visite que dans ce temps-là monsieur son frère lui est venu rendre, il ne nous laissoit point partir que je ne lui eusse récité aussi les deux autres nouvelles épîtres de ma façon que vous avez lues au roi. Encore ne nous a-t-il laissés partir qu'à la charge que nous l'irions voir à sa maison de campagne,[3] et il s'est chargé de nous faire avertir du jour où nous l'y

---

1. Ces deux vers ont été changés :
> Qui fait exactement ce que ma loi commande
> A pour moi, dit ce Dieu, l'amour que je demande.

Vers 99-100.

2. Autre changement, vers 104.
> Marchez, courez à lui...

3. Mont-Louis, sur l'emplacement actuel du cimetière qui a pris de là l'appellation populaire du cimetière du Père Lachaise ; administrativement c'est le cimetière de l'Est. (M. Chéron.)

pourrions trouver seul. Vous voyez donc, monsieur, que si je ne suis pas bon poëte, il faut que je sois bon récitateur.

Après avoir quitté le P. de Lachaise, nous avons été voir le P. Gaillard,[1] à qui j'ai aussi, comme vous pouvez penser, récité l'épître. Je ne vous dirai point les louanges excessives qu'il m'a données. Il m'a traité d'homme inspiré de Dieu, et il m'a dit qu'il n'y avoit que des coquins qui pussent contredire mon opinion. Je l'ai fait ressouvenir du petit théologien avec qui j'eus une prise devant lui chez M. de Lamoignon. Il m'a dit que ce théologien étoit le dernier des hommes; que si sa société avoit à être fâchée, ce n'étoit pas de mon ouvrage, mais de ce que des gens osoient dire que cet ouvrage étoit fait contre les jésuites. Je vous écris tout ceci à dix heures du soir, au courant de la plume. Je vous prie de retirer la copie que vous avez mise entre les mains de madame de Maintenon, afin que je lui en donne une autre, où l'ouvrage soit dans l'état où il doit demeurer. Je vous embrasse de tout mon cœur, et suis tout à vous.

## LETTRE LXXXVIII.

###### RACINE A BOILEAU.

A Paris, ce lundi 20 janvier (1698).

J'ai reçu une lettre de la mère abbesse de Port-Royal,[2] qui me charge de vous faire mille remercîments de vos

---

1. Honoré Reynaud de Gaillard, célèbre prédicateur, recteur des jésuites de Paris, confesseur de la reine d'Angleterre, épouse de Jacques II (MORÉRI), né à Aix le 9 d'octobre 1641, mort à Paris le 11 de juin 1727. On a imprimé plusieurs de ses oraisons funèbres. (M. CHÉRON.)

2. Tante de Racine.

épîtres, que je lui ai envoyées de votre part. On y est charmé et de l'épître de l'*Amour de Dieu* et de la manière dont vous parlez de M. Arnauld : on voudroit même que ces épîtres fussent imprimées en plus petit volume. Ma fille aînée, à qui je les ai envoyées, a été transportée de joie de ce que vous vous souvenez encore d'elle. Je pars dans ce moment pour Versailles, d'où je ne reviendrai que samedi. J'ai laissé à ma femme ma quittance pour recevoir ma pension d'homme de lettres. Je vous prie de l'avertir du jour que vous irez chez M. Gruyn;[1] elle vous ira prendre, et vous mènera dans son carrosse.

J'ai eu des nouvelles de mon fils par l'archevêque de Cambrai[2] qui me mande qu'il l'a vu à Cambrai[3] jeudi dernier, et qu'il a été fort content de l'entretien qu'il a eu avec lui. Je suis à vous de tout mon cœur.

RACINE.

1. L'un des trois trésoriers des deniers royaux.
2. Fénelon.
3. Racine fils y avait passé en se rendant à la Haye. M. de Torcy l'avait envoyé porter des dépêches à M. Bonrepaux, ambassadeur de France. (G. GARNIER.)

# III.

# LETTRES DE BOILEAU

## A BROSSETTE.[1]

### LETTRE LXXXIX.

Paris, 25 mars 1699.[2]

La maladie de M. Racine, qui est encore en fort grand danger, a été cause, monsieur, que j'ai tardé quelques

---

1. Claude Brossette, seigneur de Varennes-Rappetour, né à Lyon le 8 de novembre 1671, mort dans la même ville en 1743. Il tenait chez lui une assemblée de gens de lettres et de savants qui devint en 1700 l'*Académie de Lyon* et qui le choisit pour son secrétaire perpétuel. Quand, en 1741, la bibliothèque de l'avocat Aubert devint celle de la ville, Brossette en fut le bibliothécaire. On a de lui : *Histoire abrégée, ou Éloge de la ville de Lyon*. Lyon, 1711, in-4º; *OEuvres de M. Boileau Despréaux, avec des éclaircissements donnés par lui-même*. Genève, 1716, 2 vol. in-4º, et 4 vol. in-12; *OEuvres de Régnier, avec des éclaircissements*. Londres et Lyon, 1729, in-4º et in-8º. On lui doit aussi un vol. in-4º de Procès-verbal des Conférences tenues pour l'examen des ordonnances de 1667 et 1670, et les *Titres du droit civil et du droit canonique raportez sous les noms françois*. Lyon, 1705, in-4º. (M. Chéron.)

En 1698, douze années avant la mort de Despréaux, il se fit présenter au poëte et lui demanda son amitié. Boileau ne repoussa pas ce jeune homme en qui il trouvait un sincère admirateur de son talent, et, il faut bien le dire, un défenseur de ses intérêts auprès du Conseil de l'Hôtel-Dieu de la ville de Lyon. (Voir, t. I, l'*Étude sur la vie de Boileau*, cclxxvi.)

2. Réponse à la première lettre de Brossette, datée de Lyon, le 10 de

jours à vous faire réponse. Je vous assure pourtant que j'ai reçu votre lettre avec fort grand plaisir. Mais pour le livre de M. de Bonnecorse, il ne m'a ni affligé ni réjoui. J'admire sa mauvaise humeur contre moi; mais que lui a fait la pauvre Terpsichore, pour la faire une Muse de plus mauvais goût que ses autres sœurs? Je le trouve bien hardi d'envoyer un si mauvais ouvrage à Lyon; ne sait-il pas que c'est la ville où l'on obligeoit autrefois les méchants écrivains à effacer eux-mêmes leurs écrits avec la langue? n'a-t-il point peur que cette mode[1] se renouvelle contre lui, et ne le fasse pâlir,

Ut Lugdunensem rhetor dicturus ad aram?[2]

Je suis bien aise que mon tableau[3] y excite la curiosité de tant d'honnêtes gens, et je vois bien qu'il reste encore chez vous beaucoup de cet ancien esprit qui y faisoit haïr les méchants auteurs, jusqu'à les punir du dernier supplice. C'est vraisemblablement ce qui a donné de moi une idée si avantageuse. L'épigramme qu'on a faite pour mettre au bas de ce tableau est fort jolie. Je doute pourtant que mon portrait donnât un signe de vie dès qu'on lui présen-

---

mars 1699. Brossette y annonce qu'il envoie à Boileau deux ouvrages : le Procès-verbal des Conférences des ordonnances de 1667 et 1670, et le *Lutrigot* de Bonnecorse. Marseille, 1686, in-18, Anonyme; et qu'il a placé dans le plus bel endroit de son cabinet le portrait de Boileau (celui où il montre du doigt le poëme de Chapelain) avec ces quatre vers de la façon *d'un de ses amis* :

  Vous qui voulez savoir quel est le personnage
   Représenté dans ce tableau,
   Approchez-en un sot ouvrage,
  Vous connoîtrez que c'est Boileau.
        ( B.-S.-P.)

1. Texte de l'autographe.
2. Juvénal, satire I, vers 44.
3. Son portrait peint par Santerre, dont il avait fait présent à Brossette.

teroit un sot ouvrage, et l'hyperbole est un peu forte. Ne seroit-il pas mieux de mettre, suivant ce qui est représenté dans cette peinture :

> Ne cherchez point comment s'appelle
> L'écrivain peint dans ce tableau :
> A l'air dont il regarde et montre la Pucelle,
> Qui ne reconnoîtroit Boileau ?[1]

Je vous écris tout ceci, monsieur, au courant de la plume; mais, si vous voulez que nous entretenions commerce ensemble, trouvez bon, s'il vous plaît, que je ne me fatigue point,

> ... et hanc veniam petimusque damusque vicissim ;[2]

et surtout évitons les cérémonies, et ces grands espaces de papier vides d'écriture à toutes les pages; et ne me donnez point, par les termes respectueux dont vous m'accablez, occasion de vous dire :

> Vis te, Sexte, coli ; volebam amare.[3]

En un mot, monsieur, mettez-moi en droit, par la première lettre que vous me ferez l'honneur de m'écrire, de n'être plus obligé de vous dire si respectueusement que je suis, etc.[4]

---

1. Épigramme XXXIII, tome III.
2. Horace, *Art poétique,* vers 11.
3.     Vis te, Sexte, coli; volebam amare.
    Parendum est tibi : quod jubes, coleris;
    Sed si te colo, Sexte, non amabo.
                    (MARTIAL, liv. II, épigr. LV.)
4. La lettre de Brossette se terminait ainsi : « ... Pour moi, qui ai sur

## LETTRE XC.

Paris, 9 mai 1699.[1]

Vous vous figurez bien, monsieur, que dans l'affliction et dans l'accablement d'affaires où je suis, je n'ai guère le temps d'écrire de longues lettres. J'espère donc que vous me pardonnerez si je ne vous écris qu'un mot, et seulement pour vous instruire de ce que vous me demandez. Je ne suis point encore à Auteuil, parce que mes affaires et ma santé même, qui est fort altérée, ne me permettent pas d'y aller respirer l'air, qui est encore très-froid, malgré la saison avancée, et dont ma poitrine ne s'accommode pas. J'ai pourtant été à Versailles, où j'ai vu madame de Maintenon, et le roi ensuite, qui m'a comblé de bonnes paroles : ainsi me voilà plus historiographe que jamais. Sa Majesté m'a parlé de M. Racine d'une manière à donner envie aux courtisans de mourir, s'ils croyoient qu'elle parlât d'eux de la sorte après leur mort.[2] Cependant cela m'a très-peu consolé de la perte de cet illustre

---

eux l'avantage de vous connoître plus particulièrement, j'ai aussi celui de vous honorer avec plus de respect, et, si j'ose le dire, de vous aimer avec plus de tendresse.

« Je suis, monsieur, votre très-humble et très-obéissant serviteur. »

1. Réponse à deux lettres des 15 d'avril et 1er de mai, où Brossette lui parle de la mort de Racine, arrivée le 21 d'avril 1699, l'invite à se choisir un associé comme historiographe, et lui demande des nouvelles du procès de son cousin, et dans lequel il est intervenu contre le traitant de la noblesse.

2. Louis dit, il est vrai, *nous avons beaucoup perdu...*; mais sur l'observation de Boileau que Racine étoit mort courageusement, quoiqu'il craignît beaucoup la mort, il répliqua : « Oui, je m'en souviens, c'étoit vous qui étiez le brave au siége de Gand. » (*Bolœana*, p. 20.)

ami, qui n'en est pas moins mort, quoique regretté du plus grand roi de l'univers.

Pour mon affaire de la noblesse,[1] je l'ai gagnée avec éloge, du vivant même de M. Racine, et j'en ai l'arrêt en bonne forme, qui me déclare noble de quatre cents ans. M. de Pommereu, président de l'assemblée, fit en ma présence, l'assemblée tenant, une réprimande à l'avocat des traitants, et lui dit ces mots : « Le roi veut bien que vous poursuiviez les faux nobles de son royaume ; mais il ne vous a pas pour cela donné permission d'inquiéter des gens d'une noblesse aussi avérée que sont ceux dont nous venons d'examiner les titres. Que cela ne vous arrive plus. » Je ne sais si M. Perrachon[2] a de meilleures preuves de sa noblesse que cela ; et je ne vois pas qu'il les ait rapportées dans son livre,[3] Adieu, monsieur, croyez que je suis très-affectueusement...

## LETTRE XCI.

Paris, 24 juillet 1699.

J'ai été, monsieur, si occupé depuis votre longue et pourtant trop courte lettre,[4] que je n'ai pu vous faire plus

---

1. Les Boileau ont été reconnus nobles à dater de 1372, par un arrêt du 10 d'avril 1699. Le financier Lacour de Beauval, qui, d'après son marché, devait verser au trésor une partie des amendes auxquelles il ferait condamner les usurpateurs de noblesse, fut, par cet arrêt, obligé de cesser ses poursuites. (Voir au t. Ier l'*Étude sur la vie de Boileau*.)

2. Avocat et rimeur lyonnais infatué de sa noblesse, mort en 1700. (B.-S.-P. et M. Chéron.)

3. Contre Gacon, et intitulé *le Faux satirique puni*.

4. Du 6 juin. (*Lettres famil.*, I, 17 à 23.) Demande de la généalogie de

tôt réponse. Plût à Dieu que je pusse aussi bien prouver à
M. Perrachon le mérite de mes ouvrages, que la noblesse
et l'antiquité de mes pères! Je doute qu'alors il pût préférer même ses écrits aux miens. Je ne vous envoie point,
néanmoins, pour ce voyage, la copie de mon arrêt, parce
qu'il est trop gros : le greffier qui l'a dressé ayant pris
soin d'y énoncer toutes les preuves que j'alléguois ; et
cela fait plus de trente rôles en parchemin, d'écriture
assez menue. Cependant, si vous persistez dans l'envie de
l'avoir, je vous le ferai tenir au premier jour. Vous
m'avez fort réjoui avec *le torri de' Perrachoni*.[1] Je crois
que M. Perrachon ne feroit pas mal de se tenir sur le haut
d'une de ces tours, avec une lunette à longue vue, pour
voir s'il ne découvrira point quelqu'un qui aille à Lyon
ou à Paris acheter ses livres ; car je ne crois pas qu'il en
ait vu jusqu'ici. Je suis bien aise qu'un homme comme
vous entreprenne mon apologie ; mais les livres qu'on a
faits contre moi sont si peu connus, qu'en vérité je ne sais
s'ils méritent aucune réponse. Oserois-je vous dire que
le dessein que vous aviez pris de faire des remarques sur
mes ouvrages est bien aussi bon, et que ce seroit le
moyen d'en faire une imperceptible apologie qui vaudroit
bien une apologie en forme ? Je vous laisse pourtant le
maître de faire tout ce que vous jugerez à propos. Je sais
assez bien donner conseil aux autres sur ce qui les con-

---

Boileau et de l'arrêt sur sa noblesse. Annonce d'un projet de répondre aux
critiques qu'on a faites de ses ouvrages. Récit d'une discussion avec Perrachon, qui conteste la noblesse de Boileau, ou au moins soutient, en citant
deux tours de Piémont nommées *Torri de Perrachoni*, que la sienne est
plus ancienne. Envoi de deux poëmes latins du jésuite Fellon sur l'aimant
et le café, et d'une chanson, en vingt couplets, contenant l'histoire glorieuse
de Perrachon.

1. Le texte de M. Laverdet donne *le Torre*.

cerne ; mais pour ce qui me regarde, je m'en rapporte toujours au conseil d'autrui. Les vers latins que vous m'avez envoyés sont très-élégants et très-particuliers ; ils m'ont réconcilié avec les poëtes latins modernes, dont vous savez que je fais une médiocre estime,[1] dans la prévention où je suis qu'on ne sauroit bien écrire que sa propre langue. Vos couplets de chanson[2] me paroissent fort jolis, et il paroît bien que vous y parlez votre propre et naturelle langue ; car, comme vous savez bien, c'est au François qu'appartient le vaudeville,[3] et c'est dans ce genre-là principalement que notre langue l'emporte sur la grecque et sur la latine. Voilà la quatrième lettre que j'écris ce matin ; c'est beaucoup pour un paresseux accablé d'un million d'affaires. Ainsi, trouvez bon que je vous dise tout court que je suis très-cordialement, monsieur, etc.

1. Voyez le fragment de satire en latin et le *Fragment* d'un dialogue contre les modernes qui font des vers latins, t. III.
2. Vingt couplets intitulés *Abrégé chronologique de l'histoire glorieuse de Perrachon*, sur l'air : *Réveillez-vous, belle endormie*.
M. Perrachon, en habit de crieur, une cloche à la main, disait :

>Dindon, dindon, dindon, dindaine...
>Messieurs, j'annonce à l'univers
>Que je suis d'une race ancienne
>Et que je fais de très-beaux vers.
>Or, pour vous prouver ma noblesse,
>Il ne faut que voir en Piémont
>Deux tours, qui, malgré leur vieillesse,
>Y portent encore mon nom.

3. *Art poétique*, chant II, vers 182.

## LETTRE XCII.

Auteuil, 15 août 1699.

Si vous comprenez bien, monsieur, quel embarras c'est à un homme de lettres qui a des livres, des bijoux et des tableaux, que d'avoir à déménager,[1] vous ne trouverez pas étrange que je sois demeuré si longtemps sans faire réponse à votre dernière lettre.[2] Et le moyen de se ressouvenir de son devoir, au milieu d'une foule de maçons, de menuisiers et de crocheteurs, qu'il faut sans cesse gronder, réprimander, instruire? Il y a tantôt trois semaines que je fais cet importun métier, et je n'en suis pas encore dehors. Ainsi, bien loin de croire que vous

---

1. Il quittait sans doute la maison de l'abbé de Dreux, pour aller s'établir chez l'abbé Lenoir.

L'abbé Legendre, qui visita Boileau dans sa maison d'Auteuil, nous fait connaître dans ses *Mémoires* (publiés en 1863, in-8°), p. 172, le sujet de quelques-uns de ces tableaux. On y voyait Timon, Ménippe, Lucilius, Horace, Perse, Juvénal, Régnier. C'étaient d'assez bonnes toiles appendues à une vieille tapisserie de Bergame. Au-dessus de la cheminée « un portrait vivant » de Christine, reine de Suède. Despréaux l'avait mis là face à face avec Juvénal et Perse, vu qu'elle avait été « la femme la plus médisante de son siècle. » On a de lui ce billet-ci : « Je déclare, pour satisfaire à l'ordonnance du roi, que j'ai un lit à pentes de velours rouge galonné et passementé d'argent, et dont les rideaux sont de toile d'or, tout cela très-antique, aussi bien que les six chaises qui en sont l'accompagnement, et qui sont aussi galonnées de la même manière.

« Je déclare qu'outre cela, j'ai encore un canapé et deux fauteuils de brocart d'or, moins vieux que le lit, mais pourtant très-anciens, et dont les bois sont dorés. »

Ce billet a été publié dans la *Revue contemporaine*, 30 novembre 1856, p. 311. (Voyez Éd. Fournier, *OEuvres complètes de Boileau*.)

2. Du 20 de juillet 1699. Brossette envoie une boîte de thé et annonce qu'il arrivera un livre que Perrachon fait imprimer contre Gacon.

ayez raison de vous plaindre, je prétends même que je dois être plaint, et qu'il faut que je vous aime beaucoup pour trouver, comme je fais aujourd'hui, le temps de vous faire mes remercîments sur toutes les douceurs que vous m'écrivez, et sur tous les présents que vous me faites. Vous me direz peut-être que ce discours n'est que l'artifice d'un homme qui a tort, et qui le premier fait un procès aux autres, afin qu'on n'ait pas le temps de lu faire le sien. Peut-être cela est-il véritable. Je vous assurei pourtant qu'on ne peut pas être plus touché que je le suis de toutes vos bontés, et que, s'il y a en moi de la paresse, il n'y a assurément point de méconnoissance. D'ailleurs je m'attendois à vous écrire quand j'aurois reçu votre thé, qui n'est point encore venu, non plus que le livre dont vous me parlez dans une autre de vos lettres. Mais est-ce une promesse ou une menace que vous me faites, quand vous me mandez qu'au premier jour vous m'enverrez le livre de M. Perrachon?

Di magni, horribilem et sacrum libellum.[1]

Savez-vous que si vous vous y jouez, je cours sur-le-champ chez Coignard ou chez Ribou, et que là, *Cotinos, Peraltos, Pradonos et omnia colligam venena, atque hoc te munere remunerabo*, de la même manière que Catulle prétendoit récompenser son ami, en lui envoyant *Metios, Suffenos et Varios*?[2] Voilà, monsieur, de quoi je vous régalerai, au lieu de la copie que je vous ai promise de mon arrêt sur la noblesse. La vérité est pourtant que j'ai

---

1. Catulle, *ad Calvum Licinium*, vers 12.
2. Boileau cite de mémoire; Catulle nomme *Cæsius* et *Aquinus*, et non *Metius* et *Varius*.

donné ordre de la faire, et que vous l'aurez au premier ordinaire, supposé que vous ne m'exposiez point à la lecture du livre de M. Perrachon.

Je suis bien aise que vous suiviez votre premier dessein sur l'ouvrage que vous méditez. L'apologie met un lecteur sur ses gardes, au lieu que le commentaire lui ôte toute défiance.[1] Votre devise sur ma noblesse[2] et sur mes ouvrages est fort spirituelle, et il ne lui manque que d'être un peu plus vraie. Mais à quoi songez-vous de me proposer d'en faire une pour la ville de Lyon? Ai-je le temps de cela, et de quoi m'aviserois-je d'aller sur le marché d'un aussi bon ouvrier que vous? Est-ce à un Béotien d'aller enseigner dans Lacédémone à dire de bons mots? C'est donc, monsieur, de cette proposition que je me plains; et non pas de vos lettres, qui ne sauroient jamais que me divertir très-agréablement, pourvu que vous me laissiez la liberté, quand je déménage, de tarder quelquefois à y répondre. Je suis avec beaucoup de reconnoissance, etc.

## LETTRE XCIII.

Paris, 10 novembre 1699.

Je suis fort honteux, monsieur, d'avoir été si longtemps à vous remercier de vos magnifiques présents et à répondre à vos lettres,[3] plus agréables encore pour moi que vos présents; mais si vous saviez le prodigieux acca-

---

1. Voyez lettre n° XCI.
2. *Dopo il fuoco, più bello.* C'est ce qu'on dit de l'or éprouvé à la coupelle.
3. Du 24 septembre et du 3 octobre.

blement d'affaires que m'a laissé la mort de M. Racine, vous me pardonneriez sans peine, et vous verriez bien que je n'ai presque point de temps à donner à mon plaisir, c'est-à-dire à vous entretenir et à vous écrire. J'ai lu votre préface du livre des *Conférences*, et elle me semble très-bien, à quelques manières de parler près, que je vous y marquerai à mon premier loisir.[1]

Vous m'avez fait un fort grand plaisir en m'envoyant le *Télémaque* de M. de Cambrai. Je l'avois pourtant déjà lu. Il y a de l'agrément dans ce livre, et une imitation de l'*Odyssée* que j'approuve fort. L'avidité avec laquelle on le lit fait bien voir que si on traduisoit Homère en beaux mots, il feroit l'effet qu'il doit faire, et qu'il a toujours fait. Je souhaiterois que M. de Cambrai eût rendu son Mentor un peu moins prédicateur, et que la morale fût répandue dans son ouvrage un peu plus imperceptiblement et avec plus d'art. Homère est plus instructif que lui; mais ses instructions ne paroissent point préceptes, et résultent de l'action du roman, plutôt que des discours qu'on y étale. Ulysse, par ce qu'il fait, nous enseigne mieux ce qu'il faut faire que par tout ce que lui ni Minerve disent. La vérité est pourtant que le Mentor du *Télémaque* dit des choses fort bonnes, quoiqu'un peu hardies, et qu'enfin M. de Cambrai me paroît beaucoup meilleur poëte que théologien. De sorte que si, par son livre des *Maximes*, il me semble très-peu comparable à saint Augustin, je le trouve, par son roman, digne d'être mis en parallèle avec Héliodore.[2] Je doute néanmoins qu'il

---

1. Brossette le prioit de corriger l'avertissement qu'il vouloit mettre à la seconde édition de ses *Conférences*.
2. Évêque de Trica, en Thessalie, à la fin du IVe et au commencement du Ve siècle, et auteur des *Amours de Théagène et Chariclée*.
Daunou voit dans ce jugement un peu de malice janséniste.

fût d'humeur, comme ce dernier, à quitter sa mitre pour son roman. Aussi, vraisemblablement le revenu de l'évêché d'Héliodore n'approchoit guère du revenu de l'archevêché de Cambrai : [1] mais, monsieur, il me semble que pour un paresseux aussi affairé que je suis, je vous entretiens là de choses assez peu nécessaires. Trouvez bon que je ne vous en dise pas davantage, et pardonnez-moi les ratures que je fais à chaque bout de champ dans mes lettres, qui m'embarrasseroient fort s'il falloit que je les récrivisse. Je suis très-sincèrement,[2] etc.

## LETTRE XCIV.

Paris, 5 février 1700.

Il est arrivé, monsieur, ce que vous aviez prévu, et vos présents sont arrivés deux jours devant vos let-

1. Ce revenu était de deux cent mille livres. (B.-S.-P.)
2. M. Laverdet donne, à la date du 3 janvier 1700, la lettre suivante de Boileau à Brossette : « Il y a si longtemps, monsieur, que je suis en droit de faillir, que vous trouverez bon que je ne me donne pas même la peine de me disculper de la faute que j'ai faite, en répondant si tard à vos deux dernières lettres. J'avoue que c'est à moi une négligence inexcusable, mais *habes confitentem reum*, et je ne me crois pas même obligé de m'appuyer de l'exemple et de l'autorité d'Horace en vous disant : *Dixi me pigrum proficiscenti tibi*, etc. Je vous renvoie votre préface sur le livre que vous allez redonner au public. J'y ai fait les corrections à peu près de ce qui m'a paru moins exactement dit, mais ne vous y arrêtez pas absolument, et corrigez sans crainte mes corrections. Je ne vous parle point ici de celles que vous-même y aviez déjà faites, et dont vous me parliez dans votre dernière lettre, parce que, franchement, j'ai égaré cette dernière lettre parmi mes papiers, et que si j'avois attendu à vous récrire que je l'eusse retrouvée, je courois risque de manquer encore cet ordinaire à vous faire réponse. Dès qu'elle retombera sous ma main, et ce sera sans doute lorsque j'y penserai le moins, je tâcherai en vous écrivant une plus longue lettre de réparer toutes mes

tres.[1] Cela a causé quelque petite méprise; mais cela n'a pourtant fait aucun mal, et chacun a reçu ce qui lui appartenoit. M. de Lamoignon m'a écrit une lettre pour me prier de vous faire ses remercîments, et M. Dongois et M. Gilbert m'ont assuré qu'ils vous feroient au premier jour chacun les leurs. Je ne sais si cela pourra un peu distraire la juste affliction où vous êtes. Je la conçois telle qu'elle doit être, quoique je n'en aie jamais éprouvé une pareille; ma mère, comme mes vers vous l'ont vraisemblablement appris, étant morte[2] que je n'étois encore qu'au berceau. Tout ce que j'ai à vous conseiller, c'est de vous soûler[3] de larmes. Je ne saurois approuver cette orgueilleuse indolence des stoïciens, qui rejettent follement ces secours innocents que la nature envoie aux affligés, je veux dire les cris et les pleurs.

Ne point pleurer la mort d'une mère[4] ne s'appelle pas de la fermeté et du courage, cela s'appelle de la dureté et de la barbarie. Il y a bien de la différence entre se désespérer et se plaindre. Le désespoir brave et accuse Dieu; mais la plainte lui demande des consolations. Voilà, monsieur, de quelle manière je vous exhorte à vous affliger, c'est-à-dire, en vous consolant, et en ne prétendant pas que Dieu fasse pour vous une loi particulière qui

négligences passées, et de vous faire voir en style asiatique à quel point je suis, monsieur, votre, etc. Despréaux. »

1. Dans une lettre du 1ᵉʳ de février, Brossette annonce la mort de sa mère, et l'envoi de quatre exemplaires de la seconde édition du *Procès-verbal des Conférences*, un pour Boileau, un pour le président de Lamoignon, un pour le président Gilbert des Voisins, et le dernier pour le greffier Dongois.

2. Épître X, vers 97, t. II.

3. Cizeron-Rival a substitué à cette expression le mot *rassasier*. Dans la sixième Réflexion critique, Boileau l'a encore employée.

4. Texte de l'autographe. Il condamne cette leçon, *ne point pleurer d'une mère*, en omettant *la mort*, qu'avaient donnée Cizeron-Rival et tous les éditeurs. (B.-S.-P.)

vous exempte de la nécessité à laquelle il a condamné tous les enfants, qui est de voir mourir leurs pères et mères. Cependant soyez bien persuadé que je vous estime infiniment, et que si je ne vous écris pas aussi souvent que je voudrois, ce n'est pas manque de reconnoissance, mais manque de cet esprit de vigilance et d'exactitude que Dieu donne rarement aux poëtes, surtout lorsqu'ils sont historiographes. Je suis avec beaucoup de respect et de sincérité...

## LETTRE XCV.

A Paris, 1er avril 1700.

C'est une chose très-dangereuse, monsieur, d'être aussi facile que vous l'êtes à pardonner à vos amis leurs fautes. Cela leur en fait encore faire de nouvelles; et ce sont les louanges que vous avez données à ma négligence, dans votre dernière lettre,[1] qui m'ont rendu encore plus négligent à vous faire réponse. Je vous assure pourtant que cela ne vient point en moi de manque d'amitié ni de reconnoissance; mais je suis paresseux. Tel j'ai vécu, et tel je mourrai; mais je n'en mourrai pas moins votre ami.

Ainsi, laissant là toutes les excuses bonnes ou mauvaises que je pourrois vous faire, je vous dirai que je n'ai aucun *mal-talent* contre M. de Bonnecorse du beau poëme qu'il a imaginé contre moi.[2] Il semble qu'il ait pris à

---

1. Du 6 mars.
2. Dans sa lettre, Brossette disait que Bonnecorse avait composé le *Lutrigot*, surtout pour se venger de ce que Boileau avait dit à leur ami com-

tâche, dans ce poëme, d'attaquer tous les traits les plus vifs de mes ouvrages, et le plaisant de l'affaire est que, sans montrer en quoi ces traits pèchent, il se figure qu'il suffit de les rapporter pour en dégoûter les hommes. Il m'accuse surtout d'avoir, dans le *Lutrin*, exagéré en grands mots de petites choses pour les rendre ridicules, et il fait lui-même, pour me rendre ridicule, la chose dont il m'accuse. Il ne voit pas que, par une conséquence infaillible, si le *Lutrin* est une impertinente imagination, le *Lutrigot* est encore plus impertinent, puisque ce n'est que la même chose plus mal exécutée. Du reste, on ne sauroit m'élever plus haut qu'il le fait, puisqu'il me donne pour suivants et pour admirateurs passionnés les deux plus beaux esprits de notre siècle, je veux dire M. Racine et M. Chapelle.[1] Il n'a pas trop bien profité de la lecture de ma première préface, et de l'avis que j'y donne aux auteurs attaqués dans mon livre, d'attendre, pour écrire contre moi, que leur colère soit passée.[2] S'il avoit laissé passer la sienne, il auroit vu que de traiter de haut en bas un auteur approuvé du public, c'est traiter du haut en bas le public même, et que me mettre à califourchon sur un lutrin, c'est y mettre tout ce qu'il y a de gens sensés, et M. Brossette lui-même qui me fait l'honneur

Meas esse aliquid putare nugas.[3]

mun Bernier qu'il avait été bien modéré de ne pas en dire de la *Montre d'amour* plus qu'il n'y en a dans l'épitre IV, et dans le *Lutrin*, chant V. Boileau lui répondit par l'épigramme XVII; voyez aussi satire VII.

1. C'était exalter beaucoup Chapelle que de l'associer à Racine, mais Despréaux estimait avec raison le *Voyage de Chapelle et de Bachaumont*. (DAUNOU.)
2. Préface des éditions de 1666 à 1669, t. I.
3. Catulle, *ad Cornelium Nepotem*, vers 4.

Je ne me souviens point d'avoir jamais parlé de M. de Bonnecorse à M. Bernier, et je ne connoissois point le nom de Bonnecorse quand j'ai parlé de la *Montre* dans mon épître à M. de Seignelai. Je puis dire même que je ne connoissois même pas la *Montre d'amour*, que j'avois seulement entrevue chez Barbin, et dont le titre m'avoit paru très-frivole, aussi bien que ceux de tant d'autres ouvrages de galanterie moderne, dont je ne lis jamais que le premier feuillet. Mais voilà, monsieur, assez parler de M. de Bonnecorse; venons à M. Boursault, qui est, à mon sens, de tous les auteurs que j'ai critiqués celui qui a le plus de mérite. Le livre où il rapporte de moi le mot dont est question ne m'est point encore tombé entre les mains;[1] la vérité est que j'ai en effet dit ce mot autrefois, et que c'est à M. l'abbé Dangeau[2] à qui je l'ai dit, à Saint-Germain. Il en fut un peu confus; mais il n'en garda pas moins ses bénéfices, et je crois que même aujourd'hui il en accepteroit volontiers encore d'autres, au hasard de mourir moins content qu'il n'auroit vécu. J'ai fait vos compliments à tous ces messieurs que vous avez honorés de vos présents; et ils m'ont paru aussi satisfaits de vos honnêtetés que de votre recueil, dont ils font pourtant beaucoup d'estime. Je suis très-sincèrement...

---

1. *Lettres nouvelles*, 1699, II, 133. — C'est une lettre de Boursault à l'évêque de Langres. (M. Chéron.)

2. « La pluralité des bénéfices, disoit-il, si vous saviez comme cela est bon pour vivre! — Oui, répondit Boileau, pour vivre; mais pour mourir, monsieur l'abbé, pour mourir! » (B.-S.-P.)

## LETTRE XCVI.

Auteuil, 2 juin 1700.

Vous excusez, monsieur, si aisément mes fautes, que je ne crains presque plus de faillir, et que je ne me crois pas même obligé de vous faire des excuses d'avoir été si longtemps sans me donner l'honneur de vous écrire. J'en aurois pourtant d'assez bonnes à vous alléguer, puisqu'il est certain que j'ai été malade longtemps, et que j'ai eu plusieurs affaires plus occupantes même que la maladie.

Enfin m'en voilà sorti, et je puis vous parler. Je vous dirai donc, monsieur, que j'ai reçu votre dernier présent avant votre dernière lettre,[1] et que j'avois même lu votre livre avant que de l'avoir reçu. J'ai été pleinement convaincu de la noblesse de messieurs les avocats de Lyon par les preuves qui y sont très-bien énoncées, et encore plus par la noblesse de cœur que je remarque en vos actions et en vos libéralités, qui sont sans fin.

Je suis ravi de l'académie qui se forme en votre ville. Elle n'aura pas grand'peine à surpasser en mérite celle de Paris, qui n'est maintenant composée, à deux ou trois hommes près,[2] que de gens du plus vulgaire mérite, et

---

1. Du 10 avril. Il envoie un volume in-4°, Recueil de pièces du procès soutenu par les avocats et les médecins de Lyon, pour leur noblesse, contre un traitant; il donne avis de la formation de l'académie de Lyon, composée de sept membres : Brossette, Du Gas, Falconnet, de Serres, de Puget, et les deux pères jésuites Saint-Bonnet et Fellon. (B.-S.-P.)

2. Daunou fait observer que c'est trop peu dire; car l'Académie française

qui ne sont grands que dans leur propre imagination.
C'est tout dire qu'on y opine du bonnet contre Homère et
contre Virgile, et surtout contre le bon sens, comme
contre un ancien, beaucoup plus ancien qu'Homère et que
Virgile. Ces messieurs y examinent présentement l'*Aristippe* de Balzac, et tout cet examen se réduit à lui faire
quelques misérables critiques sur la langue, qui est juste
l'endroit par où cet auteur ne pèche point. Du reste, il
n'y est parlé ni de ses bonnes ni de ses méchantes qualités. Ainsi, monsieur, si dans la vôtre il y a plusieurs
gens de votre force,[1] je suis persuadé que dans peu ce
sera à l'académie de Lyon qu'on appellera des jugements
de l'académie de Paris. Pardonnez-moi ce petit trait de
satire, et croyez que c'est de la manière du monde la plus
sincère que je suis...


## LETTRE XCVII.

Paris, 3 juillet 1700.

Je sais bien, monsieur, que ma lettre devroit commencer à l'ordinaire par des excuses de ce que j'ai été si
longtemps sans vous écrire; mais depuis que nous sommes
en commerce ensemble, vous m'avez si bien accoutumé à recevoir le pardon de mes négligences, que je
crois même pouvoir aujourd'hui impunément négliger de

---

possédait alors Bossuet, Fléchier, Fénelon, Huet, Thomas Corneille, Ségrais,
Fontenelle et l'abbé de Saint-Pierre.

1. Si le ton de la lettre était moins sérieux, on prendrait volontiers ceci
pour une épigramme. (B.-S.-P.)

vous le demander. Ainsi, laissant là tous les compliments, je vous dirai avec la même confiance que si j'avois répondu sur-le-champ à votre dernière lettre,[1] qu'on ne peut pas vous être plus obligé que je le suis de toutes vos bontés et du soin que vous voulez bien prendre de m'enrichir en m'admettant dans votre loterie; mais qu'ayant mis à plus de cent loteries depuis que je me connois, et n'ayant jamais vu aucun billet approchant du noir, je ne suis plus d'humeur à acheter des petits morceaux de papier blanc un louis d'or la pièce. Ce n'est pas que je me défie de la fidélité de MM. les directeurs de l'hôpital de votre illustre ville, qui sont tous, à ce qu'on ma dit, des gens de la trempe d'Aristide et de Phocion; mais je me défie fort de la fortune, qui ne m'a pas jusqu'ici paru trop bien intentionnée pour les gens de lettres, et à qui je demande maintenant, non pas qu'elle me donne, mais qu'elle ne m'ôte rien.

Croiriez-vous, monsieur, que vous ne m'avez pas fait plaisir en me mandant le pitoyable état où est à cette heure votre pauvre gentilhomme à la Tour antique.[2] Après tout, quoique méchant auteur, c'est un fort bon homme, et qui n'a jamais fait de mal à personne, non pas même à ceux contre lesquels il a écrit.

Vous ne m'avez, ce me semble, rien dit dans votre dernière lettre de votre nouvelle académie. En quel état est-elle? Celle de Paris a enfin abandonné l'examen de l'*Aristippe* de Balzac, comme ne jugeant pas Balzac digne d'être examiné par une compagnie comme elle. Voilà une étrange ignominie pour un auteur qui a été, il y a qua-

---

1. Du 15 juin. Brossette lui proposait de prendre un billet de la troisième loterie que venait d'ouvrir le Grand-Hôpital de Lyon.
2. Perrachon, qui était devenu fou, *mais fou dans les formes.*

rante ans, les délices de la France. A mon avis pourtant, il n'est pas si méprisable que cette compagnie se l'imagine, et elle auroit peut-être de la peine à trouver, à l'heure qu'il est, des gens dans son assemblée qui le vaillent : car quoique ses beautés soient vicieuses, ce sont néanmoins des beautés : au lieu que la plupart des auteurs de ce temps pèchent moins par avoir des défauts que par n'avoir rien de bon. Mandez-moi ce que pense votre académie là-dessus ? Excusez mes *pataraffes* et mes ratures, et croyez que je suis très-véritablement...

M. Chanut,[1] avec qui j'ai dîné aujourd'hui chez moi et bu à votre santé, me charge de vous faire ici ses recommandations. Ne vous lassez point d'être aussi diligent que je suis paresseux, et croyez que vos lettres me font un très-grand plaisir.

## LETTRE XCVIII.

Auteuil, 12 juillet 1700.

Je vous écris d'Auteuil, où je suis résidant à l'heure qu'il est ; ainsi je ne puis pas revoir votre précédente lettre que j'ai laissée à Paris, et je ne me ressouviens pas trop bien de ce que vous me demandiez sur l'*Historia flagellantium*.[2] Je ne tarderai guère à y aller,[3] et aussitôt je m'acquitterai de ce que vous souhaitez.

---

1. Avocat chargé des affaires de la ville de Lyon.
2. De l'abbé Boileau, son frère. Voyez épigramme XXXVII, t. III.
3. Il y alla le lendemain, jour des séances de l'Académie des Médailles. (*Registres de l'Académie.*) (B.-S.-P.)

Pour ce qui est de la loterie, je vous ai fait réponse par la lettre [1] que vous devez avoir reçue de moi, et vous y ai marqué le peu d'inclination que j'ai maintenant à donner rien au hasard de la fortune, qui, à mon avis, n'a déjà que trop de puissance sur nous, sans que nous allions encore lui donner de nouveaux avantages en lui portant notre argent. Si vous jugez néanmoins qu'on souhaite fort à Lyon que je mette à cette loterie, je suis trop obligé à votre ville pour lui refuser cette satisfaction, et vous pouvez y mettre quatre ou cinq pistoles pour moi, que je vous rendrai par la première voie que vous me marquerez. Je les regarderai comme données à Dieu et à l'hôpital.

Je voudrois bien pouvoir trouver de nouveaux termes pour vous remercier du nouveau présent que vous m'avez fait;[2] mais vous m'en avez déjà fait tant d'autres, que je ne sais plus comment varier la phrase.

Il paroît ici une traduction en vers du premier livre de l'*Iliade* d'Homère, qui, je crois, va donner cause gagnée à M. Perrault.

Di magni, horribilem et sacrum libellum.[3]

Je crois qu'en la mettant dans les seaux pour rafraîchir le vin, elle pourra suppléer au manque de glace qu'il y a cette année. En voilà le troisième et le quatrième vers; c'est au sujet de la colère d'Achille :

Et qui funeste aux Grecs fit périr par le fer
Tant de héros. Ainsi l'a voulu Jupiter.

1. Voir la lettre précédente, note 1.
2. *Traité de l'autorité des rois, touchant l'administration de l'Église*, par Roland Le Vayer de Boutigny. Lyon, 1700, in-12.
3. Catulle, *ad Calvum Licinium*, vers 12.

Ne voilà-t-il pas Homère un joli garçon ? Cette traduction est cependant d'un fameux académicien ,[1] et qui la donne, dit-il, au public pour faire voir Homère dans toute sa force.[2] On me vient querir pour aller à un rendez-vous que j'ai donné. Ainsi vous trouverez bon que je me hâte de vous dire qu'on ne peut pas être plus que je le suis...

## LETTRE XCIX.

Paris, 29 juillet 1700.

Vous permettrez, monsieur, qu'à mon ordinaire, j'abuse de votre bonté et que je me contente de répondre en Lacédémonien à vos longues, mais pourtant très-

---

1. L'abbé Régnier Desmarais.
2. Cizeron-Rival avait déjà publié dans ses *Récréations littéraires* (1765, p. 189) un fragment de cette lettre où l'on trouve, entre les mots *force* et *on me*, le passage suivant :

« Avant que de l'imprimer il me l'apporta manuscrite pour l'examiner, et il m'en lut quelques vers. Comme je les trouvai extrêmement plats, je lui dis qu'il n'avoit point rendu ce feu et ce sublime qu'Homère respiroit partout et que j'avois tâché d'exprimer dans tous les passages que j'ai traduits d'Homère. Je lui citai pour exemple ces vers qui sont cités par Longin :

L'enfer s'émeut au bruit de Neptune en furie ;
Pluton sort de son trône, il pâlit, il s'écrie, etc.

M. l'abbé Régnier me dit alors qu'il n'y avoit point de page dans sa traduction d'Homère, qui ne contînt plusieurs vers de la même force et de la même élévation que ceux-là, et qu'il me prioit de corriger le reste. Ah ! monsieur, lui répondis-je, après cela je n'ai plus rien à vous dire. Corriger de pareils vers ! cela ne se peut corriger qu'avec la bouteille à l'encre, etc. »

Dans son édition des lettres de Boileau (1770, I, 85), Cizeron-Rival n'a pas reproduit ce passage. M. de Saint-Surin, présumant sans doute que c'était par inadvertance, l'a rétabli dans le texte. M. Daunou au contraire s'est borné à le rapporter dans une note, observant que nous ne sommes

courtes et très-agréables lettres.[1] Je suis bien aise que vous m'ayez associé à votre charitable et pécunieuse loterie; mais vous me ferez plaisir d'envoyer quérir au plus tôt les cinq pistoles que vous y avez mises en mon nom, parce qu'au moment que je les aurai payées, j'oublierai même que je les ai eues dans ma bourse, et je dirai avec Catulle :

> Et quod vides periisse, perditum ducas;[2]

si l'on peut appeler perdu ce qu'on donne à Dieu.

Je suis charmé du récit que vous me faites de votre assemblée académique, et j'attends avec grande impatience le poëme sur la *Musique*,[3] qui ne sauroit être que merveilleux, s'il est de la force des deux que j'ai déjà lus. Faites bien mes compliments à tous vos illustres confrères, et dites-leur que c'est à des lecteurs comme eux que j'offre mes écrits,[4]

> ..... doliturus si placeant spe
> Deterius nostra...[5]

---

pas très-sûrs de l'authenticité des lettres publiées par Brossette et Cizeron-Rival, parce qu'elles ont pu subir entre leurs mains des altérations. Un coup d'œil sur l'autographe justifie et la retenue et la sagacité de M. Daunou, car on n'y trouve pas la moindre trace du même fragment. Il est probable que Cizeron-Rival l'avait trouvé dans quelque note, non publiée, de Brossette, mais cela ne l'autorisait en aucune manière à l'intercaler dans la lettre de Boileau, comme si celui-ci en eût été lui-même l'auteur. (B.-S.-P.)

1. Des 16 et 17 de juillet.
2. Catulle, *Ad se ipsum*, vers 2.
3. Poëme latin, du P. Fellon, qui n'a pas été imprimé. Brossette en annonçait l'envoi.
4.     C'est à de tels lecteurs que j'offre mes écrits.
                      (Épître VII, vers 101.)
5. Horace, liv. I, satire x, vers 89-90.

On travaille actuellement à une nouvelle édition de mes ouvrages;[1] je ne manquerai pas de vous l'envoyer sitôt qu'elle sera faite. Adieu, mon cher monsieur; pardonnez mon laconisme à la multitude d'affaires dont je suis surchargé, et croyez que c'est du meilleur de mon cœur que je suis...

## LETTRE C.

Paris, 8 septembre 1700.

Je souhaiterois que ce fût par oubli que vous eussiez tardé à me répondre,[2] parce que votre négligence seroit une autorité pour la mienne, et que je pourrois vous dire : *Tu igitur unus es ex nostris*. J'ai reçu vos quatre billets de loterie, mais je voudrois bien que vous eussiez aussi reçu mes quatre pistoles afin de n'y penser plus. Mandez-moi donc par quelle voie je puis vous les faire tenir. Vous m'avez fait grand plaisir d'associer mon nom avec le vôtre,[3] et il me semble que c'est déjà un commencement de fortune qui vaut mon argent. On ne peut être

---

1. Celle de 1701. (B.-S.-P.)
2. Lettre du 1ᵉʳ de septembre. « Quand vous m'écrivîtes votre dernière lettre, monsieur, vous ne pensiez pas sans doute que je dusse être un grand mois à vous faire réponse; je ne croyois pas non plus alors que je dusse être obligé de manquer à mon exactitude ordinaire; mais j'arrive d'un voyage, où j'ai demeuré beaucoup plus de temps que je n'y avois résolu... »
3. « J'ai été, écrit Brossette, un peu plus ménager de votre argent que vous ne pensiez, car je n'ai pris que quatre billets, dont il y en a deux sous votre nom seul; pour les deux autres billets, j'ai pris la liberté d'y faire mettre mon nom avec le vôtre; c'est-à-dire, monsieur, que c'est une société. »

plus touché que je le suis des bontés qu'on a pour moi dans votre illustre ville. Témoignez bien à vos messieurs la reconnoissance que j'en ai, et assurez-les que, bien qu'il n'y ait pas peut-être d'homme en France si parisien que moi, je me regarde néanmoins comme un habitant de Lyon, et par la pension que j'y touche, et par les honnêtetés que j'en reçois.

L'édition dont vous me parlez dans votre lettre est déjà commencée, et j'en ai revu ce matin la sixième feuille. Toutes choses y seront dans l'ordre que vous souhaitez.[1] L'édition en grand sera magnifique, et on fait présentement trois nouvelles planches pour mettre au *Lutrin* dans la petite où il y aura désormais une image à chaque chant. Le *Faux Honneur* y fera la onzième satire, et j'espère qu'elle ne vous paroîtra pas plus mauvaise que lorsque je vous en récitai les premiers vers. J'y parle de mon procès sur la noblesse d'une manière assez noble et qui pourtant ne donnera, je crois, aucune occasion de m'accuser d'orgueil.[2] Pour les autres ouvrages que j'ajouterai, je ne puis pas vous en rendre compte présentement, parce que je ne le sais pas encore trop bien moi-même.

Vos remarques sur l'*Iliade* de M. l'abbé Régnier sont merveilleuses; et on ne peut pas avoir mieux conçu que vous avez fait toute la platitude de son style. Est-il possible qu'il ait pu ne point s'affadir lui-même en faisant une si fade traduction? Oh! que voilà Homère en bonnes

---

1. « Je me souviens, écrit Brossette, que vous m'avez dit une fois à Paris, que votre dessein étoit de donner un autre ordre à cette édition, c'est-à-dire que vous mettriez ensemble toutes les satires, et que vous en feriez autant des douze épîtres. »
2. Il a changé d'avis, il ne dit rien de son procès. Voyez satire XI.

mains! Les vers que vous m'en avez transcrits[1] m'ont fait ressouvenir de ces deux vers de M. Perrin, qui commence ainsi la traduction du second livre de l'*Énéide*, pour rendre

*Conticuere omnes, intentique ora tenebant :*
Chacun se tut alors, et l'esprit rappelé
Tenoit la bouche close et le regard collé. [2]

Voilà, si je ne me trompe, le modèle sur lequel s'est formé M. l'abbé Régnier, aussi bien que sur ces deux vers de la *Pucelle* :

O grand cœur de Dunois, le plus grand de la terre,
Grand cœur qui dans lui seul[3] deux grands amours enserre!

1. Voici ces vers transcrits par Brossette.

L'arc et la trousse au dos, son mouvement rapide
Fait cracqueter ses traits dans sa trousse homicide.
Consultons un devin, un prêtre, un interprète
De songes. Car souvent, etc.
. . . . . . . . . . . . . . . . . . . .
Car je ne prétends pas de nos travaux soufferts
Seul n'avoir aucun prix, et le mien je le perds.
. . . . . . . . . . . . . . . . . . . .
Par ses beaux cheveux blonds, la déesse guerrière,
Visible pour lui seul, le saisit par derrière, etc.
. . . . . . . . . . . . . . . . . . . .
Il faudroit que je fusse, interrompit Achille,
Bien indigne, bien lâche, et d'une âme bien vile
Pour te céder. Commande aux autres à ton gré;
A moi non : car jamais je ne t'obéirai, etc.

2. Boileau aurait pu citer aussi la traduction suivante des vers 480 et 481 du chant V, que rapporte Voltaire, dans le *Dictionnaire philosophique*, au mot *Art dramatique* :

*Arduus, effractoque illisit in ossa cerebro;*
*Sternitur, exanimisque tremens, procumbit humi bos.*
Dans ses os fracassés enfonce son éteuf
Et tout tremblant, et mort, en bas tombe le bœuf.
(B.-S.-P.)

Brossette fait allusion à ces vers dans sa lettre du 4 novembre 1700.
3. Il y a dans la *Pucelle* (1656, p. 116) :

*Qui sans peine en lui seul* deux grands amours enserre.

Boileau citait sans doute de mémoire.

Je suis bien fâché de la mort de M. Perrachon; mais je ne saurois lui faire d'autre épitaphe que ces quatre vers de Gombauld :

> Colas est mort de maladie,
> Tu veux que je plaigne son sort.
> Que diable veux-tu que je die?
> Colas vivoit, Colas est mort.

Adieu, monsieur, aimez-moi toujours, et croyez que je suis parfaitement...

## LETTRE CI.[1]

Paris, 6 décembre 1700.

Je suis ressuscité, monsieur, mais je ne suis pas guéri ; et il m'est resté une petite toux qui ne me promet rien de bon. La vérité est pourtant que je ne laisse pas de me remettre, et que ce n'est pas tant la maladie qui m'a empêché de répondre sur-le-champ à vos deux lettres,[2] que l'occupation que me donnent les deux édi-

---

1. M. Laverdet, à la date du 4 novembre 1700, donne ce billet de Boileau à Brossette : « Je serois bien fâché, monsieur, d'avoir souvent d'aussi bonnes excuses à vous faire de ma négligence que celles que j'ai aujourd'hui. Elles sont fondées sur une fièvre continue des plus ardentes qui m'a conduit en huit jours aux portes de la mort, pourvu de tous mes sacrements. Il y a trois semaines que j'en suis sorti, mais je prends pourtant encore du quinquina qui, précédé de dix-huit grains d'émétique, m'a sauvé. Ainsi, monsieur, vous trouverez bon que je ne vous écrive pas une longue lettre, et que je me contente de vous dire que je suis en vie et par conséquent votre, etc. « DESPRÉAUX. »

2. Du 11 et du 30 de novembre. L'Académie française, quoique Boileau

tions qu'on fait tout à la fois en grand et en petit de mes ouvrages, et qui seront achevées, je crois, avant le carême.[1] J'ai envoyé sur-le-champ votre lettre cachetée à M. de Lamoignon; mais en la cachetant, je n'ai pas songé que vous me priez de la lire, et je ne l'ai en effet point lue : ainsi je ne puis pas vous donner conseil sur votre préface. Cela est fort ridicule à moi, mais il faut que vous excusiez tout d'un poëte convalescent et employé à faire réimprimer ses poésies. Du reste, vous verrez mon exactitude par la prompte réponse qu'il vous a faite, et que vous trouverez dans le même paquet que celui de ma lettre.

Je ne suis pas fort en peine du temps où se tirera votre loterie,[2] et je ne suis pas assez fou pour me persuader qu'en quatre coups j'amènerai rafle de six. Ce qui m'embarrasse, c'est comment je vous ferai tenir les quatre pistoles que je vous dois, et que j'aurois bien voulu vous donner avant que la loterie fût tirée, c'est-à-dire avant que je les eusse perdues; faites-moi donc la faveur de me mander ce qu'il faut faire pour cela. Adieu, monsieur. Trouvez bon que, pour profiter de vos bons conseils grecs et françois,[3] je ne m'engage point

n'y assistât presque jamais, envoya le 4 d'octobre deux de ses membres, Perrault et l'abbé de Dangeau, *s'informer de sa santé.* (*Registres de l'Académie.*) (B.-S.-P.)

1. Les deux éditions de 1701, in-4° et in-12.

2. Brossette lui écrivait le 30 novembre 1700 : « Notre loterie devoit commencer à se tirer le 20 de ce mois, mais ce projet n'a pas pu être exécuté, à cause de quelques difficultés qui sont survenues à ce sujet entre notre lieutenant général et le lieutenant de police, qui prétendent chacun avoir droit d'assister à la loterie. On en fera l'ouverture dès que cette petite difficulté sera réglée. Ce qui sera fait dans peu de jours. »

3. Brossette lui écrivait : « ... Dans l'état où vous êtes, vous avez besoin de repos et de ménagement; ces deux mots valent mieux pour vous que tous les aphorismes d'Hippocrate. »

dans une plus longue lettre, et que je me contente de vous dire très-laconiquement et très-sincèrement que je suis, etc...

## LETTRE CII.

Paris, 18 janvier 1701.

Un nombre infini de chagrins, des restes de maladies, beaucoup d'affaires en ma nouvelle édition sont cause que j'ai tardé si longtemps à faire réponse à votre dernière lettre.[1] Je vous assure pourtant, monsieur, que ce n'est pas faute de l'avoir lue avec beaucoup de plaisir. J'admire la solidité que vous jetez dans vos conférences académiques,[2] et je vois bien qu'il s'y agit d'autre chose que de savoir s'il faut dire : *Il a extrêmement d'esprit,* ou *il a extrêmement de l'esprit.*[3] Il n'y a rien de plus joli que votre remarque sur le dieu Cneph, et je ne saurois assez vous remercier de cette autorité que vous me donnez pour la métamorphose de la plume du roi en astre.[4]

1. Du 2 de janvier.
2. On *y avait lu avec plaisir et admiré de bonne foi* l'ode de Boileau sur la prise de Namur, et à propos de la plume que le roi portait sur son chapeau, Brossette fit remarquer que le dieu Κνὴφ des Égyptiens portait aussi sur la tête une plume royale. Cette plume ne désignait pas ce que Brossette croyait. Elle indiquait seulement que le dieu Kneph était l'inventeur de l'art d'écrire.
3. Question qu'on agitait alors dans l'Académie française. (DAUNOU.)
4. *Ode sur la prise de Namur,* vers 113 à 120, t. III.
Voici le passage d'Eusèbe cité par Brossette (*Præparationes evangelicæ,* lib. III, c. II) : Ἐπὶ τῆς κεφαλῆς πτεροῦ Βασιλείον φέρει ἱμάτιον.

Je me doute bien que votre loterie est tirée[1] à l'heure qu'il est, et je ne doute point qu'elle n'ait été pour moi la même que toutes celles où j'ai mis jusqu'à cette heure, c'est-à-dire très-dénuée de bons billets, dont je ne me souviens point d'avoir jamais vu aucun. Ainsi, vous pouvez bien juger que je n'aurai pas grand'peine à me consoler d'une chose dont je me suis déjà consolé tant de fois. Prenez donc la peine de m'envoyer querir les quatre pistoles perdues et que je regarde pourtant comme mises à profit, puisqu'elles m'ont procuré l'honneur de recevoir plusieurs fois de vos nouvelles. Je suis avec toute la reconnoissance que je dois, etc...

## LETTRE CIII.

Paris, 20ᵉ mars 1701.

Il me semble, monsieur, qu'il y a assez longtemps que nous sommes amis, pour n'être plus l'un avec l'autre à ces termes de respect que vous me prodiguez dans votre dernière lettre. Par quel procédé ridicule puis-je me les être attirés, et suis-je à votre égard ce *Sextus* de Martial, à qui il disoit :

Vis te, Sexte, coli; volebam amare.[2]

Je serois bien fâché, monsieur, que vous en usassiez

---

1. Brossette lui avait écrit le 2 janvier 1701 : « Le premier et le second lots sont sortis dès le commencement; ainsi, monsieur, voilà nos espérances diminuées de dix mille pistoles en deux coups de fortune. »
2. Martial, liv. II, épigr. LV. Voyez lettre LXXXIX.

avec moi de la sorte, et je ne me consolerois pas aisément de la métamorphose d'un ami aussi commode et aussi obligeant que vous, en un courtisan respectueux. Ainsi, monsieur, sans vous rendre compliments pour compliments, trouvez bon que je vous dise très-familièrement que si j'ai été si longtemps à répondre à vos dernières lettres,[1] c'est que j'ai été malade et incommodé, et que je le suis encore; que c'est ce qui fait que je ne vous écris que ce mot, pour vous faire ressouvenir de la passion avec laquelle je suis, etc.

*P. S.*[2] Faites-moi la faveur de me mander par quelle voie je pourrai vous envoyer ma nouvelle édition, qui voit le jour avec succès. Mais surtout faites-moi savoir à qui vous voulez que je donne l'argent que vous avez déboursé pour moi à votre peu heureuse loterie. Je l'ai mis à part, et j'étois consolé de sa perte avant que de l'avoir perdu.

## LETTRE CIV.[3]

Paris, 16 mai 1701.

Je me sens si coupable envers vous, et j'ai tant de pardons à vous demander, que vous trouverez bon que je ne

---

1. On n'a que celle du 5 de février 1701.
2. Cizeron-Rival n'a pas publié ce post-scriptum.
3. A la date du 30 mars 1701, M. Laverdet donne une lettre de Boileau. Il envoie à Brossette l'édition de son livre, il le remercie de ne pas vouloir faire prendre ses trois pistoles qu'il lui devait pour la loterie de Lyon, il ajoute ceci : « Mon édition réussit mieux que je ne croyois. J'y ai mis, comme vous verrez, jusqu'à des bagatelles que j'ai faites avant l'âge de dix-huit ans. Lisez-les avec des yeux d'ami... »

vous en demande aucun, et que je me contente de vous dire ce que disoit le bonhomme Horace à son ami Lollius : « Vous avez acheté en moi, par vos bontés et par vos présents, un serviteur très-imparfait et très-mal propre à s'acquitter des devoirs de la vie civile ; mais enfin vous l'avez acheté, et il le faut garder tel qu'il est. »

Prudens emisti vitiosum, dicta tibi est lex.[1]

Mes excuses ainsi faites, je vous dirai, monsieur, que j'ai lu avec grand plaisir l'exacte relation que vous m'avez envoyée[2] de la réception de nos deux jeunes princes[3] dans votre illustre ville, et que je ne l'aurois pas, à mon sens, mieux vue, cette réception, quand j'aurois été à la meilleure fenêtre de votre hôtel de ville. L'excessive dépense qu'on y a faite m'a paru d'autant plus belle, que j'ai bien reconnu par là qu'on ne sera pas fort embarrassé chez vous de payer la capitation.[4] J'en suis fort aise, et je crois qu'on n'en est pas moins joyeux à la cour.

---

1. Horace, liv. II, épître II, vers 18.
2. Berriat-Saint-Prix dit en note là-dessus : « Dans une lettre du 30 avril. » C'est une erreur, car Brossette écrit à Boileau, ce 1er mai 1701 : « Les premiers jours de ce mois, M. le duc de Bourgogne et M. le duc de Berry passèrent par Lyon au retour du voyage qu'ils ont fait sur la frontière, pour accompagner le roi d'Espagne leur frère. Ils ont séjourné ici depuis le 9 jusqu'au 13, et pendant ce temps notre ville s'est fort empressée à leur donner des fêtes et des amusements, dont je veux vous faire le récit. Mais c'est un détail dont je ne chargerai pas cette lettre; je vous l'enverrai séparément par un de mes amis qui doit partir demain pour Paris et qui a bien envie de vous voir. »
3. Le duc de Bourgogne et le duc de Berry, revenant de conduire jusqu'aux Pyrénées Philippe V, roi d'Espagne, leur frère, s'arrêtèrent à Lyon du 9 au 12 d'avril 1701.
4. Impôt établi par une déclaration du 18 de janvier 1695, aboli en 1698 et rétabli en 1701. Il fut maintenu jusqu'à la révolution. (Cizeron-Rival et M. Chéron.)

Votre tableau des effets de l'aimant m'a été rendu fort fidèlement et en très-bon état ; et j'en ai fait un des plus beaux et des plus utiles ornements de mon cabinet.

Omne tulit punctum qui miscuit utile dulci.[1]

Si votre académie produit souvent de pareils ouvrages, je doute fort que la nôtre, avec tout cet amas de proverbes qu'elle a entassés dans son dictionnaire, puisse lui être mise en parallèle,[2] ni me fasse mieux concevoir, à la lettre A, ce que c'est que la vertu de l'aimant, que je l'ai conçu par votre tableau.[3]

Je suis bien aise que vous soyez content de ma dernière édition.[4] Elle réussit assez bien ici, et, contre mon attente, elle trouve beaucoup plus d'acheteurs que de censeurs. Elle va bientôt paroître en petit, en deux volumes, que je me donnerai l'honneur de vous envoyer. J'espère, par ce présent, adoucir un peu le juste ressentiment que vous devez avoir de mes négligences, et vous faire concevoir à quel point, quoique très-paresseux, je suis, etc.

Faites-moi la faveur de m'écrire au plus tôt en quelles mains vous voulez que je remette les trois pistoles que vous savez. Elles m'importunent dans ma cassette, où je

---

1. Horace, *Art poétique*, vers 342.
2. Boileau l'avait déjà dit dans la lettre du 2 de juin 1700. Il faut observer que les assemblées étaient très-peu fréquentées ; on n'y comptait souvent que six ou sept membres, quelquefois même que quatre ou cinq. (B.-S.-P.)
3. Ce tableau était de Puget, « l'homme du monde, disait Brossette, qui connoît mieux l'aimant. »
4. L'édition de 1701, en deux parties in-4º.

les ai mises à part, et où, en les voyant, je me dis sans peine tous les jours :

Quod vides periisse perditum ducas.[1]

## LETTRE CV.

Paris, 10 juillet 1701.

Je différois, monsieur, à vous écrire jusqu'à ce que l'édition de mes ouvrages en petit fût faite, afin de vous l'envoyer en même temps avec l'argent que je vous dois; mais comme cette édition a été plus lente à achever que je ne croyois, et qu'elle ne sauroit être encore prête de huit à dix jours, j'ai cru que vous auriez sujet de vous plaindre, si j'attendois qu'elle parût pour vous remercier des lettres obligeantes que vous m'avez fait l'honneur de m'écrire,[2] et pour vous donner satisfaction sur la chose dont vous souhaitez d'être éclairci. Je vous dirai donc, monsieur, qu'il y a environ quatre ans que M. le comte d'Ériceyra m'envoya la traduction en portugais de ma

---

1. Catulle, *Ad se ipsum*, vers 2.

Dans sa réponse (du 6 de juin) à cette lettre, Brossette dit que, quoique Boileau n'y ait pas nommé Puget, il lui a fait, à raison du tableau magnétique dont il est question dans la même lettre, les compliments de Boileau, et demande quelques éclaircissements sur la lettre à d'Ériceyra (n° xiii). Boileau réplique (12 de juin) que, s'il n'a point parlé de Puget, c'est qu'il a reçu le tableau sans en connaître l'auteur. Il ajoute qu'il écrira plus au long à Brossette quand il lui enverra par Robustel les trois pistoles de la mise à la loterie, avec l'édition en petit de ses ouvrages, édition qui ne saurait être prête avant dix ou douze jours. (B.-S.-P.) Édit. de M. Laverdet, p. 78-79.

2. On n'en connaît qu'une, du 6 de juin 1701.

Poétique, avec une lettre très-obligeante et des vers
françois à ma louange ; que je sais assez bien l'espagnol,
mais que je n'entends point le portugais, qui est fort différent du castillan, et qu'ainsi, c'est sur le rapport d'autrui que j'ai loué sa traduction,[1] mais que les gens
instruits de cette langue, à qui j'ai montré cet ouvrage,
m'ont assuré qu'il étoit merveilleux. Au reste, M. d'Ériceyra est un seigneur des plus qualifiés du Portugal, et a
une mère qui est, dit-on, un prodige de mérite. On m'a
montré des lettres françoises de sa façon, où il n'est pas
possible de rien voir qui sente l'étranger.[2] Ce qui m'a plu
davantage et de la mère et du fils, c'est qu'ils ne me
paroissent ni l'un ni l'autre entêtés des pointes et des
faux brillants de leur pays, et qu'il ne paroît point que
leur soleil leur ait trop échauffé la cervelle. Je vous en
dirai davantage dans la lettre que je vous écrirai en vous
envoyant ma petite édition, et peut-être vous enverrai-je
aussi les vers françois qu'il m'a écrits.

Mille remercîments à M. Puget de ses présents[3] et de
ses honnêtetés. Cependant permettez-moi de vous dire
que je romprai tout commerce avec vous, si je vois plus
dans vos lettres ce grand vilain mot de MONSIEUR, au haut
de la page, avec quatre grands doigts entre deux.[4]

1. Voyez la lettre n° XIII.
2. Voyez la lettre n° CVII.
3. Le tableau des effets de l'aimant, dont il est question dans la
lettre CIV.
4. Brossette se corrigea dans la lettre suivante du 18 de juillet à
laquelle Boileau répondit par deux autres lettres, que Cizeron-Rival n'a pas
publiées, quoiqu'il cite ensuite l'une d'elles (*Lettres fam-il.*, p. 154).

Dans la première, du 8 d'août, Boileau excuse son silence sur ce qu'il a
voulu attendre que son édition en petit fût achevée. Mais cela l'a mené plus
loin qu'il ne pensait, parce que, dit-il, « mes libraires ont été bien aises
d'avoir vendu l'édition en grand avant que de débiter celle en petit. Ils en

Sommes-nous des ambassadeurs pour nous traiter avec ces circonspections, et ne suffit-il pas entre nous de *si vales, bene est ; ego quidem valeo?* Du reste, soyez bien persuadé qu'on ne peut être plus que je le suis, etc.

## LETTRE CVI.

Paris, 13 septembre 1701.

J'ai remis, monsieur, entre les mains de M. Robustel les trois pistoles dont est question, et il m'en a donné une quittance par laquelle il se charge de les faire tenir au sieur Boudet,[1] à Lyon. Il me reste un scrupule, c'est que je ne sais point si les trois pistoles que vous avez mises pour moi ne sont point trois pistoles d'or.[2] Faites-moi la faveur de me le mander; parce que, si cela est, j'aurai soin de vous envoyer le supplément. Je voudrois bien pouvoir vous envoyer les vers françois que M. le comte d'Ériceyra a faits à ma louange;[3] mais je les ai égarés dans la multitude infinie de mes paperasses, et il faudra que le hasard me les fasse retrouver.

sont venus à bout, et je ne saurois assez admirer la folie du public qui leur a été porter son argent et qui a épuisé cette édition, qui est bien la quarantième, en trois mois de temps. » M. Laverdet en donne le fac-simile, page 12.

Dans la seconde, du 11 du même mois (Voy. Laverdet, p. 83), il annonce qu'il a envoyé à Brossette les deux volumes de l'édition in-12, par l'entremise de Robustel ; mais que ce libraire n'a pas voulu se charger des trois pistoles. (B.-S.-P.)

1. Libraire.

2. Trois pistoles, dans le langage commun, valaient trente livres : trois pistoles d'or, en 1701, valaient trente-sept livres dix sols. (DAUNOU.)

3. Brossette les lui demandait dans une lettre du 1ᵉʳ septembre 1701.

Je dois bien savoir que M. de Vittemant porte mon livre au roi d'Espagne,[1] puisque c'est moi qui le lui ai fait remettre entre les mains, pour le présenter à Sa Majesté Catholique de ma part. On m'a dit que madame la duchesse de Bourgogne le lui a envoyé aussi en grand et magnifiquement relié. Vous ne me parlez plus de votre académie de Lyon. On en a fait ici une nouvelle des Inscriptions, dont on veut que je sois, et que je touche pension, quoique cela ne soit point véritable. Mais c'est un mystère qui seroit bien long à vous expliquer,[2] et qui ne peut pas être compris dans une petite lettre d'affaire, laquelle commençant par une quittance, devroit aussi finir par : *autre chose n'ai à vous mander, sinon que je suis*, etc.

1. Brossette écrit à Boileau, dans une lettre du 1ᵉʳ de septembre : « Je vis hier deux exemplaires de votre dernière édition entre les mains de M. l'abbé Vittemant, qui les porte au roi d'Espagne... Avant qu'il sût que j'avois l'honneur de vous connoître, il m'a dit que le roi d'Espagne préféroit vos ouvrages à tous les livres françois, et cet abbé, en lui portant votre édition nouvelle, compte bien lui faire un présent très-agréable. »

2. « Et qu'il est assez difficile d'expliquer aujourd'hui. Dans la lettre XXII dont nous n'avions pu découvrir la date précise au moment de son impression et qui est du 23 d'août 1701, Boileau rend compte à Pontchartrain de sa *réception* à l'Académie. Comme il en était membre depuis très-longtemps, M. Daunou pensait, nous l'avons dit, que Boileau voulait sans doute parler de sa réception en qualité de *directeur*, observant que, d'après un nouveau règlement, il venait d'être nommé *pensionnaire* et de plus directeur jusqu'à la fin de 1702. Et néanmoins, non-seulement Boileau affirme (lettre XXI) qu'il ne reçoit point les émoluments attachés au titre de *pensionnaire*, mais il nie (lettre CVIII) et d'être pensionnaire et d'être directeur.

« Dans le fait, le nouveau règlement sollicité par l'Académie pour fixer son existence, et arrêté par le roi et envoyé par Pontchartrain, le 16 de juillet 1701, distribuait les académiciens en plusieurs classes, dont l'une de *pensionnaires*, et Boileau, d'après la lettre de Pontchartrain, était conservé *en tant que de besoin* en qualité de pensionnaire, et nommé directeur jusqu'à la fin de 1702.

« Mais, chose assez singulière, notre poëte, jusque-là si exact à l'Académie, et qui, depuis une année, n'avait pas manqué à une seule séance, cessa tout à coup d'y paraître. Il s'absenta le jour même (19 de juillet 1701) où

## LETTRE CVII.

Paris, 6 octobre 1701.

Je ne vous ferai point, monsieur, d'excuses de ce que j'ai été si longtemps à vous faire réponse.[1] Vous m'avez si bien autorisé dans mes négligences, par votre facilité à me les pardonner, que je ne crois pas même avoir besoin de les avouer. Ainsi, monsieur, je vous dirai, avec la même confiance que si je vous avois répondu sur-le-champ, que je suis fâché de ne vous pouvoir pas envoyer les vers françois de M. le comte d'Ériceyra, parce qu'il me faudroit, pour les trouver, feuilleter tous mes papiers, qui ne sont pas en petit nombre, et que d'ailleurs je ne trouve pas ces vers assez bons pour permettre qu'on les rende publics. C'est une étrange entre-

---

l'on fit tout à la fois la lecture du règlement et de la lettre d'envoi, et une espèce de réinstallation de l'Académie, et il ne reparut que le 23 d'août. Fut-il alors reçu ou comme directeur ou comme pensionnaire? Le procès-verbal n'en fait point mention : on s'y borne à placer son nom, à son rang d'ancienneté, entre ceux des académiciens présents, et il n'eut point occasion d'agir comme directeur dans le petit nombre de séances (sept) où il assista jusqu'à la fin de 1702.

« Si l'on compare les lettres de Boileau déjà citées avec une lettre de Pontchartrain, du 9 de novembre 1705, voici, ce semble, comment on pourrait expliquer le mystère dont il parle à Brossette. Le nouveau règlement (art. 21) astreignait les pensionnaires à composer fréquemment des écrits, et à les communiquer à l'Académie. Boileau représenta à Pontchartrain que sa pension lui ayant été accordée en considération d'anciens travaux, il ne devait pas être soumis à cette nouvelle obligation, que ses infirmités rendraient d'ailleurs trop pénible. Le ministre reconnut la justice de la réclamation du poëte et néanmoins l'engagea à assister, au moins quelquefois, aux séances, jusqu'à ce qu'il pût la faire approuver au roi, et il n'en trouva l'occasion qu'à la fin de 1705. » (B.-S.-P.)

1. A une lettre du 20 de septembre 1701.

prise que d'écrire une langue étrangère, quand nous n'avons point fréquenté avec les naturels du pays; et je suis assuré que si Térence et Cicéron revenoient au monde, ils riroient à gorge déployée des ouvrages latins des Fernels, des Sannazars et des Murets.[1] Il y a pourtant beaucoup d'esprit dans les vers françois de l'illustre Portugais dont il est question; mais franchement il y a beaucoup de portugais,[2] de même qu'il y a beaucoup de françois dans les vers latins des poëtes françois qui écrivent en latin aujourd'hui.

Vous me ferez plaisir de parler de cela dans votre académie, et d'y agiter la question: *Si on peut bien écrire une langue morte.* J'ai commencé autrefois sur cette question un dialogue assez plaisant,[3] et je ne sais si je vous en ai parlé à Paris dans les longs entretiens que nous avons eus ensemble. Ne croyez pas pourtant que je veuille par là blâmer les vers latins que vous m'avez envoyés d'un de vos illustres académiciens.[4] Je les ai trouvés fort

1. Jean Fernel, né à Clermont à Beauvoisis en 1497, mort le 26 d'avril 1558. Ce fut un mathématicien et surtout un médecin des plus distingués, et ses œuvres, toutes écrites en latin, ont encore aujourd'hui, scientifiquement parlant, une grande valeur. — Jacques Sannazar, né à Naples en 1458, mort en 1530, a laissé des poëmes italiens et latins desquels nous ne citerons que : *De partu Virginis*, poëme en trois chants. — Marc-Antoine-François Muret, né à Limoges en 1526, se réfugia à Rome, où il mourut en 1585, pour échapper à des accusations d'hérésie et de quelque chose de pis. Ses œuvres : commentaires sur les auteurs anciens, poëmes latins, et harangues latines, forment 4 vol. in-8°. (M. Chéron.)

2. Voir la lettre n° xiii, à M. d'Ériceyra.

3. Voyez t. III, p. 235.

4. Le P. Albert d'Augières, jésuite, né à Arles en 1635, mort à Lyon en 1709. Ces vers latins étaient destinés à être placés au bas d'une statue équestre de Louis XIV. Nous n'avons trouvé d'imprimé de lui que *Carmina et prolusiones academicæ, editio tertia, auctior*. Lyon, 1708, in-8°. (M. Chéron.) Cette inscription commençait ainsi:

Tantus erat! talem Lodoix sese ore ferebat...

beaux et dignes de Vida et de Sannazar, mais non pas
d'Horace et de Virgile; et quel moyen d'égaler ces grands
hommes dans une langue dont nous ne savons pas même
la prononciation? Qui croiroit, si Cicéron ne nous l'avoit
appris, que le mot de *dividere*[1] est d'un très-dangereux
usage, et que ce seroit une saleté horrible de dire : *quum
nos vidissemus?*[2] Comment savoir en quelle occasion dans
le latin le substantif doit passer devant l'adjectif, ou l'adjectif devant le substantif! Cependant imaginez-vous quelle
absurdité ce seroit en françois de dire : *mon neuf habit*,
au lieu de *mon habit neuf*, ou *mon blanc bonnet*, au lieu
de *mon bonnet blanc*, quoique le proverbe dise que c'est
la même chose. Je vous écris ceci afin de donner matière
à votre académie de s'exercer. Faites-moi la faveur de
m'écrire le résultat de sa conférence sur cet article, et
croyez que c'est très-affectueusement que je suis...

*P. S.* Je crois que vous avez reçu à l'heure qu'il est
mon édition en petit.

## LETTRE CVIII.

Paris, 10 décembre 1701.

Je pourrois, monsieur, vous alléguer d'assez bonnes
excuses du long temps que j'ai été sans vous écrire, et

---

1. Texte de Cizeron-Rival suivi par M. Daunou en 1809. M. Didot y a
substitué, en 1815, *videre;* l'autographe porte aussi *dividere* et ce mot a un
sens impur. (Cicéron, *Epist. ad famil.*, ix, 22 ; Plaute, *Aulul.*, II, sc. i,
v. 4 à 7 ; Quintilien, l. VIII, ch. iii, vers le milieu, édit. 1580, p. 150.)

2. C'est ainsi qu'il y a dans l'autographe, au lieu de *divisissemus*. C'est
une inadvertance.

vous dire que j'ai eu durant ce temps-là affaires, procès et maladie; mais je suis si sûr de mon pardon, que je ne crois pas même nécessaire de vous le demander. Ainsi, pour répondre à la dernière lettre [1] que vous m'avez fait l'honneur de m'écrire, je vous dirai que je l'ai reçue avec les deux ouvrages qui y étoient enfermés. J'ai aussitôt examiné ces deux ouvrages, et je vous avoue que j'en ai été très-peu satisfait.

Celui qui porte pour titre *l'Esprit des cours* vient d'un auteur [2] qui a, selon moi, plus de malin vouloir que d'esprit, et qui parle souvent de ce qu'il ne sait point. C'est un mauvais imitateur du gazetier de Hollande, et qui croit que c'est bien parler que de parler mal de toutes choses.

A l'égard du *Chapelain décoiffé*, c'est une pièce où je vous confesse que M. Racine et moi avons eu quelque part; mais nous n'y avons jamais travaillé qu'à table, le verre à la main. Il n'a pas été proprement fait *currente*

---

1. Du 25 de novembre 1701. Elle avait été précédée d'une lettre du 20 d'octobre, où Brossette discute la question : *Si on peut bien écrire une langue morte,* et adopte l'opinion de Boileau. (M. CHÉRON.)

2. Nicolas Gueudeville, moine réfugié en Hollande, né à Rouen vers 1650, mort à la Haye en 1720. Il a traduit Plaute, les *Colloques* et l'*Éloge de la folie* d'Érasme, l'*Utopie* de Thomas Morus; on lui doit en outre l'*Esprit des cours*, recueil périodique, un *Atlas historique*, et quelques autres compilations.

Brossette à Boileau, 25 de novembre 1701 : « ... l'auteur (de l'*Esprit des cours*) a commencé au mois de juin 1699 à publier ses nouvelles et ses réflexions, et il a continué jusqu'au mois d'avril dernier, mais on m'écrit de Hollande que M. Hensius, pensionnaire des États, lui avoit défendu de continuer, parce que dans quelques-uns de ses journaux il avoit écrit très-injurieusement contre la cour de France, ce qui avoit attiré les plaintes de notre ambassadeur. » Dans une autre lettre du 20 décembre, Brossette dit en parlant des quatre premiers mois de cette année 1701 : « La France et la religion catholique y sont presque également maltraitées... Sur la défense qui lui fut faite, au mois d'avril dernier, de continuer son ouvrage médisant, il avoit cessé d'écrire; mais il a eu la permission de recommencer, à condition qu'il seroit plus sage. »

*calamo*, mais *currente lagena*, et nous n'en avons jamais écrit un seul mot. Il n'étoit point comme celui que vous m'avez envoyé, qui a été vraisemblablement composé après coup, par des gens qui avoient retenu quelques-unes de nos pensées, mais qui y ont mêlé des bassesses insupportables. Je n'y ai reconnu de moi que ce trait :

> Mille et mille papiers dont ta table est couverte
> Semblent porter écrit le destin de ma perte ;

et celui-ci :

> En cet affront La Serre est le tondeur,
> Et le tondu, père de la Pucelle.

Celui qui avoit le plus de part à cette pièce, c'étoit Furetière, et c'est de lui :

> O perruque, ma mie !
> N'as-tu donc tant vécu que pour cette infamie !

Voilà, monsieur, toutes les lumières que je vous puis donner sur cet ouvrage, qui n'est ni de moi ni digne de moi. Je vous prie donc de bien détromper ceux qui me l'attribuent. Je vous le renvoie par cet ordinaire.

J'attends la décision de vos messieurs sur la prononciation du latin, et je ne vous cacherai point qu'ayant proposé ma question à l'Académie des Médailles, il a été décidé tout d'une voix que nous ne le savions point prononcer,[1] et que, s'il revenoit au monde un *civis latinus* du temps d'Auguste, il riroit à gorge déployée en enten-

---

1. Séance du 19 de novembre 1701. La question y fut ainsi posée : « Selon notre manière de prononcer la prose et les vers latins, sentons-nous la véritable harmonie ?... » et, après une longue discussion, résolue négativement. (*Registres de l'Académie.*) (B.-S.-P.)

dant un François parler latin, et lui demanderoit peut-être : Quelle langue parlez-vous là ? Au reste, à propos de l'Académie des Médailles, je suis bien aise de vous avertir qu'il n'est point vrai que j'en sois ni pensionnaire ni directeur, et que je suis tout au plus, quoi qu'en dise l'écrit que vous avez vu, un volontaire qui y va quand il veut, mais qui ne touche pour cela aucun argent. Je vous éclaircirai tout ce mystère,[1] si j'ai jamais l'honneur de vous voir. Cependant faites-moi la faveur de m'aimer toujours, et de croire que, tout négligent que je suis, je ne laisse pas d'être très-cordialement...

## LETTRE CIX.

Paris, 29 décembre 1701.

Voici la première lettre où je ne vous ferai point d'excuses, puisque je réponds à celle que vous m'avez fait l'honneur de m'écrire,[2] deux jours après que je l'ai reçue. Je ne vois pas sur quoi votre savant peut fonder l'explication forcée qu'il donne au vers d'Homère,[3] puisque Phé-

---

1. Voyez lettre n° CVI.
2. Le 20 de décembre 1701.
3. Brossette écrivait à Boileau : « Ces jours derniers je me trouvois dans une compagnie, où un savant prétendoit que ce vers d'Homère :

Ὀρτυγίης καθύπερθεν, ὅθι τροπαὶ ἠελίοιο.
(*Odyssée*, liv. XV, vers 403.)
Ortygia desuper, qua parte erant conversiones solis.

fasse allusion au cadran, ou ἡλιοτρόπου, que Phérécyde avoit fait dans l'Ile de Scyros... On remarqua seulement qu'en citant ce vers d'Homère, vous l'aviez mis dans le neuvième livre de l'*Odyssée*, quoiqu'il soit dans le quinzième. » Voir la troisième *Réflexion critique*, t. III.

récyde vivoit près de deux cents ans après Homère, et qu'il n'y a pas d'apparence qu'Homère ait parlé d'un cadran qui n'étoit point de son temps. Je n'ai jamais rien lu de Bochart,[1] et s'il est vrai qu'il soutienne une explication si extravagante, cela ne me donne pas une grande envie de le lire. Je ne fais pas grande estime de tous ces *savantas* qui croient se distinguer des autres interprètes, en donnant un sens nouveau et recherché aux endroits les plus clairs et les plus faciles, et c'est d'eux qu'on peut dire :

Faciunt, næ, intelligendo, ut nihil intelligant.[2]

Pour ce qui est des chiens[3] qui ont vécu plus de vingt et deux ans, je vous en citerai un garant, dont je doute que M. Perrault lui-même ose contester le témoignage : c'est Louis le Grand, roi de France et de Navarre, qui en a eu un qui a vécu jusqu'à vingt-trois ans. Tout ce que M. Perrault peut dire, c'est que ce prince est accoutumé aux miracles et à des événements qui n'arrivent qu'à lui seul, et qu'ainsi ce qui lui est arrivé ne peut pas être tiré à conséquence pour les autres hommes; mais je n'aurai pas de peine à lui prouver que, dans notre famille même, j'ai eu un oncle, qui n'étoit pas un homme fort miraculeux,[4] lequel a nourri vingt et quatre années une espèce de bichon qu'il avoit.

---

1. Samuel Bochart, philologue et théologien, né à Rouen le 30 de mai 1599, mort à Caen le 16 de mai 1667. Il a laissé de nombreux ouvrages de théologie et d'érudition. (M. Chéron.)
Le passage dont il s'agit est dans la seconde partie de sa *Géographie sacrée*.
2. Térence, *Andrienne*, prologue, vers 17.
3. Voyez troisième *Réflexion critique*, t. III.
4. Boileau a eu quatre oncles, dont deux par alliance, Guillaume Boileau, Thomas Clément, Roger Le Marchand, et Nicolas de Nyélé. Il n'a pu connaître les deux premiers, morts en 1616 et en 1637; il avait seize ans à

Je ne vous parle point de ce que c'est que la place que j'occupe dans l'Académie des Inscriptions. Il y a tant de choses à dire là-dessus, que j'aime mieux sur cela *silere quam pauca dicere*.¹ J'ai été fort fâché de la mort de M. Chanut. Je vous prie de bien faire ma cour à M. Bronod,² que, sur votre récit, je brûle déjà de connoître. Je suis...

## LETTRE CX.³

Paris, 9 avril 1702.

Je réponds, monsieur, sur-le-champ à votre dernière lettre, de peur qu'il ne m'arrive ce qui m'est arrivé déjà

---

la mort du troisième et vingt-cinq à celle du quatrième. Ce qui nous fait présumer que Nicolas de Nyélé est l'oncle peu *miraculeux* dont il parle.

1. Voyez lettre n° CVI.

Brossette lui disait, 20 décembre 1701 : « Je vois par votre lettre, monsieur, que vous n'avez pris parti dans l'Académie des Inscriptions qu'en qualité de volontaire ; cependant dans le public vous portez le nom de directeur et de pensionnaire de cette académie ; ce nom-là même, vous le porterez dans la postérité aussi loin que le *Mercure galant* pourra s'y étendre ; car j'ai remarqué que vous êtes dans la liste qu'il donne des académiciens des Inscriptions, au mois de septembre, et dans celle du journal que l'on imprime tous les deux mois à Trevoux, près de Lyon, par ordre de M. le duc du Maine. » (M. LAVERDET, p. 99.)

2. Avocat qui remplaça Chanut, comme avocat de Lyon.

« M. Chanut mourut le vingt-troisième jour du mois passé, mais vous ne serez pas fâché de savoir qu'à sa place, notre ville va choisir une personne qui aura soin de vous payer votre rente viagère. C'est un autre avocat au conseil, nommé M. Bronod, qui a tout l'esprit, toute la probité et tout le mérite qu'il faut avoir pour être de vos meilleurs amis. » (M. LAVERDET, p. 99.)

3. Après cette lettre, M. Laverdet en donne deux à Brossette, l'une du 10 janvier 1702, l'autre du 14 février. Celle-ci est accompagnée d'une relation (2 pages et demie in-4°) de l'*affaire arrivée à Crémone.* C'est un

plusieurs fois depuis six mois,[1] qui est d'avoir toujours envie de vous écrire, et de ne vous écrire point pourtant, par une misérable indolence dont je ne saurois franchement vous dire la raison, sinon que, pour me servir des termes de saint Paul, je fais souvent le mal que je ne veux pas, et que je ne fais pas le bien que je veux;[2] mais, sans perdre le temps en vaines excuses, puisque je trouve sous ma main deux de vos lettres,[3] je m'en vais répondre à quelques interrogations que vous m'y faites.

Je vous dirai donc premièrement que les deux épigrammes latines[4] dont vous désirez savoir le mystère ont

poëme en latin de quarante-quatre vers hexamètres. Vient ensuite un billet de Boileau à Brossette du 21ᵉ février 1702 : « Je vous devrois, monsieur, envoyer au moins vingt pages d'écriture, pour les trois lettres que vous m'avez fait l'honneur de m'écrire, et où vous avez en vain tâché de réveiller ma paresse par du françois, du grec et du latin. Cependant, je ne vous écris qu'un billet pour vous dire que je suis depuis longtemps si chargé d'affaires, que je n'ai que le temps de vous assurer que je ne vous ai point oublié, et que c'est du fond du cœur que je suis plus qu'homme du monde, monsieur, votre...

« DESPRÉAUX.

« Je vous écrirai au premier loisir une longue lettre, et vous remercierai fort au long de votre relation, et de toutes les autres bontés que vous me témoignez. » (M. LAVERDET, p. 105.)

1. Erreur, puisque la lettre précédente ne remonte qu'à trois mois et onze jours. (B.-S.-P.)

2. . . Non enim quod volo bonum, hoc ago : sed quod odi malum, illud facio.
Non enim quod volo bonum, hoc facio : sed quod nolo malum, hoc ago.
(Saint Paul, *Épître aux Romains*, VII, 15 et 19.)

3. Du 10 de janvier et du 14 de février 1702.

4. C'est dans la lettre du 10 janvier que Brossette demandait ces explications : « . . . Puisque nous en sommes sur les explications, j'espère que vous ne me refuserez pas encore celle des deux épigrammes latines qui sont dans votre nouvelle édition, pages 318 et 319. Par explication, je n'entends pas autre chose que le nom de ceux contre qui elles ont été faites, et à quelle occasion vous les avez composées. » (M. LAVERDET, p. 101.)

été faites dans ma première jeunesse, et presque au sortir du collége, lorsque mon père me fit recevoir avocat, c'est-à-dire à l'âge de dix-neuf ans.[1] Celui que j'attaque, dans la première de ces épigrammes, étoit un jeune avocat, fils d'un huissier, nommé Herbinot. Cet avocat est mort conseiller de la cour des aides. Son père étoit fort riche, et le fils assurément n'a pas mangé son bien; car il passoit pour grand ménager. A l'égard de l'autre épigramme, elle regarde M. de Brienne, jadis secrétaire d'État, qui est mort fou et enfermé.[2] Il étoit alors dans la folie de faire des vers latins, et surtout des vers phaleuces; et comme sa dignité dans ce temps-là le rendoit considérable, je ne pus résister à la prière de mon frère, aujourd'hui chanoine de la Sainte-Chapelle, qui étoit souvent visité de lui, et qui m'engagea à faire des vers phaleuces à la louange de ce fou qualifié ; car il étoit déjà fou. J'en fis donc, et il les lui montra; mais comme c'étoit la première fois que je m'étois exercé dans ce genre de vers, ils ne furent pas trouvés fort bons, et ils ne l'étoient point en effet. Si bien que dans le dépit où j'étois d'avoir si mal réussi, je composai l'épigramme dont est question, et montrai par là qu'il ne faut pas légèrement irriter *genus irritabile vatum,*[3] et que, comme a fort bien dit Juvénal en latin, *facit indignatio*[4] *versum,* ou, comme je l'ai assez médiocrement dit en françois :[5]

La colère suffit et vaut un Apollon.

1. Il diminue encore ici son âge d'une année, car il était né le 1ᵉʳ de novembre 1636, et il avait été reçu avocat le 4 de décembre 1656. B.-S.-P.)
2. Voyez lettre I.
3. Horace, liv. II, épître II, vers 102.
4. Juvénal, satire I, vers 79.
5. Satire I, vers 144.

Pour l'épigramme à la louange du roman allégorique, elle regarde feu [1] M. l'abbé d'Aubignac, qui a composé *la Pratique du théâtre*, et qui avoit alors beaucoup de réputation. Ce roman allégorique, qui étoit de son invention, s'appeloit *Macarise*; et il prétendoit que toute la philosophie stoïcienne y étoit renfermée. La vérité est qu'il n'eut aucun succès, et qu'il

> Ne fit de chez Sercy qu'un saut chez l'épicier. [2]

Je fis l'épigramme pour être mise au-devant de ce livre, avec quantité d'autres ouvrages que l'auteur avoit, à l'ancienne mode, exigés de ses amis pour le faire valoir; mais heureusement je lui portai l'épigramme trop tard, et elle ne fut point mise : Dieu en soit loué! Vous voilà, ce me semble, monsieur, bien éclairci de vos difficultés.

Pour ce qui est de votre M. Samuel Bochart,[3] je n'ai jamais rien lu de lui, et ce que vous m'en dites ne me donne pas grande envie de le lire; car il me paroît que c'est un *savantas* beaucoup plus plein de lecture que de raison; et je crois qu'il en est de son explication du vers d'Homère comme de celles de M. Dacier sur *Atavis edite regibus*,[4] ou sur l'ode :

> O navis, referent in mare te novi,[5] etc.,

---

1. Voyez *Poésies diverses*, xxvii, t. III.
2. *Art poétique*, chant II, vers 10, t. II.

    *N'a fait* de chez Sercy qu'un saut chez l'épicier.

« Il n'y a, dit Boursault (1700, t. II, p. 98) que le libraire qui a imprimé *Macarise* qui malheureusement s'en souvienne. »
3. Voyez lettre n° cix, page 458, note 1.
4. Horace, liv. I, ode i, vers 1.
5. Horace, liv. I, ode xiv, vers 1.

ou sur le passage de Thucydide[1] rapporté par Longin, à propos des Lacédémoniens qui *combattirent* au pas des Thermopyles. Je ne saurois dire à propos de pareilles explications sinon ce que dit Térence,

Faciunt, *nœ,* intelligendo, ut nihil intelligant.[2]

Adieu, mon cher monsieur, excusez mes *pataraffes*, et croyez que je suis très-sincèrement...

J'oubliois à vous parler des vers latins.[3] Ils sont très-beaux et très-latins, à l'exception d'un *nequii*[4] qui est au premier vers, et de la dureté duquel je ne saurois m'accommoder. Il me semble que je ne saurois mieux vous payer de votre présent qu'en vous envoyant ce petit compliment *catullien*, que m'a fait un régent de seconde du collége de Beauvais,[5] qui avoit déjà fait une ode latine très-jolie pour moi, et en considération de laquelle je lui avois fait présent de mon livre.

1. C'est un passage d'Hérodote. Voyez *Traité du Sublime,* chapitre XXXI.
2. Vers de Térence déjà cité, lettre n° CIX.
3. Voir lettre CX, note 1.
4. Voici ce vers :

    Capta capi nequii, neque victa et prodita vinci.

(M. LAVERDET, p. 104). Ces vers étaient du père Albert d'Augières, de la Compagnie de Jésus.

5. Charles Coffin, principal du collége de Dormans-Beauvais, né à Busancy en 1676, mort à Paris le 20 de juin 1749. Il a laissé des vers latins et des harangues latines. M. Laverdet donne, p. 108, les vers dont parle Boileau. Voici le début de cette pièce :

> Versus excuderam tibi, *Boïœe,*
> Paucos, illepidos, inelegantes,
> Quales dura mihi, rudisque partu
> Vix Musa ediderat laborioso.
> Hos tamen, posita severitate,
> Laudaras facilis, bonusque : Credo,
> Furtivis quoniam tui nitebant
> Horatii spoliis, coloribusque...

## LETTRE CXI.

#### 15 juillet 1702.

Vous êtes un homme merveilleux, monsieur, c'est moi qui suis coupable, et coupable par excès, envers vous ; cependant c'est vous qui m'écrivez des excuses. J'ai manqué à répondre à trois de vos lettres,[1] et, au lieu de me quereller, vous me dites des douceurs à outrance ; vous m'envoyez des présents ; et si je vous en crois, je suis en droit de me plaindre. Je vois bien ce que c'est ; vous lisez dans mon cœur ; et comme vous y voyez bien les remords que j'ai d'avoir été si peu exact à votre égard, vous êtes bien aise de m'en délivrer, en me persuadant que vous avez été aussi très-négligent de votre côté. Vous ne songez pas néanmoins que par là vous m'autorisez à ne vous écrire que lorsque la fantaisie m'en prend et à couronner mes fautes par de nouvelles fautes. Aujourd'hui pourtant je n'en commettrai pas une si lourde que de tarder à vous remercier du précieux présent que vous m'avez fait du livre de votre illustre ami.[2] Je vous réponds que je le lirai exactement, et que je vous en rendrai le compte que je dois. Il m'est fort honorable qu'un si savant homme souhaite d'avoir mon suffrage. Vous le pouvez assurer que je le lui donnerai dans peu avec grand plaisir, et que ce suffrage sera alors d'un bien plus grand poids qu'il n'est maintenant, puisque j'aurai lu son livre, et

---

1. M. Laverdet n'en donne que deux, pages 109, 110, 111, 112, l'une du 11 de juillet 1802, l'autre du même mois, sans quantième.
2. Lettres de M. Puget, de Lyon, à M. Noblot, sur l'aimant.

que je serai par conséquent beaucoup plus habile que je ne le suis.

Pour ce qui est des particularités dont vous me demandez l'éclaircissement, je vous dirai que le sonnet[1] a été fait sur une de mes nièces qui étoit à peu près du même âge que moi, et que le charlatan étoit un fameux médecin de la faculté. Elle étoit sœur de M. Dongois, greffier, et avoit beaucoup d'esprit. J'ai composé ce sonnet dans le temps de ma plus grande force poétique, en partie pour montrer qu'on peut parler d'amitié en vers aussi bien que d'amour, et que les choses innocentes s'y peuvent aussi bien exprimer que toutes les maximes odieuses de la morale lubrique des opéras. A l'égard de l'épigramme à Climène,[2] c'est un ouvrage de ma première jeunesse, et un caprice imaginé pour dire quelque chose de nouveau. Pour la chanson,[3] elle a été effectivement faite à Bâville, dans le temps des noces de M. de Bâville,[4] aujourd'hui intendant de Languedoc. Les trois muses étoient madame de Chalucet, mère de madame de Bâville; une madame Hélyot, espèce de bourgeoise renforcée, qui avoit acquis une assez grande familiarité avec M. le premier président, dont elle étoit voisine à Paris, et qui avoit une terre assez proche de Bâville; la troisième étoit

---

1. Sur une jeune parente :
   Nourri dès le berceau près de la jeune Orante, etc.
   Voyez *Poésies diverses*, VII, t. III.
2. Tout me fait peine, etc.
   Voyez *Épigrammes*, I, t. III.
3. Que Bâville me semble aimable, etc.
   Voyez *Poésies diverses*, IV, t. III.
4. Le 18 d'avril 1672. Moréri, au mot *Lamoignon*.

une madame de La Ville, femme d'un fameux traitant, pour laquelle M. de Lamoignon, aujourd'hui président au mortier, avoit alors quelque inclination. Celle-ci ayant chanté à table une chanson à boire dont l'air étoit fort joli, mais les paroles très-méchantes, tous les conviés, et le P. Bourdaloue entre autres, qui étoit de la noce aussi bien que le P. Rapin, m'exhortèrent à y faire de nouvelles paroles; et je leur rapportai le lendemain les quatre couplets dont est question. Ils réussirent fort, à la réserve des deux derniers qui firent un peu refrogner le P. Bourdaloue. Pour le P. Rapin, il entendit raillerie, et obligea même le P. Bourdaloue à l'entendre aussi. Voilà, monsieur, tous vos mystères débrouillés. Il y avoit, au lieu de *Trois muses en habit de ville...* « Chalucet, Hélyot, La Ville.[1] »

On ne m'a pas fort accablé d'éloges sur le sonnet de ma parente; cependant, monsieur, oserois-je vous dire que c'est une des choses de ma façon dont je m'applaudis le plus, et que je ne crois pas avoir rien dit de plus gracieux que :

A ses jeux innocents, enfant associé,

et

Rompit de ses beaux jours le fil trop délié,

et

Fut le premier démon qui m'inspira des vers?

C'est à vous à en juger. Je suis,[2] etc...

---

1. Brossette, in-4°, t. I, p. 465, ajoute ici, et avec des guillemets, la phrase suivante, qui n'est point dans le texte : « M. d'Arbouville, qui vient après, étoit un gentilhomme, parent de M. le premier président; il buvoit volontiers à plein verre. »

2. M. Laverdet donne, page 117, le billet suivant :

« A Paris, 5ᵉ décembre 1702. J'ai été depuis votre départ, monsieur,

## LETTRE CXII.

Paris, 7 janvier 1703.

J'attendois, monsieur, à vous écrire lorsque j'aurois reçu vos magnifiques présents, afin de vous répondre en des termes proportionnés à la grandeur de vos fromages; mais le messager ayant dit à Planson[1] qu'ils ne pouvoient encore arriver de longtemps, je n'ai pas cru devoir différer davantage à vous en faire mes remercîments. Je vous dirai donc par avance, qu'en comblant ainsi de vos dons l'auteur que vous avez entrepris de commenter, vous ne jouez pas simplement le personnage de Servius et d'Asconius Pædianus,[2] mais de Mécénas et du cardinal de Richelieu; et peut-être aurois-je refusé de les prendre, si

tourmenté d'une néphrétique qui ne me fournit qu'une très-bonne excuse de ce que je n'ai point fait encore de réponse à votre obligeante lettre, et à la savante dissertation que vous y avez jointe. On ne peut pas plus doctement confirmer que vous faites le sentiment que j'ai toujours eu des écrivains de langue morte, et j'aurois mille choses sur cela à vous dire si les médecins me le permettoient, mais je ne suis encore qu'imparfaitement guéri, et je ne vous écris que pour vous dire que je ne suis pas encore en état de vous écrire, et pour vous témoigner que, malade comme sain, on ne peut pas être plus sincèrement que je le suis, monsieur, votre... etc.

« Despréaux. »

1. Domestique de Boileau. Il en est encore question dans la lettre CXXXIII.

Brossette dit dans sa lettre : « Je lui écris un petit mot pour vous décharger du soin de faire retirer du bureau de la diligence une caisse que je prends la liberté de vous envoyer... J'ai fait mettre dans un coin de cette caisse deux volumes des journaux de Trévoux, pour les mois de février et de mars dernier. » Voir la lettre CXIII.

2. Le premier a commenté Virgile (v⁵ siècle après J.-C.), le deuxième Cicéron (1ᵉʳ siècle après J.-C.).

heureusement je ne me fusse ressouvenu d'avoir lu dans un ancien qu'il n'y a pas quelquefois moins de beauté d'âme à recevoir de bonne grâce des présents qu'à en faire.

Cependant pour commencer à vous payer dans la monnaie que vous souhaitez, je vous répondrai sur l'éclaircissement que vous me demandez[1] au sujet de la *Clélie*, que c'est effectivement une très-grande absurdité à la demoiselle, auteur de cet ouvrage,[2] d'avoir choisi le plus grave siècle de la république romaine pour peindre les caractères de nos François; car on prétend qu'il n'y a pas dans ce livre un seul Romain ni une seule Romaine, qui ne soit copié sur le modèle de quelque bourgeois ou de quelque bourgeoise de son quartier. On en donnoit autrefois une clef qui a couru,[3] mais je ne me suis jamais soucié de la voir. Tout ce que je sais, c'est que le généreux *Herminius*, c'étoit *M. Pelisson*; l'agréable *Scaurus*, c'étoit *Scarron*; le galant *Amilcar*, *Sarasin*, etc...[4] Le plaisant de l'affaire est que nos poëtes de théâtre, dans plusieurs pièces, ont imité cette folie, comme on le peut voir dans *la Mort de Cyrus* du célèbre M. Quinault, où Thomyris entre sur le théâtre en cherchant de tous côtés, et dit ces deux beaux vers :

> Que l'on cherche partout mes tablettes perdues,
> Et que, sans les ouvrir, elles me soient rendues.

Voilà un étrange meuble pour une reine des Massagètes,

---

1. Par une lettre du 25 de décembre 1702.
2. Magdeleine de Scudéri. Voyez le dialogue *les Héros de roman*, t. III.
3. Le *Dictionnaire des précieuses*, par le sieur de Somaize. Cf. l'édition de M. Ch. L. Livet; Paris, 1856, 2 vol. in-16. (M. CHÉRON.)
4. Voir là-dessus les deux volumes publiés par M. Cousin sous ce titre : *la Société française au* xviie *siècle*. Didier, 1858.

que des tablettes dans un temps où je ne sais si l'art d'écrire étoit inventé. Je vous écrirai davantage sur ce sujet, dès que vos présents seront arrivés. Cependant croyez que c'est du fond du cœur que je suis, etc.

## LETTRE CXIII.

Paris, 25 janvier 1703.

Il y a huit jours, monsieur, que j'ai reçu votre magnifique présent; et j'ai été tout ce temps-là à chercher des paroles pour vous en remercier dignement, sans en pouvoir trouver. En effet, à un homme qui fait de tels présents, ce n'est point des lettres familières et de simples compliments un peu ornés, ce sont des épîtres liminaires du plus haut style qu'il faut écrire, et où les comparaisons du soleil soient prodiguées. Balzac auroit été merveilleux pour cela, si vous lui en aviez envoyé de pareils, et il auroit peut-être égalé la grosseur de vos fromages par la hauteur de ses hyperboles. Il vous eût dit que ces fromages avoient été faits du lait de la chèvre céleste, ou de celui de la vache Io; que votre jambon étoit un membre détaché du sanglier d'Érimanthe : mais pour moi qui vais un peu plus terre à terre, vous trouverez bon que je me contente de vous dire que vous vous moquez de m'envoyer tant de choses à la fois; que si honnêtement j'avois pu les refuser, vos présents seroient retournés à Lyon; que cependant je ne laisse pas d'en avoir toute la reconnoissance que je dois, et qu'on ne peut être plus que je le suis, etc.

*P. S.* Pour vos mémoires de la république des lettres,[1] franchement ils sont bien inférieurs au jambon et aux fromages ; et l'auteur y est si grossièrement partial que je ne saurois trouver aucun goût dans ses ouvrages, quoique bien écrits. Je suis si accablé d'affaires que je ne saurois vous écrire que ce peu de mots.

## LETTRE CXIV.

Paris, 4 mars 1703.

Je trouvai hier mon frère le chanoine de la Sainte-Chapelle, qui vous écrivoit une lettre avec laquelle il prétendoit vous envoyer la requête[2] présentée par le chantre

---

1. Les *Mémoires de Trévoux*, de février et de mars 1702.
2. Brossette, après avoir rappelé à l'abbé Boileau (*Lettres familières*, I, 228 et suiv.) sa promesse de donner des éclaircissements sur les ouvrages du poëte, lui en demanda (20 de janvier 1703, p. 235) sur quelques circonstances relatives au *Lutrin*. L'abbé lui donna d'abord (12 de février, p. 242) ceux que nous allons rapporter en substance, et lui envoya ensuite (2 de mars, page 248) la sentence des requêtes du palais, du 5 d'août 1667 (p. 252 à 259), où sont retracés les premiers faits du différend qui a donné lieu à ce poëme.

« 1° Ce fut en 1667 que le procès touchant le *Lutrin* commença entre le chantre et le trésorier de la Sainte-Chapelle. Le chantre se nommoit M. Barrin, homme de qualité, distingué dans l'épée et dans la robe, et le trésorier Claude Auvri, évêque de Coutances... homme assez réglé dans ses mœurs, d'ailleurs fort ignorant, et d'un mérite au-dessous du médiocre. Le dernier de juillet 1667, il s'avisa de faire mettre un pupitre devant *le stalle premier* (sic) du côté gauche, que le chantre fit ôter à force ouverte, prétendant qu'il n'y avoit jamais été. La cause fut retenue aux requêtes du Palais, et, après plusieurs procédures, assoupie par M. de Lamoignon.

« 2° Sidrac est le nom d'un vieux chapelain, clerc de la Sainte-Chapelle, dont la voix étoit fort belle ; son personnage n'est point feint.

« 3° L'abbaye de Saint-Nicaise de Reims vaut seize mille livres à la Sainte-Chapelle ; ayant été unie par Louis XIII, chaque chanoine doit avoir

Barrin, au sujet du pupitre mis sur son banc. Cela me couvrit de confusion, en me faisant ressouvenir du long temps qu'il y a que je ne vous ai donné aucun signe de vie par mes lettres. En effet, c'est une chose étrange que tout le monde étant exact à vous répondre, celui-là seul qui a le plus de raison de l'être ne le soit point. Il me semble cependant que c'est votre faute, puisque c'est votre trop grande facilité à me pardonner mes négligences qui me rend négligent. Mais quoi! bien loin de m'accuser de mon peu de soin, peu s'en faut que vous ne vous excusiez de votre trop d'exactitude. Encore ne vous bornez-vous pas aux seules excuses, mais vous les accompagnez de jambons et de fromages, qui feroient tout excuser, quand même vous auriez tort. Pour tâcher donc à réparer un peu mes fautes passées, voici les vers que vous me demandez,[1] faits sur ce vers de l'*Anthologie*, car il y est tout seul.

Ἤειδον μὲν ἐγών, ἐχάρασσε δὲ θεῖος Ὅμηρος.

Quand la dernière fois, dans le sacré vallon,
La troupe des neuf sœurs, par l'ordre d'Apollon,
 Lut l'*Iliade* et l'*Odyssée*,
Chacune à les louer se montrant empressée,
De leur auteur, dit-il, apprenez le vrai nom : [2]

---

tous les ans un muid de vin de Reims. Comme les vendanges font un des principaux revenus de cette abbaye, ce capitulant avoit raison de dire : *Je sais sur quelle vigne nous avons hypothéqué.* » (B.-S.-P.) On peut voir cette correspondance avec l'abbé Boileau dans le volume de M. Laverdet, pages 119, 120, 123, 126, 129, 130. Nous avons revisé et corrigé la note de Berriat-Saint-Prix.

1. Dans une lettre du 15 de février 1703.
2. Ce vers a été remplacé par ceux-ci :

 Apprenez un secret qu'ignore l'univers,
  Leur dit alors le dieu des vers...

Voyez *Poésies diverses*, XXX, t. III.

> Jadis avec Homère aux rives du Permesse,
> Dans ces bois de lauriers où seul il me suivoit,
> Je les fis toutes deux, plein d'une douce ivresse ;
> Je chantois, Homère écrivoit.

J'ai été obligé d'étendre ainsi la chose, parce que autrement elle ne seroit pas amenée. Charpentier l'a exprimée en ces termes.

> Quand Apollon vit le volume
> Qui sous le nom d'Homère enchantoit l'univers :
> Je me souviens, dit-il, que j'ai dicté ces vers,
> Et qu'Homère tenoit la plume.

Cela est assez concis, et assez bien tourné ; mais, à mon sens, *le volume* est un mot fort bas en cet endroit, et je n'aime point ce mot de palais : *tenoit la plume.*

Pour ce qui est des lettres[1] que vous me sollicitez de vous envoyer, je ne saurois encore sur cela vous donner satisfaction, parce qu'il faut que je les retouche avant que de les remettre entre les mains d'un homme aussi éclairé que vous. Je les ai écrites, la plupart, avec la même rapidité que je vous écris celle-ci, et sans savoir souvent où j'allois. M. Racine me récrivoit de même, et il faudroit aussi revoir les siennes. Cela demande beaucoup de temps. D'ailleurs, il y a dedans quelques secrets que je ne crois pas

---

1. Dans la lettre du 15 de février, déjà citée, Brossette s'exprime ainsi : « Vous m'avez promis de m'envoyer *des* lettres (et non pas *les* lettres, comme a mis Cizeron-Rival) que feu M. Racine vous a écrites autrefois avec des copies de quelques-unes des vôtres à mesure que ces pièces fugitives se présenteroient sous votre main... » Dans une lettre du 4 avril 1703, Brossette écrit à Boileau : « A l'égard de vos lettres à M. Racine, et de celles que cet illustre ami vous a écrites, vous en userez comme il vous plaira. » Ce passage semble contredire l'opinion de Berriat-Saint-Prix, qui pense rencontrer juste en disant que Brossette n'avait demandé que quelques lettres et non pas les lettres de Racine

devoir être confiés à un tiers. Adieu, monsieur, aimez-moi toujours, et soyez persuadé que je suis avec toute l'affection que je dois, etc.

## LETTRE CXV.

Paris, 8 avril 1703.

Vous ne m'accuserez pas, monsieur, pour cette fois, d'avoir été peu diligent à vous répondre, puisque je vous écris sur-le-champ.[1] Je suis ravi que mon frère vous ait si bien satisfait sur vos demandes, et vous ait si bien démontré que la fiction du *Lutrin* est fondée sur une chose très-véritable. On auroit de la peine à faire voir que l'*Iliade* est aussi bien appuyée, puisqu'il y a encore des gens aujourd'hui qui nient que jamais Troie ait été prise, et qui doutent que Darès ni Dictys de Crète[2] en soient des témoins fort sûrs, puisque leurs ouvrages n'ont paru que du temps de Néron, et ne sont vraisemblablement que de nouvelles fictions imaginées sur la fiction d'Homère. Il faudroit, pour le bien attester, nous rapporter quelque sentence donnée en faveur de Neptune et d'Apollon, pour

1. La lettre de Brossette est du 4 d'avril 1703.
2. Darès était selon l'*Iliade* un prêtre d'Éphestos (Vulcain). Il existait dans l'antiquité une *Iliade*, ou récit de la destruction de Troie, que l'on regardait comme plus ancienne que les poëmes d'Homère et comme l'ouvrage de Darès, et qui n'était pas encore perdue du temps d'Élien, qui l'appelle Φρυγία Ἰλιάς; il y a un ouvrage latin qui passe pour être la traduction de cette Iliade : *Daretis Phrygii de excidio Trojæ historia.* — Dictys de Crète est un des prétendus historiens contemporains de la guerre de Troie, auquel on attribue un ouvrage en prose latine et en six livres intitulé *Dictys Cretensis, de bello Trojano,* ou *Ephemeris belli Trojani.* (M. Chéron.)

obliger Laomédon à payer à ces deux *compagnons de fortune*[1] le prix qu'il leur avoit promis pour la construction des murailles de Troie.

Je ne mérite pas les louanges que vous me donnez au sujet des vers de l'*Anthologie*. Permettez-moi pourtant de vous dire que vous vous abusez un peu quand vous croyez que j'aie fait, ni voulu faire une paraphrase de ce vers, qui est même plus court dans ma copie que dans l'original, puisque j'en ai retranché l'épithète oisive de θεῖος, et que j'ai dit simplement Homère, et non point le divin Homère.[2] La vérité est que j'y ai joint une petite narration assez vive, sans quoi la pensée n'est point en son jour; que si cette narration vous paroît prolixe, il seroit aisé d'y donner remède, puisqu'il n'y auroit qu'à mettre à la place de la narration les paroles qu'on trouve en prose dans le recueil de l'*Anthologie,* au-dessus du vers; les voici : « Paroles que disoit Apollon à propos des ouvrages d'Homère : »

Je chantois, Homère écrivoit.

Il me paroît que c'est l'auteur même de ce vers qui les y a mises, n'ayant pu y joindre une narration qui l'amenât; et c'est à quoi j'ai cru devoir suppléer dans ma traduction, sans aucun dessein de paraphraser un vers qui n'est excel-

---

1. Est-ce Apollon ou Neptune,
   Qui, sur ces rocs sourcilleux,
   Ont, *compagnons de fortune,*
   Bâti ces murs orgueilleux?
   *Ode sur la prise de Namur,* vers 21-24.

2. Brossette écrivait au sujet du dernier vers :

   Je chantois, Homère écrivoit.

« La brièveté et la noblesse de cette expression récompense bien ce que le reste de l'épigramme peut avoir de prolixe. »

lent que par sa brièveté; car il me semble que l'expédient dont s'est servi ce poëte a un peu de rapport à ces vieilles tapisseries où l'on écrivoit au-dessus de la tête des personnages : *C'est un homme, c'est un cheval*, etc. Du reste, pour la narration que vous trouvez prolixe, je ne vois pas qu'on puisse accuser de prolixité une chose qui est dite en vers, en aussi peu de paroles qu'on la pourroit dire en prose. Il est vrai que cette narration est de huit vers, mais ces huit vers[1] ne disent que ce qu'il faut précisément dire ; et s'il y en a un qui s'étende sur quelque inutilité, vous n'avez qu'à me le marquer, parce que je le retrancherai sur-le-champ. Ce ne sont pas huit bons vers qui sont longs, ce sont deux méchants vers qui le sont quelquefois à outrance :

Sed tu disticha longa facis,

dit Martial.[2] J'ai bien de la joie que le galant homme dont vous me parlez[3] prenne goût à mes ouvrages :

C'est à de tels lecteurs que j'offre mes écrits.[4]

Il me fait plaisir même de daigner bien prendre, en les lisant, *animum censoris honesti*. Oserois-je pourtant vous dire que ni vous ni lui n'avez point entendu ma pensée au sujet de Jules César ?[5] Je n'ai jamais voulu dire que Jules

1. Il y en a neuf. Voyez lettre CXIV, note 2.
2.     Non sunt longa, quibus nihil est quod demere possis;
    Sed tu, Cosconi, disticha longa facis.
                   (MARTIAL, liv. II, épigr. 77.)
3. Camille Falconet.
4. Épître VII, vers 101.
5. Ceci répond au passage suivant de la lettre de Brossette du 4 avril 1703 :
« . . . . Une personne qui estime infiniment et vous et vos ouvrages m'a

César n'ait mis que deux jours à ramasser et lier ensemble les matériaux dont il fit construire le pont sur lequel il passa le Rhin. Il n'est question dans mes vers que du temps qu'il mit à faire passer ses troupes sur ce pont, et je ne sais même s'il y employa deux jours. Le roi, quand il passa le Rhin, fit amener un très-grand nombre de bateaux de cuivre, qu'on avoit été plus de deux mois à construire, et sur un desquels même M. le Prince et M. le Duc[1] passèrent; mais qu'est-ce que cela fait à la rapidité avec laquelle toutes ses troupes traversèrent le fleuve, puisqu'il est certain que toute son armée passa comme celle de Jules César, avec tout son bagage, en moins de deux jours? Voilà ce que veut dire le vers

Sur un pont, en deux jours trompa tous tes efforts.

En effet, quel sens autrement pourroit-on donner à ces mots : *trompa tous tes efforts?* Le Rhin pouvoit-il s'efforcer à détruire le pont que faisoit construire Jules César, lorsque les bateaux étoient encore sur le chantier? Il faudroit pour cela qu'il se fût débordé; encore auroit-il été pris pour dupe, si César avoit mis ses ateliers sur une hauteur. Vous voyez donc bien, monsieur, qu'il faut laisser *deux jours,* parce que, si je mettois *dix jours,* cela seroit fort ridicule; et je donnerois au lecteur une idée absurde de César, en disant comme une grande chose qu'il avoit employé dix jours à faire passer une armée

---

fait remarquer qu'en parlant du passage du Rhin, par Jules César, vous dites :

Et depuis ce Romain dont l'insolent passage,
Sur un pont en deux jours, trompa tous tes efforts.

« Cependant César employa *dix jours* et non pas deux jours à faire construire ce pont... *Commentaires,* liv. IV. »

1. Le grand Condé et son fils.

de 30,000 hommes, donnant ainsi par là tout le temps aux Allemands qu'il leur falloit pour s'opposer à son passage. Ajoutez que ces façons de parler, *en deux jours, en trois jours,* ne veulent dire que *très-promptement, en moins de rien.* Voilà, je crois, monsieur, de quoi contenter votre critique et celle de M. votre ami. Vous me ferez plaisir de m'en faire beaucoup de pareilles, parce que cela donne occasion, comme vous voyez, à écrire des dissertations assez curieuses. Faites-moi cependant la grâce d'excuser les ratures de celle-ci, parce que ce ne seroit jamais fait s'il falloit récrire mes lettres. Je vous aurai bien de l'obligation, si vous en usez de même dans les vôtres; et surtout si vous voulez bien rayer ces grands Monsieur que vous mettez à tous vos commencements : *volo amari, non coli.* Je suis avec beaucoup de respect, etc.

## LETTRE CXVI.

Paris, 28 mai 1703.

J'arrive à Paris, d'Auteuil où je suis maintenant habitué, et où j'ai laissé votre dernière lettre que j'y ai reçue. Ainsi je vous écris, monsieur, sans l'avoir devant les yeux. Je me souviens bien pourtant que vous y attaquez fortement ce que je dis, dans mon *Lutrin*,[1] de la guêpe qui

---

1. Dans la lettre du 15 mai 1703, Brossette écrit : « Je me hasarde encore à vous parler de la remarque que vous avez faite dans ces deux vers du *Lutrin,* au sujet de la guêpe :

> Tel qu'on voit un taureau qu'une guêpe en furie
> A piqué dans les flancs, aux dépens de sa vie. »

Il cite là-dessus un passage de Pline, *Hist. nat.,* liv. II, ch. xix.

meurt du coup dont elle pique son ennemi. Vous prétendez que je lui donne ce qui n'appartient qu'aux abeilles, qui *vitam in vulnere ponunt* ; mais je ne vois pas pourquoi vous voulez qu'il n'en soit pas de même de la guêpe, qui est une espèce d'abeille bâtarde, que de la véritable abeille, puisque personne sur cela n'a j'amais dit le contraire, et que jamais on n'a fait à mon vers l'objection que vous lui faites. Je ne vous cacherai point pourtant que je ne crois cette prétendue mort vraie ni de l'abeille ni de la guêpe ; et que tout cela n'est, à mon avis, qu'un discours populaire, dont il n'a aucune certitude : mais il ne faut pas d'autre autorité à un poëte pour embellir son expression. Il en faut croire le bruit public sur les abeilles et sur les guêpes, comme sur le chant mélodieux des cygnes en mourant, et sur l'unité et la renaissance du phénix.

Je ne vous écris que ce mot, parce que je suis pressé de sortir pour une affaire de conséquence, et que, d'ailleurs, je suis dans une extrême affliction de la mort du pauvre M. Félix,[1] premier chirurgien du roi, qui étoit, comme vous savez, un de mes meilleurs et de mes plus anciens amis. Je vous prie de bien témoigner à M. Perrichon[2] combien je l'estime et je l'honore, et de me ménager dans le vôtre, le remplacement d'une perte aussi considérable que celle que je viens de faire. Je vous donne le bonjour, et je suis avec un très-grand respect, etc.

*P. S.* Je n'ai achevé que d'hier votre jambon, qui a été mangé à Auteuil, et qui s'est trouvé admirable. Au nom de Dieu, ôtez de vos lettres ce MONSIEUR, haut exhaussé, qui est au commencement, ou j'en mettrai dans les miennes un encore plus haut.

1. Voyez lettre XXIX.
2. Avocat, secrétaire de la ville de Lyon.

## LETTRE CXVII.

#### A Auteuil, 3 juillet 1703.

J'ai été, monsieur, si chargé d'affaires depuis quelque temps, et occupé de tant de chagrins étrangers et domestiques, que je n'ai pas eu le loisir de faire l'affaire qui m'est le plus agréable, je veux dire de vous écrire et de m'entretenir avec vous. La mort de M. Félix m'a d'autant plus douloureusement touché, que c'est lui, pour ainsi dire, qui s'est tué lui-même, en se voulant sonder pour une rétention d'urine qu'il avoit. Nous nous étions connus dès nos plus jeunes ans. Il étoit un des premiers qui avoit battu des mains à mes naissantes folies, et qui avoit pris mon parti à la cour contre M. le duc de Montausier.[1] Il a été universellement regretté, et avec raison, puisqu'il n'y a jamais eu d'homme plus obligeant, plus magnifique et plus noble de cœur. Pour ce qui est de M. Perrault, je ne vous ai point parlé de sa mort,[2] parce que franchement je n'y ai point pris d'autre intérêt que celui qu'on prend à la mort de tous les honnêtes gens. Il n'avoit pas trop bien reçu la lettre que je lui ai adressée dans ma dernière édition,[3] et je doute qu'il en fût content. J'ai

---

1. Voyez *Discours sur la satire*, t. III.
2. Il était mort le 17 de mai 1703.
3. Quelque temps après sa réconciliation avec Boileau (4 d'août 1694, *Lettres d'Arnaud*, 1727, VII, 618), Perrault lui exprima le désir, d'abord de vive voix et ensuite par écrit, que lorsqu'il réimprimerait ses ouvrages, il adoucît tout ce qu'il y avait d'un peu dur relativement à leur démêlé. Dans sa réponse inédite, dont le brouillon est parmi les papiers de Brossette, Boileau soutient que leur accommodement s'est fait sans condition; que seulement lui Boileau a eu la pensée, non de retrancher quelque chose

pourtant été au service que lui a fait dire l'Académie,[1] et monsieur son fils m'a assuré qu'en mourant il l'avoit chargé de me faire de sa part de grandes honnêtetés, et de m'assurer qu'il mouroit mon serviteur. Sa mort a fait recevoir un assez grand affront à l'Académie, qui avoit élu, pour remplir sa place d'académicien, M. de Lamoignon notre ami; mais M. de Lamoignon a nettement refusé cet honneur.[2] Je ne sais si ce n'est point par la peur d'avoir à louer l'ennemi de Cicéron et de Virgile. L'Académie, pour laver un peu sur cela son ignominie, a élu au lieu de lui, très-prudemment, M. le coadjuteur de Strasbourg,[3] qui en a témoigné une fort grande reconnoissance, et qui se prépare à venir faire son compliment. Je n'ai pas l'honneur de le connoître; mais c'est un prince de beaucoup de réputation, et qui a déjà brillé dans la Sorbonne,[4] dont il est docteur. J'espère qu'il tempérera si bien ses paroles en faisant l'éloge de M. Perrault,

dans ses ouvrages, parce que cela serait inutile (la raison est donnée ci-devant, lettre XX, p. 313), mais d'écrire à Perrault « quelque lettre *agréable* où il badineroit sur leur querelle, et feroit voir qu'il a quelque estime pour lui; que dans cette vue il avoit déjà fait par avance une épigramme (épigramme XXIX, p. 149) où il marque cette estime... »

La lettre dont il parle ici est évidemment la même qu'il cite à Brossette, c'est-à-dire celle que nous avons donnée, p. 308 à 313. Ajoutons que Boileau ne tint pas rigoureusement sa résolution de ne rien retrancher dans ses ouvrages de ce qui concernait Perrault. (B.-S.-P.)

1. Le 8 de juin 1703, aux Cordeliers. (*Registres de l'Académie françoise.*)

2. Le 18 de juin, Lamoignon avait passé au scrutin de proposition; mais le 21, Tourrell, directeur, déclara que le roi le dispensait d'accepter. (*Registres de l'Académie françoise.*)

3. Le cardinal Armand-Gaston de Rohan. (Voyez lettre XXV et lettre CXVII.) Le coadjuteur fut proposé le 30 de juin et élu définitivement le 5 de juillet; mais obligé de se rendre à Strasbourg, il ne put faire son compliment que le 31 de janvier 1704. (*Registres de l'Académie françoise.*) Cf. Saint-Simon, édition Garnier frères, t. IV, p. 237, 238. (M. Chéron.)

4. Cf. Saint-Simon, t. II, p. 430. « Il se distingua sur les bancs de Sorbonne, brilla dans les actes publics. »

que les amateurs de bons livres n'auront point sujet de s'écrier:

O sæclum insipiens et inficetum.[1]

Je mets au rang de ces amateurs M. Puget, et j'ose me flatter que Dieu n'enlèvera pas si tôt de la terre un homme de ce mérite et de cette capacité.

Je viens maintenant à vos critiques sur mes ouvrages. Je ne sais pas sur quoi se peuvent fonder ceux qui veulent conserver le solécisme qui est dans ce vers:

Que votre âme et vos mœurs *peints* dans tous vos ouvrages.[2]

M. Gibert, du collége des Quatre-Nations,[3] est le premier qui m'a fait apercevoir de cette faute depuis ma dernière édition. Dès qu'il me la montra, j'en convins sur-le-champ avec d'autant plus de facilité qu'il n'y a, pour la réformer, qu'à mettre, comme vous dites fort bien:

Que votre âme et vos mœurs PEINTES dans vos ouvrages,

ou:

Que votre esprit, vos mœurs peints dans tous vos ouvrages.

---

1. Catulle, *In amicam Formiani*, vers 8.
2. *Art poétique*, chant IV, vers 91.

Dans sa lettre du 14 juin 1703, Brossette disait à Boileau: « J'avoue que la règle demanderoit *peintes dans vos ouvrages*, mais tout bien examiné, il me semble qu'il y a plus d'élégance et de force à franchir la règle comme vous avez fait, en disant *peints dans tous vos ouvrages*. J'ai consulté tous nos amis là-dessus, et j'ai trouvé du partage dans les voix: ayez la bonté, monsieur, de nous fixer par votre décision. »

3. Balthazar Gibert, né à Aix, professeur de rhétorique au collége Mazarin, depuis recteur de l'Université, ensuite exilé près d'Auxerre, où il mourut en 1741, âgé de soixante-dix-neuf ans. On a de lui: *De la véritable éloquence, ou Réfutation des paradoxes sur l'éloquence, avancez par l'auteur de la Connoissance de soi-même* (le P. Lamy). Paris, 1703 in-12; *Réflexions sur la Rhétorique*, où l'on répond aux objections

Mais pourrez-vous bien concevoir ce que je vais vous dire, qui est pourtant très-véritable, que cette faute, si aisée à apercevoir, n'a pourtant été aperçue ni de moi, ni de personne avant M. Gibert, depuis plus de trente ans qu'il y a que mes ouvrages ont été imprimés pour la première fois;[1] que M. Patru, c'est-à-dire le Quintilius de notre siècle, qui revit exactement ma *Poétique*, ne s'en avisa point, et que dans tout ce flot d'ennemis qui a écrit contre moi, et qui m'a chicané jusqu'aux points et aux virgules, il ne s'en est point rencontré un seul qui l'ait remarquée? Cela vient, je crois, de ce que le mot de *mœurs* ayant une terminaison masculine, on ne fait point de réflexion qu'il est féminin. Cela fait bien voir qu'il faut non-seulement montrer ses ouvrages à beaucoup de gens avant que de les faire imprimer, mais que même, après qu'ils sont imprimés, il faut s'enquérir curieusement des critiques qu'on y fait.

Oserois-je vous dire, monsieur, que, si vous avez été fort juste sur l'observation de ce solécisme, il n'en est pas de même de votre correction de l'épigramme de l'*Anthologie*? Et avec qui, bon Dieu! y associez-vous mon style? Avec le style de Charpentier! *Jungentur jam tigres equis.* Est-il possible que vous n'ayez pas vu que le sens de l'épigramme est, que c'est Apollon, c'est-à-dire le génie seul, qui, dans une espèce d'enthousiasme et d'ivresse, a produit l'*Iliade* et l'*Odyssée*; que c'est lui qui les a faits, et non pas simplement dictés; et que, lorsque Homère les écrivoit, à peine Apollon savoit qu'Homère étoit là? Ne

---

P. Lamy. Paris, 1705, in-12; *la Rhétorique;* Paris, 1730, in-12; *Jugement des savants sur les auteurs qui ont traité de la rhétorique.* Paris, 1718, 2 vol. in-12; et quelques autres opuscules de même nature. (M. Chéron.)

1. Il n'y avait en réalité que vingt-neuf ans que l'*Art poétique* avait paru.

concevez-vous pas, monsieur, que c'est le mot d'*ivresse* qui sauve tout, et qui fait voir pourquoi Apollon avoit tant tardé à dire aux neuf Sœurs qu'il étoit l'auteur de ces deux ouvrages, qu'il se souvenoit à peine d'avoir faits? D'ailleurs, quel air dans l'épigramme, de la manière dont vous la tournez, donnez-vous à Apollon, qui est supposé lisant cet ouvrage dans son cabinet, et se disant à lui-même : *C'est moi qui ai dicté ces vers?*[1] Au lieu que dans mon épigramme, il est au milieu des Muses à qui il déclare qu'elles ne se trompent pas dans l'admiration qu'elles ont de ces deux grands chefs-d'œuvre, puisque c'est lui qui les a composés dans une chaleur qui ne lui permettoit pas d'écrire, et qu'Homère les avoit recueillis. Mais me voilà à la fin de la page; ainsi, monsieur, trouvez bon que je vous dise brusquement que je suis...

*P. S.* Mille nouvelles amitiés de ma part à l'illustre et obligeant M. Perrichon.

## LETTRE CXVIII.

Auteuil, 2 août 1703.

Feu M. Patru, mon illustre ami, étoit non-seulement un critique très-habile, mais un très-violent hypercriti-

[1]. Voyez, lui écrivait Brossette le 14 de juin 1703, comment j'ai *charpenté* votre épigramme de l'*Anthologie* :

    Apollon voyant les ouvrages
  Qui, sons le nom d'Homère, enchantoient l'univers :
  C'est moi, dit-il, qui lui dictai ces vers;
    J'étois sous ces sacrés ombrages,
Dans ces bois de lauriers où seul il me suivoit;
    Je chantois, Homère écrivoit.

Je me suis servi de vos vers et de ceux de M. Charpentier. (M. LAVERDET, p. 147.)

que, et en réputation de si grande rigidité, qu'il me souvient que, lorsque M. Racine me faisoit sur des endroits de mes ouvrages quelque observation un peu trop subtile, comme cela lui arrivoit quelquefois, au lieu de lui dire le proverbe latin : *Ne sis patruus mihi*, « n'ayez point pour moi la sévérité d'un oncle, » je lui disois : *Ne sis Patru mihi*, « n'ayez point pour moi la sévérité de Patru. » Je pourrois vous le dire à bien meilleur titre qu'à lui, puisque toutes vos lettres, depuis quelque temps, ne sont que des critiques de mes vers, où vous allez jusqu'à l'excès du raffinement.[1] Vous avez reçu de moi une petite narration en rimes, que j'ai composée à la sollicitation de M. Le Verrier pour amener un vers de l'*Anthologie* ; et tous ceux, à commencer par lui, à qui je l'ai communiquée, en ont été très-satisfaits. Cependant, bien loin d'en être content, vous me faites concevoir qu'elle ne vaut rien, et, sans me dire ce que vous y trouvez de défectueux, vous allez chercher dans M. Charpentier, c'est-à-dire dans les étables d'Augias, de quoi la rectifier. Ensuite vous vous avisez de trouver une équivoque dans un vers où il n'y en a jamais eu.[2] En effet, où peut-il y en avoir dans cette façon de parler :

Approuve l'escalier tourné d'autre façon ; [3]

---

1. « On voit que Boileau commençait à se lasser des sottes remarques de Brossette... » (DAUNOU.)

2. Lettre du 24 juillet 1703 : « Dans le même chant, il y a un autre vers auquel je voudrois faire un petit changement : *Approuve l'escalier tourné d'autre façon*. C'est sur le premier mot qui me paroît un peu équivoque ; car il semble que vous voulez dire que le médecin-architecte *approuve l'escalier*, parce qu'il a été tourné d'une autre façon qu'il n'étoit auparavant, au lieu que votre pensée est qu'il *voudroit voir l'escalier tourné d'autre façon...* » (M. LAVERDET, p. 152.)

3. Voyez *Art poétique*, chant IV, vers 14.

et qui est-ce qui n'entend pas d'abord que le médecin-architecte approuve l'escalier, moyennant qu'il soit tourné d'une autre manière ? Cela n'est-il pas préparé par le vers précédent :

Au vestibule obscur il marque une autre place ?

Il est vrai que dans la rigueur et dans les étroites règles de la construction, il faudroit dire : *Au vestibule obscur il marque une autre place que celle qu'on lui veut donner, et approuve l'escalier tourné d'une autre manière qu'il n'est.* Mais cela se sous-entend sans peine ; et où en seroit un poëte si on ne lui passoit, je ne dis pas une fois, mais vingt fois dans un ouvrage ces *subaudi ?* Où en seroit M. Racine, si on lui alloit chicaner ce beau vers que dit Hermione à Pyrrhus, dans l'Andromaque :

Je t'aimois inconstant, qu'eussé-je fait fidèle ?[1]

qui dit si bien, et avec une vitesse heureuse : *Je t'aimois lorsque tu étois inconstant, qu'eussé-je fait si tu avois été fidèle ?* Ces sortes de petites licences de construction, non-seulement ne sont pas des fautes, mais sont même assez souvent un des plus grands charmes de la poésie, principalement dans la narration, où il n'y a point de temps à perdre. Ce sont des espèces de latinismes dans la poésie françoise, qui n'ont pas moins d'agréments que les hellénismes dans la poésie latine. Jusqu'ici cependant, monsieur, vous n'avez été que trop scrupuleux et trop rigide ; mais où étoient vos lumières quand vous avez douté si ce temple fameux, dont parle Thémis dans le

---

1. *Andromaque*, acte IV, scène v, vers 91. — Il y a : « *qu'aurois-je fait fidèle ?* »

*Lutrin*, est Notre-Dame ou la Sainte-Chapelle ? Est-il possible que vous n'ayez pas vu que ce temple qu'elle désigne à la Piété est ce même temple dont la Piété vient de lui parler quelques vers auparavant avec tant d'emphase, et où est arrivée la querelle du Lutrin ?

> J'apprends que dans ce temple où le plus saint des rois
> Consacra tout le fruit de ses pieux exploits
> Et signala pour moi sa pompeuse largesse,
> L'implacable Discorde,[1] etc.

Comment voulez-vous que le lecteur aille songer à Notre-Dame, qui n'a point été bâtie par saint Louis, et qui est si éloignée du Palais, y ayant entre elle et le Palais plus de douze fameuses églises, et principalement la célèbre paroisse de Saint-Barthélemy, qui en est beaucoup plus proche ?[2] Permettez-moi de vous dire que de se faire ces objections, c'est se chicaner soi-même mal à propos, et ne vouloir pas voir clair en plein midi. Je ne vous parle point de la difficulté que vous me faites sur ce vers :

> Que votre esprit, vos mœurs, peints dans tous vos ouvrages ;

puisqu'il m'est fort indifférent que vous mettiez celui-là, ou

> Que votre âme et vos mœurs, peintes dans vos ouvrages.[3]

---

1. *Le Lutrin*, chant VI, vers 67-70.
2. Elle était en face du Palais de Justice, dans la rue de la Barillerie (Dulaure, *Hist. de Paris*, 1. 120), devenue aujourd'hui le boulevard de Sébastopol, et quelques parties en subsistaient encore dans le bâtiment connu sous le nom de *Prado*. (M. Chénon.)
3. Voyez la lettre précédente. Voir aussi M. Laverdet, p. 151.

Il n'est pas vrai pourtant que la construction grammaticale ne soit pas dans le premier de ces deux vers, où la noblesse du genre masculin l'emporte, et qu'on ne puisse fort bien dire en françois : *Mars et les Grâces étoient peints dans ce tableau.* On peut pourtant dire aussi *étoient peintes*, mais *peints* est plus régulier : et pour ce qui est de ce que vous prétendez qu'il s'agit là de l'*âme* et non point de l'*esprit*, trouvez bon que je vous fasse ressouvenir que le mot d'*esprit*, joint avec le mot de *mœurs*, signifie aussi l'âme ; et qu'un esprit bas, sordide, trigaud, etc., veut dire la même chose qu'une âme basse, sordide, etc... Avouez donc, monsieur, que dans toutes ces critiques vous vous montrez un peu trop subtil, et que vous êtes à mon égard en cela *Patru patruissimus.* Mais je commence à m'apercevoir que je suis moi-même bien peu subtil de ne pas reconnoître que vous les avez faites pour m'exciter à parler, et qu'il n'étoit pas nécessaire d'y répondre sérieusement. Que voulez-vous? Un auteur est toujours auteur, surtout quand on le blesse dans une partie aussi sensible que ses ouvrages, et ses ouvrages imprimés ; mais laissons-les là.

Je ne saurois bien vous dire pourquoi M. de Lamoignon n'a point accepté la place qu'on lui vouloit donner dans l'Académie. Il m'a mandé qu'il ne pouvoit pas se résoudre à louer M. Perrault, auquel on le faisoit succéder, et dont, selon les règles, il auroit été obligé de faire l'éloge dans sa harangue ; mais c'est une plaisanterie. Quoi qu'il en soit, l'Académie, à mon avis, a suffisamment réparé cet affront, en élisant à sa place M. le coadjuteur de Strasbourg, prince d'un très-grand mérite et d'une très-grande condition, qui en a témoigné une très-grande reconnoissance, jusqu'à aller rendre exactement visite à tous ceux qui lui ont donné leur voix, *solatia victis*.¹ Je suis ravi qu'un petit mot dans ma dernière lettre ait un peu contribué au rétablissement de la santé de l'illustre M. Puget. Si mes paroles ont cette vertu magique, je ne m'en applaudirai pas moins que si elles avoient le pouvoir de faire descendre la lune du ciel, sortir du tombeau *manes responsa daturos*.² Je vous conjure donc d'employer aussi mes paroles à me conserver toujours dans le souvenir de M. Perrichon. J'ai reçu une lettre de M. de Mervezin³ presque en même temps qu'on m'a rendu la vôtre. Il est homme de mérite, et m'a paru plus que content de votre bonne réception. Je suis...

*P. S.* Comme vous ne sauriez goûter mon épigramme de l'*Anthologie* en françois, j'ai cru vous devoir envoyer la traduction qu'en a faite en grec l'illustre et le savant M. Boivin.⁴ Elle est écrite de sa main, avec quelques vers françois de sa façon, qu'il a imités des vers grecs d'un ancien Père de l'Église, et qui sont au dos de l'épigramme. Vous jugerez par là, monsieur, de son double mérite. Il prétend citer quelque jour cette épigramme dans quelques

---

1. Voyez lettre XXV et la lettre CXVII.

Gaillard, dans la vie de Lamoignon, cite une lettre écrite en 1703 à ce magistrat par Despréaux, et qui se terminait ainsi : « Quelque mérite qu'ait ce prince (M. de Rohan), et quelque beau que soit le nom de Soubise, je doute que dans une compagnie de gens de lettres, comme l'Académie, il sonne plus agréablement à l'oreille que le nom de Lamoignon. » (DAUNOU.)

2.   Carmina vel cœlo possunt deducere lunam...
(VIRGILE, églogue VIII, vers 69.)

. . . . . Ut inde
Manes elicerent, animas responsa daturas.
(HORACE, liv. I, satire VIII, vers 29.)

3. Joseph Mervezin, bénédictin, né à Apt, mort dans la même ville en 1721. On a de lui : *Histoire de la poésie françoise*. Paris, 1706, in-12. (M. CHÉRON.)

4. On peut la voir dans M. Laverdet, p. 158.

notes savantes, et la faire passer pour un original tiré d'un manuscrit de la Bibliothèque du roi, dont il est gardien. Je ne sais s'il fera cette folie ; mais combien pensez-vous que nous avons peut-être d'ouvrages donnés de la sorte ?

## LETTRE CXIX.

Auteuil, 29 septembre 1703.

J'ai été, monsieur, si accablé d'affaires depuis quelque temps, que je n'ai pas eu le loisir de faire la chose qui m'est la plus agréable, je veux dire de m'entretenir avec vous. Je m'en serois même encore dispensé aujourd'hui, si, tout d'un coup, en relisant votre dernière lettre que j'ai trouvée sur ma table, je n'eusse fait réflexion que vous imputeriez peut-être mon silence au chagrin que vous croyez que j'ai conçu de vos critiques.[1] Je vous

1. Cette lettre était du 15 juin 1703. Brossette s'y confondait en excuses : « Monsieur, avec les sentiments et les égards que j'ai toujours eus pour votre personne, il ne me paroissoit pas que je dusse jamais craindre d'être obligé de m'expliquer avec vous. Cependant je me vois réduit à cette nécessité ; mais ce qui me rassure, c'est que je n'aurai pas beaucoup de peine à justifier ma conduite. Il est vrai, monsieur, que dans mes dernières lettres j'ai pris la liberté de faire quelques observations sur trois ou quatre vers de vos ouvrages, et je vous ai fait part de mes petites difficultés avec la même simplicité et la même confiance que je l'aurois fait dans une conversation familière. Mais, monsieur, il vous est bien facile de connoître dans quel esprit je vous ai proposé mes réflexions. Je ne l'ai fait qu'avec tout le ménagement possible, et j'ai reçu vos décisions avec toute la déférence qu'un homme raisonnable doit aux lumières de la vérité, etc. » On voit le ton, il termine après de longues explications : « *Tu vero ne sis patruus mihi.* Traitez-moi avec un peu plus de bonté, je le mérite du moins par le dévouement sincère avec lequel je suis, monsieur, votre, etc... » (M. LAVERDET, pages 159, 160, 161.)

assure pourtant que je n'en ai eu aucun, et que j'ai été d'autant moins capable d'en avoir, que j'ai bien vu, comme je vous l'ai, ce me semble, témoigné, que vous ne me les faisiez qu'afin de vous divertir et de me faire parler. J'ai trouvé un peu étrange, je l'avoue, que vous me voulussiez mettre en société de style avec Charpentier, l'un des hommes du monde avec lequel je m'accordois le moins, et qui toute sa vie, à mon sens, et même en sa vieillesse, a eu le style le plus écolier; mais cela n'a point fait que je vous aie voulu aucun mal. Et qu'ai-je fait effectivement, à propos de vos censures, autre chose que vous comparer à M. Patru et à M. Racine? Est-ce que la comparaison vous déplaît?

Pour vous montrer même combien je suis éloigné de me choquer de vos critiques, je m'en vais vous écrire ici une énigme que j'ai faite à l'âge de dix-sept ans, et qui est pour ainsi dire mon premier ouvrage. Je l'avois oubliée, et je m'en souvins le dernier jour, en allant voir une maison que feu mon père avoit au pied de Montmartre,[1] où je composai ce bel ouvrage. Je vous l'envoie, afin que vous l'examiniez à la rigueur; mais, pour me venger de votre sévérité, je ne vous dirai le mot de l'énigme qu'à la première fois que je vous récrirai, afin de me venger de la peine que vous me ferez en la censurant, par la peine que vous aurez à la deviner. La voici :

> Du repos des humains implacable ennemie,
> J'ai rendu mille amants envieux de mon sort.
> Je me repais de sang, et je trouve ma vie
> Dans les bras de celui qui recherche ma mort[2]

---

1. A Clignancourt.
2. Voyez *Poésies diverses,* n° XXIV, t. III.

Tout ce que je puis vous dire par avance, c'est que j'ai tâché de répondre par la magnificence de mes paroles à la grandeur du monstre que je voulais exprimer. Adieu, mon cher monsieur, aimez-moi toujours, et croyez que je suis avec tout le respect et toute la sincérité que je dois...

*P. S.* Je donnai à dîner il y a deux jours à M. Bronod, à Auteuil, et il y fut très-affectueusement et très-solennellement bu à votre santé.

## LETTRE CXX.

Paris, 4 novembre 1703.

Je ne vous ai point écrit, monsieur, depuis longtemps, parce que j'ai été un peu malade, et fort accablé d'affaires. Vous êtes un véritable OEdipe pour deviner les énigmes; et si les couronnes se donnoient aujourd'hui à ceux qui en pénètrent le sens, je suis sûr que vous ne tarderiez pas à vous voir roi de quelque bonne et grande ville. Mais, si vous avez très-bien reconnu[1] que c'étoit la *puce* que j'ai voulu peindre dans mes quatre vers, vous n'avez pas moins bien deviné quand vous avez cru que je ne digérois pas fort aisément l'insulte ironique que m'ont faite de gaieté de cœur, et sans que je leur en aie donné aucun sujet, messieurs les journalistes de Trévoux.[2]

1. Lettre de Brossette du 4 d'octobre 1703.
2. Lettre du 4 octobre 1703 : « Je viens de lire le journal de Trévoux pour le mois de septembre, dans lequel il y a un article qui vous concerne personnellement. Cet article contient l'extrait d'une édition de vos

Comme j'ai fait profession jusqu'ici de ne me point plaindre de ceux qui m'attaquent, et que je les ai toujours rendus complaignants, j'ai cru en devoir encore user de même en cette occasion, et je les ai d'abord servis d'une épigramme, ou plutôt d'une espèce de petite épître en seize vers, où je leur ai marqué ma reconnoissance sur leur fade raillerie. Je ne saurois vous dire avec combien d'applaudissements cette épître a été reçue de tout le monde, et j'ai fort bien reconnu par là que non-seulement je ne suis pas haï du public, mais qu'ils lui sont fort odieux. Je m'imagine que vous avez grande envie de voir ce petit ouvrage, et il n'est pas juste de retarder votre curiosité. Le voici :

### AUX RÉVÉRENDS PÈRES AUTEURS DU JOURNAL DE TRÉVOUX.

Mes révérends pères en Dieu,[1] etc.

Au reste, comme ils ne m'ont pas attaqué seul, et qu'ils ont traité très-indignement mon frère, au sujet du livre des Flagellants, je me suis cru aussi obligé de le défendre contre la mauvaise foi avec laquelle ils l'accusent, eux et M. Thiers,[2] d'avoir attaqué la discipline en général, quoi-

---

ouvrages, faite depuis deux ans en Hollande. Si les journalistes s'étoient contentés d'en faire un simple extrait, il n'y auroit peut-être rien à dire; mais ils se sont avisés de faire une espèce de parallèle de cette édition avec celle qui a été faite à Paris en dernier lieu, et j'avoue que j'ai été très-indigné d'un certain air de plaisanterie que ces nouveaux Aristarques ont essayé de répandre sur leur style. Ils font bien voir que votre épître sur l'amour de Dieu n'est pas de leur goût. » (M. Laverdet, p. 165.)

1. Épigramme XXV, t. III.
2. Jean-Baptiste Thiers, curé de Vibrai, du diocèse du Mans, né à Chartres en 1636, mort en 1703. Indépendamment d'une critique du livre de Jacques Boileau sur les *Flagellants*, on lui doit plus de trente dissertations ou traités singuliers sur les *Perruques*, les *Cloches*, les *Superstitions*,

qu'il n'en reprenne que le mauvais usage ; c'est ce que je fais voir par l'épigramme suivante, qui court aussi déjà le monde :

AUX PÈRES JOURNALISTES DE TRÉVOUX.

Non, le livre des Flagellants,[1] etc.

Cette épigramme n'est pas si bonne que la précédente. Elle dit pourtant assez bien ce que je veux dire, et défend parfaitement mon frère de la chose dont on l'accuse. Je ne sais pas ce que messieurs les journalistes répondront à cela ; mais, s'ils m'en croient, ils profiteront du bon avis que je leur donne par la bouche de Régnier, notre commun ami.[2] Je n'ai pas vu jusqu'ici que ceux qui ont pris à tâche de me décrier y aient réussi. Ainsi je leur puis dire avec Horace :

Nec quisquam noceat cupido mihi pacis! at ille,
Qui me commorit, melius non tangere clamo.[3]

Ce qu'il y a de certain, c'est que tout le tort est de leur côté. La vérité est que je me déclare dans mes ouvrages ami de M. Arnauld, mais en même temps je me déclare

---

les *Porches des églises*, la *Dépouille des curés*, la *Clôture des religieuses*, les *Jeux permis ou défendus*, sur la *Sainte larme* de Vendôme, etc., etc. (M. Chéron.)

1. Voyez épigramme XXXVII, t. III.
2.  Corsaires attaquant corsaires
    Ne font pas, dit-il, leurs affaires.

Derniers vers de l'épigramme XXV. Régnier termine ainsi sa douzième satire :
..... Corsaires à corsaires
L'un l'autre s'attaquant ne font pas leurs affaires.
(M. Chéron.)

3. Horace, liv. II, satire I, vers 44-45.

aussi ami *des écrivains de l'école d'Ignace*, et partant je suis tout au plus un *Molino-Janséniste*. C'est ce que je vous prie de bien faire entendre à vos illustres amis les jésuites de Lyon, que je ne confondrai jamais avec ceux de Trévoux, quoiqu'on me veuille faire entendre que tous les jésuites sont un corps homogène, et que qui remue une des parties de ce corps, remue toutes les autres ; mais c'est de quoi je ne suis point encore parfaitement convaincu. Quoi qu'il en soit, il ne s'agit point en notre querelle d'aucun point de théologie ; et je ne sais pas comment messieurs de Trévoux pourront me faire janséniste, pour avoir soutenu qu'on ne doit point étaler aux yeux ce que leur doit toujours cacher la bienséance. Ce que je vous prie surtout, c'est de bien faire ressouvenir M. Perrichon de la sincère estime que j'ai pour lui. Je suis...

## LETTRE CXXI.

Paris, 7 décembre 1703.

J'ai tardé jusqu'à l'heure qu'il est, monsieur, à vous récrire, parce que j'attendois pour le faire que MM. de Trévoux eussent répondu à mes épigrammes dans leur nouveau volume, afin de voir et de vous mander si j'avois la guerre ou non avec ces bons pères ; mais, étant demeurés dans le silence à mon égard,[1] voilà toutes nos que-

---

1. Ils rompirent ce silence dans le volume suivant, c'est-à-dire le volume du mois de décembre.

Le P. Du Rus répondit par une épigramme que nous avons donnée t. III, p. 88. Boileau y répondit par une nouvelle épigramme, la XXXVI<sup>e</sup>, t. III, p. 88. Boileau ne connut point d'abord la réponse du P. Du Rus.

relles finies, et vous pouvez assurer messieurs les jésuites
de Lyon que je ne dirai plus rien contre aucun de leur
compagnie, dans laquelle, quoique extrêmement ami de
la mémoire de M. Arnauld, j'ai encore d'illustres amis,
et, entre autres, le père de La Chaise, le P. Bourdaloue
et le P. Gaillard. Car pour ce qui regarde le démêlé sur la
grâce, c'est sur quoi je n'ai point pris parti, étant tantôt
d'un sentiment et tantôt d'un autre. De sorte que,
m'étant quelquefois couché janséniste tirant au calviniste,
je suis tout étonné que je me réveille moliniste approchant du pélagien.[1] Ainsi, sans les condamner ni les uns
ni les autres, je m'écrie avec saint Augustin : *O altitudo
sapientiæ!* mais, après avoir quelquefois en moi-même
traduit ces paroles par *Oh! que Dieu est sage!* j'ajoute
aussi en même temps : *Oh! que les hommes sont fous!* Je
m'imagine que vous entendez bien pourquoi cette dernière exclamation, et que vous n'y comprenez pas un
petit nombre de volumes.

Mais pour répondre maintenant à la question que vous
me faites sur la prononciation du mot de *Trevoux*,[2] et s'il
faut un accent sur la pénultième, je vous dirai que c'est
vous qui avez entièrement raison, et que ma faute vient
de ce que je n'avois jamais entendu prononcer le nom de
cette ville, avant les journaux de MM. de Trevoux. Trouvez bon que je ne vous écrive rien davantage cet ordinaire,
parce que le retour de M. de Valincour de l'armée navale
m'a surchargé d'occupations.[3] Aimez-moi toujours, croyez

---

1. Voyez ci-après la fin de la lettre n° cxxiii.

2. Lettre du 20 novembre 1703 : « Au reste, je vois dans votre lettre,
par la manière dont vous écrivez ce mot de Trévoux, que vous le prononcez
avec un *é* masculin; cependant nous disons *Trevoux* avec un *e* muet,
comme *treteau. Quid juris?* » (M. Laverdet, p. 170.)

3. Comme historiographe.

que je vous rends la pareille, et soyez bien persuadé que je suis très-passionnément, etc...

*P. S.* On dit qu'on a découvert à Lyon l'auteur du fameux meurtre de Savary : voulez-vous bien me mander ce que vous savez là-dessus.[1]

## LETTRE CXXII.

Paris, 25 janvier 1704.

Ce n'est pas, monsieur, à un homme qui a tort à se plaindre d'un homme qui a raison. Cependant vous trouverez bon que je ne m'assujettisse pas aujourd'hui à cette règle, et que, tout coupable que je suis de négligence à votre égard, je ne laisse pas de me plaindre de votre peu de diligence depuis quelque temps à m'écrire. Quoi ! monsieur, laisser passer tout le mois de janvier sans me

---

1. Brossette lui répond le 16 de décembre 1703 : « Je voudrois bien pouvoir satisfaire votre curiosité ; mais tout ce que l'on peut vous mander de cette ville à ce sujet ne sera peut-être pas nouveau pour vous... M. le comte d'Arco étant à Lyon le 7 de septembre dernier, au logis des Trois-Rois, on lui vole pendant la nuit, sous son chevet, une bourse de deux cents louis d'or. Il soupçonna de ce vol un étranger, logé dans le même hôtel, qui fut mis en prison... Cette accusation a fait rechercher un autre chef plus considérable sur lequel il a été interrogé, et ce second chef concerne le meurtre du sieur Savary. Il s'appelle Jean-Alexandre Boüat, sieur Dufieu, bourgeois de Paris, âgé de quarante-quatre ans, demeurant dans la rue des Déjeûneurs (*sic*), près la porte Montmartre. » (M. Laverdet, p. 172.)

Ce Boüat avait été soupçonné d'avoir assassiné Savary, frère de l'évêque de Séez, sa servante et son valet, qui demeuraient dans la même maison que lui. Brossette dit plus loin qu'il croit que Boüat ne sera pas convaincu d'être l'auteur du vol. Cf., sur l'affaire Savary, Saint-Simon, édition Garnier frères, t. IV, p. 111. (M. Chéron.)

souhaiter, du moins par un billet, la bonne année!¹ Cela se peut-il souffrir? Vous me direz que j'ai bien laissé passer le mois de novembre et celui de décembre sans répondre à deux lettres que j'ai reçues de vous ; mais doit-on se régler sur un paresseux de ma force, et pouvez-vous vous dire homme exact, si vous ne l'êtes que deux fois plus que moi? Sérieusement, je suis fort en peine de n'avoir point eu depuis très-longtemps de vos nouvelles. Auriez-vous été indisposé? C'est ce que j'appréhenderois le plus. Faites-moi donc la grâce de me rassurer sur ce point, et de me dire pourquoi dans votre dernière lettre vous ne me parlez point de mon accommodement avec MM. de Trevoux. Cet accommodement est maintenant complet, et le père Gaillard est venu, de la part de MM. les jésuites de Paris, témoigner à mon frère le chanoine qu'on avoit fort lavé la tête à ces aristarques indiscrets, qui assurément ne diroient plus rien contre lui ni contre moi.² Je ne m'étois enquis du prisonnier fait à Lyon que parce qu'on m'avoit dit qu'il avoit confessé l'assassinat horrible de Savary,³ commis à Paris, et dont on n'a encore eu aucune lumière. Du reste, je ne m'intéresse pas trop au vol fait à M. d'Arco, à qui je veux bien qu'on

---

1. Il oublie donc les deux lettres précédentes.
2. Voyez lettre n° CXXI.
3. Ceci ne s'accorde pas tout à fait avec le récit de Saint-Simon. Après avoir rapporté dans un de ses chapitres de l'année 1699 (t. II, p. 308) que Savary, bourgeois aisé qui recevait des amis de *haute volée,* et chez qui l'on s'exprimait librement, fut trouvé un jour assassiné avec ses deux domestiques sans que rien lui eût été dérobé, il ajoute (p. 309) : « On n'a jamais su la cause de cet assassinat, mais on en trouva assez pour n'oser approfondir, et l'affaire en demeura là. On ne douta guère qu'un très-vilain petit homme ne l'eût fait faire, mais d'un rang si supérieur et si respecté que toute formalité tomba dans la frayeur de le trouver au bout... » (Ne semblerait-il pas désigner par là le duc du Maine?) (B.-S.-P.)

rende son argent, mais à qui je ne crois pas qu'on puisse rendre sa réputation, qu'il a très-justement perdue au siége de Brisach.[1] Je suis, avec beaucoup de sincérité et de reconnoissance...

## LETTRE CXXIII.

Auteuil, 27 mars 1704.

Vous êtes, monsieur, l'ami du monde le plus commode pour un paresseux comme moi, puisque, dans le temps même que je ne sais comment vous demander pardon de ma négligence, vous me faites vous-même des excuses, et vous déclarez le négligent de nous deux : je n'ai pourtant pas oublié que c'est moi qui ai manqué à répondre à plusieurs de vos lettres, et, entre autres, à celle où vous m'assurez que vous avez vu à Lyon mon dialogue des romans imprimé.[2] Je ne sais pas même comment j'ai pu tarder si longtemps à vous détromper de cette erreur, ce dialogue n'ayant jamais été écrit, et ce que vous

---

1. « M. de Puget s'étant trouvé chez moi dans le temps que votre lettre m'a été rendue, il m'a dit que le comte d'Arco qui a perdu sa réputation au siége de Brisach n'est pas le comte d'Arco qui a perdu son argent à Lyon. Celui-ci avoit un château dans le Trentin ou dans le Tyrol, dont les Allemands s'étoient emparés. M. le comte d'Arco se joignit à nos troupes et les aida à reprendre son château. Quand il fut volé à Lyon, il alloit à Paris pour demander la jouissance de ses revenus... » Brossette, lettre du 1er de février 1704. (M. LAVERDET, p. 175.)

Le comte d'Arco, gouverneur de Brisach, rendit la ville, le 6 de septembre 1703, à une puissante armée commandée par le duc de Bourgogne et le comte de Marsin. (Reboulet, *Histoire de Louis XIV*, VIII, 280.)

2. Lettre de Brossette du 1er de février 1704, où il annonce qu'il a vu les *Héros de roman* imprimés dans les *OEuvres de Saint-Évremond*.

avez lu ne pouvant sûrement être un ouvrage de moi. La vérité est que l'ayant autrefois composé dans ma tête, je le récitai à plusieurs personnes qui en furent frappées, et qui en retinrent quantité de bons mots. C'est de quoi on a vraisemblablement fabriqué l'ouvrage dont vous me parlez; et je soupçonne fort M. le marquis de Sévigné[1] d'en être le principal auteur; car c'est lui qui en a retenu le plus de choses. Mais tout cela, encore un coup, n'est point mon dialogue ; et vous en conviendrez vous-même, si vous venez à Paris, quand je vous en réciterai des endroits. J'ai jugé à propos de ne le point donner au public pour des raisons très-légitimes, et que je suis persuadé que vous approuverez; mais cela n'empêche pas que je ne le retrouve encore fort bien dans ma mémoire, quand je voudrai un peu y rêver, et que je vous en dise assez pour enrichir votre commentaire sur mes ouvrages.[2]

1. Le fils de M$^{me}$ de Sévigné.
2. Ce passage, à commencer au mot LE *marquis de Sévigné*, a été rapporté par Brossette, mais avec plusieurs suppressions ou altérations. Par exemple, il omet les mots *si vous venez à Paris*, peut-être pour donner à penser qu'il a pu y aller avant la mort de Boileau, comme on a vu qu'il avait la hardiesse de le dire. Enfin, il n'a pas même *été exact* dans ce qu'il rapporte ensuite de la réponse qu'il fit à Boileau, où il prétend, entre autres, l'avoir exhorté à publier ce dialogue, en observant qu'il *ferait sentir le ridicule* des romans, expressions qui ne se trouvent point dans son manuscrit et qu'il aura empruntées à Jean-Baptiste Rousseau.

C'est probablement peu après cette lettre que Jean-Baptiste Rousseau chercha en Hollande l'édition qu'on y avait faite du dialogue ci-dessus, et qui probablement aussi est l'édition citée par Brossette, car les œuvres de Saint-Évremond, où le dialogue est inséré, avaient été publiées dans ce pays. (Desmaiseaux, *Vie de Boileau*.) Quoi qu'il en soit, Jean-Baptiste Rousseau en fit faire une copie dont il corrigea les fautes, et, en l'envoyant à Boileau, lui dit dans une lettre publiée (sans date) par Louis Racine (II, 262)... « Je souhaite que vous persistiez dans le dessein de corriger celles qui appartiennent aux personnes qui ont fait imprimer l'ouvrage même. Tel qu'il est, je ne connois personne qui n'eût été frappé des plaisanteries ingénieuses qui y sont répandues. Il n'y a que vous au monde

Je suis bien aise que mon frère vous ait écrit le détail de notre accommodement avec MM. de Trevoux. Je n'ai pas eu de peine à donner les mains à cet accord :

Aujourd'hui vieux lion, je suis doux et traitable.[1]

Et d'ailleurs, quoique passionné admirateur de l'illustre M. Arnauld, je ne laisse pas d'estimer infiniment le corps des jésuites, regardant la querelle qu'ils ont eue avec lui sur Jansénius comme une vraie dispute de mots, où l'on ne se querelle que parce qu'on ne s'entend point, et où l'on n'est hérétique de part ni d'autre.[2] Adieu, mon cher monsieur, faites bien mes compliments à M. Perrichon et à tous nos autres illustres amis de l'hôtel de ville de Lyon, et croyez qu'on ne peut être avec plus de sincérité et de respect que je le suis...

## LETTRE CXXIV.

Auteuil, 15 juin 1704.

Je suis bien honteux, monsieur, d'avoir été si long-temps sans répondre à vos obligeantes lettres.[3] Cependant je ne laisse pas d'être fâché d'avoir d'aussi bonnes excuses

---

qui soyez capable de faire sentir, dans un aussi petit nombre de pages, tout le ridicule d'une infinité prodigieuse de gros volumes, et on ne croira jamais que vous ayez pu mieux faire, à moins que vous ne fassiez voir la pièce telle que vous l'avez composée. Vous ne devez point refuser cette satisfaction au public. Je suis, etc. » (B.-S.-P.)

1. Épître V, vers 18.
2. Brossette ose néanmoins affirmer (édition in-4°, t. I, p. 176) que Boileau croyait le jansénisme une véritable hérésie. (B.-S.-P.)
3. Du 10 d'avril et du 22 de mai 1704.

que celles que j'ai à vous en faire : car, outre que j'ai été extrêmement incommodé d'un mal de poitrine qui non-seulement ne me permettoit pas d'écrire, mais qui ne me laissoit pas même l'usage de la respiration, la suppression subite qui s'est faite des greffiers de la grand'chambre, et qui va mettre une de mes nièces[1] à l'hôpital, avec son mari et ses trois enfants, m'a jeté dans une consternation qui n'excuse que trop justement mon silence. Je ne vous entretiendrai point du détail de cette affaire. Tout ce que je puis vous dire, c'est que les prospérités de la France coûtent cher au greffe, et que, si cela continue, j'ai bien peur que les trois quarts du royaume ne s'en aillent à l'hôpital couronnés de lauriers. Il faut pourtant tout espérer de Dieu et de la prudence du roi.

Vous m'avez fait plaisir de me mander les miracles du jésuite Romeville.[2] Je ne sais pas s'il a ressuscité des morts et fait marcher des paralytiques; mais le plus grand miracle, à mon avis, qu'il pourroit faire, ce seroit de convenir que M. Arnauld étoit le plus grand personnage et le plus véritable chrétien qui ait paru depuis longtemps dans l'Église, et de désavouer les exécrables maximes de tous les nouveaux casuistes. Alors je lui crierois : *Hosanna in excelsis! beatus qui venit in nomine Domini!*

J'ai bien de la joie que vous vous érigiez en auteur par un aussi bon et aussi utile ouvrage que celui dont vous

---

1. Geneviève Manchon. Voyez lettre XLIV.
2. Lettre du 22 mai 1704 : «... Dans la ville de Vienne, qui n'est qu'à cinq lieues de Lyon, il y a un jésuite, et un jésuite vivant, qui fait, dit-on, des miracles... Il a demeuré longtemps dans une petite ville nommée la Roche, proche de Genève; et là, par l'attouchement d'une bague merveilleuse qui a été au doigt de saint François-Xavier, et dont ce bon père est muni, il a fait des guérisons surprenantes.

« A l'égard des miracles, tout le monde dit : *J'ai ouï dire;* mais je ne trouve personne qui dise : *J'ai vu.* » (M. LAVERDET, p. 179.)

m'avez envoyé le titre.[1] J'ai naturellement peu d'inclination pour la science du droit civil, et il m'a paru, étant jeune et voulant l'étudier, que la raison qu'on y cultivoit n'étoit point la raison humaine et celle qu'on appelle le bon sens, mais une raison particulière, fondée sur une multitude de lois qui se contredisent les unes les autres, et où l'on se remplit la mémoire sans se perfectionner l'esprit. Je me souviens même que, dans ce temps-là, je fis sur ce sujet des vers latins qui commençoient par

> O mille nexibus non desinentium
> Fœcunda rixarum parens!
> Quid intricatis juribus jura impedis?

J'ai oublié le reste. Il m'est pourtant encore demeuré dans la mémoire que j'y comparois les lois du Digeste aux dents de dragon que sema Cadmus et dont il naissoit des gens armés qui se tuoient les uns les autres. La lecture du livre de M. Domat[2] m'a fait changer d'avis, et m'a fait voir dans cette science une raison que je n'y avois point vue jusque-là. C'étoit un homme admirable. Je ne suis donc point surpris qu'il vous ait si bien distingué, tout jeune que vous étiez.[3] Vous me faites grand honneur de me comparer à lui, et de mettre en parallèle un misérable faiseur de satires avec le restaurateur de la raison dans la jurisprudence. On m'a dit qu'on le cite déjà tout haut

---

1. *Les Titres du droit civil et canonique rapportés sous les noms françois...* Lyon, 1704, in-4°. Lettre du 22 mai 1704.

2. *Les Lois civiles dans leur ordre naturel.* Paris, 1694, 3 vol. in-4°, de Jean Domat, avocat du roi au présidial de Clermont, en Auvergne, né dans cette ville le 30 de novembre 1625, mort à Paris le 12 de mars 1696. On lui doit en outre : *le Droit public*, suite des *Lois civiles.* Paris, 1697, 2 vol. in-4°; *Legum delectus.* Paris, 1700, in-4°. (M. Chénon.)

3. Brossette étudiait le droit en 1691, avec les fils de Domat.

dans les plaidoiries, comme Balde et Cujas; et on a raison : car, à mon sens, il vaut mieux qu'eux. Je vous en dirois davantage; mais permettez, dans le chagrin où je suis, que je me hâte de vous assurer que je suis, etc.

## LETTRE CXXV.

Paris, 13 décembre 1704.

Je suis si coupable, monsieur, à votre égard, que je sens bien que si je voulois faire mon apologie, il me faudroit plus d'une fois relire mon Aristote et mon Quintilien, et y chercher des figures propres à bien mettre en jour un procès et une maladie que j'ai eus, et qui m'ont empêché de répondre aux lettres obligeantes et judicieuses que vous m'avez fait l'honneur de m'écrire;[1] mais, comme je suis sûr de mon pardon, je crois que je ferai mieux de ne me point amuser à ces vains artifices, et de vous dire, comme si de rien n'étoit, après avoir avoué ma faute, que je suis confus des bontés que vous me marquez dans votre dernière lettre. J'admire la délicatesse de votre conscience, et le soin que vous prenez de m'y fournir des armes contre vous-même, au sujet de la critique que vous m'avez faite sur la piqûre de la guêpe.[2] Je n'avois garde

1. L'une du 21 de juin et l'autre d'un des premiers jours de septembre 1704. Dans celle-ci Brossette annonçait qu'il avait failli être écrasé par un ouvrage de charpente dont la chute avait coûté la vie à un chantre avec qui il causait. Comme Boileau ne parle point de cet événement dans la lettre ci-dessus, il faut croire, avec M. de Saint-Surin, qu'il avait témoigné de quelque autre manière à Brossette la part qu'il prenait au danger couru par celui-ci. (B.-S.-P.)

2. Voyez lettre CXVI.

« M. de Puget, dit Brossette, a remarqué, par le moyen du microscope,

de me servir de ces armes, puisque franchement je ne savois rien, avant votre lettre, du fait que vous m'y apprenez. Je suis ravi que ce soit à M. Puget que je doive ma disculpation,[1] et je vous prie de le bien marquer dans votre commentaire sur le Lutrin ; mais surtout je vous conjure de bien témoigner à cet excellent homme l'estime que je fais de lui et de ses découvertes dans la physique. Je vois bien qu'il a en vous un merveilleux disciple; mais dites-moi comment vous faites pour passer si aisément de l'étude de la nature à l'étude de la jurisprudence, et pour être en même temps si digne sectateur de M. Puget et de M. Domat.

Il n'y a rien de plus savant et de plus utile que votre livre sur les *Titres du droit civil et du droit canonique*; et, bien que j'aie naturellement, comme je vous l'ai déjà dit, une répugnance à l'étude du droit, je n'ai pas laissé de lire plusieurs endroits de votre ouvrage avec beaucoup de satisfaction. Vous m'avez fait un grand plaisir de me

---

que l'aiguillon des guêpes est garni à sa pointe de plusieurs petits crans ou entaillures, dont le redan s'oppose à la sortie de l'aiguillon quand il est une fois entré dans la plaie qu'il fait par sa piqûre. C'est ce que j'ai vu après M. de Puget, dans plusieurs aiguillons de guêpes ; et, afin que vous puissiez vous en convaincre vous-même par vos yeux, je vous envoie un de ces aiguillons. » (M. LAVERDET, p. 185.)

Puget s'occupait d'entomologie, car on a de lui : *Observations contenues dans deux lettres au père Lamy, sur la structure des yeux de divers insectes et sur la trompe des papillons.* Lyon, 1706, in-12. Il est question de ce livre dans la lettre n° CXXXI. (M. CHÉRON.)

1. Texte de Cizeron-Rival et de l'autographe. Brossette l'avait altéré ainsi : « Je suis ravi de vous *devoir* ma justification, et je vous prie de le bien marquer... » Commentaire in-4°, I, 364. Dans une lettre du mois de décembre 1704 il dit à Boileau : « Ne doutez pas, monsieur, que dans mes commentaires sur le *Lutrin*, je ne fasse mention, et de ma fausse critique, et de votre justification, au sujet de l'aiguillon de la guêpe... Nous devons cette découverte à M. de Puget, qui a reçu avec beaucoup de reconnoissance les compliments que je lui ai faits de votre part. » (M. LAVERDET, p. 188.)

l'envoyer, et je voudrois bien vous pouvoir faire un présent de ma façon, qui pût, en quelque sorte, égaler le prix de votre livre ; mais cela n'étant pas possible, je crois que vous voudrez bien vous contenter de deux épigrammes nouvelles, que j'ai composées dans quelques moments de loisir. Ne les regardez pas avec des yeux trop rigoureux, et songez qu'elles sont d'un homme de soixante et sept ans. Les voici :

ÉPIGRAMME.

SUR UN HOMME QUI PASSOIT SA VIE A CONTEMPLER
SES HORLOGES.

Sans cesse, autour de six pendules,[1] etc.

AUTRE.

A M. LE VERRIER, SUR LES VERS DE SA FAÇON QU'IL A FAIT METTRE
AU BAS DE MON PORTRAIT, GRAVÉ PAR DREVET.

Oui, Le Verrier, c'est là mon fidèle portrait,[2] etc.

Voilà, monsieur, deux diamants du Temple[3] que je vous envoie pour un livre plein de solidité et de richesses. Vous en ferez tel usage que vous jugerez à propos, et même, si vous voulez, un très-indigne usage. Cependant je vous

---

1. Voyez *Épigrammes*, XXXVIII, t. III.
2. Voyez *Poésies diverses*, XII, t. III.
Brossette se hâta (28 de décembre 1704) d'écrire à Le Verrier pour demander un exemplaire du portrait, et pria Boileau de remettre sa lettre. Celui-ci lui répondit, le 9 de janvier 1705 (Laverdet, p. 191-192), qu'il avait fait sa commission et lui adressa une copie des vers mis au bas du portrait. « C'est moi, dit-il, qui suis supposé y parler, mais qui n'ai pourtant jamais pensé ce qu'on m'y fait dire : *Sans peine à la raison asservissant la rime*, etc. » (*Poésies diverses*, n° XI.) Il termine par faire à Brossette des souhaits de bonne année. (B.-S.-P.)
3. « Les garnitures de pierres fausses se vendent au quartier du Temple. » Abraham du Pradel (Blegny), *Les Adresses de la ville de Paris*. Paris, 1691, in-12, p. 26. — (Dulaure, *Hist. de Paris*, II, 276 et suiv.)

prie de croire que c'est du fond du cœur que je suis à outrance, etc.

## LETTRE CXXVI.

Paris, 12 janvier 1705.

Je vous envoie, monsieur, le portrait dont il est question. M. Le Verrier, qui vous en fait présent, vouloit l'accompagner d'une lettre de compliment de sa main; mais dans le temps qu'il l'écrivoit, on l'a envoyé querir de la part de M. Desmarets,[1] et je me suis chargé de l'excuser envers vous. Il m'a assuré pourtant qu'il vous écriroit au premier jour par la poste. Ainsi sa lettre arrivera peut-être avant celle-ci, que je vous envoie par la voie que vous m'avez marquée. Il y a des gens qui trouvent que le portrait me ressemble beaucoup; mais il y en a bien aussi qui n'y trouvent point de ressemblance. Pour moi, je ne saurois qu'en dire; car je ne me connois pas trop bien et je ne consulte pas trop souvent mon miroir. Il y a encore un autre portrait de moi, gravé par un ouvrier dont je ne sais pas le nom, et qui me ressemble moins qu'au grand Mogol. Il me fait extrêmement *rechigneux*, et comme il n'y a pas de vers au bas, j'ai fait ceux-ci pour y mettre :

> Du célèbre Boileau tu vois ici l'image.
> Quoi! C'est là, diras-tu, ce critique achevé?
> D'où vient le noir chagrin qu'on lit sur son visage?
> C'est de se voir si mal gravé.[2]

1. Neveu de Colbert et l'un de ses successeurs dans la place de contrôleur général des finances, né vers 1650, mort en 1721.
2. Voyez épigramme XXXIV.

Je ne sais si le graveur sera content de ces vers; mais je sais qu'il ne sauroit en être plus mécontent que je le suis de sa gravure. Je vous donne le bonjour, et suis très-parfaitement, etc.... Témoignez bien à M. Perrichon à quel point je suis glorieux de son souvenir.

## LETTRE CXXVII.

Paris, 6 mars 1705.

Je ne m'étendrai point ici, monsieur, en longues excuses du long temps que j'ai été à répondre à vos obligeantes lettres,[1] puisqu'il n'est que trop vrai qu'un très-fâcheux rhume que j'ai eu, accompagné même de quelque fièvre, m'a entièrement mis hors d'état, depuis trois semaines, de faire ce que j'aime le mieux à faire; je veux dire de vous écrire. Me voilà entièrement rétabli, et je vais m'acquitter d'une partie de mon devoir.

Je suis fort aise que votre illustre physicien, à l'aide de son microscope, ait trouvé de quoi justifier les vers du Lutrin que vous attaquiez, et qu'il ait rendu à la guêpe son honneur :[2] car, bien qu'elle soit un peu décriée parmi les hommes, on doit rendre justice à ses ennemis et reconnoître le mérite de ceux-mêmes qui nous persécutent. Je vous prie donc de faire bien des remerciements de ma part à M. Puget, et de lui bien marquer l'estime que je fais des excellentes qualités de son esprit, qui n'ont pas besoin, comme celles de la guêpe, du microscope pour être vues.

1. On n'en a qu'une, du 12 de février 1705.
2. Voyez lettre CXXV.

« Vous faites, à mon avis, trop de cas des deux épigrammes que je vous ai envoyées, et surtout de celle à M. Le Verrier,[1] qui n'est qu'un petit compliment très-simple que je me suis cru obligé de lui faire, pour empêcher qu'on ne me crût auteur des quatre vers qui sont au bas de mon portrait,[2] et qui sont beaucoup meilleurs que mes deux épigrammes, n'y ayant rien surtout de plus juste que ces deux vers :

> J'ai su dans mes écrits, docte, enjoué, sublime,
> Rassembler en moi Perse, Horace et Juvénal ;

supposé que cela fût vrai, *docte* répondant admirablement à Perse, *enjoué* à Horace et *sublime* à Juvénal. Il les avoit faits d'abord indirects de la manière dont vous me faites voir que vous avez prétendu les rajuster;[3] mais cela les rendoit froids et c'est par le conseil de gens très-habiles qu'il les mit en style direct; la prosopopée ayant une grâce qui les anime, et une fanfaronnade même, pour ainsi dire, qui a son agrément.

Vous ne me dites rien des quatre vers que j'ai faits pour l'autre infâme gravure dont je vous ai parlé. Est-ce que vous les trouvez mauvais? Ils ont pourtant réjoui tous

---

1. Voyez lettre CXXV.
2. Voyez *Poésies diverses*, XI, t. III.
3. Brossette, présumant que Boileau éprouvait quelque peine de ce que Le Verrier le faisait parler directement de lui-même dans ce quatrain, proposait de les tourner comme il suit :

> Sans peine à la raison asservissant la rime,
> Et, même en imitant, toujours original,
> Boileau, dans ses écrits, docte, enjoué, sublime,
> A su rassembler Perse, Horace et Juvénal.

« De cette façon, disait-il, on sauve encore la répétition *dans mes écrits* et *en moi*, qui est dans les vers de l'autre inscription. » Au reste, Brossette, dans son Commentaire, a changé la rédaction de ces deux phrases. (B.-S.-P.) (M. LAVERDET, p. 194.)

ceux à qui je les ai dits. Mais, pour vous satisfaire sur l'histoire que vous me demandez de l'épigramme de Lubin,[1] je vous dirai que Lubin est un de mes parents, qui est mort il y a plus de vingt ans,[2] et qui avoit la folie que j'y attaque. Il étoit secrétaire du roi, et s'appeloit M. Targas. J'avois dit, lui vivant, le mot dont j'ai composé le sel de mon épigramme, qui n'a été faite qu'environ depuis deux mois, chez moi, à Auteuil, où couchoit l'abbé de Châteauneuf.[3] Je m'étois ressouvenu le soir, en conversant avec lui, du mot dont il est question : il l'avoit trouvé fort plaisant, et sur cela nous étions convenus l'un et l'autre qu'avant tout, pour faire une bonne épigramme, il falloit dire en conversation le mot qu'on y vouloit mettre à la fin, et voir s'il frapperoit. Celui-ci donc l'ayant frappé, je le lui rapportai le lendemain au matin construit en épigramme, telle que je vous l'ai envoyée. Voilà l'histoire.

Le monument antique[4] que vous m'avez fait tenir est

1. L'homme aux pendules. Voyez lettre CXXV.
2. On voit que, par cette expression, Boileau se donne une certaine latitude. Un de ses éditeurs a négligé une semblable précaution et a mis tout simplement que Lubin était mort il *y avait vingt ans*. Dans le fait, il y en avait près de trente-neuf. Ajoutons que le troisième vers de l'épigramme confirme qu'en poésie il ne faut pas prendre les nombres à la lettre. Boileau y dit en effet que c'est depuis *trente-quatre ans* que Lubin est autour de *six pendules, de deux montres et de trois cadrans*. Mais, Targas étant mort à cinquante-six ans, il faudrait donc supposer, contre toute vraisemblance, que c'était dès l'âge de vingt-deux ans que ce fils de procureur s'était livré à ce *soin ridicule* et avait eu à sa disposition *six pendules, deux montres*, etc. (B.-S.-P.)
3. L'abbé de Châteauneuf, de l'Académie française, originaire de Savoie, mort à Paris en 1709. C'est le parrain et le premier instituteur de Voltaire. On a de lui : *Traité de la musique des anciens*. Paris, 1725, in-12, et Paris, 1735, in-12. (M. Chéron.) Il était l'ami de Ninon.
4. Il s'agit d'une inscription gravée sur « un autel ancien en forme de piédestal, qui fut découvert ces jours derniers à Lyon, sur la colline de Fourvière, par des paysans qui fouilloient la terre. Ce monument avoit été érigé pour conserver la mémoire d'un *taurobole*, ou sacrifice de taureau à la

fort beau et fort vrai. Mon dessein étoit de le porter moi-même à l'Académie des Inscriptions ; mais j'ai su qu'il y avoit déjà longtemps qu'il y étoit, et que les académiciens mêmes s'étoient déjà fort exercés sur cette excellente relique de l'antiquité. Je ne sais pas pourquoi vous me faites une querelle d'Allemand sur la prééminence qu'a eue autrefois Lyon au-dessus de Paris. Est-ce que Paris a jamais nié que, du temps de César, non-seulement Lyon, mais Marseille, Sens, Melun, ne fussent beaucoup plus considérables que Paris? Et qu'est-ce que de cela Lyon sauroit conclure contre Paris, sinon ce vers du Cid :

Vous êtes aujourd'hui ce qu'autrefois je fus?[1]

Je vous conjure bien de marquer à M. de Mezzabarba,[2] dans les lettres que vous lui écrirez, le cas que je fais de sa personne et de son mérite. Je ne sais si vous avez vu la traduction qu'il a faite de mon ode sur Namur.[3] Je ne

déesse Cybèle, qui fut fait l'an 160 de J.-C. par Lucius Æmilius Carpus... Vous voyez, monsieur, que dans ce temps-là notre Lyon étoit déjà une ville considérable, décorée du titre de colonie et de municipe, et associée aux honneurs et aux priviléges du peuple romain, tandis que votre Lutèce n'osoit peut-être pas encore aspirer au nom de ville. » Lettre du 12 février. (M. Laverdet, p. 194.)

1. Acte I, scène vi, vers 60.

2. Jean-Antoine Mezzabarba, professeur de théologie, de philosophie et de rhétorique, savant antiquaire, né à Milan le 7 d'octobre 1670, mort dans la même ville au mois de décembre 1705. On a de lui : *Panégyrique de Louis XIV*, en trois langues. Paris, 1703, in-4°, et différents mémoires d'archéologie, des pièces de vers en latin et en italien, etc. (M. Chéron.) « J'ai reçu une lettre de M. l'abbé Mezzabarba, de Milan, dans laquelle il me ne demande de vos nouvelles. » Lettre du 12 février 1705. (M. Laverdet, p. 195.)

3. Ceci nous a dévoilé un petit mensonge échappé au vaniteux Brossette. Il en résulte en effet clairement que la traduction faite par Mezzabarba était connue à Boileau avant que Brossette lui en eût parlé, et rien dans la correspondance ne donne à penser le contraire. Cependant Brossette dit hardiment dans son commentaire (in-4°, II, 370) : « J'envoyai ces traductions à M. Despréaux, qui m'écrivit le 6 mars 1705... » et il rapporte aus-

vous dirai pas qu'il y est plus moi-même que moi-même ; mais je vous dirai hardiment que, bien que j'aie surtout songé à y prendre l'esprit de Pindare, M. de Mezzabarba y est beaucoup plus Pindare que moi. Si vous n'avez point encore reçu de lettre de M. Le Verrier, cela ne vient que de ma faute et du peu de soin que j'ai eu de le faire ressouvenir, comme je devois, de vous écrire ; mais je vais dîner aujourd'hui chez lui, et je réparerai ma négligence. Vous pouvez vous assurer d'avoir, au premier jour, un compliment de sa façon. Adieu, mon illustre monsieur, croyez que c'est très-sincèrement que je suis, etc.

Souffrez que je fasse ici en particulier, et hors d'œuvre, mon compliment à M. Perrichon.

## LETTRE CXXVIII.

###### A Paris, ce 15 mai 1705.

Je suis si coupable envers vous, monsieur, que, si je voulois me disculper de toutes mes négligences, il faudroit que j'y employasse toutes mes lettres, et je ne vous pourrois parler d'autre chose. Il me semble donc que le mieux est de vous renvoyer à mes excuses précédentes, puisque je n'en ai point de nouvelles à vous alléguer, et de vous prier de suppléer, par la violence de votre amitié, à la foiblesse de mes raisons. Cela étant, je vous dirai que j'ai été ravi d'apprendre, par votre dernière lettre, l'honorable distribution que vous avez faite des estampes de Dre-

---

sitôt le passage ci-dessus, mais en omettant la phrase : « Je ne sais si vous avez vu la traduction. » (B.-S.-P.)

vet.[1] La vérité est que vous deviez les avoir reçues de ma main ; mais je crois vous avoir déjà écrit que je ne les donnois à personne à cause des vers fastueux que M. Le Verrier a fait graver au bas, et dont je paroîtrois tacitement approuver l'ouverte flatterie, si j'en faisois des présents en mon nom. Cependant il n'est pas possible de n'être point bien aise qu'elles soient entre les mains de M. Puget et de M. Perrichon, et qu'elles leur donnent occasion de se ressouvenir de l'homme du monde qui les estime et les honore le plus. Pour ce qui est de M. le prévôt des marchands de Lyon,[2] je ne saurois croire qu'il souhaite de voir un portrait aussi peu digne de sa vue que le mien. La vérité est pourtant que je souhaite fort qu'il le souhaite, puisqu'il n'y a point d'homme dont j'aie entendu dire tant de bien que de cet illustre magistrat, et qu'on ne peut pas être honnête homme sans désirer d'être estimé d'un aussi excellent homme que lui. M. Le Verrier m'a assuré qu'il vous enverroit encore deux de mes portraits par la voie que vous m'avez mandée, et vous les pourrez donner à qui vous jugerez à propos. M. Puget me fait bien de l'honneur de me mettre en regard, pour me servir de vos termes, avec M. Pascal. Rien ne me sauroit être plus agréable que de me voir mis en parallèle avec un si merveilleux génie ; mais tout ce que nous avons de semblable, comme l'a fort bien marqué M. Puget dans ses jolis vers,[3] c'est l'inclination à la satire, si l'on doit donner le nom de satires à des

---

1. Voyez lettre CXXVI.
2. Il s'appelait de Montezan.
3. Voici les vers qu'il a placés entre ces deux portraits :

>Malgré nos visages divers
>Nous convenons en une chose :
>Si l'un est satirique en vers,
>L'autre fut satirique en prose.

lettres aussi instructives et aussi chrétiennes que celles de M. Pascal.

Je viens maintenant à l'extrême honneur que la ville de Lyon me fait en me demandant mon sentiment sur l'inscription nouvelle qu'elle veut qui soit mise dans son hôtel de ville, au sujet du passage de nosseigneurs les princes en 1701 ; et je n'aurai pas grand'peine à me déterminer là-dessus, puisque je suis entièrement déclaré pour la langue latine, qui est extrêmement propre, à mon avis, pour les inscriptions, à cause de ses ablatifs absolus, au lieu que la langue françoise, en de pareilles occasions, traîne et languit par ses gérondifs incommodes, et par ses verbes auxiliaires où elle est indispensablement assujettie, et qui sont toujours les mêmes. Ajoutez qu'ayant besoin pour plaire d'être soutenue, elle n'admet point cette simplicité majestueuse du latin, et, pour peu qu'on l'orne, donne dans un certain phébus qui la rend sotte et fade. En effet, monsieur, voyez, par exemple, quelle comparaison il y auroit entre ces mots qui viennent au bout de la plume : *Regia familia urbem invisente,* ou ceux-ci : *La royale famille étant venue voir la ville.* Avec tout cela néanmoins peut-être que je me trompe, et je me rendrai volontiers sur cela à l'avis de ceux qui me demandent mon avis. Cependant je vous prie de bien témoigner mes respects à MM. de la ville de Lyon, et de leur bien marquer que je ne perdrai jamais l'occasion de célébrer une ville qui a été, pour ainsi dire, par ses pensions, la mère nourrice de mes muses naissantes, et chez qui autrefois, comme je l'ai déjà dit dans un endroit de mes ouvrages, on obligeoit les méchants auteurs d'effacer eux-mêmes leurs écrits avec la langue.[1]

---

[1]. M. Laverdet, p. 200 et 201. Discours sur la Satire, t. III, p. 232.

Du reste, croyez qu'on ne peut être plus que je le suis, etc.

Vous recevrez dans peu une recommandation de moi pour un valet de chambre que vous connoissez, et dont franchement j'ai été indispensablement obligé de me défaire.

## LETTRE CXXIX.

Paris, 20 novembre 1705.

Je suis si coupable envers vous, monsieur, que le mieux que je puisse faire à mon avis, c'est d'avouer sincèrement ma faute, et de vous en demander un pardon que, grâce à votre aveugle bonté pour moi, je suis en quelque façon sûr d'obtenir. Je ne vous ferai donc point d'excuses de mon silence depuis six mois.[1] J'en pourrois pourtant alléguer de très-mauvaises, dont la principale est un misérable ouvrage en vers[2] que je n'ai pu m'empêcher de composer de nouveau, et qui m'a emporté toutes les heures de mon plus agréable loisir, c'est-à-dire, tout le temps que je pouvois m'entretenir par écrit avec vous. M'en voilà quitte enfin, et il est achevé.

Ainsi, monsieur, trouvez bon que je revienne à vous comme si de rien n'étoit, et que je vous dise avec la même confiance que si j'avois exactement répondu à toutes vos lettres, qu'il n'y a point de jeune homme dans mon esprit au-dessus de M. Dugas,[3] que je le trouve également poli,

---

1. Brossette, dans sa lettre du 4 de novembre 1705, lui reproche ce silence. Berriat-Saint-Prix se trompe sur la date de cette lettre qu'il met au 4. M. Chéron répète l'erreur. (Voir M. Laverdet, p. 206.)
2. La satire XII.
3. Charles Dugas, sieur de Valdurèse, président au tribunal de Lyon, et,

spirituel, savant; et que si quelque chose peut me donner bonne opinion de moi-même, c'est l'estime, quoique assez mal fondée, qu'il témoigne, aussi bien que vous, faire de mes ouvrages. Il m'est venu voir deux fois à Auteuil; et bien que nos conversations aient été fort longues, elles m'ont paru fort courtes. Je lui ai donné un assez méchant dîner avec M. Bronod,[1] et cela ne s'est point passé, comme vous pouvez bien vous l'imaginer, sans boire plus d'une fois à votre santé. Il m'a marqué une estime particulière pour vous; et j'ai encore mis cette estime au rang de ses grandes perfections. Mais que voulez-vous dire avec vos termes de *parfaite reconnoissance*, et d'*attachement respectueux*, qu'il se pique, dites-vous, d'avoir pour moi? Au nom de Dieu, monsieur, qu'il change tous ces sentiments en sentiments de bonté et d'amitié. M. Dugas est un homme à qui on doit du respect, et non pas qui en doive aux autres; et d'ailleurs, vous vous souvenez bien de l'épigramme de Martial :

Sed si te colo, Sexte, non amabo.[2]

Que seroit-ce donc si M. Dugas en alloit user de la sorte, et comment pourrois-je m'en consoler? Voilà, monsieur,

---

en 1724, prévôt des marchands. Brossette, qui l'avait recommandé à Boileau, lui annonce ensuite que, depuis le retour de Dugas à Lyon, ils s'entretiennent beaucoup de lui. (B.-S.-P.)
Dugas avait fait ce distique pour le portrait de Boileau :

Hos, mutato habitu, vultus sibi sumpsit Apollo,
Ut Gallis metri jura modumque daret.

On a de Dugas : l'*Usage de la pratique civile sur les saisies réelles, criées, inquants, subhastations et vente par décrets*. Lyon, 1696, in-12. (M. Chéron.)
1. Voyez lettre CIX.
2. Martial, liv. II, épigr. LV.

tout ce que j'ai à vous dire cette fois pour vous marquer ma rentrée dans mon devoir. Je ne manquerai pas, au premier jour, de vous écrire une lettre dans les formes, où je vous dirai le sujet et les plus essentielles particularités de mon nouvel ouvrage, que je vous prierai pourtant de tenir secrètes. Cependant je vous supplie de demeurer bien persuadé que, tout nonchalant et tout déterminé paresseux que je suis, je ne laisse pas d'être, plus que personne du monde, etc.

## LETTRE CXXX.

Paris, 12 mars 1706.

Vous accusez à grand tort M. Dugas du peu de soin que j'ai eu depuis si longtemps à répondre à vos obligeantes lettres.[1] Il est homme au contraire qui n'a rien oublié pour augmenter en moi l'estime particulière que j'ai toujours eue pour vous, et pour m'engager à vous écrire souvent. Ainsi je puis vous assurer que tout le mal ne vient que de ma négligence, qui est en moi comme une fièvre intermittente, qui dure quelquefois des années entières, et que le quinquina de l'amitié et du devoir ne sauroit guérir. Que voulez-vous, monsieur? Je ne puis pas

1. Lettres du 26 de novembre 1705 et du 8 de mars 1706. Brossette écrit le 8 de mars : « Depuis que M. Dugas est revenu de Paris, je lui fais incessamment des reproches sur votre silence. C'est à lui que je m'en prends, parce que, autrefois, vous aviez la complaisance de m'écrire plus souvent, et je lui dis que l'amitié que vous avez conçue pour lui vous a fait oublier que vous vous êtes engagé, depuis longtemps, d'avoir toujours de la bonté pour moi. Voilà, monsieur, quelles sont nos disputes. Vous en êtes la cause, c'est à vous à les terminer. » (M. Laverdet, p. 210.)

me rebâtir moi-même, et tout ce que je puis faire, c'est de convenir de mon crime.

Je vous dirai pourtant qu'il ne me seroit pas difficile de trouver de méchantes raisons pour le pallier, puisqu'il n'est pas imaginable combien depuis très-longtemps je me suis trouvé occupé de la méchante affaire que je me suis faite par ma satire contre l'*équivoque*,[1] qui est l'ouvrage que je vous avois promis de vous communiquer. A peine a-t-elle été composée, que, l'ayant récitée dans quelques compagnies, elle a fait un bruit auquel je ne m'attendois point; la plupart de ceux qui l'ont entendue ayant publié et publiant encore, je ne sais pas sur quoi fondé, que c'est mon chef-d'œuvre. Mais ce qui a encore bien augmenté le bruit, c'est que dans le cours de l'ouvrage j'attaque cinq ou six des méchantes maximes que le pape Innocent XI a condamnées; car, bien que ces maximes soient horribles, et que, non plus que ce pape, je n'en désigne point les auteurs, MM. les jésuites de Paris, à qui on en a dit quelques endroits qu'on a retenus, ont pris cela pour eux, et ont fait concevoir que d'attaquer l'équivoque, c'étoit les attaquer dans la plus sensible partie de leur doctrine. J'ai eu beau crier que je n'en voulois à personne qu'à l'équivoque même, c'est-à-dire, au démon, qui seul, comme je l'avance dans ma pièce, a pu dire *qu'on n'est point obligé d'aimer Dieu; qu'on peut prêter sans usure son argent à tout denier; que tuer un homme pour une pomme n'est point un mal*, etc., ces messieurs ont déclaré qu'ils étoient dans les intérêts du démon, et, sur cela, m'ont menacé de me perdre, moi, ma famille et tous mes amis. Leurs cris n'ont pourtant pas empêché que monseigneur le cardi-

1. Satire XII.

nal de Noailles, mon archevêque, et monseigneur le chancelier,[1] à qui j'ai lu ma pièce, ne m'aient jeté tous deux à la tête leur approbation et le privilége pour la faire imprimer si je voulois ; mais vous savez bien que naturellement je ne me presse pas d'imprimer, et qu'ainsi je pourrai bien la garder dans mon cabinet jusqu'à ce qu'on fasse une nouvelle édition de mon livre.[2] On en sait pourtant plusieurs lambeaux ; mais ce sont des lambeaux, et j'ai résolu de ne le plus dire qu'à des gens qui sûrement ne la retiendront pas. La vérité est qu'à la fin de ma satire j'attaque directement messieurs les journalistes de Trevoux, qui, depuis notre accommodement,[3] m'ont encore insulté dans trois ou quatre endroits de leur journal : mais ce que je leur dis ne regarde ni les propositions, ni la religion ;[4] et d'ailleurs je prétends, au lieu de leur nom, ne mettre dans l'impression que des étoiles, quoiqu'ils n'aient pas eu la même circonspection à mon égard. Je vous dis tout ceci, monsieur, sous le sceau du secret, que je vous prie de me garder. Mais, pour revenir à ce que je vous disois, vous voyez bien, monsieur, que j'ai eu assez d'affaires à Paris pour me faire oublier celles que j'ai à Lyon.

Parlons maintenant des choses que vous voulez savoir de moi. Ma réponse au père Bourdaloue[5] est très-véritable ;

---

1. Phélypeaux de Pontchartrain, le père. Voyez lettre n° XVII.
2. Elle ne put être insérée, même dans l'édition de 1713. Elle avait paru isolée, ou avec d'autres pièces, en 1711, après la mort de Boileau ; mais elle n'a été réunie aux œuvres qu'à partir de l'édition d'Amsterdam, Schelte, 1713, 2 vol. petit in-8°. (M. Chéron.)
3. Voyez lettre n° CXXI.
4. Les cinq fameuses propositions.
5. Brossette, 8 de mars 1706 : « Dites-moi, je vous prie, la vérité du fait suivant. On m'a dit qu'un jour vous vous disputiez avec le père Bourdaloue sur quelque matière, et que vous lui disiez de si bonnes raisons, que le Père ne sachant que répondre, il vous dit avec un peu d'emportement : Il

mais voici mes termes : *Je vous l'avoue, mon père; mais pourtant, si vous voulez venir avec moi aux Petites-Maisons, je m'offre de vous y fournir dix prédicateurs contre un poëte; et vous ne verrez à toutes les loges que des mains qui sortent des fenêtres, et qui divisent leurs discours en trois points.*

J'ai su autrefois le nom de l'auteur du rondeau dont vous me parlez,[1] et j'ai vu l'auteur lui-même. C'étoit un homme qui, je crois, est mort, et qui n'étoit pas homme de lettres. Le rondeau pourtant est joli. Il accusoit des gens du métier de se l'être attribué mal à propos, et de lui avoir fait un vol. Peut-être au premier jour je me ressou-

*est bien vrai que tous les poëtes sont fous;* et que vous lui répondîtes : *Vous vous trompez, mon Père, allez aux Petites-Maisons, vous y trouverez dix prédicateurs contre un poëte.* La réponse est assurément belle. » (M. LAVERDET, p. 211.)

1. On l'a attribué à Chaulieu, à Chapelle, à Pierre Du Bosc, ministre protestant, à Prepetit de Grammont, à Stardin, etc. En somme, on ignore le nom de son auteur. (M. CHÉRON.) Voici ce rondeau :

> A la fontaine où l'on puise cette eau
> Qui fait rimer et Racine et Boileau,
> Je ne bois point ou bien je ne bois guère.
> Dans un besoin, si j'en avois affaire,
> J'en boirois moins que ne fait un moineau.
>
> Je tirerai pourtant de mon cerveau
> Plus aisément, s'il le faut, un rondeau,
> Que je n'avale un plein verre d'eau claire
>    A la fontaine.
>
> De ces rondeaux un livre tout nouveau
> A bien des gens n'a pas eu l'heur de plaire :
> Mais quant à moi, j'en trouve tout fort beau,
> Papier, dorure, image, caractère,
> Hormis les vers qu'il falloit laisser faire
>    A La Fontaine.

Brossette, 8 mars 1706 : « J'ai pris la liberté de vous demander le nom de l'auteur du rondeau contre les métamorphoses de Benserade : *A la fontaine où s'enyvre Boileau.* Vous aurez la bonté de mettre tout cela dans votre première lettre. » (M. LAVERDET, p. 211.) Walkenaer dans son *Histoire de La Fontaine*, t. I, p. 268, dit qu'il est *d'un nommé Stardin.* Le premier ouvrage où ce rondeau parut imprimé est le *Portefeuille* de M. L.-D.-F. (DE LA FAILLE.)

viendrai de son nom, et je vous l'écrirai. Entendons-nous toutefois; dans le rondeau dont je vous parle, il n'y avoit point : *Où s'enivre Boileau*. Ainsi j'ai peur que nous ne prenions le change.[1]

Pour ce qui est de la *Vie de Molière*,[2] franchement ce n'est pas un ouvrage qui mérite qu'on en parle. Il est fait par un homme qui ne savoit rien de la vie de Molière, et il se trompe dans tout, ne sachant pas même les faits que tout le monde sait. Pour les odes de M. de la Motte,[3] quelqu'un, ce me semble, me les a montrées; mais je ne m'en ressouviens pas assez pour vous en dire mon avis. Il me semble, monsieur, que cette fois-ci vous ne vous plaindrez pas de moi, puisque je vous écris une assez longue lettre, et qu'il ne me reste guère que ce qu'il faut pour vous assurer que, tout négligent et tout paresseux que je suis, je ne laisse pas d'être un de vos plus affectionnés amis, et que je suis parfaitement...

Mes recommandations à M. Dugas et à tous nos illustres amis et protecteurs.

---

1. Brossette, le 31 de mars 1706, répond à Boileau : « Nous ne prenons point le change, monsieur, à l'égard de ce rondeau; il est vrai qu'il commence ainsi :

> A la fontaine où l'on puise cette eau
> Qui fait rimer et Racine et Boileau...

Mais on le donne aussi de cette manière :

> A la fontaine où s'enivre Boileau,
> Le grand Corneille et le sacré troupeau.

Et c'est cette diversité qui m'a jeté dans l'erreur en vous désignant ce rondeau par son mauvais côté. » (M. Laverdet, p. 215.)

2. Par Grimarest. Elle est imprimée dans le t. Ier de l'édition de Paris, 1730, 8 vol. in-12 (M. Chéron.) Brossette disait, 8 mars 1706 : « Nous avons ici depuis longtemps la *Vie de Molière*, par M. Grimarest; cet ouvrage n'est pas trop bien écrit, à mon avis, et il y manque bien des choses... » M. Laverdet, p. 211.)

3. Sur l'Émulation et sur le Siècle d'or.

## LETTRE CXXXI.

Paris, 5 juillet 1706.

Une des raisons, monsieur, qui m'empêche souvent de répondre à vos obligeantes lettres, c'est la nécessité où je me trouve, grâce à ma négligence ordinaire, de les commencer toujours par des excuses de ma négligence. Cette considération me fait tomber la plume des mains; et, dans la confusion où je suis, je prends le parti de ne vous point écrire, plutôt que de vous écrire toujours la même chose. Je vous dirai pourtant qu'à l'égard de vos deux dernières lettres,[1] à cette raison ordinaire que je pourrois vous alléguer, il s'en est encore joint une autre beaucoup plus valable et plus fâcheuse, je veux dire un rhume effroyable qui me tourmente depuis un mois, et pour lequel on me défend surtout les efforts d'esprit. Quelque défense pourtant qu'on m'ait faite, je ne saurois m'empêcher de m'acquitter aujourd'hui de mon devoir, et de vous dire, mais sans nul effort d'esprit, que l'illustre ami[2] qui m'a apporté de votre part l'excellent livre de M. Puget est un très-galant homme. J'ai eu le bonheur de l'entretenir une heure durant, et il m'a paru très-digne de l'estime et de l'amitié que vous avez pour lui. Pour M. Puget, que vous saurois-je dire, sinon que jamais personne ne m'a fait mieux voir combien, dans les objets même les plus finis, les merveilles de Dieu sont

---

1. L'une du 31 de mars et l'autre du 22 de juin 1706.
2. « C'est un de nos avocats nommé Osio, qui est le plus ancien et le meilleur de mes amis, et qui, de plus, a pour vous, monsieur, toute la vénération que vous méritez. Il vous remettra un livre tout nouveau que je vous envoie de la part de M. de Puget. » Brossette, lettre du 27 de juin. (M. Laverdet, p. 217.)

infinies, et combien ses plus petits ouvrages sont grands? Je vous prie de lui bien témoigner de ma part à quel point je l'honore et le révère. J'ai lu son livre plus d'une fois.¹ J'admire combien vous êtes d'hommes merveilleux dans Lyon. Je doute qu'il y en ait dans Paris de meilleur goût et de plus fin discernement. Faites-moi la faveur de leur bien marquer à tous mes respects, et la gloire que je me fais d'avoir quelque part à leur estime.

On dit que vous allez bientôt avoir dans votre ville le fameux M. le maréchal de Villeroi. Il y a beaucoup de gens ici qui lui donnent à dos sur sa dernière action, et véritablement elle est malheureuse; mais je m'offre pourtant de faire voir, quand on voudra, que la bataille de Ramillies est toute semblable à la bataille de Pharsale, et qu'ainsi, quand M. de Villeroi ne seroit pas un César, il peut pourtant fort bien demeurer un Pompée.²

Parlons maintenant de votre mariage.³ A mon avis, vous ne pouviez rien faire de plus judicieux. Quoique j'aie composé, *animi gratia*, une satire contre les méchantes femmes, je suis pourtant du sentiment d'Alcippe, et je tiens comme lui :

..... Que pour être heureux sous ce joug salutaire,
Tout dépend, en un mot, du bon choix qu'on sait faire.⁴

---

1. Voici le titre de ce livre : *Observations contenues dans deux lettres au père Lamy, sur la structure des yeux de divers insectes et sur la trompe des papillons.*

2. La bataille de Ramillies, en Flandre, fut livrée et perdue le 22 de mai 1706. (Cizeron-Rival.)

3. « Je suis marié depuis deux jours avec une personne dans laquelle je trouve un bien très-considérable, mais surtout beaucoup d'esprit et de vertu. Avec tout cela ne suis-je point obligé de justifier auprès de vous une conduite aussi éloignée que la mienne l'est de votre inclination... » Brossette, lettre du 22 de juin 1706.

4. Satire X, vers 77-78.

Il ne faut point prendre les poëtes à la lettre. Aujourd'hui c'est chez eux la fête du célibat : demain c'est la fête du mariage. Aujourd'hui l'homme est le plus sot de tous les animaux : demain c'est le seul animal capable de justice, et en cela semblable à Dieu. Ainsi, monsieur, je vous conjure de bien marquer à madame votre épouse la part que je prends à l'heureux choix que vous avez fait.

Pardonnez à mon rhume si je ne vous écris pas une plus longue lettre, et croyez qu'on ne peut être avec plus de passion que je le suis...

## LETTRE CXXXII

30 septembre 1706.

Je suis à Auteuil, monsieur, où je n'ai pas votre première lettre. Ainsi vous trouverez bon que je me contente de répondre à votre seconde,[1] que j'y viens de recevoir. Vous me faites grand honneur de me consulter sur une question de physique, étant comme je suis assez ignorant physicien. Je veux croire que votre moine bénédictin[2] est

---

1. Du 25 de septembre 1706. Dans la première, du 10 d'août, Brossette demande pourquoi Boileau a employé *parallaxe* (épitre V, vers 30) et *insulte* (*Lutrin*, chant V, vers 236, et chant VI, vers 137) au masculin, et au féminin *évangile* (satire XI, vers 113).

2. Voici le passage : « Le fameux ouragan que nous eûmes, il y a trois mois, nous a fourni une expérience singulière, il mit le feu à une grange d'un fermier de M. le maréchal de Catinat, qui étoit plein de bled; et dans le fond des matières brûlées, l'on trouva des tas d'épis de bled congelés pour ainsi dire ensemble, par une espèce d'enduit de métal, qui, en se figeant, les a liés ensemble sans les écraser... » Voici l'explication qu'il en donne : « Je soupçonne que c'est la matière de l'exhalaison du tonnerre qui tomba sur cette grange pendant l'ouragan, car cette exhalaison que je

au contraire fort habile dans cette science; mais, si cela est, je vois bien qu'on peut être en même temps naturaliste très-pénétrant et très-maudit dialecticien; car j'ai lu un livre de lui sur la rhétorique, où, à mon avis, tout ce qu'il peut y avoir au monde de mauvais sens est rassemblé. Vous pouvez donc bien penser que sur l'effet de la nature que vous me proposez, je pense bien plus à être de votre sentiment que du sien.

Mais laissons là le bénédictin, et parlons de M. Puget. Quelque attaché qu'il soit à la recherche des choses naturelles, je suis ravi qu'il ne dédaigne pas entièrement le badinage de la poésie et qu'il daigne bien quelquefois descendre jusqu'à jouer avec les muses.[1] Oserois-je pourtant vous dire qu'il n'est pas entré parfaitement dans la pensée d'Horace, qui, dans la strophe dont il est question, ne parle point de la fermeté du sage des philosophes, mais d'un grand personnage, ami du bon droit et de la justice, à qui la chute du ciel même ne feroit pas faire un pas contre l'honneur et contre la vertu? Aussi est-ce Hercule et Pollux que le poëte cite en cet endroit, et non pas Socrate et Zénon. Il n'est donc pas vrai que ce vertueux soit si difficile à trouver que se le veut persuader M. Puget, puisque, sans compter les martyrs du christianisme, il y a un

---

suppose avoir été détachée et enlevée de quelques mines métalliques, s'étant à demi enflammée dans les nues, aura pu tomber sur la grange avant que toutes ses parties eussent pris feu; de sorte que par celles qui étoient enflammées, elle aura enflammé toute la paille qu'elle aura rencontrée, et par les autres elle aura fait sur la paille et sur les épis une simple couche de sa matière qui s'y sera logée, etc... » Boileau a bien raison de se défier du sentiment du P. Lamy. (Voir M. Laverdet, p. 224-225.)

1. C'est une imitation prolixe de l'ode d'Horace (liv. III, ode III) *Justum et tenacem propositi virum.* Brossette, dans sa lettre du 25 de septembre 1706, donne cette imitation et la parodie qu'en fit Puget plus tard. (Voir M. Laverdet, p. 223.)

nombre infini d'exemples, dans le paganisme même, de gens qui ont mieux aimé mourir que de faire une lâcheté. Enfin, je suis persuadé que M. Puget lui-même, si on le vouloit forcer, par exemple, à rendre un faux témoignage, se trouveroit le *justus et tenax vir* d'Horace. Pardonnez-moi, monsieur, si je vous parle avec cette sincérité de l'ouvrage d'un homme que j'honore et que j'estime infiniment, et faites-lui bien des amitiés de ma part.

Venons maintenant à votre homme à la baguette.[1] En vérité, mon cher monsieur, je ne saurois vous cacher que je ne puis concevoir comment un aussi galant homme que vous a pu donner dans un panneau si grossier, que d'écouter un misérable dont la fourbe a été ici entièrement découverte,[2] et qui ne trouveroit pas même présentement à

1. Voici ce que dit Brossette dans la lettre citée ci-dessus : « Je vis hier céans un homme dont les qualités, ou si vous voulez, les dons naturels ne sont pas si faciles à expliquer. C'est le fameux *Jacques Aymard*, ou *l'Homme à la baguette*, qui est un paysan de Saint-Marcelin en Dauphiné, à quatorze lieues de Lyon. On le fait venir quelquefois en cette ville pour y faire des découvertes. Il m'a dit des choses surprenantes touchant sa faculté divinatoire pour les sources, les bornes déplacées, l'argent caché, les choses volées, les meurtres et assassinats. Il m'a expliqué les douleurs violentes et les convulsions qu'il souffre, quand il est sur le lieu du crime ou proche des criminels. D'abord tout son corps s'émeut comme par une ardente fièvre, le sang lui sort par la bouche avec des vomissements, il tombe en sueur et en pâmoison. Tout cela lui arrive sans même qu'il ait dessein de rien chercher, et les effets dépendent moins de sa baguette que de son corps même. Si vous étiez curieux d'en savoir davantage, je puis vous satisfaire. » (Voir M. Laverdet, p. 225-226.)

Le lecteur qui voudrait connaitre l'histoire de Jacques Aymard la trouvera très-curieusement détaillée dans le livre de M. Chevreuil : *De la baguette divinatoire, du pendule dit explorateur, et des tables tournantes, au point de vue de l'histoire, de la critique et la méthode expérimentale.* Paris, 1854, in-8°. (M. Chénon.)

2. C'est le prince de Condé qui fit découvrir l'imposture de Jacques Aymard.

Il fit enterrer (1693) dans plusieurs endroits de son jardin de l'or et de l'argent qu'Aymard ne devina pas... Mais auparavant, persuadés de sa faculté *divinatoire*, plusieurs savants et entre autres le célèbre P. Malebranche, l'attribuaient à la coopération du démon. (Larrey, VI, 74.)

Paris des enfants et des nourrices qui daignassent l'entendre. C'étoit au siècle de Dagobert et de Charles Martel qu'on croyoit de pareils imposteurs; mais sous le règne de Louis le Grand, peut-on prêter l'oreille à de pareilles chimères, et n'est-ce point que depuis quelque temps, avec nos victoires et nos conquêtes, notre bon sens s'est aussi en allé? Tout cela m'attriste, et, pour ne pas vous affliger aussi, trouvez bon que je me hâte de vous dire que je suis très-parfaitement, monsieur...

*P. S.* Je ferai réponse,[1] dès que je serai à Paris, à votre première lettre. Mes recommandations, s'il vous plaît, à tous vos illustres magistrats. Il n'est parlé ici que des méchantes nouvelles,[2] et on avoue maintenant que bien d'autres généraux que M. le maréchal de Villeroi pouvoient être battus.

Je suis charmé de M. Osio, qui m'a fait l'honneur de me revenir voir.

## LETTRE CXXXIII.

Paris, 2 décembre 1706.

Je ne vous ferai point, monsieur, d'excuses de ma négligence, parce que je n'en ai point de bonnes à vous faire, et me contenterai de vous dire que j'ai vu, avec beaucoup de reconnoissance dans votre dernière lettre,[3] la charité que vous avez pour mon misérable valet. Il m'a servi

---

1. Il ne l'a pas faite, ou du moins on ne l'a pas. (B.-S.-P.)
2. La perte des villes de Flandre après la défaite de Ramillies, la levée du siége de Turin, etc. (M. Chénov.)
3. Du 25 de novembre 1706.

plus de quinze années, et c'est un assez bon homme. Je croyois qu'il dût me fermer les yeux ; mais une malheureuse femme qu'il a épousée, sans m'en rien dire, a corrompu en lui toutes ses bonnes qualités, et m'a obligé, par des raisons indispensables et que vous approuveriez vous-même si vous les saviez, de m'en défaire. Vous me ferez plaisir de le servir en ce que vous pourrez ; mais, au nom de Dieu, que ce soit sans vous incommoder, et ne le donnez pas pour impeccable.

Le mot qu'il vous a rapporté de moi est vrai ; [1] mais il ne vous en a pas dit un encore moins mauvais que je dis à Sa Majesté, en la quittant à la sortie de cette dispute ; car tout le monde qui étoit là paroissant étonné de ce que j'avois osé disputer contre le roi : *Cela est assez beau,* lui dis-je, *que de toute l'Europe je sois le seul qui résiste à Votre Majesté.* Il y a aussi quelque chose de véritable dans ce qu'on vous a raconté de notre conversation sur le mot de *gros;* mais on l'a gâtée en voulant l'embellir. Tout ce qu'il y a de vrai, c'est que le roi parlant fort contre la folie de ceux qui suppléoient partout le mot de *gros* à celui de *grand : Je ne sais pas,* lui dis-je, *comment ces messieurs l'entendent, mais il me semble pourtant qu'il y a bien de la différence entre Louis le gros et Louis le grand.* Cela fit assez agréablement ma cour, aussi bien que les deux autres mots, qui furent dits dans un temps qui leur convenoit, je veux dire, dans le temps de nos triomphes, et qui ne seroient pas si bons aujourd'hui, où à mon sens

---

1. « Dans les conversations que j'ai eues avec Planson, il m'a rapporté une réponse que vous fîtes un jour au roi, en soutenant votre sentiment contre celui de Sa Majesté, sans sortir néanmoins du respect qui lui étoit dû : *Votre Majesté auroit pris vingt villes,* lui dites-vous, *plus tôt que de me persuader cela.* » Brossette, lettre du 25 de novembre. (Voir M. Laverdet, p. 231.)

on n'a que trop appris à nous résister. Vous voilà, monsieur, assez bien éclairci, je crois, sur vos deux questions, et je vous satisferois aussi sur celles qu'il me semble que vous m'avez faites dans vos deux autres lettres précédentes,[1] si je les avois ici : mais franchement, je les ai laissées à Auteuil. Ainsi il faut attendre que je les aie rapportées pour vous donner pleine satisfaction. J'y ferai pour cela bientôt un tour ; car l'hiver ni les pluies n'empêchent pas qu'on n'y puisse aller comme en plein été. Cependant je vous prie de croire qu'on ne peut être avec plus de sincérité et de reconnoissance que je le suis,[2] etc.

Dans le temps que j'allois fermer cette lettre, je me suis ressouvenu que vous seriez peut-être bien aise de savoir le sujet de la dispute que j'eus avec Sa Majesté. Je vous dirai donc que c'étoit à propos du mot de *rebrousser chemin* que le roi prétendoit mauvais, et que je maintenois bon, par l'autorité de tous nos meilleurs auteurs qui s'en étoient servis, et entre autres Vaugelas et d'Ablancourt. Tous les courtisans qui étoient là m'abandonnèrent, et M. Racine tout le premier. Cependant je demeure encore dans mon sentiment, et je le soutiendrai encore hardiment contre vous, qui avez la mine de n'être pas de mon avis, et de m'abandonner comme tous les autres.

---

1. Nous n'en avons qu'une ; elle est du 28 d'octobre 1706.
2. On trouve ici dans l'autographe ce post-scriptum. « Mes recommandations à tous nos illustres amis... » Il est dans presque toutes les lettres suivantes, et à peu près dans les mêmes termes.

## LETTRE CXXXIV.

Paris, 20 janvier 1707.

Il y a, monsieur, aujourd'hui près de deux mois que je fis sur mon propre escalier une chute que je puis appeler heureuse, puisque je suis en vie. Cela n'a pas empêché néanmoins que je n'aie été sur le grabat plus de six semaines, à cause d'une très-douloureuse entorse jointe à plusieurs autres maux qu'elle m'avoit causés. Je ne commence encore qu'à en revenir, et c'est même malgré l'ordre des chirurgiens que je vous écris ce mot de lettre, pour vous remercier de la bonté que vous avez pour moi et pour mon infortuné et très-sottement marié valet de chambre. Je vous en écrirai davantage quand je serai un peu fortifié. Cependant je vous prie de croire que je suis plus passionnément que jamais votre, etc.

## LETTRE CXXXV.

Paris, 12 mars 1707.

Il n'y a point, monsieur, d'amitié plus commode que la vôtre. Dans le temps que je ne saurois trouver aucune bonne excuse d'avoir été si longtemps à répondre à vos obligeantes lettres,[1] c'est vous qui me demandez pardon d'avoir manqué quelques ordinaires à m'écrire, et qui me

---

1. L'une du 25 de janvier, l'autre du 6 de mars 1707.

mettez en droit de vous faire des reproches. Je ne vous en ferai pourtant point, et je me contenterai de vous dire, avec la même confiance que si je n'avois point tort, qu'on ne peut être plus touché que je le suis de la constance que vous témoignez à aimer un homme si peu digne de toutes vos bontés que moi; et que, s'il y a quelque chose qui me puisse faire corriger de mes négligences, c'est votre facilité à me les pardonner. Cela étant, je vous dirai, sans m'étendre en de plus longs compliments, que si l'ouvrage dont vous me parlez,[1] qui a été fait à l'occasion de mon démêlé avec MM. de Trevoux, est celui qu'on m'a montré, et où l'on met en jeu mon frère avec moi, c'est bien le plus sot, le plus impertinent et le plus ridicule ouvrage qui ait jamais été fait, et qu'il ne sauroit sortir que de la main de quelque misérable cuistre de collége qui ne nous connoît ni l'un ni l'autre. Le misérable m'y attribue une satire où il me fait rimer *épargner* avec *dernier*.[2] Il nous donne à l'un et à l'autre pour confident un M. Marconville, qui ne nous a pas seulement vus, je crois, passer dans les rues. En un mot, le diable y est.

Pour ce qui est de l'épigramme contre monsieur et madame Dacier, je ne sais ce que c'est, et ils sont tous deux mes amis. Peut-être est-ce une épigramme où l'on

---

1. Voyez lettre n° xxxv, au père Thoulier.
Lettre du 25 janvier 1707 : « On me prêta hier pour une heure seulement un livre nouveau, dans lequel vous faites un grand rôle : car vous en êtes le héros. Ce livre est intitulé : *Boileau aux prises avec les jésuites*, et l'on y décrit toute l'histoire du démêlé que vous avez eu avec eux, au sujet des journaux de Trevoux. Toutes les pièces de part et d'autre y sont rapportées, et l'on finit par une épître satirique de cinquante ou soixante vers, qui vous est attribuée, mais qui est bien indigne de vous. » (Voir M. Laverdet, p. 237.)

2.   Plus sage désormais, songez à m'épargner,
     Ou sinon, rira bien qui rira le dernier.

veut faire entendre que madame Dacier est celle qui porte le grand chapeau dans les ouvrages qu'ils font ensemble, et qui y a la principale part.[1] Supposé que cela soit, je vous dirai que je l'ai vue, et qu'elle m'a paru très-abominable. On l'attribue pourtant à M. l'abbé Tallemant. Pour ce qui est de l'épigramme faite à l'occasion du petit de Beauchâteau, j'étois à peine sorti du collége, quand elle fut composée par un frère aîné que j'avois, et qui a été de l'Académie françoise.[2] Elle passa pour fort jolie, parce que c'étoit une raillerie assez ingénieuse de la mauvaise manière de réciter de Beauchâteau le père, qui étoit un exécrable comédien, et qui passoit pour tel. Il fut pourtant assez sot pour la faire imprimer dans le prétendu recueil des ouvrages de son fils, qui n'étoit qu'un amas de misérables madrigaux qu'on attribuoit à ce fils, et que de fades auteurs qui fréquentoient le père avoient composés.[3]

1. Voici cette épigramme :

> Quand Dacier et sa femme engendrent de leurs corps,
> Et que de ce beau couple il naît enfants, alors
>    Madame Dacier est la mère;
> Mais quand ils engendrent d'esprit,
> Et font des enfants par écrit,
>    Madame Dacier est le père.

2. Voici cette épigramme, telle que la donne Brossette dans sa lettre du 6 de mars 1707 :

> Que tes vers ont de majesté !
> Qu'ils coulent d'une source claire
> Ils sont dignes, en vérité,
> D'être récités par ton père.

Voir M. Laverdet, p. 239.

3. La *Lyre du jeune Apollon,* ou la *Muse naissante du petit Beauchâteau.* Paris, 1657, in-4°.

François-Mathieu Chastelet de Beauchâteau, fils d'un acteur de la Comédie française, né à Paris le 8 de mai 1645, mort vers la fin du XVIIe siècle. Il n'avait que douze ans lorsqu'on imprima son volume. En 1659 il passa en Angleterre et alla ensuite en Perse, où on le perdit de vue. M. Daunou fait remarquer que Boileau semble le confondre avec son

Tout ce que je puis vous dire de la destinée de ce célèbre enfant, c'est qu'il fut un fameux fripon, et que ne pouvant subsister en France, il passa en Angleterre, où il abjura la religion catholique, et où il est mort, il y a plus de vingt ans, ministre de la religion prétendue réformée. Trouvez bon, monsieur, qu'un convalescent, comme je suis encore, ne vous en dise pas davantage pour aujourd'hui, et que je me contente de vous assurer que je suis, etc.

*P. S.* Mes recommandations à nos chers et communs amis.

## LETTRE CXXXVI.

Paris, 14 mai 1707.

Je ne vous fais point d'excuses, monsieur, d'avoir été si longtemps sans vous écrire, parce que je suis las de commencer toujours mes lettres par le même compliment, et que d'ailleurs je suis si accoutumé à faillir, qu'il me semble qu'on ne me doit plus demander raison de mes fautes. Il y a pourtant quatre ou cinq jours que je me ressouvins de mon devoir, et que m'en allant à Auteuil pour m'y établir, je portai avec moi votre dissertation sur le tombeau des deux *Amandus* ou Amans,[1] à dessein d'y faire

---

frère Hippolyte, qui, après avoir été doctrinaire et trappiste, se fit diacre de l'Église anglicane à Londres. (M. CHÉRON.)

1. Lettre du 26 avril 1707 : « Je vous ai mandé que je faisois imprimer l'*Éloge historique de la ville de Lyon*; et dans cet ouvrage je parle d'un monument ancien, aussi célèbre par l'incertitude de son origine, que par son ancienneté même. C'est un tombeau en forme d'autel, ou de petit temple, nommé le tombeau des deux amants... Comme il n'y reste point d'inscription et qu'aucun auteur ancien n'en a parlé,... les uns ont dit que ce monument étoit le tombeau de deux amants qui moururent de joie en se

une exacte réponse; mais le froid m'en chassa dès le lendemain, et le pis est que j'y laissai cette dissertation. Cependant je ne saurois me résoudre à tarder davantage à vous dire au moins en général ce que j'en pense, qui est que j'ai trouvé vos réflexions fort justes.[1] Le monument néanmoins ne me semble pas de fort grand goût, et a une pesanteur, à mon avis, tirant au gothique. Quoi qu'il en soit, messieurs de Lyon sont fort louables du soin qu'ils ont de conserver jusqu'aux médiocres ouvrages de la respectable antiquité. Pour votre inscription,[2] elle est, à mon avis, très-bonne et très-latine; et je n'y ai trouvé à redire que le mot de *reparari*, qui ne veut point dire, à mon sens, dans la bonne latinité, être *réparé*, mais être *racheté :*

VINA SYRA REPARATA MERCE.[2]

*Instaurari*, selon moi, sera beaucoup meilleur; car *restau-*

voyant... Les autres ont cru que c'étoit le tombeau d'Hérode et d'Hérodias, qui furent relégués à Lyon par Caligula. D'autres tiennent que c'est le sépulcre d'un mari et d'une femme chrétiens, ou que c'étoit un autel dédié à quelque divinité païenne... Le P. Ménestrier a jugé que ce monument fut consacré à la mémoire de deux prêtres du temple d'Auguste, nommés l'un et l'autre *Amandus*. A toutes ces conjectures j'en ai ajouté une... Elle est tirée d'une inscription gravée sur un cippe de marbre... et qui a été trouvé dans un lieu voisin de ce monument. On y lit le nom d'un *Amandus*, qui érigea un tombeau à sa sœur bien-aimée. *Arvescius Amandus frater, sorori karissimæ, sibique amantissimæ.* (Voir M. Laverdet, p. 242.)

1. La voici telle que la dispose Brossette :

MONUMENTUM HOC
VETUSTATE CORRUPTUM,
OLIM IN MEDIO VIÆ PUBLICÆ POSITUM
IN HUNC LOCUM TRANSFERRI,
ET SUMPTU PUBLICO REPARARI,
CURAVERUNT
NOBILES VIRI D. D. D.
BENEDICTUS CACHET DE MONTESAN, ETC.
MERCATORUM PRÆPOSITUS.
N. N. CONSULES LUGDUNENSES.

Voyez M. LAVERDET, p. 243.

2. Horace, liv. I, ode XXXI, vers 12.

*rari* ne vaut rien non plus. Ainsi, je mettrois *in alium locum transferri et instaurari curaverunt*, etc. Je vous écris tout cela de mémoire, et peut-être, quand je serai de retour à Auteuil, et que j'aurai votre papier devant moi, vous manderai-je quelque chose de plus particulier.

Pour ma satire sur l'*Équivoque*, tout ce que je puis vous en dire maintenant, c'est qu'on va faire une nouvelle édition de mes ouvrages, où, selon toutes les apparences, je l'insérerai,[1] et que, bien que j'y attaque à face ouverte tous les mauvais casuistes, je ne crains point que les jésuites s'en offensent, puisqu'ils y seront même loués, à MM. de Trevoux près, que je n'y nommerai pourtant point, quoiqu'ils m'aient attaqué par mes propres noms et surnoms. Mais quoi?

Aujourd'hui vieux lion, je suis doux et traitable.[2]

Adieu, mon illustre monsieur, aimez-moi toujours, et croyez que je suis très-affectueusement, etc.

Mes recommandations à tous nos illustres amis de Lyon.

## LETTRE CXXXVII.

Auteuil, 2 août 1707.

Je ne saurois, monsieur, assez vous marquer la honte que j'ai d'avoir été si longtemps à répondre à vos agréables lettres;[3] mais, grâce à votre bonté, je suis si sûr de

1. Cela ne lui fut point permis.
2. Épître V, vers 18.
3. On n'en a qu'une du 20 de juin 1707.

mon pardon, que je ne sais pas même si pour l'obtenir je suis obligé de le demander. La vérité est pourtant que j'ai été malade, et que je ne suis pas encore bien guéri de plusieurs infirmités que j'ai eues depuis six mois, et qui ne m'ont que trop bien prouvé que j'ai soixante et dix ans.

Mais venons à votre dernière lettre, ou plutôt à votre dernière dissertation. J'avoue que *restituere*[1] est le vrai mot des médailles, pour dire qu'on a rétabli un ouvrage qui tomboit en ruine ; mais je ne sais si on peut se servir de ce mot pour un ouvrage qu'on transporte ailleurs ; et c'est ce qui a fait que je vous ai proposé le mot d'*instaurare*, qui est un mot très-reçu dans la bonne latinité ; car pour le mot de *restaurare*, il me paroît du Bas-Empire. A mon avis, néanmoins, *restituere* ne gâtera rien, et vous pouvez choisir.

Je suis ravi que MM. de Lyon aient si bonne opinion de moi, et que mes ouvrages puissent paroître sans crainte *lugdunensem ad aram*.[2] Le public et mes libraires surtout me pressent fort d'en donner une nouvelle édition in-4°, et je vous réponds, si je me résous à leur complaire, qu'elle sera du caractère que vous souhaitez ;[3] mais fran-

1. Lettre du 20 juin 1707, Brossette dit à Boileau : « ... Mais je vois que l'on se sert souvent, et presque toujours de *restituere*, au sens dont nous avons besoin, et qu'on a employé ces mots dans tous les siècles de la latinité. Si je m'attachois à vous en rapporter tous les exemples, il faudroit que je transcrivisse presque toutes les inscriptions de Gruter qui sont rapportées sous ce titre : *Diis dedicatorum*... Dans ces deux chapitres il y a plus de soixante inscriptions avec ces mots : *Templum vetustate conlapsum restituit,* ou *restituerunt*... »

2. Discours sur la Satire, t. III.

3. « Permettez-moi de vous représenter que vous devriez faire imprimer vos poésies en caractères romains plutôt qu'en caractères italiques qui sont moins agréables, comme vous l'avez pu remarquer dans votre précédente édition in-4°. » Lettre du 20 juin 1707. (M. LAVERDET, p. 247.) Les éditions de 1674 et 1675, celle de 1701, in-4°, sont en italiques.

chement, aujourd'hui je fuis autant le bruit que je l'ai cherché autrefois, et je sens bien que les additions que j'y mettrai ne sauroient manquer d'en exciter beaucoup. J'ai pourtant mis ma satire contre l'équivoque, adressée à l'Équivoque même, en état de paroître aux yeux mêmes [1] des plus relâchés jésuites, sans qu'ils s'en puissent le moins du monde offenser. Et, pour vous en donner ici par avance une preuve, je vous dirai qu'après y avoir attaqué assez fortement les plus affreuses propositions des mauvais casuistes, et celles surtout qui sont condamnées par le pape Innocent XI, voici comme je me reprends :

> Enfin ce fut alors que, sans se corriger,
> Tout pécheur... mais où vais-je aujourd'hui m'engager?
> Veux-je ici, rassemblant un corps de tes maximes,
> Donner Soto, Bannez, Diana, mis en rimes; [2]
> Exprimer tes détours burlesquement pieux,
> Pour disculper l'impur, le gourmand, l'envieux;
> Tes subtils faux-fuyants pour sauver la mollesse,
> Le larcin, le duel, le luxe, la paresse;
> En un mot, faire voir à fond développés
> Tous ces dogmes affreux d'anathèmes frappés,
> Qu'en chaire tous les jours, combattant ton audace,
> Blâment, plus haut que moi, les vrais enfants d'Ignace?

Je vous écris ce petit échantillon, afin de vous faire concevoir ce que c'est à peu près que la pièce. Je vous prie

---

1. Ce mot est écrit ainsi dans l'autographe.
2. Brossette, dans sa lettre du 10 d'août 1707, propose à Boileau d'écrire ainsi ce vers :

> Veux-je donc, rassemblant un corps de tes maximes,
> Mettre ici Diana, Soto, Bannez en rimes.
>
> (M. Laverdet, p. 251.)

Boileau mit définitivement :

> Veux-je d'un pape illustre, armé contre tes crimes,
> A tes yeux mettre ici toute la bulle en rimes?

de ne le confier à personne, et de croire que je suis à outrance, etc.

Mes recommandations à tous nos illustres amis de Lyon.

## LETTRE CXXXVIII.

Paris, 24 novembre 1707.

Je ne vous cacherai point, monsieur, que j'ai été attaqué depuis plus de quatre mois d'un tournoiement de tête qui ne m'a pas permis de m'appliquer à rien, ni même à répondre à des lettres aussi obligeantes et aussi spirituelles que les vôtres.[1] J'avois prié M. Falconet[2] qui me vint voir, il y a assez longtemps, de votre part, à Auteuil, de vous mander mon incommodité, et il s'en étoit chargé ; mais je vois bien qu'il n'a pas jugé la chose assez importante pour vous l'écrire, et j'en suis bien aise, puisqu'il est médecin et que c'est signe qu'il n'a pas trop mauvaise opinion de ma maladie. Il m'a paru homme de savoir et de beaucoup d'esprit. Grâce à Dieu, me voilà en quelque sorte guéri, et je ne me ressens plus de mon mal, si ce n'est en marchant qu'il me prend quelquefois de petits tournoiements que j'attribue même plutôt à mes soixante et dix années[3] que j'ai entendues sonner le jour de la

1. Lettres de Brossette du 10 d'août, du 12 de septembre et du 19 de novembre 1707. Cizeron-Rival avait supprimé *aussi spirituelles*.

2. Camille Falconet, médecin consultant du roi, doyen de la Faculté de Paris, de l'Académie des Inscriptions, né à Lyon le 1er de mars 1671, mort à Paris le 8 de février 1762. Il a laissé des œuvres de médecine et d'érudition. (M. Chéron.)

3. C'est soixante et onze qu'il devait dire.

Toussaint, qu'à aucune maladie. Je ne me sens pas pourtant encore si bien remis, que j'ose m'engager à vous écrire une longue lettre.

Permettez, monsieur, que je me contente de répondre très-succinctement à ce que vous me demandez. Je vous dirai donc que pour le livre du père Jean Barnès,[1] je n'en ai point besoin, puisque je sais assez de mal de l'*équivoque*, sans qu'on m'en apprenne rien de nouveau, et que j'ai même peur d'en avoir déjà trop dit.

Pour ce qui est du prétendu bon mot qu'on m'attribue sur M. Racine,[2] il est entièrement faux, et est sûrement de la fabrique de quelque provincial, qui ne sait pas même ce que nous avons fait M. Racine et moi. Et où diable M. Racine a-t-il jamais rien composé qui regarde Atys, ni surtout Bertaud, dont je suis sûr qu'il n'avoit jamais ouï parler ?

Pour ce qui est du sonnet,[3] la vérité est que je le fis

---

1. Brossette écrit à Boileau, dans sa lettre du 19 de novembre 1707 : « Votre nouvelle satire contre l'équivoque m'a fait donner attention à un livre que le hasard me mit ces jours passés entre les mains ; c'est un *Traité contre les équivoques,* composé par le père Jean Barnès, bénédictin, imprimé en 1625... Il n'a pas osé vous envoyer ce livre, mais si vous en avez la moindre envie, mandez-le-moi et je vous l'enverrai ; vous y trouverez peut-être des choses qui vous serviront. » (M. Laverdet, p. 254.)

Il s'agit de la *Dissertatio contra equivocationes.* Paris, 1625, in-8°, traduit en français la même année. Jean Barnès ou Barns, théologien anglais, eut une vie assez agitée et mourut dans les prisons de l'inquisition dans la seconde moitié du xviie siècle. L'ouvrage qui lui attira le plus de persécutions est le *Catholico-romanus pacificus.* Oxford, 1620, in-8°. (M. Chéron.)

2. « *Bertaud n'auroit pas cru avoir obligation à M. Racine, pour l'avoir loué sur le théâtre.* » Vous compariez, dit-on, Bertaud, musicien chez le roi, avec Atys, parce que Bertaud étoit eunuque. Mais je ne vois pas bien encore toute la force de la plaisanterie, et même je ne conçois pas pourquoi M. Racine se trouve placé par là, puisque c'étoit M. Quinault qui avoit fait l'opéra d'*Atys.* » Brossette, lettre du 19 de novembre 1707. (M. Laverdet, p. 254.)

3. Sonnet sur la mort d'une parente, *Poésies diverses,* n° vi. Brossette l'avait en manuscrit.

presque à la sortie du collége, pour une de mes nièces, environ de même âge que moi, et qui mourut entre les mains d'un charlatan de la Faculté de médecine, âgée de dix-huit ans. Je ne le donnai alors à personne, et je ne sais pas par quelle fatalité il vous est tombé entre les mains, après plus de cinquante ans qu'il y a que je le composai. Les vers en sont assez bien tournés, et je ne le désavouerois pas même encore aujourd'hui, n'étoit une certaine tendresse tirant à l'amour qui y est marquée, qui ne convient point à un oncle pour sa nièce, et qui y convient d'autant moins que jamais amitié ne fut plus pure, ni plus innocente que la nôtre. Mais quoi! je croyois alors que la poésie ne pouvoit parler que d'amour. C'est pour réparer cette faute, et pour montrer qu'on peut parler en vers même de l'amitié enfantine, que j'ai composé, il y a environ quinze ou seize ans, le seul sonnet[1] qui est dans mes ouvrages, et qui commence par

> Nourri dès le berceau près de la jeune Orante, etc.

Vous voilà, je crois, monsieur, bien éclairci. Il n'y a de fautes dans la copie du sonnet, sinon qu'au lieu de

> Parmi les doux excès,

il faut :

> Parmi les doux transports.

Au lieu de

> Ha! qu'un si rude coup...

il faut :

> Ah! qu'un si rude coup...

---

1. *Poésies diverses*, n° vii.

Pour ce qui est des traductions latines que vous voulez que je vous envoie, il y en a un si grand nombre, qu'il faudroit que la poste eût un cheval exprès pour les porter toutes ; et je ne saurois vous les faire tenir que vous ne m'enseigniez un moyen. Adieu, mon cher monsieur, croyez que je suis plus que jamais...

Mes recommandations à tous nos illustres amis de Lyon.

## LETTRE CXXXIX.

Paris, 6 décembre 1707.

Le croiriez-vous, monsieur ? si j'ai tardé si longtemps à vous remercier de votre magnifique présent, cela ne vient ni de ma négligence, ni de mes tournoiements de tête dont je suis entièrement guéri. Tout le mal ne procède que de mon cocher, qui ayant en mon absence reçu la lettre[1] que vous me faisiez l'honneur de m'écrire, l'a gardée très-poétiquement douze jours entiers dans la poche de son justaucorps, et ne me l'a donnée qu'hier au soir ; de sorte que j'ai reçu votre présent sans savoir presque d'où il me venoit. J'en ai pourtant goûté avec un grand plaisir, et je crois pouuoir vous dire sans me tromper, qu'il ne s'est jamais mangé de meilleurs fromages à la table ni des Broussain ni des Bellenave,[2] et pour preuve de ce que je dis, c'est que je n'ai pas pu me défendre d'en donner trois à M. Le Verrier, qui en est amoureux, et qui les met au-

---

1. On n'a pas cette lettre.
2. Charles-François de Rochechouart, marquis de Bellenave. Broussain était de l'*ordre des Coteaux*. Voyez satire III, vers 109.

dessus des Parmesans. Jugez donc si vos souhaits sont accomplis. Je ne le crois guère inférieur aux *Coteaux* pour la délicatesse du goût. Je ne lui ai point encore montré votre lettre, qui assurément le réjouira fort.

Je commence à être un peu en peine, connoissant votre exactitude, de ce que je n'ai point encore reçu de réponse à la lettre que je me suis donné l'honneur de vous écrire le mois passé.[1] Auriez-vous aussi à Lyon quelque cocher ou quelque laquais poëte qui l'eût gardée dans sa poche ?

Je vous y marquois, je crois, ou plutôt je ne vous y marquois point la joie que j'ai que vous ne désapprouviez point les traductions latines qu'on fait de mes ouvrages. Il y en a plus de six nouvellement imprimées, qui ont toutes leur mérite. En voici la liste : la *Satire du Festin*, le *premier chant du Lutrin*, l'*Épitre de l'amour de Dieu*, l'*Épitre à M. de Lamoignon*, la *Satire de l'homme*, le *cinquième chant du Lutrin* et un grand nombre d'autres qui ne sont point imprimées, et qu'on m'a données écrites à la main. Ainsi, monsieur, me voilà poëte latin confirmé dans toute l'Université.

Mais, à propos de latin, permettez-moi, monsieur, de vous dire que je ne saurois approuver ce que vous me mandez, ce me semble, dans une de vos lettres précédentes,[2] que vous ne sauriez souffrir qu'Horace, dans ses satires et dans ses épîtres, soit si négligé. Jamais homme

---

1. La lettre n° cxxxviii, 24 novembre 1707.
2. Dans sa lettre du 12 de septembre 1707, Brossette écrit à Boileau : « ... Bien loin d'avoir négligé votre versification, comme Horace a fait la sienne, vous avez pris soin de donner à vos vers toute la douceur, toute la régularité, et si j'ose dire, tout le nombre que vous avez pu leur donner, sans que pour cela votre style ait rien perdu du côté de la naïveté et de l'élégance » (Voir M. Laverdet, p. 252.)

ne fut moins négligé qu'Horace, et vous avez pris pour négligence vraisemblablement de certains traits où, pour attraper la naïveté de la nature, il paroît de dessein formé se rabaisser ; mais qui sont d'une élégance qui vaut mieux quelquefois que toute la pompe de Juvénal. Je vous en dirois davantage ; mais je sens que ma tête commence à s'engager. Permettez donc que je m'arrête, et que je me contente de vous dire que je suis...[1]

1. M. Laverdet donne sous la date du 22 janvier 1708 une lettre de Boileau à Brossette ; elle ne se trouve dans aucune des éditions de Boileau, Berriat-Saint-Prix se contente d'en donner une analyse. Voici cette lettre :
« A Paris, ce 22e janvier 1808. J'ai reçu, monsieur, votre dernière lettre par les mains de celui à qui vous l'aviez envoyée, et qui me l'a apportée lui-même ; il m'a paru un fort honnête homme, et je l'ai reçu du mieux que j'ai pu. Il s'est chargé de vous mander la raison qui m'a empêché, depuis si longtemps, de vous faire réponse, c'est à savoir le retour de mes tournoiements de tête causé par la malheureuse affaire arrivée à un de mes neveux * que j'ai été obligé de solliciter, et qui m'a pensé faire perdre l'esprit. Le galant homme dont je vous parle m'avoit promis de revenir deux jours après prendre un mot de réponse pour vous que je m'étois engagé de tenir prêt, mais je n'ai point ouï parler de lui depuis sept ou huit jours. J'ai donc pris le parti de vous récrire aujourd'hui par la poste, et de prévenir les mauvaises idées que pourroit vous donner de moi un plus long silence. N'attendez pas pourtant que je vous fasse ici un discours fort étendu, mes vertiges ne m'en laissant pas le pouvoir. Tout ce que je puis vous dire, c'est que si je ne vous ai point encore envoyé les traductions que vous me demandez, c'est que je ne les ai pu recouvrer, ces traductions ayant été faites par divers professeurs de l'Université que je ne connois point. Ils m'en ont pourtant envoyé les uns et les autres plusieurs copies dont ils m'ont fait présent, mais je les ai sur-le-champ dispersées à tous ceux qui ont voulu en avoir, et il ne m'en reste plus que deux. C'est à savoir, celle du premier chant du *Lutrin*, et celle du *Festin*, que je vous enverrai par votre ami, supposé qu'il me fasse l'honneur de me revenir voir, car je ne le puis autrement, ne sachant ni son nom, ni sa demeure.

« Voilà, monsieur, tout ce que je puis faire en l'état où je suis, mon âge et mes infirmités ne me laissent plus qu'un demi-usage de ma raison ; j'ose néanmoins vous prier de croire qu'il m'en reste encore assez pour savoir

* Ce neveu, s'il faut en croire Brossette, lettre du 2 février 1708, serait le jeune Sirmond, aux fredaines duquel, disait Planson, Boileau devait être accoutumé depuis longtemps. (Voir M. Laverdet, p. 264.)

## LETTRE CXL.

Paris, 27 avril 1708.[1]

Je voudrois bien, monsieur, n'avoir que de mauvaises raisons à vous dire du long temps que j'ai été sans vous donner de mes nouvelles. Je n'aurois qu'à les habiller de termes obligeants, et je suis assuré que votre bonté pour moi vous les feroit trouver bonnes; mais la vérité est que j'ai été depuis trois mois attaqué d'une infinité de maux, qui ont enfin abouti à une espèce d'hydropisie, dont je ne me suis tiré que par le secours du *médecin hollandois*.[2] Enfin, me voilà, si je l'en crois, hors d'affaire, et le premier usage que j'ai cru devoir faire de ma santé, c'est de vous avertir, comme je fais, que je suis vivant, et que le ciel vous conserve encore en moi, dans Paris, l'homme du monde qui vous aime et vous honore le plus. Je suis avec toute sorte de reconnoissance...

Mes recommandations à tous nos illustres amis de Lyon.

quel point je dois chérir une aussi illustre amitié que la vôtre, et celle de tous vos célèbres magistrats de Lyon, et que c'est plus fortement que jamais que je suis, monsieur, votre, etc.

« DESPRÉAUX.

« J'ai mis la dernière main à ma satire de l'Équivoque, et malgré mes tournoiements de tête, je doute qu'il y ait un ouvrage de moi où la tête m'ait moins tourné. »

1. Le manuscrit ne porte point d'année. Celle-ci a été suppléée par Cizeron-Rival. (B.-S.-P.) Dans le volume de M. Laverdet, elle porte la date du 26 avril 1708.

2. Jean-Adrien Helvez, ou Helvétius, aïeul de l'auteur du livre *de l'Esprit*, né en Hollande vers 1661, mort à Paris le 20 de février 1727. On lui

## LETTRE CXLI.

*Paris, 16 juin 1708.*

Je ne vous ferai point d'excuse, monsieur, de ce que j'ai été si longtemps sans faire réponse à vos deux dernières lettres,[1] puisque c'est par ordre du médecin que je me suis empêché d'écrire, et que c'est lui qui m'a défendu de faire aucun effort d'esprit, même agréable, jusqu'à ce que ma santé fût entièrement confirmée. Mais enfin me voilà presque tout à fait en état de réparer mes négligences, et il n'y a plus de traces en moi de l'*aquosus albo corpore languor*.[2] Quelquefois même, à l'heure qu'il est, je me persuade que je suis encore ce même ennemi des méchants vers qui a enrichi le libraire Thierry, et il me semble que soixante et dix ans n'ont pas encore tellement appesanti ma plume, que je ne fisse avec succès une satire contre l'hydropisie, aussi bien que contre l'Équivoque. Je doute néanmoins que celle que j'ai composée contre ce dernier monstre voie le jour avant ma mort, parce que je fuis autant aujourd'hui de faire parler de moi que j'en ai été avide autrefois. La vérité est pourtant que je l'ai mise par écrit, qu'elle ne sera point perdue, et que, si vous

---

doit l'introduction de l'ipécacuanha dans la thérapeutique; il a, ainsi que son fils, Jean-Claude-Adrien, laissé de nombreux ouvrages de médecine. (M. Chéron.)

1. On n'en a qu'une du 8 mai 1708.
2. Horace, liv. II, ode II.

> Crescit indulgens sibi dirus hydrops
> Nec sitim pellit, nisi causa morbi
> Fugit a venis et aquosus albo
> Corpore languor.

venez à Paris, comme vous me le promettez, je vous la lirai autant de fois que vous le souhaiterez.

Mais, à propos de ce voyage, savez-vous bien que vous êtes obligé de le faire en conscience, puisque c'est un des meilleurs moyens de me rendre ma santé, qui ne sauroit être mieux affermie que par le plaisir de voir un homme que j'estime et que j'honore autant que vous? Je vous prie donc de faire trouver bon à madame votre chère épouse que vous vous sépariez pour cela deux ou trois mois d'elle, sauf à racquitter,[1] au retour de votre voyage, le temps perdu.

Je ne vous parle point ici de M. Vaginai,[2] ni de tous vos autres célèbres magistrats, parce qu'il faudroit un volume pour vous dire tout le bien que je pense d'eux, et que je n'oserois encore vous écrire qu'un billet, que je cacherai même à Helvétius. Vous ne sauriez manquer de réussir auprès de M. Coustard,[3] qui n'a fait graver mon portrait que pour le donner à des gens comme vous. Adieu, mon cher monsieur, aimez-moi toujours, et croyez que je suis très-sincèrement...

1. P. C. O. Il y avait d'abord ici ces mots : *avec elle,* qui ont été ensuite croisés dans l'autographe. (B.-S.-P.)
2. Ancien prévôt des marchands, procureur général à la cour des monnaies de Lyon, alors âgé de quatre-vingt-huit ans. « Quand il a su, dit Brossette dans sa lettre du 8 de mai 1708, que vous aviez été menacé d'hydropisie, il m'a chargé de vous dire qu'un remède assuré contre ce mal, c'étoit de faire bouillir de la racine de bruschus dans de l'eau commune, jusqu'à la diminution du tiers, et de mêler de cette décoction, en guise d'eau simple, avec du vin pour votre boisson ordinaire, continuant ainsi jusqu'à ce que vous soyez entièrement guéri. » (Voir M. Laverdet, p. 266.)
3. Conseiller au parlement, qui avait fait peindre Boileau par Rigaud, et graver ce portrait par Drevet. (Voir M. Laverdet, p. 267.)

## LETTRE CXLII.

*Paris, 7 août 1708.*

Vous avez raison, monsieur, je vous l'avoue, d'être surpris du peu de soin que j'ai de répondre à vos obligeantes lettres;[1] mais je crois que votre étonnement cessera, quand je vous dirai que je suis, depuis trois mois, malade d'un tournoiement de tête qui ne me permet pas les plus légères fonctions d'esprit, et que c'est par ordonnance de médecin, c'est-à-dire du médecin hollandois,[2] que je ne vous écris point. Aujourd'hui pourtant il n'y a médecin qui tienne; et je vous dirai, sauf le respect qu'on doit à Hippocrate, que j'ai lu l'ouvrage que vous m'avez envoyé, et que j'y ai trouvé beaucoup de latinité et d'agrément. La satire qui y est traduite[3] est la sixième en rang dans mes écrits; mais la vérité est que c'est mon premier ouvrage, puisque je l'avois originairement insérée dans l'Adieu de Damon[4] à Paris, et que c'est par le conseil de mes amis que j'en ai depuis fait une pièce à part contre les embarras des rues, qui m'ont paru une chose assez chagrinante pour mériter une satire entière.

Je voudrois bien vous pouvoir envoyer toutes les traductions qui ont été faites ici de mes autres ouvrages, et dont la plupart sont imprimées; mais je serois bien en

---

1. On n'en a qu'une du 26 de juin 1708, mais on n'y voit pas la moindre surprise manifestée par Brossette.
2. Jean-Adrien Helvétius. Voir la lettre CXL.
3. La traduction en vers latins du père Sébastien Dutreuil, oratorien, né à Lyon en 1684, mort en 1754. (Cizeron-Rival.) V. M. Laverdet, p. 270.
4. La satire I.

peine à l'heure qu'il est de les trouver, parce que j'en ai fait présent, à mesure qu'on me les a données, à ceux qui me les demandoient. Je vois bien que dans peu il n'y aura pas une de mes pièces qui ne soit traduite; car le feu y est dans l'université. J'aurai soin de les amasser pour vous; mais il faut pour cela que ma tête se fixe, et que j'aie permission d'Helvétius. En effet, je doute même qu'il me pardonne de vous avoir aujourd'hui, sans son congé, écrit ce long billet. Toutefois j'y ajouterai encore que j'ai pâli à la lecture de ce que vous m'avez mandé du péril où s'est trouvée notre chère ville de Lyon.[1] Vous savez bien l'intérêt que j'ai à sa conversation. Je vous dirai pourtant que dans la frayeur que j'ai eue, j'ai beaucoup moins songé à moi qu'à vous et à tous nos illustres amis. Grâces à Dieu et à la bravoure de vos habitants, nous voilà en sûreté, et on ne verra point entrer dans la seconde ville du royaume l'infidèle Savoyard. Ce n'est point moi qui l'appelle ainsi, mais Horace, qui l'a baptisé de ce nom, il y a tantôt deux mille ans, dans l'ode *At o Deorum :*

Rebusque novis infidelis Allobrox.[2]

Mais voilà assez braver le médecin. Permettez, monsieur, que je finisse et que je vous dise que je suis avec plus de reconnoissance que jamais...

1. Dans la lettre de Brossette du 26 juin 1708, on lit : « Toute la ville de Lyon a été depuis quelques jours dans un mouvement qui ne lui est pas ordinaire. Le duc de Savoye nous menaçoit de ses approches... Comme la garde de cette ville est confiée à ses habitants, M. de Dillon les fit passer en revue le 27 de juillet (il y a là une erreur)... Depuis ce temps on a doublé et triplé les gardes, on répare et l'on augmente les fortifications, on remplit les magasins... (M. Lavendet, p. 270-271.)

2. Novisque rebus infidelis Allobrox.

Boileau cite de mémoire : c'est le vers 6 de l'ode xvi du livre des

## LETTRE CXLIII.

Paris, 9 octobre 1708.

Je suis surchargé, monsieur, d'incommodités et de maladies, et les médecins ne me défendent rien tant que l'application. O la sotte chose que la vieillesse! Aujourd'hui cependant il n'y a défense qui tienne, et dussé-je violer toutes les règles de la Faculté, il faut que je réponde à votre dernière lettre.[1]

Vous me demandez dans cette lettre comment je crois qu'on doit traduire *Meteora orationis*. A cela je vous répondrai que, pour vous bien satisfaire sur votre question, il faudroit avoir lu le livre de M. Samuel (*Werenfels*),[2] afin de bien concevoir ce qu'il entend par là lui-même, ce mot étant fort vague, et ne voulant dire autre chose qu'un galimatias à perte de vue. Pour moi, quand

---

Épodes : *Altera jam teritur.* Il y a donc une double erreur : l'ode *At o Deorum* est la cinquième du même *livre.*

Dans un projet de médaille sur la victoire de Staffarde (1690), l'Académie des Inscriptions avait mis ces derniers mots à la légende, mais le 9 de janvier 1700, le roi, allié depuis peu avec le duc de Savoie, ordonna de supprimer le mot *infidelis,* et l'Académie supprima alors *Allobrox,* observant que ce mot resté seul n'aurait eu aucun sens (*Registres de l'Académie*), ce que le roi, dans son ignorance de la langue latine, n'avait pas aperçu. (B.-S.-P.)

1. Brossette lui a écrit le 22 de septembre et le 2 d'octobre 1708.
2. Le nom de Werenfels n'est pas dans le manuscrit; il a été suppléé par Cizeron-Rival.

Samuel Werenfels, né à Bâle en 1647, y est mort en 1740. On a de lui : *De finibus mundi dialogus.* Basil., 1682, in-4°; *Dissertatio de logomachiis eruditorum;* accedit *Diatribe de meteoris orationis,* Amst., 1702, in-8°; *Vita J. J. Buxtorfii.* Basil., 1705, in-4°; *Disputationum theologicarum sylloge.* Basil., 1709, in-12, etc. (M. Chénon.)

j'ai traduit dans Longin ces mots : οὐχ ὑψηλὰ ἀλλὰ μετέωρα, qu'il dit, ce me semble, de l'historien Callisthène, je me suis servi d'une circonlocution, et j'ai traduit que Callisthène *ne s'élève pas proprement, mais se guinde si haut qu'on le perd de vue ;*[1] la langue françoise, à mon avis, n'ayant point de mot qui réponde juste au μετέωρα des Grecs, qui est à la vérité une espèce d'enflure, mais une espèce d'enflure particulière que le mot enflure n'exprime pas assez, et qui regarde plus la pensée que les mots. La Pharsale de Brébeuf, à mon avis, est le livre où vous pouvez le plus trouver d'exemples de ces μετέωρα.[2] Je me souviens d'avoir lu dans un poëte italien,[3] à propos de deux guerriers qui joutoient l'un contre l'autre, que *les éclats de leurs lances volèrent si haut, qu'ils allèrent jusqu'à la région du feu, où ils s'allumèrent* et d'où ils retombèrent en cendre sur terre. Voilà un parfait modèle de style μετέωρα. Du reste, il peut y avoir de l'enflure qui ne soit point μετέωρα, comme par exemple ce que Démétrius Phalerœus[4] rapporte d'un historien qui, en parlant du ruisseau du Télèbe, rivière environ grande comme celle des Gobelins, se servoit de ces termes : *Ce fleuve descend à grands flots des monts Lauriciens, et de là va se précipiter dans la mer proche...,* etc. Ne diriez-vous pas,

---

1. Voyez *Traité du Sublime,* chap. II, t. III.
2. Voyez l'*Art poétique,* chant I, vers 100, t. II.
3. Arioste, *Orlando furioso,* chant XXX, stance XLIX.

> I tronchi fino al ciel ne sono ascesi :
> Scrive Turpin, verace in questo loco,
> Che due, o tre giù ne tornaro accesi,
> Ch'eran saliti alla sfera del fuoco...

4. Demetrii-Phaler. de Elocutione liber gr. et lat. cur. J. Gotl. Schneider-Altenburgi 1779 (Neisse, Hennings). — Ed. J.-F. Fischer, 1773, s. Rhetores selecti. — Finckh, chr. Eberh. Observatt. crit. in Demetrii Rhetoris de Eloc. libell. Prog. 4. Heilbronnii 1841. 20 (18) pag.

ajoute Démétrius, qu'il parle du Nil ou du Danube? c'est là de la véritable enflure; mais il n'y a point là de μετέωρον. Je vous rapporterois cent exemples pareils; mais, comme je vous viens de dire, il faut avoir lu l'ouvrage de M. Samuel (*Werenfels*), pour vous parler juste sur ce point; et vous n'en aurez pas davantage pour cette fois, parce que je sens qu'une chaleur effroyable de poitrine que j'ai, et qui est causée par les glaces de la vieillesse, commence à redoubler. Permettez donc que je me borne à ce court billet, et soyez bien persuadé que toutes vos lettres me font grand plaisir, quoique j'y réponde si peu exactement.

O mihi præteritos referat si Juppiter annos![1]

quelles longues lettres n'auriez-vous pas à essuyer! Je vous donne le bonjour, et suis parfaitement...

## LETTRE CXLIV.

Paris, 7 janvier 1709.

Vous êtes, monsieur, l'ami du monde le plus commode, et avec lequel on peut le plus impunément faillir. Dans le temps que je m'épuise à chercher vainement dans mon esprit des raisons pour excuser mes négligences à votre égard, c'est vous-même qui vous déclarez le négligent, et peu s'en faut que vous ne me demandiez pardon de tous mes crimes. Je vois bien ce que c'est; vous me regardez

---

[1]. Paroles du vieux Évandre. (Virgile, *Énéide*, liv. VIII, vers 560.)

comme un malade qu'il ne faut point chagriner, et vous ne vous trompez pas, monsieur; je suis malade et vraiment malade. La vieillesse m'accable de tous côtés. L'ouïe me manque, ma vue s'éteint, je n'ai plus de jambes, et je ne saurois plus monter ni descendre qu'appuyé sur les bras d'autrui. Enfin je ne suis plus rien de ce que j'étois, et, pour comble de misère, il me reste un malheureux souvenir de ce que j'ai été. Aujourd'hui pourtant il faut que je fasse encore le jeune, et que je réponde à deux objections que vous me faites dans quelques-unes des lettres que vous m'avez écrites l'année précédente. Je les ai reçues ce matin, et il ne sera pas dit que je n'y aie r répliqué.

La première est sur la musique, dont j'ai eu tort, dites-vous, de ne pas employer les termes dans la description que Longin fait de la périphrase.[1] Mais est-il possible que vous me fassiez cette objection[2] après ce que vous avez lu dans mes remarques, où je dis en propres termes que ce que dit Longin peut signifier *les parties faites sur le sujet*,[3] mais que je ne le décidois pas néanmoins, parce qu'il n'est pas sûr que les anciens connussent dans la musique ce que nous appelons les parties; que je penchois cependant vers l'affirmative, mais que je laissois aux

1. Voyez *Traité du Sublime,* chapitre xxiv, t. III.
2. Brossette écrit à Boileau le 3 d'octobre 1708 : « ... Un très-habile musicien, qui sait quelque chose de plus que la musique, m'a fait observer qu'en termes de musique on ne disoit pas ordinairement, *le son principal,* mais que l'on disoit *le sujet* ou *la principale partie,* pour exprimer cette suite mesurée de sons variés, lesquels, étant soutenus par d'autres sons qui composent les parties d'accompagnement, forment un air, un sujet, un concert, une pièce de musique. Car un son tout seul, accompagné de ses parties, produit à la vérité une harmonie, mais non pas une *mélodie,* comme disent les musiciens. » (M. LAVERDET, p. 274.)
3. Voyez la remarque n° 50, t. IV.

habiles en musique à décider plus précisément si le *son principal* veut dire le *sujet*. Ajoutez que par la manière dont j'ai traduit, tout le monde m'entend, au lieu que, si j'avois mis les termes de l'art, il n'y auroit que les musiciens proprement qui m'eussent bien entendu.

L'autre objection[1] est sur ce vers de ma *Poétique* :[2]

De Styx et d'Achéron peindre les noirs torrents.

Vous croyez que :

Du Styx, de l'Achéron peindre les noirs torrents

seroit mieux. Permettez-moi de vous dire que vous avez en cela l'oreille un peu prosaïque, et qu'un homme vraiment poëte ne me fera jamais cette difficulté, parce que *de Styx et d'Achéron* est beaucoup plus soutenu que *du Styx et de l'Achéron*. *Sur les bords fameux de Seine et de Loire* seroit bien plus noble dans un vers que *sur les bords fameux de la Seine et de la Loire*. Mais ces agréments sont des mystères qu'Apollon n'enseigne qu'à ceux qui sont véritablement initiés dans son art.

Je viens maintenant à votre dernière lettre.[3] Vous m'y proposez une question qui a, dites-vous, agité beaucoup de gens habiles dans votre ville,[4] et qui pourtant, à mon

---

1. Lettre de Brossette du 8 de mai 1708.

« Je vois que l'on met ordinairement l'article défini *du* ou *de la* devant les noms de fleuves, par exemple du Rhône, du Danube, du Rhin, de la Seine, etc., etc. Et suivant cette règle, il semble qu'on doive dire du Styx, de l'Achéron, etc. Nous avons pourtant en France quelques expressions semblables à la vôtre, mais il ne me paroît pas que les exemples en soient fréquents. » (M. LAVERDET, p. 268.)

2. *Art poétique*, chant III, vers 285.

3. Du 31 de décembre 1708.

4. « Je me trouvai il y a quelque temps dans une assemblée de gens

avis, ne souffre point de contestation : car, qu'est-ce que l'ouïe au prix de la vue? Vivre et voir le jour sont deux synonymes. Les yeux au défaut des oreilles entendent ; mais les oreilles ne voient point. J'ai vu un sourd-né à qui, par la vue, on faisoit entendre jusqu'aux mystères de la Trinité. Mais, monsieur, il me semble que pour un vieillard malade je m'engage dans de grands raisonnements.

Le meilleur est, je crois, de me borner ici à vous remercier de vos fromages. J'en porterai deux ce matin à M. Le Verrier, chez qui je vais dîner, et je vous réponds que votre santé y sera célébrée. Mille remercîments à madame votre chère et illustre épouse, de la bonté qu'elle a de se souvenir de moi. J'ai, sur le peu que vous m'en avez dit, une idée d'elle qui passe de beaucoup les Pénélopes et les Lucrèces. Il ne me reste plus qu'à vous demander pardon de la précipitation avec laquelle je vous écris, et qui est cause d'un nombre infini de ratures que je ne sais si vous pourrez débrouiller. Mais quoi ! je serois perdu s'il falloit récrire mes lettres, et il arriveroit fort bien que je ne vous écrirois plus. Le moindre travail me tue, et même, dans le moment que je vous parle, il me vient de prendre un tournoiement de tête qui ne me laisse que le temps de vous dire que je vous aime et vous respecte plus que jamais, et que je suis parfaitement, etc.

distingués par leur rang et par leur esprit, dans laquelle on vint insensiblement à raisonner sur une question que je fis naître, au sujet de l'état d'un homme qui seroit aveugle : savoir laquelle de ces deux infirmités est la moins commode. » (M. Laverdet, p. 270.)

## LETTRE CXLV.

*Paris, 5 mai 1709.*

Je voudrois bien, monsieur, n'avoir que de mauvaises excuses à vous faire du long temps que j'ai été sans répondre à vos obligeantes lettres,[1] puisque, de l'humeur dont je vous vois, vous ne laisseriez pas de les trouver bonnes; mais la vérité est que mes tournoiements de tête continuent toujours; que je ne puis plus monter ni descendre que soutenu par un valet, que ma mémoire finit, que mon esprit m'abandonne, et qu'enfin j'ai quatre-vingts ans à soixante et onze.[2] Cependant je vous supplie de croire que j'ai toujours pour vous la même estime, et que je reçois toujours vos lettres avec grand plaisir.

Je ne saurois assez vous admirer, vous et vos confrères académiciens, de la liberté d'esprit que vous conservez au milieu des malheurs publics, et je suis ravi que vous vous appliquiez plutôt à parler *des funérailles des anciens*[3] qu'à faire les funérailles de la félicité publique, morte en France depuis plus de quatre ans. Cela s'appelle être philosophe, et marcher sur les pas d'Archimède, qu'on trouva faisant une démonstration géométrique dans le temps qu'on prenoit d'assaut la ville de Syracuse où il étoit enfermé. Nous nous sentons à Paris de la famine[4] aussi

---

1. Du 15 de janvier, du 28 mars et du 30 d'avril 1709.
2. Plutôt soixante et douze.
3. « J'ai été chargé (dans nos conférences académiques) de parler des *funérailles des anciens,* et ce discours a tenu les deux dernières séances. » Brossette, lettre du 30 d'avril 1709. (M. LAVERDET, p. 289.)
4. Il s'agit de l'hiver de 1709.

bien que vous, et il n'y a point de jour de marché où la cherté du pain n'y excite quelque sédition;[1] mais on peut dire qu'il n'y a pas moins de philosophie que chez vous, puisqu'il n'y a point de semaine où l'on ne joue trois fois l'opéra, avec une fort grande abondance de monde, et que jamais il n'y eut tant de plaisir, de promenades et de divertissements.

Mais laissons là la joie et la misère publique, et venons aux deux questions que vous me faites dans votre dernière lettre.[2] Je vous dirai que je ne sais pas pourquoi vous êtes en peine de ce vers : *Là je trouve une croix*,[3] etc., puisque c'est une chose que dans tout Paris *et pueri sciunt*, que les couvreurs, quand ils sont sur le toit d'une maison, laissent pendre du haut de cette maison une croix de latte pour avertir les passants de prendre garde à eux et de passer vite ; qu'il y en a quelquefois des cinq ou six dans une même rue ; et que cela n'empêche pas qu'il n'y ait souvent des gens blessés ; c'est pourquoi j'ai dit : *une croix de funeste présage.* On riroit à Paris d'un homme qui me feroit votre objection. Pour ce qui est du livre *de Meteoris orationis*, je vous dirai que je l'ai reçu et presque lu tout en entier. Il est assez bien écrit. Ce que j'y ai trouvé à redire, c'est qu'il représente *Meteora orationis* comme un terme reçu chez les rhéteurs pour dire *les excès du discours*; et cependant ce n'est qu'une

---

1. Voyez les lettres de M^me de Maintenon.
2. Celle du 15 de janvier 1709.
3. Voyez satire VI, vers 40. Brossette dit : « Dans ma jeunesse, en lisant cet endroit, je m'imaginai que ce vers désignoit *une croix qui conduisoit un convoi funèbre...* Je n'ai pas laissé de m'y tromper fort longtemps, parce que dans la ville de Lyon les couvreurs font leur *avertissement* ou *défense* avec une tuile attachée au bout d'une corde qu'ils suspendent depuis le toit jusque dans la rue... » (M. LAVERDET, p. 285.)

figure, à mon avis, hasardée par Longin pour exprimer le *style guindé*. Aussi ne l'ai-je pas rendu par un mot exprès; mais je me suis contenté de dire du rhéteur que Longin accuse : *Il ne s'élève pas proprement, mais il se guinde si haut qu'on le perd de vue.* Adieu, mon illustre monsieur; pardonnez mes ratures et la précipitation avec laquelle je vous écris; et prenez-vous-en à l'obligation où je me trouve de ne me point fatiguer l'esprit, et de ne pas irriter mes tournoiements de tête. Du reste, soyez bien persuadé que je suis avec plus de passion que jamais...

Puisque j'ai encore cette page de reste, trouvez bon que je vous conjure instamment de faire de nouveau mes recommandations à tous vos illustres magistrats, et de leur bien marquer le respect que j'ai pour eux. M. Bronod ne m'assure pas que je serai payé cette année de ma pension, et me laisse dans un doute franchement qui me déplaît. J'ose donc me flatter que vous ferez sur tout cela ce qu'il faut faire, et je m'attends d'avoir dans peu de nouvelles raisons de vous estimer, de vous chérir. Adieu, encore un coup. Aimez-moi comme je vous aime.

L'épigramme de votre savant jésuite est assez bonne, mais à mon avis elle est beaucoup meilleure en françois qu'en latin.[1]

---

1. Dans la lettre du 30 d'avril 1709, Brossette envoie à Boileau une épigramme latine du père Vanière, sur Puget, et deux traductions en vers français, l'une du père Bimet, jésuite, et l'autre de M. de Saint-Fonds. Voici l'épigramme :

> Ore manuque doces nigri miracula saxi (*l'aimant*) :
> Alterutro poteras abstinuisse modo,
> Si quis enim audierit, jam non exempla requirat
> Si videat, vel, te causa silente, patet.

Voici la traduction par le P. Bimet, jésuite :

> Que ta main, ou ta voix nous dise les merveilles
> Que tu découvres dans l'aimant :

## LETTRE CXLVI.

Paris, 21 mai 1709.

Avant, monsieur, que j'eusse reçu votre dernière lettre,[1] M. Bronod m'avoit fait dire qu'il feroit tous ses efforts pour me payer ma demi-année avant la fin de juin, mais que, si je voulois attendre cinq ou six jours après la Saint-Jean, il répareroit son retardement en me payant l'année entière. Ainsi, monsieur, supposé qu'il me tienne parole, je n'ai qu'à me louer de lui. Vous m'avez fait un plaisir infini de me mander avec quelle ardeur M. Perrichon prend mes intérêts. Je vois bien qu'il ne compte pas pour un médiocre avantage un peu de mérite qu'il croit voir en moi, et qu'il ne regarde pas comme indigne d'être aimé des honnêtes gens l'ennemi déclaré des méchants auteurs. Je vous prie de le bien charger de remercîments de ma part, et de le bien assurer que, si Dieu rallume encore en moi quelques étincelles de santé, je les emploierai à faire voir dans mes dernières poésies la reconnoissance que j'ai de toutes ses bontés, aussi bien que de celles de

> L'une à nos yeux, l'autre aux oreilles
> Les expliquent également.
> Ce que ta voix nous veut apprendre,
> Ta main nous le fait concevoir :
> L'œil, sans l'oreille, peut entendre,
> Et sans l'œil, l'oreille peut voir.

1. Cette lettre, qui était probablement une réponse à la précédente de Boileau, n'a point été publiée, et la copie n'en est point non plus dans le Recueil de Brossette. Il y parlait sans doute de *l'ardeur* de Perrichon, dont Boileau va faire mention et dont il n'est point question dans la correspondance de Brossette de ce temps, soit imprimée, soit manuscrite. (B.-S.-P.)

tous vos autres illustres magistrats en qui je reconnois l'esprit de ces fameux ancêtres devant qui pâlissoit

Lugdunensem rhetor dicturus ad aram.[1]

Mais à quoi je destine principalement ma poésie expirante, c'est à témoigner à toute la postérité les obligations particulières que je vous ai. J'espère que l'envie de m'acquitter en cela de mon devoir me tiendra lieu d'un nouvel Apollon; mais, en attendant, trouvez bon que je me repose, et que je ne vous en dise pas même davantage pour cette fois. Du reste, croyez qu'on ne peut être plus sincèrement et plus fortement que je le suis, etc.

Pardon pour mes ratures.

## LETTRE CXLVII.

Paris, 2 août 1709.

Deux jours après que j'eus reçu votre lettre, monsieur, datée du 24 juin,[2] je tombai malade d'une fluxion sur la poitrine et d'une fièvre continue assez violente, qui m'a tenu au lit tout le mois de juillet, et dont je ne suis relevé que depuis trois jours. Voilà ce qui m'a empêché de répondre à vos obligeantes lettres, et non point le peu de

---

1. Juvénal, satire I, vers 44. Vers souvent cités. Voir le Discours sur la Satire, t. III.

2. Dans une lettre datée du 24 de juin 1709, Brossette écrivait à Boileau : « ... Au lieu d'être incertain si l'on vous payeroit votre demi-année, vous voyez que la ville de Lyon, cette bonne mère, vous fait par avance le payement de l'année entière. C'est une distinction que vous méritez, vous, monsieur, qui êtes le plus illustre et le plus cher de tous ses nourrissons.

cas que j'aie fait de vos vers,[1] qui m'ont paru très-beaux, et où je n'ai trouvé à redire que l'excès des louanges que vous m'y donnez. Dès que je serai un peu rétabli, je ne manquerai pas de vous faire une ample réponse et un très-exact remercîment ; mais, en attendant, je vous prie de vous contenter de ce mot de lettre, que je vous écris malgré l'expresse défense de mon médecin, et de croire que je sens comme je dois toutes vos excessives bontés. Je suis avec une extrême reconnoissance...

## LETTRE CXLVIII.

Paris, 6 octobre 1709.

Il faut, monsieur, que vous n'ayez pas reçu une lettre que je me suis donné l'honneur de vous écrire, il y a en-

---

1. Voici quelques-uns de ces vers que Brossette adressait à Boileau :

Souviens-toi qu'en mon cœur tes écrits firent naître
L'ambitieux désir de voir et de connaître
L'arbitre, le censeur du Parnasse françois,
Le digne historien du plus grand de nos rois.
Je te vis, je t'aimai. Mon heureuse jeunesse,
Boileau, ne déplut point à ta sage vieillesse.
Tu souffris que j'allasse écouter tes leçons,
Tu daignas m'enrichir de tes doctes moissons.
. . . . . . . . . . . . . . . . . . . . . .
Boileau, tu me promets un honneur éternel ;
Le moindre de tes vers peut me rendre immortel.
Fais qu'un long avenir de mon nom s'entretienne,
Qu'il connoisse ma gloire en admirant la tienne...

A propos de ces vers, Brossette se rend justice dans une lettre du 30 juillet 1709 : « Il y a un mois et plus que je vous envoyai une lettre, à la fin de laquelle je me hasardai de mettre quelques vers de ma façon... Je suis encore à comprendre comment un homme tel que moi, qui n'a ni verve, ni génie, et qui n'a jamais su faire des vers, a été pourtant assez hardi pour faire ceux-ci, et même assez imprudent pour vous les envoyer. (M. LAVERDET, p. 297.)

viron deux mois, où je vous mandois que je sortois d'une très-longue et très-fâcheuse maladie, qui m'avoit tenu au lit plus de trois semaines, et dont il m'étoit resté des incommodités qui me mettoient hors d'état de répondre à vos précédentes lettres. Depuis ce temps-là, j'en ai encore reçu deux de votre part[1] qui ne marquent pas même que vous ayez su[2] que je fusse indisposé. Ainsi je vois bien qu'il y a du malentendu dans notre commerce. Mon valet m'assure pourtant très-fortement qu'il a porté ma lettre à la poste. Ce qui me fâche le plus de cette méprise, c'est que dans ma lettre je vous parlois, comme je dois, des vers que vous avez faits en mon honneur, et sur lesquels vous devez être content, puisque je les ai trouvés fort obligeants et très-spirituels. La lettre dont je vous parle étoit fort courte, et vous trouverez bon que celle-ci le soit aussi, parce que je ne suis pas si bien guéri qu'il ne me

1. On n'en a publié qu'une, datée du 18 d'août (*Lettres familières*, III, 3 ; M. Laverdet, p. 299), et c'est aussi la seule de ce temps dont la copie soit dans le manuscrit.

Brossette en effet n'y donne point à entendre qu'il ait su que Boileau avait été malade. Il l'entretient : 1° de la mort du président de Lamoignon (7 d'août); 2° d'un ouvrage italien dont l'auteur (le marquis Orsi) fait tout à la fois la critique et l'éloge des jugements de Boileau sur le Tasse (satire IX, vers 176; *Art poétique*, ch. III, vers 209-216); 3° d'une édition de Richelet supprimée parce qu'on y a inséré des exemples tirés des ouvrages d'Arnauld, de Pascal et de Quesnel; 4° enfin d'une copie qu'on lui a fait voir de la réponse de Boileau à Arnauld, et il demande à cette occasion pourquoi Boileau ne l'a pas publiée (elle l'était depuis 1707).

Mais il n'y aurait aucun reproche à faire à Brossette du silence qu'il garde dans cette lettre sur la maladie de Boileau, si la lettre à laquelle il répond eût été écrite le 21 d'août, comme le marquent tous les éditeurs, puisque la sienne aurait été, dans ce cas, écrite trois jours auparavant. (B.-S.-P.)

2. Au reste, dans sa réponse du 16 d'octobre (*Lettres familières*, III, 14 ; M. Laverdet, p. 303), Brossette avoue qu'il a reçu la lettre, et ajoute que s'il n'a pas témoigné sa sensibilité sur les indispositions de Boileau, c'était pour ne pas donner à ses lettres un air de tristesse. (B.-S.-P.)

reste encore des pesanteurs et des tournoiements de tête qui ne me permettent pas de faire des efforts d'esprit. O la triste chose que soixante et douze ans! A la première renaissance de santé qui me viendra, je ne manquerai pas pourtant de répondre à toutes vos curieuses questions, et peut-être sera-ce dès le premier ordinaire; mais pour cette fois trouvez bon que j'obéisse aux ordonnances de mon médecin et que je me contente de vous assurer, par ce petit mot de lettre, que je suis autant que jamais...

## LETTRE CXLIX.[1]

Paris, 15 novembre 1709.

---

1. Berriat-Saint-Prix donne un fragment de cette lettre, fragment négligé, dit-il, par tous les éditeurs. Nous transcrivons d'après M. Laverdet, p. 304 et 305, la lettre tout entière : « Il n'y eut jamais, monsieur, d'ami plus commode que vous. A cinq ou six lettres très-polies et très-réjouissantes que vous m'écrivez, vous trouvez bon que je ne réponde quelquefois que par un billet grossier, fait à la hâte, où je ne sais que vous faire l'exagération de mes infirmités et de mes maladies, et où je vous attriste, pour récompense de m'avoir réjoui; cependant, bien loin de vous plaindre, c'est vous qui me dites des douceurs. Peu s'en faut que vous me demandiez pardon de mes négligences, et lorsque vous avez tout sujet de me combler de reproches, vous vous mettez en devoir, pour ainsi dire, de m'adoucir par des présents, témoin celui que vous m'assurez que je dois recevoir au premier jour. Ce qui est de certain, pourtant, c'est que je ne joue point la comédie lorsque je vous dis que je suis accablé des infirmités de la vieillesse, puisqu'il n'y a rien de plus vrai que je ne marche plus, qu'à chaque pas je ne sois au hasard de tomber par les tournoiements de tête qui me prennent, et que je ne puis plus monter ni descendre qu'appuyé sur un de mes valets. Jugez, monsieur, si en cet état je puis faire de grands efforts d'esprit, de longue lettre. Cependant, je ne puis résister à la tentation de vous donner quelques éclaircissements sur les fréquentes questions que vous me faites au sujet de mes poésies, et pour commencer aujourd'hui, je vous

## LETTRE CL.

Paris, 14 juin 1710.

Quelque coupable, monsieur, que je vous puisse paroître d'avoir été si longtemps sans répondre à vos fré-

dirai, à propos d'une que vous m'avez rebattue plus d'une fois sur ce vers d'une de mes premières satires : *je trouve une croix de funeste présage,* que dans le temps que j'ai composé cette satire, la coutume étoit à Paris, que lorsque des couvreurs raccommodoient le toit d'une maison, ils devoient faire et faisoient en effet pendre du haut de cette maison une croix composée de deux lattes, croisées l'une sur l'autre, qui avertissoit les passants de s'éloigner pour n'être point blessé de la chute des tuiles.

« Cela se pratiquoit ainsi de tout temps, et jamais un Parisien ne m'a fait l'objection que vous me faites. La vérité est cependant qu'aujourd'hui ils se contentent de mettre une simple latte au bout d'une corde, mais qui s'appelle toujours une croix de couvreur.

« Je viens maintenant à un autre éclaircissement beaucoup plus important que vous me demandez, sur mon épître de l'amour de Dieu, dans votre lettre du 30ᵉ juillet 1709, et je vous dirai que vous n'avez pas été bien instruit, puisque M. Arnauld étoit mort lorsque je fis cette épître qu'il n'a jamais vue. La vérité est que longtemps avant la composition de cette pièce, j'étois fameux pour les fréquentes disputes que j'avois soutenues en plusieurs endroits pour la défense du vrai amour de Dieu contre beaucoup de mauvais théologiens, de sorte que, me trouvant de loisir un carême, je ne crus pas pouvoir mieux employer ce loisir qu'à exprimer par écrit les bonnes pensées que j'avois là-dessus. Voilà comment... Mais je sens un tournoiement de tête qui me prend. Ainsi, monsieur, trouvez bon que je me hâte de vous dire que je suis avec toute l'affectuosité que je dois, monsieur, votre, etc.

« Je vous écrirai plus au long une autre fois ; cependant, malgré mon tournoiement de tête, je ne saurois m'empêcher de vous dire encore que je vous prie très-instamment de bien témoigner à MM. vos illustres magistrats de Lyon, à quel point je suis sensible aux bontés qu'ils ont pour moi, et dont j'ai encore senti cette année des effets si considérables. »

(Ici la correspondance imprimée de Boileau offre une lacune de plusieurs mois. Berriat-Saint-Prix la comble par l'analyse de quelques lettres tirées soit des autographes, soit des lettres familières imprimées. Nous donnons

quentes et obligeantes lettres, je n'aurois que trop de raisons à vous dire pour me disculper, si je voulois vous

les lettres de Boileau du 3 janvier 1710, du 12 de février 1710, qui sont dans la correspondance de Boileau et de Brossette publiée par M. Laverdet.)

BOILEAU A BROSSETTE.

« Paris, ce 3<sup>e</sup> janvier 1710.

« Si je suis si longtemps, monsieur, à répondre à vos amples et obligeantes lettres, ne croyez pas que cela vienne d'aucune indifférence, ni d'aucun mépris. Cela ne vient que de l'ordonnance de mes médecins qui me défendent surtout l'application d'esprit. Je suis tous les jours accablé de nouvelles maladies et de nouvelles infirmités, et à la foiblesse de mes jambes, il s'est joint un tournoiement de tête effroyable. Je ne saurois plus marcher qu'appuyé sur un valet, et tous les jours, en me promenant d'un bout de ma chambre à l'autre, je suis au hasard de tomber et de me casser la tête. Voilà, monsieur, l'état où est votre ami. Je n'attends plus que la fin de ma vie, qui vraisemblablement arrivera bientôt. Cependant, je vous assure que jusqu'à cette arrivée, je conserverai chèrement la mémoire de votre personne, et de tous les bons souvenirs que vous m'avez rendus. Je suis, monsieur, votre, etc. * »

BOILEAU A BROSSETTE.

« A Paris, 12<sup>e</sup> février 1710.

« Depuis que j'ai eu l'honneur de vous écrire, il m'est survenu une grosse fièvre et une très-cruelle dyssenterie qui m'ont tenu au lit durant trois semaines. Enfin, m'en voilà guéri. Il y a environ sept ou huit jours que je commence à revivre, et il ne me reste plus que mes anciennes infirmités.

« La première chose donc, monsieur, à quoi je crois devoir employer ma santé, c'est à vous remercier de vos fromages, dont je viens de me ressouvenir que je n'avois point parlé dans les dernières lettres, ou plutôt dans les derniers billets que je me suis donné l'honneur de vous écrire. Je n'ai pourtant point mangé de ces fromages, mes maladies ne me l'ayant pas permis, mais je les ai donnés à M. Leverrier qui en a fait un fort grand cas, et qui m'a prié de vous témoigner surtout combien il étoit sensible aux marques de souvenir que vous lui donnez dans une de vos lettres, et qu'il prise encore plus que tous vos fromages, quoiqu'il les ait trouvés excellents.

« Adieu, mon illustre monsieur, aimez-moi toujours, excusez mon style laconique, et croyez que dès que j'aurai rattrapé entièrement ma santé, je

---

\* Cette lettre répond à celle de Brossette du 17 décembre 1710. Il demandait à Boileau ce qu'il pensait d'une dissertation publiée récemment sur les *caractères de Corneille et de Racine*. (Voir M. Laverdet, p. 306-309.)

réciter le nombre infini d'infirmités et de maladies qui me sont venu¹ accabler depuis quelque temps.

> ..... Quorum si nomina quæras,
> Promptius expediam quot amaverit Hippia mœchos,² etc.

Mais je me suis aperçu, dans une de vos lettres, que vous n'aimez point à entendre parler de maladies,³ et moi je sens bien, par l'abattement et par l'affliction où cela me jette, que je ne saurois parler d'autre chose; et, pour vous montrer que cela est très-véritable, je vous dirai que je ne marche plus que soutenu par deux valets; qu'en me promenant, même dans ma chambre, je suis quelquefois au hasard de tomber par des étourdissements qui me prennent; que je ne saurois m'appliquer le moins du monde à quelque chose d'important, qu'il ne me prenne un mal de cœur tirant à défaillance. Cependant je n'ai pas laissé de lire tout au long l'églogue que vous m'avez envoyée de votre excellent père Bimet,⁴ et je l'ai trouvée

vous dédommagerai en style asiatique de la brièveté de mes compliments. Je suis parfaitement, monsieur, votre, etc.

« Despréaux.

« Mes compliments à tous vos illustres magistrats et tâchez, s'il vous est possible, d'obtenir d'eux, en ma faveur, une nouvelle recommandation à leur célèbre agent de Paris, quoique je sois fort content de lui. " »

1. Boileau écrit ainsi.
2. Juvénal, satire X, vers 218-219.
3. Voyez lettre CXLVIII.
4. Jésuite inconnu, dit M. Daunou. Dans cette églogue (en vers latins) il faisait l'éloge de Puget, mort le 6 de décembre. Averti par Brossette qu'elle serait envoyée à Boileau, il fit d'autres vers où il exprimait sa crainte d'être soumis au jugement de ce redoutable critique (ils sont joints à la lettre du 25 de mai). (B.-S.-P.)

\* Réponse à une lettre de Brossette du 14 janvier 1710. (M. Laverdet, p. 310.) Voir les lettres de Brossette du 15 février, du 8 mars, du 1ᵉʳ avril et du 25 mai, p. 313-319.

très-virgilienne. Ainsi, quand je serois le personnage affreux qu'il s'est figuré de moi, vous pouvez l'assurer qu'il n'a rien à craindre de moi, qui ai toujours honoré les gens de mérite comme lui, et qui ai été et suis encore aujourd'hui ami de tant d'hommes illustres de sa société. En voilà assez, monsieur,[1] et je sens déjà que le mal de

1. Brossette répondit à Boileau le 15 d'août et reçut de lui une lettre datée du 11 de décembre (Laverdet, p. 322-323).
Nous la donnons ici.

### BOILEAU A BROSSETTE.

« A Paris, 11 décembre 1710.

« Si je réponds si peu exactement, monsieur, aux obligeantes lettres que vous me faites l'honneur de m'écrire, cela ne vient pas seulement de mon âge et de mes maladies, qui pourtant ne font que croître et qu'embellir, cela vient de ce que je me suis aperçu par vos lettres mêmes que vous n'aimez pas à vous attrister, que vous ne vous accommodez pas, dis-je, qu'on vous parle toujours de maladies, et que moi dans l'état où je suis je ne saurois presque parler d'autre chose. Permettez donc que je vous en parle encore cette fois, après quoi je veux bien ne vous en plus rien dire, mais il est juste qu'avant ce silence vous sachiez l'état où je me trouve. Je ne saurois plus marcher qu'appuyé sur les bras de mes valets, et aller d'un bout de ma chambre à l'autre est pour moi un voyage très-long et très-pénible, et dans lequel je cours risque à chaque pas de tomber en foiblesse. Du reste je ne sens point que mon esprit soit encore diminué, et il l'est si peu que je travaille activement à une nouvelle édition de mes ouvrages qui seront considérablement augmentés ; mais pour mon corps il diminue tous les jours visiblement, et je puis déjà dire de lui FUIT. Permettez que je m'arrête là et que je me contente de vous assurer que je suis plus que jamais, monsieur, votre, etc.

« DESPRÉAUX.

« Je m'en vais demain envoyer querir votre vin de Condrieu, peut-être me réjouira-t-il le cœur, qui est franchement ce que j'ai de plus malade, jusque-là que mes valets me trouvent souvent sur mon fauteuil, dans mon cabinet, ayant perdu toute connoissance. [*] »

Ce fut la dernière lettre de Boileau à Brossette. Brossette écrivit encore à Boileau le 23 décembre 1710. (Voir M. Laverdet, p. 323-324.) Bientôt après son frère (l'abbé) donna avis de sa mort à Brossette le 18 de février 1711. Celui-ci répondit le 1er de mars (*Lettres familières*, III, 46 ; M. Laverdet,

[*] Voir M. Laverdet, p. 322-323.

cœur me veut reprendre. Permettez donc que je me hâte de vous dire que je suis, plus violemment que jamais, etc.

p. 324), et, sur l'avis de la mort du poëte (13 de mars), écrivit de nouveau à l'abbé. Cizeron-Rival a publié (p. 49) la réponse de ce dernier sur une copie qui est dans les manuscrits de Brossette (Laverdet, p. 325-326), mais sans en indiquer la date, qui, d'après la même copie, est du 27 de mars.

« Je ne suis nullement en état, monsieur, de faire une réponse aussi ample que je devrois à l'obligeante lettre qui vient de m'être rendue de votre part, du 24 de ce mois. L'affliction que j'ai dans le cœur de la perte que j'ai faite de mon frère, dont j'étois l'aîné de presque deux ans, ne me laisse pas la tête assez libre pour satisfaire, comme je voudrois, à ce devoir. Permettez-moi donc, monsieur, de vous dire seulement que sa mort a été très-chrétienne, et qu'il a donné la plus grande partie de ses biens aux pauvres. Il est passé en l'autre vie à dix heures du soir, le 11 de ce mois (erreur, c'est le 13), âgé de soixante-quatorze ans et quatre mois, étant né le 1er de novembre 1636. Il avoit été baptisé à la Sainte-Chapelle royale du Palais, où il est enterré avec ses parents, dans le tombeau de notre famille; plusieurs desquels ont été chanoines et trésoriers de la Sainte-Chapelle. Je vous en écrirai davantage quand Dieu voudra que je sois plus en état de vous entretenir que je ne suis présentement. Je ferai tout ce qui dépendra de moi pour vous donner satisfaction sur les papiers que vous me faites l'honneur de me marquer que vous désirez; je ne crois pas que rien m'échappe, la volonté de mon frère ayant été de me faire l'exécuteur de son testament. Je mettrai à part tout ce qui pourra vous convenir, comme lettres et autres ouvrages que j'aurai soin de vous envoyer. Trouvez bon, monsieur, qu'en son nom et au mien, je vous embrasse de tout mon cœur, étant avec toute la reconnoissance que je dois, et l'attachement possible, » etc.

*N. B.* Il est assez singulier que Brossette n'ait conservé qu'une copie de cette lettre, tandis qu'il a recueilli avec soin les originaux de plusieurs lettres de personnages étrangers à la famille de notre poëte, tels que Maucroix, Bouhours, Lamoignon. (B.-S.-P.)

FIN DU TOME QUATRIÈME ET DERNIER.

# TABLE

## DU TOME QUATRIÈME.

### OEUVRES EN PROSE.

Pages.

Traité du Sublime ou du merveilleux dans le discours, traduit du grec de Longin. (Suite). . . . . . . . . . . . . . . . . . . . . . . . 1
Remarques sur Longin. . . . . . . . . . . . . . . . . . . . . . . . 47
Remarques sur Longin, par Dacier. . . . . . . . . . . . . . . . . 73

### CORRESPONDANCE.

Avant-Propos. . . . . . . . . . . . . . . . . . . . . . . . . . . 125
I. Lettres de Boileau à diverses personnes. . . . . . . . . . . . 129
II. Lettres de Boileau à Racine et de Racine à Boileau. . . . . . 263
III. Lettres de Boileau à Brossette. . . . . . . . . . . . . . . . 415

# LIBRAIRIE DE GARNIER FRÈRES
6, RUE DES SAINTS-PÈRES, ET PALAIS-ROYAL, 215

## CHEFS-D'ŒUVRE DE LA LITTÉRATURE FRANÇAISE

Format in-8° cavalier, imprimés avec luxe par M. J. Claye, sur très-beau papier fabriqué spécialement pour cette collection, et ornés de gravures sur acier par les meilleurs artistes; 34 volumes sont en vente à 7 fr. 50 le volume. On tire, pour chacun des ouvrages de la collection, 150 exemplaires numérotés sur papier de Hollande, à 15 fr. le volume.

### ŒUVRES COMPLÈTES DE MOLIÈRE

Nouvelle édition très-soigneusement revue sur les textes originaux, avec un nouveau travail de critique et d'érudition, par M. Louis Moland. L'ouvrage, imprimé avec luxe par M. Claye, sur magnifique papier, orné de vignettes gravées sur acier, d'après les dessins de Staal, forme 7 volumes.

### ESSAIS DE MICHEL DE MONTAIGNE

Nouvelle édition avec les notes de tous les commentateurs, choisies et complétées par M. J.-V. Le Clerc, précédée d'une nouvelle étude sur Montaigne par M. Prevost-Paradol, de l'Académie française; 4 volumes avec portrait.

### ŒUVRES DE J.-B. ROUSSEAU

Avec une introduction sur sa vie et ses ouvrages et un nouveau commentaire par Antoine de Latour; 1 volume avec portrait de l'auteur.

### HISTOIRE DE GIL BLAS DE SANTILLANE

Par Le Sage, précédée d'une notice par Sainte-Beuve, de l'Académie française, les jugements et témoignages sur Le Sage et sur Gil Blas; suivie de Turcaret et de Crispin rival de son maitre; 2 volumes illustrés de six belles gravures sur acier, d'après les dessins de Staal.

### ŒUVRES COMPLÈTES DE RACINE

Avec un travail nouveau par M. Saint-Marc Girardin, de l'Académie française; les 3 premiers volumes sont en vente.

### ŒUVRES COMPLÈTES DE BOILEAU

Avec un travail nouveau par M. Gidel, professeur de rhétorique au lycée Bonaparte; 4 volumes ornés de gravures sur acier d'après les dessins de Staal.

### ŒUVRES COMPLÈTES DE LA FONTAINE

Avec un nouveau travail de critique et d'érudition, par M. Louis Moland; 7 volumes ornés de gravures sur acier d'après les dessins de Staal.

### CHEFS-D'ŒUVRE LITTÉRAIRES DE BUFFON

Avec une introduction par M. Flourens, membre de l'Académie française; 2 volumes. Un beau portrait de Buffon est joint au tome Ier.

### L'IMITATION DE JÉSUS-CHRIST

Traduction nouvelle avec des réflexions à la fin de chaque chapitre par M. l'abbé F. de Lamennais; 1 volume orné de 4 gravures sur acier.

### ŒUVRES DE CLÉMENT MAROT

Annotées, revues sur les éditions originales et précédées de la vie de Clément Marot, par Ch. d'Héricault, 1 volume orné du portrait de l'auteur, d'après une peinture du temps.

### ŒUVRES CHOISIES DE MASSILLON

Précédées d'une notice biographique et littéraire par M. Godefroy; 2 volumes, avec un beau portrait de Massillon.

*EN COURS D'EXÉCUTION*

Œuvres complètes de La Bruyère.
Œuvres complètes de P. Corneille.
Œuvres de Pascal (Pensées et Provinciales).
Œuvres de La Rochefoucauld.

www.ingramcontent.com/pod-product-compliance
Lightning Source LLC
Chambersburg PA
CBHW060750230426
43667CB00010B/1505